Der Richtervorbehalt im kartellrechtlichen Nachprüfungsverfahren der Europäischen Kommission

Internationales und Europäisches Strafverfahrensrecht

Herausgegeben von Hans-Heiner Kühne und Robert Esser

Band 4

PETER LANG
Frankfurt am Main · Berlin · Bern · Bruxelles · New York · Oxford · Wien

Kai Peter Hecheltjen

Der Richtervorbehalt im kartellrechtlichen Nachprüfungsverfahren der Europäischen Kommission

PETER LANG
Internationaler Verlag der Wissenschaften

Bibliografische Information der Deutschen Nationalbibliothek
Die Deutsche Nationalbibliothek verzeichnet diese Publikation in der Deutschen Nationalbibliografie; detaillierte bibliografische Daten sind im Internet über <http://www.d-nb.de> abrufbar.

Zugl.: Bonn, Univ., Diss., 2007

D 5
ISSN 1611-275X
ISBN 978-3-631-57476-8

www.peterlang.de

meiner Familie

Vorwort

Diese Arbeit wurde im Sommersemester 2007 von der Juristischen Fakultät der Universität Bonn als Dissertation angenommen. Rechtsprechung und Literatur wurden für die Drucklegung bis Juni 2007 berücksichtigt.

An dieser Stelle möchte ich mich bei meiner Familie, insbesondere bei meinen Eltern sowie bei Antje und Jannis, für ihre verständnisvolle Unterstützung herzlich bedanken, ohne die diese Arbeit nicht hätte angefertigt werden können.

Mein herzlicher Dank gilt daneben meinem Doktorvater, Herrn PD Dr. Friedrich Toepel, der die Anregung zum Thema dieser Arbeit gab und ihren Werdegang mit steter Aufmerksamkeit verfolgt sowie durch wertvolle Ratschläge wohlwollend gefördert hat.

Weiterer Dank gilt Herrn Prof. Dr. Urs Kindhäuser für die zügige Erstellung des Zweitgutachtens. Für die Aufnahme meiner Dissertation in die Reihe „Internationales und Europäisches Strafverfahrensrecht" möchte ich den Herausgebern – Herrn Prof. Dr. Hans-Heiner Kühne und Herrn Prof. Dr. Robert Esser – meinen Dank aussprechen.

Nicht vergessen dankend zu erwähnen, möchte ich ferner meine zahlreichen Gesprächspartner in den EU-Mitgliedstaaten, deren wertvolle Hinweise bei der Erstellung der rechtsvergleichenden Passagen meiner Arbeit hilfreich waren. Dahingehend richtet sich mein Dank insbesondere an Herrn Dr. Boleslaw Banaszkiewicz (Verfassungsgerichtshof der Republik Polen), Frau Vaike Murumets (Universität Tartu), Herrn Martins Mits (Riga Graduate School of Law), Herrn Dr. Peter Fenech (Chamber of Advocates Malta), Herrn Dr. Tonio Borg (Ministry for Justice and Home Affairs Malta), Herrn Robert Lindenthal (Ständige Vertretung der Slowakischen Republik bei der Europäischen Union/Brüssel), Herrn Prof. Dr. Arne Mavčič (Berichterstatter Sloweniens im „EU Network of Independent Experts on Fundamental Rights"), Frau Urska Umek (Verfassungsgericht der Republik Slowenien), Herrn Mindaugas Statkevicius (Juristische Fakultät der Universität Wilna), Herrn Prof. Dr. Lubos Tichý, Herrn Prof. Dr. Pavel Sturma, Herrn Tomas Dumbrovský, Herrn Jan Kratochvil (jeweils Karls-Universität Prag), Frau Mgr. Petra Novackova (Verfassungsgericht der Tschechischen Republik), Herrn Prof. Dr. Gabor Halmai (Széchenyi István Universität Gyor), Herrn Dr. Balázs Horváthy (Ungarische Akademie der Wissenschaften), Frau Eva Keresztes (Central European University Budapest) und Frau Dr. Petra Bard (Central European University Budapest).

Herrn Dr. Thomas Wilson danke ich für wertvolle Hinweise im Vorfeld der mündlichen Verteidigung dieser Arbeit.

Bonn, im August 2007 *Kai Peter Hecheltjen*

Inhaltsverzeichnis

Abkürzungsverzeichnis

a.A.	andere(r) Ansicht
a.E.	am Ende
a.F.	alte Fassung
ABl.	Amtsblatt der Europäischen Gemeinschaften
Abs.	Absatz
AG	Amtsgericht
AK-StPO	Alternativkommentar zur Strafprozessordnung
AnwBl.	Anwaltsblatt
AöR	Archiv des öffentlichen Rechts
Appl.	Application
Art.	Artikel/Article
Aufl.	Auflage
BB	Der Betriebs-Berater
BbgVerfG	Verfassungsgericht des Landes Brandenburg
Bd.	Band
BDI	Bundesverband der Deutschen Industrie
BGB	Bürgerliches Gesetzbuch
BGBl.	Bundesgesetzblatt
BGHSt	Entscheidungen des Bundesgerichtshofes in Strafsachen
BKartA	Bundeskartellamt
bspw.	beispielsweise
BVerfG	Bundesverfassungsgericht
BVerfGE	Entscheidungen des Bundesverfassungsgerichts
BVerfGG	Gesetz über das Bundesverfassungsgericht
BVerwG	Bundesverwaltungsgericht
BVerwGE	Entscheidungen des Bundesverwaltungsgerichts
bzw.	beziehungsweise
CE	Conseil d'Etat
CJEL	The Columbia Journal of European Law
CMLR	Common Market Law Reports
d.h.	das heißt
DB	Der Betrieb
DÖV	Die Öffentliche Verwaltung
DR	Decisions and Reports, Sammlung der Entscheidungen der EKMR
DRB	Deutscher Richterbund
DRiG	Deutsches Richtergesetz

DRiZ	Deutsche Richterzeitung
DVBl	Deutsches Verwaltungsblatt
Dz. U.	Dziennik Ustaw Rzeczypospolitej Polskiej (Amtsblatt der Republik Polen)
EAG	Europäische Atomgemeinschaft
ECLR	European Competition Law Review
EG	Europäische Gemeinschaft, Vertrag zur Gründung der Europäischen Gemeinschaft
EGKS	Europäische Gemeinschaft für Kohle und Stahl
EGMR	Europäischer Gerichtshof für Menschenrechte
EKMR	Europäische Kommission für Menschenrechte
ELR	European Law Review
EMRK	Europäische Konvention zum Schutze der Menschenrechte und Grundfreiheiten
ERA	European Law Academy
Estn.Verf.	Verfassung der Republik Estland
EU	Europäische Union, Vertrag über die Europäische Union
EuG	Europäisches Gericht erster Instanz
EuGH	Gerichtshof der Europäischen Gemeinschaften
EuGRZ	Europäische Grundrechte-Zeitschrift
EuR	Europarecht
EuZW	Europäische Zeitschrift für Wirtschaftsrecht
EWG	Europäische Wirtschaftsgemeinschaft
EWiR	Entscheidungen zum Wirtschaftsrecht
EWS	Europäisches Wirtschafts- und Steuerrecht
f.	folgende
FAZ	Frankfurter Allgemeine Zeitung
ff.	fortfolgende
FGG	Gesetz über die Angelegenheiten der freiwilligen Gerichtsbarkeit
FK	Frankfurter Kommentar zum Kartellrecht
Fn.	Fußnote
FS	Festschrift
GA	Generalanwalt, Goltdammer´s Archiv für Strafrecht
gem.	gemäß
GG	Grundgesetz
ggfs.	gegebenenfalls
GRUR	Gewerblicher Rechtsschutz und Urheberrecht
GS	Gedächtnisschrift
GWB	Gesetz gegen Wettbewerbsbeschränkungen

h.L.	herrschende Lehre
h.M.	herrschende Meinung
HK-OWiG	Heidelberger Kommentar zum Ordnungswidrigkeitenrecht
HK-StPO	Heidelberger Kommentar zur Strafprozessordnung
HRLJ	Human Rights Law Journal
Hrsg.	Herausgeber
Hs.	Halbsatz
i.E.	im Ergebnis
i.e.S.	im engeren Sinne
i.S.d.	im Sinne de (-r, -s)
i.S.v.	im Sinne von
i.V.m.	in Verbindung mit
ICCLR	International Company and Commercial Law Review
ICLQ	The International and Comparative Law Quarterly
IK-EMRK	Internationaler Kommentar zur Europäischen Menschenrechtskonvention
Ital.Verf.	Verfassung der Republik Italien
J.O.	Journal Officiel (Amtsblatt der Französischen Republik)
JR	Juristische Rundschau
Jura	Juristische Ausbildung
JuS	Juristische Schulung
JZ	Juristenzeitung
KG	Kammergericht Berlin
KK-OWiG	Karlsruher Kommentar zum Gesetz über Ordnungswidrigkeiten
KK-StPO	Karlsruher Kommentar zur Strafprozessordnung
Lett.Verf.	Verfassung der Republik Lettland
LG	Landgericht
lit.	littera (Buchstabe)
Lit.Verf.	Verfassung der Republik Litauen
LSPZ	Urkunde der Grundrechte und Grundfreiheiten
m.w.Ä.	mit weiteren Änderungen
m.w.N.	mit weiteren Nachweisen
Malt.Verf.	Verfassung der Republik Malta
MDR	Monatsschrift für Deutsches Recht
Niederl.Verf.	Verfassung des Königreiches der Niederlande
NJW	Neue Juristische Wochenschrift

No./Nr.	Nummer
NStZ	Neue Zeitschrift für Strafrecht
NStZ-RR	Neue Zeitschrift für Strafrecht – Rechtsprechungsreport
NVwZ	Neue Zeitschrift für Verwaltungsrecht
NVwZ-RR	Neue Zeitschrift für Verwaltungsrecht – Rechtsprechungsreport
NWVBl.	Nordrhein-westfälische Verwaltungsblätter
OBG NW	Ordnungsbehördengesetz Nordrhein-Westfalen
ÖJZ	Österreichische Juristen-Zeitung
OLG	Oberlandesgericht
OWiG	Gesetz über Ordnungswidrigkeiten
PolG NW	Polizeigesetz Nordrhein-Westfalen
Poln.Verf.	Verfassung der Republik Polen
Pos.	Position
Rec. Leb.	Recueil Lebon (Entscheidungssammlung des Conseil d'Etat)
RGSt	Entscheidungen des Reichsgerichts in Strafsachen
RIW	Recht der Internationalen Wirtschaft
Rn.	Randnummer
Rs.	Rechtssache
RStPO	Reichsstrafprozessordnung
RT	Riigi Teataja (Amtsblatt der Republik Estland)
S.	Seite
Sec.	Section
SGG	Sozialgerichtsgesetz
SK-StPO	Systematischer Kommentar zur Strafprozessordnung
Slg.	Sammlung
Slowa.Verf.	Verfassung der Slowakischen Republik
Slowe.Verf.	Verfassung der Republik Slowenien
sog.	sogenannte (-n, -r, -s)
Span. Verf.	Verfassung des Königreiches Spanien
SpStr.	Spiegelstrich
StPO	Strafprozessordnung
Strafo	Strafverteidiger-Forum
StV	Strafverteidiger
SZ	Süddeutsche Zeitung
Tsch.Verf.	Verfassung der Tschechischen Republik
u.	und
u.a.	unter anderem/ und andere

UAbs.	Unterabsatz
umstr.	umstritten
Ung.Verf.	Verfassung der Republik Ungarn
v.	von/ vom
verb. Rs.	verbundene Rechtssachen
VerfO-EuGH	Verfahrensordnung des Gerichtshofs der Europäischen Gemeinschaften
VerwArch	Verwaltungsarchiv
vgl.	vergleiche
VO	Verordnung
VO-E	Europäische Kommission, Vorschlag für eine Verordnung des Rates zur Durchführung der in den Artikeln 81 und 82 EG-Vertrag niedergelegten Wettbewerbsregeln und zur Änderung der Verordnungen (EWG) Nr. 2988/74, (EWG) Nr. 4056/86 und (EWG) Nr. 3975/87
VVDStRL	Veröffentlichungen der Vereinigung der Deutschen Staatsrechtslehrer
VVE	Vertrag über eine Verfassung von Europa
VwGO	Verwaltungsgerichtsordnung
VwVfG	Verwaltungsverfahrensgesetz
VwVG	Verwaltungsvollstreckungsgesetz
Wistra	Zeitschrift für Wirtschafts- und Steuerstrafrecht
WRP	Wettbewerb in Recht und Praxis
WuW	Wirtschaft und Wettbewerb
z.B.	zum Beispiel
ZaöRV	Zeitschrift für ausländisches öffentliches Recht und Völkerrecht
ZEuS	Zeitschrift für europarechtliche Studien
ZfRV	Zeitschrift für Rechtsvergleichung, Internationales Privatrecht und Europarecht
ZPO	Zivilprozessordnung
ZRP	Zeitschrift für Rechtspolitik
ZStW	Zeitschrift für die gesamte Strafrechtswissenschaft
ZWeR	Zeitschrift für Wettbewerbsrecht
Zyp.Verf.	Verfassung der Republik Zypern
ZZP	Zeitschrift für Zivilprozess

Einleitung

Die Kartellverfahrensverordnung (EG) 1/2003[1] zielt darauf ab, Zuwiderhandlungen gegen Art. 81 oder 82 EG[2] aufzudecken und abzustellen. Gegenstand dieser Verstöße sind geheime Absprachen zwischen zwei oder mehr Wettbewerbern zur Festsetzung von Preisen, Produktions- oder Absatzquoten, zur Aufteilung von Märkten, zur Einschränkung von Ein- oder Ausfuhren sowie Submissionsabsprachen. Diese Verhaltensweisen gehören zu den schwerwiegendsten Wettbewerbsbeschränkungen, über die die Europäische Kommission[3] zu entscheiden hat. Sie führen zu höheren Preisen und einer verminderten Auswahl für den Verbraucher und schaden damit der europäischen Wirtschaft.

Um die nötigen Beweise für einen wettbewerbsrechtlichen Verstoß erbringen zu können, verfügt die Kommission über drei förmliche Ermittlungsinstrumente: das Auskunftsverlangen (Art. 18 VO 1/2003), die Befragung (Art. 19 VO 1/2003) und die Nachprüfung (Art. 20 und 21 VO 1/2003).[4] Die förmlichen Ermittlungsinstrumente kann die Kommission unabhängig voneinander zur Aufklärung des Sachverhalts in Einzelfällen oder – mit Ausnahme von Nachprüfungen in anderen Räumlichkeiten (Art. 21 VO 1/2003) – im Rahmen von Untersuchungen einzelner Wirtschaftszweige und einzelner Arten von Vereinbarungen (Art. 17 VO 1/2003) einsetzen.

In ein Spannungsverhältnis zur Ermittlungstätigkeit der Kommission und der damit verbundenen effektiven Durchsetzung des materiellen Kartellrechts treten unter dem Blickwinkel der Rechtsstaatlichkeit die grundlegenden Verfahrens- und Verteidigungsrechte der Betroffenen, die von der Kommission zu achten und zu wahren sind.[5]

Ermittlungen und Entscheidungen der Kommission berühren eine Fülle von Individualrechtspositionen der Betroffenen, etwa den Schutz der Berufsfreiheit und des befriedeten Besitzes, verwaltungs- und prozessrechtliche Grundsätze und strafprozessrechtliche Positionen wie die Unschuldsvermutung, den nemo-tenetur- und den ne-bis-in-idem-Grundsatz.

---

1 Verordnung (EG) Nr. 1/2003 des Rates vom 16.12.2002 zur Durchführung der in den Artikeln 81 und 82 des Vertrages niedergelegten Wettbewerbsregeln, ABl. 2003 (EG) Nr. L 1/1; im Weiteren als „VO 1/2003" bezeichnet.

2 Vertrag zur Gründung der Europäischen Gemeinschaft, ABl. (EG) 2002 Nr. C 325/1.

3 Im Weiteren als „die Kommission" bezeichnet.

4 Vgl. allgemein zur den Ermittlungsbefugnissen der Kommission *de Bronett*, EU-Kartellverfahrensrecht, Artikel 17-22 Rn. 1 ff.; *Klees*, Kartellverfahren, § 9 Rn. 7 ff. m.w.N.; *Schnelle/Bartosch/Hübner*, EU-Kartellverfahren, S. 126 ff.

5 Vgl. allgemein zum Verhältnis der Verfahrenseffizienz und des Rechtsschutzauftrags im Verwaltungsverfahren *Wahl*, VVDStRL (41) 1983, 151, 151 ff.; *Pietzcker*, VVDStRL (41) 1983, 193, 193 ff.; *Ossenbühl*, NVwZ 1982, 465, 465 ff.

Bereits seit Bestehen der europäischen Kartellrechtsverordnung (EG) 17/62[6] befindet sich diese Konfliktlage im Brennpunkt kritischer Betrachtung in Rechtswissenschaft und –praxis.[7]

Diese umfangreiche Debatte erneut aufzugreifen, würde die Grenzen dieser Arbeit bei Weitem sprengen. Die nachfolgende Untersuchung soll einem Ausschnitt dieser komplexen Diskussion gewidmet sein, der die Erfordernisse des präventiven Rechtsschutzes im Verfahren nach Art. 20 und Art. 21 VO 1/2003 in den Brennpunkt der näheren Betrachtung stellt.

Art. 20 Abs. 1 und Art. 21 Abs. 1 VO 1/2003 verleihen der Kommission die Befugnis, zur Erfüllung der ihr in Art. 85 EG übertragenen Aufgaben alle erforderlichen Nachprüfungen vorzunehmen. Voraussetzung für die Nachprüfungsbefugnis der Kommission ist die Anordnung der Nachprüfung gegenüber dem Betroffenen. Die Nachprüfungsentscheidung ist für den Betroffenen bindend,[8] d.h. durch den Erlass der Entscheidung wird der Betroffene verpflichtet, die Nachprüfung zu dulden. Weigert sich dieser dennoch, so kommt nur eine zwangsweise Durchsetzung der Nachprüfungsbefugnisse in Betracht. Dabei steht den Bediensteten der Kommission keinerlei Kompetenz zur Vollstreckung der ihnen zugewiesenen Aufgaben zu. Sie dürfen insbesondere selbst keinen unmittelbaren Zwang ausüben. Diese Befugnis ist aufgrund von Art. 20 Abs. 6 VO 1/2003 (ggfs. i.V.m. Art. 21 Abs. 4 Satz 2 VO 1/2003) allein den nationalen Behörden vorbehalten. Die Mitgliedstaaten sind nach dieser Vorschrift verpflichtet, der Kommission die zur Erfüllung ihrer Aufgabe erforderliche Amtshilfe unter Rückgriff auf die Regeln des nationalen Verfahrensrechts und unter Beachtung der nationalen Verfahrensgarantien zu gewähren. Das europäische Kartellverfahren[9]

---

6 Die VO 1/2003 ersetzt die VO 17/62 vom 06.02.1962 (ABl. (EG) 13 S. 204/62), die der Rat der Europäischen Union durch Art. 43 Abs. 1 VO 1/2003 mit Ausnahme von Art. 8 Abs. 3 VO 17/62 zum 01.05.2004 aufgehoben hat.

7 Vgl. zusammenfassend die Werke von *Weiß*, Verteidigungsrechte; *Gumbel*, Grundrechte.

8 Anders als Art. 21 VO 1/2003 sieht Art. 20 VO 1/2003 zwei Formen der Anordnung vor: Den Nachprüfungsauftrag (Art. 20 Abs. 3 VO 1/2003) und die Nachprüfungsentscheidung (Art. 20 Abs. 4 VO 1/2003). Dabei hat die Kommission je nach Zweckmäßigkeitserwägungen die Wahl, ob sie einen Prüfungsauftrag erteilt oder eine Entscheidung erlässt. Da eine Vollstreckung der Nachprüfungsbefugnisse allenfalls bei dem Vorliegen einer Entscheidung in Betracht kommt, beschränken sich die folgenden Ausführungen auf den Fall des Erlasses einer Nachprüfungsentscheidung.

9 Als „europäisches Kartellverfahren" wird das im Blickpunkt der nachfolgenden Ausführungen stehende Kartellverfahren der Kommission verstanden. Das Kartellverfahren der Kommission ist vom Verfahren der nationalen Wettbewerbsbehörden abzugrenzen, die ebenfalls für die Durchsetzung materiellen EG-Kartellrechts Sorge tragen (vgl. Art. 5 Satz 1 VO 1/2003). Hiernach sind die nationalen Wettbewerbsbehörden verpflichtet, neben dem nationalen Wettbewerbsrecht von den Art. 81 und 82 EG tatsächlich Gebrauch zu machen, sofern ein bestimmtes Verhalten dazu geeignet ist, den zwischenstaatlichen Handel zu beeinträchtigen; vgl. hierzu allgemein *de Bronett*, EU-Kartellverfahrensrecht, Art. 3 Rn. 1; *Klees*, Kartellverfahrensrecht, § 7 Rn. 18 ff. m.w.N. Die Pflicht zur Anwendung der gemeinschaftlichen Wettbewerbsregeln endet, wenn die Kommission ihrerseits ein Verfahren gemäß Art. 11 Abs. 6 VO 1/2003 einleitet; hierzu *Klees*, Kartellverfahrensrecht, § 7 Rn. 33 f.

weist der Kommission damit eine Entscheidungs-, aber keine Vollstreckungskompetenz zu.

Diesem Verfahren kommt eine zentrale Rolle bei der Informationsgewinnung im europäischen Kartellverfahren zu. Zur Erfüllung der ihr übertragenen Aufgabe der Wirtschaftsaufsicht benötigt die Kommission vollständige und richtige Informationen über kartellrechtlich relevante Sachverhalte. Zur Befriedigung des Informationsbedürfnisses reichen die allgemein zugänglichen Daten über bestimmte Unternehmen[10] in Zeitungen, Fachzeitschriften und sonstigen Publikationen in aller Regel nicht aus. Denn Kartelle operieren verdeckt; unter strengster Geheimhaltung. Abreden zwischen den Beteiligten werden auf ein Minimum reduziert und nur wenigen Bediensteten zur Kenntnis gebracht. Zudem erfolgen sie in sicheren Drittländern oder unter dem Deckmantel unverdächtigter Handelstreffen.[11] Die Kommission braucht daher Informationen aus erster Hand, also Daten von primären Wissensträgern, d.h. von denjenigen Personen, die dem jeweils relevanten Sachverhalt am nächsten stehen bzw. standen.[12] Dabei kommt den mit einer Nachprüfung verbundenen Betretungsrechten eine besondere Bedeutung zu, als es der Kommission damit ermöglicht wird, das Beweismaterial für Zuwiderhandlungen gegen die Wettbewerbsregeln an den Orten zu sammeln, an denen es sich normalerweise befindet.

Die Nachprüfungsbefugnisse bilden seit jeher einen zentralen Kristallisationspunkt für das im EG-Kartellverfahrensrecht zu bewältigende Spannungsverhältnis zwischen den Grundsätzen der Verfahrenseffizienz und des Rechtsschutzes. Zurückzuführen ist dies, neben der hohen Eingriffsintensität der Maßnahmen, auf die „mehrstufige" bzw. „kooperative" Konzeption des Nachprüfungsverfahrens.[13] Angesichts der Lückenhaftigkeit und Heterogenität der relevanten, häufig kaum aufeinander abgestimmten gemeinschaftlichen und nationalen Verfahrensanforderungen ist dieses Verfahren in besonderer Weise geeignet, unter das geforderte Mindestmaß rechtsstaatlicher Gewährleistung und insbesondere individuellen Rechtsschutzes abzurutschen.

Dem Gemeinschaftsgesetzgeber fiel im Rahmen der Novellierung des europäischen Kartellverfahrensrechts zum 01.05.2004[14] die Aufgabe zu, die Lösung der Kompetenz-, Norm- und Wertekollisionen sowie der strukturellen Anpassungsprobleme zwi-

---

10 Soweit im Folgenden von Unternehmen gesprochen wird, gilt dies auch für Unternehmensvereinigungen i.S.v. Art. 20 Abs. 1 VO 1/2003.

11 Vgl. die Rede von *Grin*, die auf Mitschriften von Kartelltreffen verweist, die mit versteckten Mikrofonen durch amerikanische Ermittlungsbehörden aufgezeichnet wurden. Die angesprochenen Zusammenkünfte betrafen im konkreten Fall das Aminosäuren-Kartell, das auch zum Gegenstand einer Kommissionsentscheidung wurde (vgl. ABl. (EG) 2001 Nr. L 152/24).

12 Vgl. *Wils*, Principles, Rn. 483.

13 *Nehl*, Verwaltungsverfahren, S. 30 spricht diesbezüglich von einer „(g)emeinschaftlich-nationalen Mehrebenen-Verwaltungstätigkeit".

14 Vgl. eingehend zur Reform des europäischen Kartellverfahrens *Bartosch*, EuZW 2001, 101, 101 ff.; *Möschel*, WuW 2001, 147, 147 ff.; *Möschel*, JZ 2000, 61, 61 ff.; *Jaeger*, WuW 2000, 1062, 1062 ff.; *Geiger*, EuZW 2000, 165, 165 ff.; *Mestmäcker*, EuZW 1999, 523, 523 ff.; *Bechtold*, BB 2000, 2425, 2425 ff.; *Schaub/Dohms*, WuW 1999, 1055, 1055 ff.; *Bourgeois/Humpe*, ECLR 2002, 43, 43 ff.; *Gröning*, WRP 2001, 83, 83 ff.; *Röhling*, GRUR 2003, 1019, 1019 ff.

schen den nationalen und gemeinschaftlichen Rechtskreisen zu reformieren. Zurückgreifen konnte er dabei auf die Rechtsprechung der Gemeinschaftsgerichte, die wesentliche Abwägungsgesichtspunkte in langjähriger Rechtsprechung erarbeitet hatte. Deutlicher Ausdruck einer dahingehenden Abwägungsentscheidung ist die normative Ausgestaltung der ermittlungsrichterlichen Einbindung in das europäische Kartellverfahren gemäß Art. 20 Abs. 7, 8 VO 1/2003 (bzw. Art. 21 Abs. 3 VO 1/2003), die unter Berufung auf die Rechtsprechung des EuGH in den Rs. *Hoechst*[15] und *Roquette Frères*[16] und in Anlehnung an Art. 14 VO 17/62 entworfen wurde.

Zugunsten des von der Maßnahme Betroffenen gewähren sowohl Art. 20 als auch Art. 21 VO 1/2003 präventiven Rechtsschutz durch die Einbindung mitgliedstaatlicher Richter in das Ermittlungsverfahren der Kommission. Gemäß Art. 20 Abs. 7 Satz 1 VO 1/2003 ist ein mitgliedstaatlicher Richtervorbehalt bei der Unterstützungsleistung der nationalen Behörde nach Art. 20 Abs. 6 VO 1/2003 zu beachten, sofern die mitgliedstaatlichen Stellen nach innerstaatlichem Recht einer richterlichen Genehmigung bedürfen. Art. 21 Abs. 3, UAbs. 1 Satz 1 VO 1/2003 geht darüber hinaus und fordert grundsätzlich bei der Vollziehung der Nachprüfungsentscheidung die Genehmigung durch einen mitgliedstaatlichen Richter, auch wenn ein solcher im nationalen Recht ursprünglich nicht vorgesehen sein sollte.

Die hierbei vom Ermittlungsrichter auszuübende Prüfungskompetenz wird andererseits zur Gewährleistung eines effektiven Ermittlungsverfahrens gemäß Art. 20 Abs. 8 und Art. 21 Abs. 3 UAbs. 1 Satz 2, 3, UAbs. 2 VO 1/2003 einschränkend definiert. Der nationale Ermittlungsrichter ist befugt - aber gleichzeitig auch darauf beschränkt - die Echtheit der Kommissionsentscheidung zu prüfen, und zu untersuchen, dass die beabsichtigen Zwangsmaßnahmen i.S.d. Art. 20 Abs. 6 VO 1/2003 (ggfs. i.V.m. Art. 21 Abs. 4 Satz 2 VO 1/2003) der nationalen Behörden weder willkürlich noch unverhältnismäßig sind. Das einzelstaatliche Gericht darf dabei die Notwendigkeit der Nachprüfung nicht in Frage stellen. Denn die Prüfung der Rechtmäßigkeit der Kommissionsentscheidung ist einzig dem EuGH vorbehalten. Grundlage der richterlichen Prüfung bilden die Erläuterungen der Kommission. Eine Übermittlung der in den Akten der Kommission enthaltenen Informationen ist ebenfalls ausgeschlossen.

Dieser Abwägungsvorgang stand im Rahmen der Reform des europäischen Kartellverfahrensrechts nicht im politischen Ermessen, sondern unterlag den Grundsätzen des Primärrechts, denen das Abwägungsergebnis in Form des sekundärrechtlichen Gesetzgebungsaktes entsprechen muss.[17]

Sofern Gemeinschaftsgrundrechte durch das Nachprüfungsverfahren berührt werden, stellt sich die Frage, inwieweit die Einschränkung der Prüfungskompetenz des Ermittlungsrichters i.S.d. VO 1/2003 mit dem allgemeinen Rechtsgrundsatz effektiven Rechtsschutzes vereinbar ist. Letzterer ist auf einen möglichst wirksamen und umfassenden Schutz subjektiver Gemeinschaftsgrundrechte ausgerichtet und hat selbst

15 EuGH, Urteil vom 21.09.1989, verb. Rs. 46/87 und 227/88, Slg. 1989, 2859 *Hoechst*.

16 EuGH, Urteil vom 22.10.2002, Rs. C-94/00, Slg. 2002, I-9011 *Roquette Frères SA*.

17 Vgl. Erwägungsgrund Nr. 37 VO 1/2003.

Grundrechtscharakter. Dieser Grundsatz hat eine bedeutende verfahrensrechtliche Dimension, indem er bestimmte Anforderungen an die Ausgestaltung des im Verwaltungsverfahren zu gewährenden Rechtsschutzes stellt. Eines der Kernelemente effektiven Rechtsschutzes bildet das Bestehen wirksamer Kontrollmöglichkeiten gegenüber Eingriffen in die gemeinschaftsrechtlich gewährten Rechtspositionen in der Weise, dass durch sie verhindert wird, dass schwerwiegende, anders nicht abwendbare Nachteile durch rechtswidriges Handeln entstehen, welche durch eine nachfolgende gerichtliche Entscheidung nicht mehr beseitigt werden können.[18] Der gemeinschaftliche Grundsatz effektiver Rechtsschutzgewähr bildet insoweit eine nicht zu unterschreitende Mindestgrenze. Widerspricht Art. 20 Abs. 7, 8 oder Art. 21 Abs. 3 VO 1/2003 diesen Erfordernissen kann die betreffende Norm nichtig sein, steht sie doch als einfachrechtliche Regelung im Range unter den allgemeinen Rechtsgrundsätzen des Gemeinschaftsrechts.[19]

Der verfahrensrechtlichen Dimension dieses Grundsatzes könnte eine Nachprüfung in Betriebs- und Geschäftsräumen nach Art. 20 Abs. 2, 6 VO 1/2003 unter zwei Aspekten zuwiderlaufen: Kritikwürdig erscheint zunächst die *bedingte* Statuierung eines mitgliedstaatlichen Richtervorbehalts. Ein Richtervorbehalt findet nur Anwendung, sofern eine mitgliedstaatliche Regelung einen solchen vorsieht, um die mitgliedstaatliche Unterstützungshandlung i.S.v. Art. 20 Abs. 6 VO 1/2003 vornehmen zu können. Aber auch in dem Falle, dass ein mitgliedstaatlicher Richtervorbehalt Beachtung erfährt, ist bedenkenswert, dass die Rechtmäßigkeit der Nachprüfungsentscheidung im europäischen Kartellverfahren einer präventiven Rechtskontrolle entzogen bleiben soll; obwohl die Nachprüfungsentscheidung der Kommission das Handeln der zur Kooperation verpflichteten mitgliedstaatlichen Behörde determiniert. In der Praxis hat dies zur Folge, dass trotz rechtswidriger Nachprüfungsentscheidung eine richterliche Genehmigung zu deren Vollstreckung erfolgen muss. D.h. die Untersuchungsbeamten können sich auf Grundlage einer richterlichen Genehmigung – nötigenfalls unter Anwendung körperlicher Gewalt – Zutritt zum Unternehmen verschaffen und auf dem Gelände und in den Räumen des Unternehmens nach Beweismaterial suchen, obwohl die Nachprüfungsentscheidung rechtsmängelbehaftet ist.

Bei einer Nachprüfung in Privaträumen i.S.v. Art. 21 Abs. 1 VO 1/2003 erscheint wiederum problematisch, dass trotz einer zwingend zu beachtenden richterlichen Vorabkontrolle, der auszuübende Prüfungsspielraum entsprechend Art. 20 Abs. 8 VO 1/2003 auf die beantragten Zwangsmaßnahmen beschränkt bleibt. Eingang in Art. 21 Abs. 3 VO 1/2003 fand daher ebenso die Rechtsprechung des EuGH in den Rs. *Hoechst* und *Roquette Frères*, die jedoch nicht Nachprüfungen in Privaträumen, sondern solche in betrieblichen Räumlichkeiten zum Gegenstand hatte. Auch wenn die Rechtsprechung des Gerichtshofes sich noch nicht zu einer Nachprüfung in Privaträumen äußern konnte, geht Art. 21 Abs. 3 VO 1/2003 von der zweifelhaften Prämisse aus, dass sie hinsichtlich des Prüfungsumfangs des nationalen Gerichts ähnliche An-

---

18 Vgl. zum Grundsatz effektiven Rechtsschutzes eingehend A.III.1.

19 Einigkeit besteht darüber, dass man den allgemeinen Rechtsgrundsätzen einen Rang über dem Sekundärrecht zuweist, vgl. *Wegener*, in: Calliess/Ruffert, Art. 220 EG-Vertrag Rn. 37 m.w.N.

forderungen stellen würde, wie bei der Genehmigung von Zwangsmaßnahmen gegenüber Unternehmen.

Diese zu Gunsten der Ermittlungseffektivität in die VO 1/2003 aufgenommenen Beschränkungen und Vorgaben ermittlungsrichterlicher Tätigkeit waren wiederholt Gegenstand kritischer Auseinandersetzung in der Literatur. Alternativ wurde unter dem Gesichtspunkt erhöhter richterlicher Kontrolle von Zwangsmaßnahmen im europäischen Kartellverfahren die Verlagerung ermittlungsrichterlicher Kompetenzen auf die Gemeinschaftsgerichte vorgeschlagen.[20] Denn grundsätzlich gilt, dass in dem Fall, dass durch die nationalen Gerichte kein effektiver Rechtsschutz gewährt werden kann, ein solcher durch die Gemeinschaftsgerichte zu vermitteln ist.[21] Ein derart umschriebener Richtervorbehalt würde die zwangsweise Vollziehung einer Nachprüfungsentscheidung einer präventiven Rechtskontrolle unterwerfen.[22] Die nationalen Behörden könnten sogleich auf der Grundlage der richterlichen Genehmigung die Nachprüfungen zwangsweise durchsetzen. Die Nachprüfungsentscheidung bzw. die vorgesehenen Zwangsmaßnahmen wären im vollen Umfang überprüfbar, da es sich um ein Gericht der Gemeinschaft handeln würde.

Dieser Kritik kann man de lege ferenda begegnen, indem man Verbesserungsvorschläge ausarbeitet und entsprechende Änderungen der VO 1/2003 anregt. Das ist jedoch nicht Gegenstand vorliegender Arbeit. Sie schlägt einen anderen Weg ein: de lege lata, also auf dem Boden des bereits geltenden Gemeinschaftsrechts, soll die Berechtigung dieser Kritik untersucht werden, indem der im EG-Kartellverfahren nicht explizit gelösten Frage nachgegangen wird, ob nur ein stets zu beachtender Richtervorbehalt bei den Gemeinschaftsgerichten effektiven Rechtsschutz im Nachprüfungsverfahren der Kommission gewährt. Dieser Ansatz verspricht mehr als der erstgenannte, da sich bei einem Herangehen de lege ferenda nicht in gleicher Weise das Ziel verfolgen ließe, die Regelungen der VO 1/2003 und die denen zugrundeliegende Rechtsprechung des EuGH kritisch zu betrachten.

---

20 So - de lege ferenda - im Wege der Vertragsänderung *Schwarze/Weitbrecht*, Kartellverfahrensrecht, § 4 Rn. 23; *Hilf/Hörmann*, NJW 2003, 1, 6; *Feddersen*, EuZW 2003, 22, 23; vgl. auch bereits Schlussanträge von GA Mischo vom 20.09.2001 in EuGH, Rs. C-94/00, Slg. 2002, I-9015, 9026 f. Rn. 46 *Roquette Frères SA*, die den Vorschlag enthielten, dass es – de lege ferenda - besser wäre eine präventive richterliche Kontrolle bei den Gemeinschaftsgerichten zu statuieren. Er wiederholte hiermit seinen gleichlautenden Vorschlag, den er bereits im Hoechst-Verfahren (Schlussanträge von GA Mischo vom 21.02.1989 in EuGH, Urteil vom 21.09.1989, verb. Rs. 46/87 und 227/88, Slg. 1989, 2875, 2900 Rn. 146 f. *Hoechst*) geäußert hatte.

21 Vgl. *Calliess*, NJW 2002, 3577, 3582.

22 Die Alternative bereits bei jeder Art von Nachprüfungen eine gerichtliche Genehmigung durch ein Gemeinschaftsgericht vorzusehen, ist mit Hinweis darauf, dass der Erlass einer Nachprüfungsentscheidung selbst noch keine grundrechtsrelevante Maßnahme darstellt, abzulehnen. Die Beamten der Kommission haben alleine, falls sich ein betroffenes Unternehmen weigert, eine Nachprüfung zu dulden, keine Zwangsbefugnisse eine verbindliche Entscheidung durchzusetzen; vgl. *Gumbel*, Grundrechte, S. 113; *Idziok*, Vollstreckungshilfe, S. 137; *Kamburoglou/Pirrwitz*, RIW 1990, 263, 269.

Um Antworten auf die aufgezeigte Fragestellung zu geben, wird unter A. zu prüfen sein, ob aus Gründen des effektiven Rechtsschutzes ein allgemeiner Rechtsgrundsatz des Gemeinschaftsrechts anzuerkennen ist, der einen Richtervorbehalt im Nachprüfungsverfahren der Art. 20 und 21 VO 1/2003 bei den Gemeinschaftsgerichten fordert. Die allgemeinen Rechtsgrundsätze des Gemeinschaftsrechts stehen im Range über einfachrechtlichem, auch geschriebenem Gemeinschaftsrecht und können dessen Nichtigkeit zur Folge haben, vermögen aber auch, soweit es einer primärrechtskonformen Auslegung zugänglich ist, dieses abzuändern und zu modifizieren.[23]

Unabhängig von der Problematik, ob eine Kollision zwischen Art. 20 bzw. 21 VO 1/2003 und höherrangigem Recht besteht, ist der nationale Ermittlungsrichter im Rahmen des europäischen Kartellverfahrens zunächst zur Mitwirkung verpflichtet. Denn der rechtliche Geltungsanspruch endet auf Gemeinschaftsebene erst mit einer Nichtigkeitserklärung durch die Gemeinschaftsgerichte (vgl. Art. 231 EG). Solange eine solche unterbleibt, müssen Art. 20 und 21 VO 1/2003 angewendet werden, auch wenn ein Primärrechtsverstoß vorliegend angenommen werden sollte. Dies soll abschließend Anlass sein, die Ausgestaltung der präventiven Rechtskontrolle i.S.v. Art. 20 Abs. 7, 8; Art. 21 Abs. 3 VO 1/2003 aus der Sicht des mitgliedstaatlichen Rechts zu beleuchten (vgl. B.). Hierzu wird beispielhaft anhand des deutschen Rechts untersucht, inwieweit dem nationalen Ermittlungsrichter bei Anordnung mitgliedstaatlicher Zwangsmaßnahmen im europäischen Kartellverfahren eine dem nationalen Recht vergleichbare Prüfungskompetenz eingeräumt wurde. Dies bedingt einen Vergleich zwischen einer richterlichen Prüfung in einem rein nationalen Verfahren und einer solchen bei Mitwirkung im europäischen Kontext. Eine derartige Fragestellung ergänzt die unter A. beschriebene Begutachtung anhand des Primärrechts und erlaubt Rückschlüsse darauf, inwieweit der VO-Geber bei der Ausgestaltung der richterlichen Kontrolle auf die deutsche Rechtslage Rücksicht genommen hat.

Die in dieser Bearbeitung aufgegriffenen Aspekte sind bisher einzig bei *Dallmann* vertieft behandelt worden, der sich - partiell und bei abweichender Akzentsetzung - dieses Problemkreises im Rahmen seiner 1994 erschienen Dissertation annahm. Eine umfassende Neubearbeitung dieser Thematik ist unter Beachtung der europäischen Grundrechtsentwicklung als auch im Lichte der signifikanten Reformen im europäischen Kartellverfahrensrecht angezeigt.

Die vorliegend zu untersuchenden Aspekte stehen in einem engen Verhältnis zum grundrechtlichen Schutz der Privat- und Geschäftsräume auf europäischer Ebene, der sowohl in der Rechtsprechung der Gemeinschaftsgerichte als auch des EGMR wiederholt Erwähnung fand. Kennzeichnend ist dabei eine im Widerspruch zur (neueren) Jurisdiktion des EGMR stehende zurückhaltende Rechtsprechung der Gemeinschaftsgerichte, die einem Gemeinschaftsgrundrecht der Unverletzlichkeit der Geschäftsräume bislang eine (ausdrückliche) Anerkennung versagten.[24] Die hieraus resultierende potentielle Konfliktlage gilt es aufzugreifen und einzuordnen.

---

[23] Vgl. *Schwarze*, Europäisches Verwaltungsrecht, S. 66 ff.; *Weiß*, Verteidigungsrechte, S. 15 f.

[24] Vgl. hierzu A.III.2.a).

Ebenfalls mit neuerlichen rechtlichen Zweifelsfragen behaftet sind die reformierten Ermittlungsbefugnisse i.S.v. Art. 20 Abs. 2 und 21 Abs. 4 Satz 1 VO 1/2003, deren Ausgestaltung wesentlich für das im konkreten Fall erforderliche Maß an Rechtsschutzgewähr ist. Art. 20 VO 1/2003 enthält zwar die Ermittlungsbefugnisse, die bisher in Art. 14 der VO 17/62 enthalten waren. Diese Befugnisse wurden jedoch durch bestimmte Konkretisierungen und durch neue, bedeutende Elemente ausgeweitet, um die Wirksamkeit der Nachprüfungen zu erhöhen. Zu letzteren gehören insbesondere die Neugestaltung des Fragerechts in Art. 20 Abs. 2 lit. e) VO 1/2003, die Möglichkeit zur Versiegelung gemäß Art. 20 Abs. 2 lit. d) VO 1/2003 und die Regelung der Prüfungsbefugnisse des nationalen Richters, wenn eine Nachprüfungsentscheidung der Kommission mit Hilfe einzelstaatlicher Zwangsmaßnahmen vollstreckt werden soll (vgl. Art. 20 Abs. 7, 8 VO 1/2003). Die bedeutsamste Änderung ist jedoch die erstmalige Erstreckung von Nachprüfungen auf Privatwohnungen gemäß Art. 21 VO 1/2003.

Einhergehend mit den gesteigerten Eingriffsbefugnissen ist eine verstärkte Praxisrelevanz der präventiven Rechtsschutzgewähr aus den Zielen der zum 01.05.2004 in Kraft getretenen VO 1/2003 abzuleiten. Deren Anliegen ist es, die Arbeit der Kommission auf die besonders schwerwiegenden Verstöße gegen das Wettbewerbsrecht in gemeinschaftsrelevanten Fällen zu konzentrieren.[25] Die VO 1/2003 realisiert dieses Hauptanliegen indem sie einerseits die Kommission durch die dezentrale Anwendung von Art. 81 EG und die Abschaffung des bisherigen Genehmigungs- und Anmeldesystems entlastet; andererseits die Ermittlungsbefugnisse der Kommission verstärkt.[26] Es ist zu erwarten, dass die Anwendung des reformierten Kartellverfahrensrechts durch die Kommission eine erhöhte Vor-Ort-Ermittlungstätigkeit zur Folge haben wird und den aufgezeigten grundrechtlichen Fragestellungen weitere Aufmerksamkeit verleiht.

---

[25] Weißbuch über die Modernisierung der Regeln zur Anwendung der Artikel 81 und 82 EG-Vertrag vom 28. April 1999, ABl. (EG) 1999 Nr. C 132/1 Rn. 43 ff.

[26] Die Dezentralisierung der Kartellrechtsanwendung stellt einen wichtigen Pfeiler der Reform des europäischen Kartellverfahrensrechts vom 01.05.2004 dar. Sie beruht auf der Annahme, dass sich in einem „Europa der 25" die Feststellung und Ahndung von Wettbewerbsverstößen durch die Kommission als einer Zentralbehörde nicht mehr effizient organisieren und daher rechtfertigen ließen. Zwar bestand schon bisher eine konkurrierende Zuständigkeit zwischen der Kommission und den nationalen Wettbewerbsbehörden bei der Anwendung der Art. 81 Abs. 1 und 82 EG, doch war Art. 81 Abs. 3 EG auf Grund des Freistellungsmonopols der Kommission gemäß Art. 9 Abs. 1 VO 17/62 davon weitgehend ausgenommen. Der Kommission ist es hierdurch ermöglicht, sich auf Fälle von paradigmatischer Bedeutung, die Verfolgung von gemeinschaftsweiten Kartellen, die Formulierung der Wettbewerbspolitik und die Koordinierung der Durchsetzung des Wettbewerbsrechts zu konzentrieren; vgl. hierzu Weißbuch über die Modernisierung der Regeln zur Anwendung der Artikel 81 und 82 EG-Vertrag vom 28. April 1999, ABl. (EG) 1999 Nr. C 132/1 Rn. 43 ff.; *Schwarze/Weitbrecht*, Kartellverfahrensrecht, § 1 Rn. 6 ff., § 7 Rn. 1 ff.; *Braun*, in: Behrens/Braun/Nowak, 167, 174 ff.; *Schweda*, WuW 2004, 1133, 1134; *Klees*, Kartellverfahrensrecht, § 1 Rn. 26 ff.; *Mestmäcker*, EuZW 1999, 523, 528 f.; *Weitbrecht*, EuZW 2003, 69, 70; *Schwenn*, RIW 2000, 179, 181 f.; *Schütz*, WuW 2000, 686, 691 ff. Vgl. speziell zur Rolle der nationalen Gerichte in Verfahren nach der VO 1/2003 *Hirsch*, ZWeR 2003, 233, 233 ff.

Auch rechtspolitisch knüpft die Themenstellung an Debatten jüngerer Zeit an. Eine besondere (neuerliche[27]) Aufmerksamkeit erfuhr die Diskussion um den Richtervorbehalt auf Gemeinschaftsebene im Reformprozess des europäischen Kartellverfahrensrechts. Die Kommission hatte am 28. April 1999 ein Weißbuch über die Modernisierung der Regeln zur Anwendung der Art. 81 und 82 EG[28] veröffentlicht, in dem sie in Bezug auf die Reform der Nachprüfungsbefugnisse verschiedene Reformmöglichkeiten mit dem Ziel aufzeigte, eine effektive und kohärente Ermittlungspraxis zu garantieren. Als Reforminstrument wurde neben der Vereinheitlichung des mitgliedstaatlichen Vollzugs mittels Harmonisierung der mitgliedstaatlichen Verfahrensregelungen auch die Statuierung eines Richtervorbehalts auf Gemeinschaftsebene in Betracht gezogen.[29]

---

27 Bereits im Gesetzgebungsverfahren zur VO 17/62 wurden entsprechende Überlegungen getätigt, ohne Einfluss auf die Ausgestaltung der VO 17/62 zu nehmen; vgl. m.w.N. *Streinz*, Grundrechtsschutz, S. 448. Im Jahre 1980 fand es GA Warner in seinem Schlussantrag zum Urteil im Fall *National Panasonic* „ungewöhnlich", dass die Kommission ohne vorherige richterliche Ermächtigung vorgehen könne; vgl. GA Warner, Schlussantrag zum Urteil des EuGH vom 26.06.1980, Rs. 136/79, Slg. 1980, S. 2033, 2068 *National Panasonic*.

28 Weißbuch über die Modernisierung der Regeln zur Anwendung der Artikel 81 und 82 EG-Vertrag, ABl. (EG) 1999 Nr. C 132/1.

29 Weißbuch über die Modernisierung der Regeln zur Anwendung der Artikel 81 und 82 EG-Vertrag, ABl. (EG) 1999 Nr. C 132/1 Rn. 111.

A. Der Ermittlungsrichter bei den Gemeinschaftsgerichten

Statuiert das *geschriebene* EG-Kartellverfahrensrecht keinen Richtervorbehalt auf Ebene der Gemeinschaftsgerichte,[30] bedarf es der Untersuchung, ob ein solcher als ein allgemeiner Rechtsgrundsatz des primären Gemeinschaftsrechts herzuleiten ist.

I. Allgemeine Rechtsgrundsätze des Gemeinschaftsrechts

Die allgemeinen Rechtsgrundsätze sind zur Schließung von Vertragslücken eine selbständige Quelle des ungeschriebenen Gemeinschaftsrechts.[31] Sie beruhen auf der Erkenntnis, dass eine Rechtsordnung im Rahmen ihres kodifizierten Rechts mit der abschließenden Regelung und Normierung sämtlicher privat- und öffentlich-rechtlicher Grundsätze überfordert ist. Ausgehend von diesem Befund hat der EuGH auf Grundlage von Art. 220 EG[32] zahlreiche grundrechtliche und rechtsstaatliche Verbürgungen als allgemeine Rechtsgrundsätze des (primären) Gemeinschaftsrechts formuliert. Dazu zählen insbesondere die rechtsstaatlich gebotenen Garantien des Verwaltungsverfahrens und die Gemeinschaftsgrundrechte.[33] Sie binden jede Tätigkeit der Gemeinschaftsorgane, wie Art. 6 Abs. 2 EU und Art. 46 lit. d) EU verdeutlichen.

Der vorliegenden Untersuchung steht es nicht entgegen, dass die Gemeinschaftsgerichte das Vorliegen eines primärrechtlichen Richtervorbehalts im Kartellverfahren der Kommission bisher nicht anerkannt haben. Im Gegenteil, die allgemeinen Rechtsgrundsätze des Gemeinschaftsrechts sind nicht richterrechtlichen Ursprungs.[34] Der EuGH war zwar wesentlich daran beteiligt, die allgemeinen Rechtsgrundsätze zu konkretisieren und ihre Geltung zu bestätigen. Gegen die These vom EuGH als „Schöpfer" der Rechtsgrundsätze spricht aber, dass viele Grundsätze schon angewendet wur-

---

30 Grundsätzlich kennt der EG-Vertrag im *geschriebenen* Recht – im Gegensatz zu der nicht analogiefähigen Regelung des Art. 81 Abs. 3 Satz 1 EAG-Vertrag (vgl. m.w.N. *Dallmann*, Nachprüfung, S. 67; vgl. auch Schlussanträge von GA Mischo vom 21.02.1989 in EuGH, Urteil vom 21.09.1989, verb. Rs. 46/87 und 227/88, Slg. 1989, 2875, 2901 Rn. 151 f. *Hoechst*) - keinen gemeinschaftsrechtlichen Richtervorbehalt.

31 *Wetter*, Grundrechtscharta, S. 41 m.w.N.

32 Die sachliche Rechtfertigung ergibt sich somit aus dem Umstand, dass der EuGH nach dem Rechtsschutzsystem der Verträge zur Entscheidung von Rechtsstreiten berufen ist, für die konkrete Rechtssätze unter Umständen fehlen.

33 Im Grundsatz obliegt die Aufgabe, Lücken im Gemeinschaftsrecht zu schließen, dem Gemeinschaftsgesetzgeber, nicht der Rechtsprechung, der eine derartige rechtsschöpferische Aufgabe nur in begrenztem Umfange zukommen kann. Nur wenn es zur „Wahrung des Rechts" i.S.v. Art. 220 EG geboten ist, kommt deshalb die Anerkennung eines gemeinschaftsrechtlichen Richtervorbehalts als allgemeiner Rechtsgrundsatz des Gemeinschaftsrechts durch die Rechtsprechung in Betracht; vgl. zur Legitimation der Entwicklung allgemeiner Rechtsgrundsätze durch den EuGH *Weiß*, Verteidigungsrechte, S. 16 ff. Vgl. allgemein zur Bedeutung der allgemeinen Rechtsgrundsätze in der Rechtsprechung des EuGH *Weiß*, Verteidigungsrechte, S. 11 ff.

34 In der Diktion von *Rengeling/Szczekalla*, Grundrechte, Rn. 642 werden die allgemeinen Rechtsgrundsätze „vom Gerichtshof nicht erfunden, sondern (nur) gefunden." Vgl. auch *Nowak/Pombo*, in: Loewenheim/Meessen/Riesenkampff, Art. 20 VerfVO Rn. 31.

den, bevor der Gerichtshof sie artikuliert hatte.[35] Es erscheint daher sachgerechter, die Funktion des EuGH im Zusammenhang mit den allgemeinen Rechtsgrundsätzen vor allem in der Artikulation und inhaltlichen Konkretisierung geltender Prinzipien des Gemeinschaftsrechts zu sehen.[36] Nach diesem Verständnis der Rechtsgrundsätze kreiert der EuGH nicht neue Rechtsregeln, sondern macht in seinen Entscheidungen bestehende Grundsätze „sichtbar", indem er sie benennt, inhaltlich ausformt und auf bestimmte Sachverhalte anwendet.

Die (ungeschriebene[37]) methodische Herangehensweise zur Ermittlung eines allgemeinen Rechtsgrundsatzes des Gemeinschaftsrechts ist zweistufig: Ihren Ausgangspunkt findet sie in einem Rechtsvergleich, der auf den europäischen Rechtserkenntnisquellen aufbaut, die im Folgenden näher zu bestimmen sind. Im Anschluss daran ist zu ermitteln, ob dem im Rahmen der Rechtsvergleichung gewonnenen Ergebnis ein allgemeiner Rechtsgrundsatz zu entnehmen ist. Abhängig ist dies davon, wie sich der Stellenwert der Rechtsvergleichung für die Herleitung eines allgemeinen Rechtsgrundsatzes bemisst.

Zwei voneinander zu trennende Prüfungsschritte sind daher zu vollziehen, um einen Richtervorbehalt als allgemeinen Rechtsgrundsatz des Gemeinschaftsrechts auf Ebene des europäischen Primärrechts anzuerkennen. Zunächst ist im Wege einer Analyse der europäischen Rechtserkenntnisquellen zu untersuchen, inwieweit ein Richtervorbehalt Beachtung findet, um der räumlichen Sphäre Schutz zu gewähren (A.II.). Im Anschluss daran ist der Stellenwert des vorgefundenen Ergebnisses für die Synthese gemeinschaftlichen Rechts zu ermitteln. Hierbei wird die Frage aufzuwerfen sein, ob und inwieweit den im Rahmen des Rechtsvergleichs ermittelten Standards auch im Gemeinschaftsrecht uneingeschränkter Vorrang zukommt (A.III.).

II. Rechtsvergleich

Bei der Entwicklung allgemeiner Rechtsgrundsätze des Gemeinschaftsrechts besteht Einigkeit darin, dass sie ihre Grundlage und ihren Ausgangspunkt in einem Rechtsvergleich finden. Der Rechtsvergleich ist nicht nur auf der Grundlage der gemeinsamen Rechtstraditionen der Mitgliedstaaten, sondern auch unter Berücksichtigung der internationalen Verträge über den Schutz der Menschenrechte, an denen die Mitgliedstaaten der EU beteiligt sind, durchzuführen. Besondere Bedeutung kommt unter diesen Verträgen der EMRK zu (vgl. Art. 6 Abs. 2 EU).[38] Die herausgehobene Bedeutung der

---

[35] So wurde bspw. der Grundsatz der Verhältnismäßigkeit vom EuGH zu Beginn seiner Rechtsprechung als „allgemein anerkannter" und nicht etwa von ihm geschaffener Rechtsgrundsatz bezeichnet; vgl. EuGH, Urteil vom 16.07.1956, Rs. 8/55, Slg. 1955/56, 199, 312 *Fédéchar*.

[36] Vgl. *Koch*, Verhältnismäßigkeit, S. 186.

[37] Auf europäischer Ebene legt einzig Art. 288 Abs. 2 EG fest, dass durch Vergleich der einzelnen Rechtsordnungen der Mitgliedstaaten die gemeinschaftsrechtlichen Grundsätze für die außervertragliche Haftung zu ermitteln sind. Für den Bereich der außervertraglichen Haftung enthält das Vertragsrechts damit eine „Methodenanweisung".

[38] Die Europäischen Gemeinschaften und die Union sind selbst *nicht* Vertragsparteien der EMRK und daher auch nicht verpflichtet; vgl. EGMR, NJW 1999, 3107, 3108 *Matthews*; *Böse*, ZRP

EMRK hat zweierlei Gründe. Erstens gibt sie als europäisches Grundrechtsdokument gemeinsame Grundrechtstraditionen der Mitgliedstaaten wieder. Die EMRK sieht sich als grundrechtlichen Kern einer gemeineuropäischen Konstitutionalisierung. Die EMRK prägt zweitens das nationale Recht und damit die Basis für die Rechtsgrundsätze des Gemeinschaftsrechts. Daneben findet in jüngerer Zeit durch den EuG – anders als durch den EuGH – eine Bezugnahme auf die (rechtlich unverbindliche[39]) Grundrechte-Charta der EU[40] statt.[41]

Bei der Fragestellung, ob es eines primärrechtlichen Richtervorbehalts bei Nachprüfungen in Betriebs- und Geschäftsräumen (Art. 20 VO 1/2003) bzw. Privaträumen (Art. 21 VO 1/2003) bedarf, sind die Rechtserkenntnisquellen daraufhin zu analysieren, welche verfahrensrechtlichen Vorkehrungen existieren, um rechtswidrige Eingriffe in die räumliche Sphäre von Privat- und Geschäftsräumen abzuwehren. In diesem Rahmen konzentriert sich die Untersuchung insbesondere darauf, ob ein Richtervorbehalt normative Anerkennung gefunden hat.

Neben den verfahrensrechtlichen Vorkehrungen ist auch der Schutzbereich der grundrechtlichen Garantie näher zu bestimmen. Denn eine isolierte Betrachtung des Verfahrensschutzes vermittelt keinen Eindruck, auf welche Fallkonstellationen ein solcher bezogen ist. Auch bei der Statuierung einer bestimmten Verfahrenssicherung ist ihre Schutzeffektivität zugunsten der betroffenen Rechtsposition abhängig davon, ob und inwieweit sie auf Eingriffe in Betriebs- und Geschäftsräume ausgedehnt wird. Die Darstellung der verschiedenen Rechtslagen wird daher zunächst auf den Schutzbereich der in Betracht kommenden Bestimmung abstellen, um im Anschluss auf Ebene der Eingriffsrechtfertigung zu erörtern, ob und inwieweit die betreffende Regelung

---

2001, 402, 403; *Gaede*, ZStW 115 (2003), 845, 850 m.w.N. Entgegen der ganz h.M. finden sich (vereinzelte) Stimmen in der Literatur, die eine Bindung der Europäischen Gemeinschaften an die EMRK als Rechtsnachfolger der Mitgliedstaaten oder im Wege der Substitution, d.h. der Funktionsnachfolge in die Rechte- und Pflichtenstellung der Mitgliedstaaten, befürworten; vgl. zum Diskussionsstand *Strasser*, Grundrechtsschutz, S. 69 ff.; *Winkler*, Beitritt, S. 29 ff.; *Gumbel*, Grundrechte, S. 45 f. Kritisch weist *Ameye*, ECLR 2004, 332, 334 darauf hin, dass die EU selbst nicht an die EMRK gebunden sei, die Aufnahme neuer Mitgliedstaaten aber gleichwohl an deren Mitgliedschaft im Europarat und die damit einhergehende Bindung an die EMRK knüpft. Ein Beitritt der EG/EU zur EMRK, der die Zuständigkeit des EGMR begründen würde, würde sowohl auf EU-Ebene als auch auf Europaratsebene Rechtsänderungen voraussetzen; vgl. zur Beitrittsdiskussion *Böse*, ZRP 2001, 402, 404 m.w.N. Eine Perspektive auf einen baldigen Beitritt bietet Art. I-9 Abs. 2 VVE (ABl. (EU) 2004 Nr. C 310/01). Art. I-9 Abs. 2 VVE enthält eine Regelung, welche die Voraussetzungen für einen Beitritt der EU zur EMRK schafft: „Die Union tritt der Europäischen Konvention zum Schutze der Menschenrechte und Grundfreiheiten bei." Die Bestimmung enthält nicht nur eine Beitrittsermächtigung, sondern auch eine Selbstverpflichtung der Staaten, den Beitritt zur EMRK herbeizuführen; vgl. *Grabenwarter*, EMRK, S. 33 m.w.N.

39 *Schwarze*, EuZW 2001, 517, 517. Vgl. zur (zukünftigen) Integration der Grundrechte-Charta in den europäischen Verfassungsvertrag *Grabenwarter*, EMRK, S. 31 m.w.N.

40 Charta der Grundrechte der Europäischen Union, ABl. (EG) 2000 Nr. C 364/1 ff.

41 Vgl. m.w.N. aus der Rechtsprechung *Schwarze/Weitbrecht*, Kartellverfahrensrecht, § 5 Rn. 21; *Nowak*, in: Behrens/Braun/Nowak, 23, 24 ff.; vgl. auch *Rengeling/Szczekalla*, Grundrechte, Rn. 222 ff.

einen grundrechtlichen Eingriff in den zuvor definierten Schutzbereich von erhöhten Anforderungen abhängig macht.

1. EMRK

Art. 8 Abs. 1 EMRK gilt dem Schutz der Privatsphäre. Unter die konventionsrechtliche Garantie fallen neben der Privatwohnung auch solche Räumlichkeiten, die gewerblich genutzt werden.[42] Hierbei kommt der Schutz auch juristischen Personen des Privatrechts zugute.[43] Das Grundrecht auf Achtung der Wohnung schützt davor, dass der Staat und seine Organe ohne Einwilligung des Betroffenen den geschützten Bereich der Wohnung betreten, diesen Bereich anderweitig einschränken oder gar zerstören.[44] Typische Eingriffe in das Recht auf Achtung der Wohnung sind Durchsuchungen.[45]

Gemäß Art. 8 Abs. 2 EMRK sind Eingriffe in den Schutzbereich von Art. 8 Abs. 1 EMRK dann gerechtfertigt, wenn der Eingriff gesetzlich vorgesehen und zur Verfolgung eines der in Art. 8 Abs. 2 EMRK genannten Ziele in einer demokratischen Gesellschaft notwendig ist.[46] Dieses Recht kann dort, wo berufliche oder geschäftliche Tätigkeiten bzw. –Lokale betroffen sind, durchaus weitreichender sein, als es bei Räumlichkeiten der Fall wäre, die zu privaten Zwecken genutzt werden.[47] Anders als Art. 13 Abs. 2 GG enthält die konventionsrechtliche Garantie weder einen ausdrücklichen Richtervorbehalt, noch stellt eine richterliche Anordnung nach der Rechtsprechung des EGMR bzw. EKMR eine unabdingbare Voraussetzung für die Rechtmäßigkeit einer Durchsuchung dar.[48] Jedoch müssen die maßgeblichen innerstaatlichen

---

42 EGMR, Urteil vom 16.12.1992, EuGRZ 1993, 65, 66 f. Rn. 30 ff. *Niemietz*; EGMR, Urteil vom 28.04.2005, Strafo 2005, 371, 371 ff. Rn. 36 *Buck*. Diese weite Auslegung legt der EGMR auch in den nach der Sache *Niemietz* ergangenen Entscheidungen EGMR, Urteil vom 25.02.1993, ÖJZ 1993, 532, 533 *Funke*; EGMR, Urteil vom 25.02.1993, ÖJZ 1993, 534, 534 *Crémieux*; EGMR, Urteil vom 16.04.2002, Appl. Nr. 37971/97 *Stés Colas SA* zugrunde. Vgl. bereits EGMR, Urteil vom 30.03.1989, Appl. Nr. 10461/83 *Chappell*, das eine Mischnutzung unterliegende, d.h. privat und geschäftlich genutzte, Räumlichkeit betraf. Vgl. auch *Gumbel*, Grundrechte, S. 93 ff.; *Meyer-Ladewig*, EMRK, Artikel 8 Rn. 33; *Riley*, ICLQ 51 (2002), 55, 72 f.; *Philippi*, ZEuS 2000, 97, 109 ff.; *Busch*, Bedeutung, S. 129 ff.; kritisch *Hertogen*, CJEL 10 (2003) 137, 140 f.

43 Juristische Personen des Privatrechts fallen als organisierte Einheiten unter den Begriff der nichtstaatlichen Organisation in Art. 34 EMRK. Auch lediglich teil- und sogar nicht rechtsfähige Zusammenschlüsse werden vom Begriff der nichtstaatlichen Organisation umfasst, sofern sie eine gewisse organisatorische Verfestigung aufweisen; vgl. *Crones*, Grundrechtlicher Schutz, S. 93 f.; *Breitenmoser*, Privatsphäre, S. 276 ff.

44 Vgl. *Grabenwarter*, EMRK, S. 191 m.w.N.

45 EGMR, Urteil vom 16.12.1992, EuGRZ 1993, 65, 66 f. Rn. 30 ff. *Niemietz*; EGMR, Urteil vom 25.02.1993, ÖJZ 1993, 534, 534 *Crémieux*; *Wildhaber/Breitenmoser*, in: IK-EMRK, Art. 8 Rn. 488; vgl. zum konventionsrechtlichen Begriff der „Durchsuchung“ *Jahn*, Durchsuchung, S. 88 ff.

46 Hierzu eingehend *Grabenwarter*, EMRK, S. 192 ff. m.w.N.; *Riley*, ICLQ 51 (2002), 55, 72 ff.

47 Vgl. *Riley*, ICLQ 51 (2002), 55, 73, 77 Fn. 117 mit Verweis auf EGMR, Urteil vom 16.12.1992, EuGRZ 1993, 65, 66 Rn. 31 *Niemietz*; vgl. auch EuGH, Urteil vom 22.10.2002, Rs. C-94/00, Slg. 2002, I-9011, 9054 Rn. 29 *Roquette Frères SA*.

48 Vgl. Schlussanträge von GA Mischo vom 20.09.2001 in EuGH, Urteil vom 22.10.2002, Rs. C-

Rechtsvorschriften und Vollzugspraktiken unter dem Gesichtspunkt der Verhältnismäßigkeit i.S.v. Art. 8 Abs. 2 EMRK angemessene und wirksame Sicherungen gegen Missbrauch bieten.[49] Die Anordnung der Durchsuchung durch einen Richter stellt dabei ein wesentliches Element der Absicherung des Verfahrens dar.[50] Umgekehrt überprüft der EGMR dort besonders aufmerksam die Verhältnismäßigkeit der Durchsuchung, wo es an einem Richtervorbehalt fehlt.[51] Um einer strengen Verhältnismäßigkeit gegenüber dem verfolgten Ziel zu genügen, dürfen die gesetzlich vorgesehenen Beschränkungen und Bedingungen nicht „als zu lax und voller Schlupflöcher" für Eingriffe in das Recht des Betroffenen eingestuft werden.[52]

Im Ergebnis ist es sehr vom Einzelfall und von einer Gesamtwürdigung aller Umstände[53] abhängig, ob und in welchem Umfang Art. 8 Abs. 2 EMRK besondere verfah-

---

94/00, Slg. 2002, I-9015, 9026 f. Rn. 46 *Roquette Frères SA*; *Frowein*, in: Frowein/Peukert, Artikel 8 Rn. 30; *Streinz*, Grundrechtsschutz, S. 449; *Gillmeister*, Ermittlungsrechte, S. 198; *Wildhaber/Breitenmoser*, in: IK-EMRK, Art. 8 Rn. 488; *Friedmann*, Rechtsstaatliche Grundsätze, S. 165; *Riley*, ICLQ 51 (2002), 55, 74.

[49] Vgl. EGMR, Urteil vom 06.09.1978, EuGRZ 1979, 278, 284 ff. *Klass*; EGMR, Urteil vom 25.02.1993, ÖJZ 1993, 534, 535 *Crémieux*; EGMR, Urteil vom 25.02.1993, ÖJZ 1993, 532, 533 *Funke*; EGMR, Urteil vom 16.12.1997, ÖJZ 1993, 797, 798 *Camenzind*. Besonders betont wurde die Verfahrensdimension in EGMR, Urteil vom 25.09.1996, ÖJZ 1997, 313, 315 *Buckley*: „... die dem einzelnen zur Verfügung stehenden Verfahrensgarantien (sind) von Bedeutung für die Entscheidung, ob der belangte Staat bei der Festlegung des rechtlichen Instrumentariums innerhalb seines Ermessensspielraums geblieben ist. Es ist in der Tat gefestigte Rechtsprechung, dass Art. 8 zwar keine ausdrücklichen prozeduralen Erfordernisse enthält, dass jedoch der Entscheidungsprozeß, welcher zu Eingriffsmaßnahmen führt, fair und im übrigen so beschaffen sein muß, daß er die von Art. 8 geschützten Interessen gebührend beachtet.".

[50] Insbesondere vor dem Hintergrund, dass kein richterlicher Durchsuchungsbefehl vorlag, erachtete der EGMR die Durchsuchungen der französischen Zollbeamten in den Fällen *Funke* (ÖJZ 1993, 532, 533) und *Crémieux* (ÖJZ 1993, 534, 535) als unverhältnismäßig. Trotz richterlicher Anordnung sah der EGMR die Durchsuchung einer deutschen Anwaltskanzlei als unverhältnismäßig an, da die Durchsuchung nicht ausreichend beschränkt war und keine speziellen Sicherungen für die Durchsuchung von Anwaltskanzleien vorhanden waren; vgl. EGMR, Urteil vom 16.12.1992, EuGRZ 1993, 65, 67 Rn. 37 *Niemietz*; vgl. auch *Hilf/Hörmann*, NJW 2003, 1, 8.

[51] EGMR, Urteil vom 16.12.1997, ÖJZ 1998, 797, 798 *Camenzind*: „... ungeachtet des Ermessenspielraums, von dem der Gerichtshof anerkennt, dass er den Vertragsstaaten in diesem Bereich zukommt, muss er besonders wachsam (particularly vigilant) sein, wenn, wie im vorliegenden Fall die Behörden durch das innerstaatliche Recht ermächtigt sind, Durchsuchungen ohne richterlichen Befehl anzuordnen und durchzuführen. Wenn der einzelne vor willkürlichen Eingriffen in die durch Art. 8 geschützten Rechte geschützt werden soll, erscheinen ein rechtlicher Rahmen und sehr strenge Grenzen (a legal framework and very strict limits) für solche Ermächtigungen geboten"; bestätigend EGMR, Urteil vom 25.02.1993, ÖJZ 1993, 534, 535 *Crémieux*; EGMR, Urteil vom 25.02.1993, ÖJZ 1993, 532, 533 *Funke*; vgl. auch *Riley*, ICLQ 51 (2002), 55, 74.

[52] EGMR, Urteil vom 25.02.1993, ÖJZ 1993, 532, 533 *Funke*; EGMR, Urteil vom 25.02.1993, ÖJZ 1993, 534, 535 *Crémieux*; zuletzt bestätigt durch EGMR, Urteil vom 08.01.2002, Appl. Nr. 51578/99 *Keslassy*.

[53] Insbesondere von der Schwere des Eingriffs, den Gründen für den Eingriff, der Verwaltungsorganisation und den zur Verfügung stehenden Rechtsbehelfen; vgl. EGMR, Urteil vom 06.09.1978, EuGRZ 1979, 278, 285 *Klass*.

rensrechtliche Regelungen zum Schutz vor willkürlichen Eingriffen in die Wohnung voraussetzt und in diesem Zusammenhang insbesondere die Regelung eines Richtervorbehalts verlangt.[54]

2. Europäische Grundrechte-Charta

In dem in Nizza proklamierten Text[55] findet sich in Art. 7 die „Achtung des Privat- und Familienlebens, ihrer Wohnung sowie ihrer Kommunikation".

Zur Interpretation der Norm ist auf die Erläuterungen des Konventionspräsidiums zum Inhalt der Charta[56] zurückzugreifen. Auch wenn ihnen keine rechtswirksame Bedeutung zukommt, dienen sie dennoch dazu, die sehr knappen Vorschriften der Charta zu verdeutlichen. In Bezug auf Art. 7 der Grundrechte-Charta heißt es dort, dass die durch diesen Artikel garantierten Rechte denen des Art. 8 EMRK entsprechen. Dabei wird auf Art. 52 Abs. 3 der Grundrechte-Charta verwiesen und ausgeführt, dass entsprechend der dortigen Regelung „diese Rechte die gleiche Bedeutung und Tragweite wie die Rechte aus dem entsprechenden Artikel der EMRK" haben.[57] Die Übertragung des Inhalts der EMRK beschränkt sich nicht allein auf den Normtext, sondern darüber hinaus auch auf die Bedeutung und Tragweite, die diese Rechte durch die Rechtsprechung des EGMR erfahren haben.[58] Eingriffe sollen im gleichen Umfang zulässig sein und den gleichen Voraussetzungen unterliegen.[59] Aus einer Gesamtschau der Charta ergibt sich, dass juristische Personen in den persönlichen Schutzbereich miteinbezogen sein sollen. Insofern fehlt allerdings eine ausdrückliche Bestimmung.[60]

Im Ergebnis erfasst der Schutzbereich von Art. 7 Grundrechte-Charta auch Betriebs- und Geschäftsräume natürlicher und juristischer Personen. Eingriffe bedürfen einer Art. 8 Abs. 2 EMRK entsprechenden Legitimation. Einem Richtervorbehalt unterliegen Eingriffe in Art. 7 Grundrechte-Charta nur unter der Voraussetzung, dass die Verhältnismäßigkeit des Eingriffs einen solchen erfordert.[61]

3. Nationale Verfassungsrechtslagen in den EU-Mitgliedstaaten

Neben der EMRK und der Europäischen Grundrechte-Charta stellen die Verfassungen der Mitgliedstaaten die bedeutendste Rechtserkenntnisquelle dar. Sie gewähren einen

---

54 Vgl. hierzu auch A.III.2.d) aa) (2) (b) (aa) bzw. A.III.3.d) aa) (2).

55 Vgl. allgemein zur Europäischen Grundrechte-Charta *Calliess*, in: Ehlers, § 20 m.w.N.

56 Vgl. die vom Präsidium formulierten und am 11.10.2000 in Brüssel vorgelegten Erläuterungen – Dok: CHARTE 4473/00 CONVENT, in: EuGRZ 2000, 559, 559 ff.

57 Vgl. die Erläuterungen des Konventionspräsidiums, in: EuGRZ 2000, 559, 561.

58 In Nr. 5 der Charta-Präambel wird neben der EMRK und anderen Rechtsquellen auch die Rechtsprechung des EGMR als mitkonstituierendes Element des Inhalts der Gemeinschaftsgrundrechte genannt. Vgl. auch die Erläuterungen des Konventionspräsidiums, in: EuGRZ 2000, 559, 559.

59 Vgl. zum Einfluss der EMRK auf den Inhalt der Grundrechte-Charta *Grabenwarter*, EMRK, S. 30 f. m.w.N.

60 Vgl. *Schwarze*, EuZW 2001, 517, 521.

61 Vgl. A.II.1.

reichhaltigen Fundus an rechtlichen Lösungsmöglichkeiten, anhand deren allgemeine Rechtsgrundsätze des Gemeinschaftsrechts ausformuliert werden können.

Die nachfolgende Analyse der mitgliedstaatlichen Rechtsordnungen unter der Fragestellung, in welcher Weise sie die räumliche Sphäre vor rechtswidrigen Eingriffen schützen, differenziert zwischen den Mitgliedstaaten, die bereits vor dem 01.05.2004 der EU angehörten und solchen, die erst zu diesem Zeitpunkt beitraten. Hierdurch soll verdeutlicht werden, inwieweit die neuen Mitgliedstaaten die in den übrigen Mitgliedstaaten vorherrschenden Rechtsansichten akzeptieren bzw. ob deren Beitritt an den bisher vorherrschenden Rechtsansichten im europäischen Mitgliederbestand etwas geändert hat.

Die Erörterung erstgenannter Mitgliedstaaten beschränkt sich dabei auf die repräsentativen Verfassungsordnungen[62] von Deutschland, Frankreich, Großbritannien, Spanien, Niederlande und Italien.[63]

a) Nationalstaatliche Verfassungsrechtslagen in der EU vor dem 01.05.2004

aa) Deutschland

Zwangsweise Eingriffe in die räumliche Privatsphäre unterliegen in Deutschland dem Schutzbereich der Unverletzlichkeit der Wohnung aus Art. 13 GG. Neben der Privatwohnung fallen auch reine Geschäftsräume juristischer Personen des Privatrechts unter seinen grundrechtlichen Schutz, soweit sie nicht der Öffentlichkeit zugänglich sind.[64] Bei der Einbeziehung von Geschäftsräumen in den sachlichen Schutzbereich des Art. 13 Abs. 1 GG (ggfs. i.V.m. Art. 19 Abs. 3 GG) ist demnach zu unterscheiden, zwischen „besonders geschützten" Geschäftsräumen ohne Öffentlichkeitsverkehr[65] und „allgemeinen" Geschäftsräumen mit Öffentlichkeitsverkehr[66]. Letztere sind lediglich nach Art. 2 Abs. 1 GG verfassungsrechtlich geschützt.

Ein Richtervorbehalt ist gemäß Art. 13 Abs. 2 GG zwingend für Durchsuchungen der durch Art. 13 Abs. 1 GG geschützten Räumlichkeiten vorgesehen. Nur in Fällen der Gefahr im Verzug ist davon abzusehen. Dementsprechend bedürfen Durchsuchungen im kartellrechtlichen Bußgeldverfahren sowohl in Privat- als auch Betriebs- und

---

[62] Grundsätzlich ist ein Vergleich repräsentativer Mitgliedstaaten zulässig; vgl. *Bleckmann*, Europarecht, Rn. 573; ebenso *Wetter*, Grundrechtscharta, S. 41.

[63] Bezüglich der Rechtslage in Belgien, Dänemark, Finnland, Griechenland, Irland, Luxemburg, Österreich, Portugal, Schweden und Spanien wird verwiesen auf *Dallmann*, Nachprüfung, S. 72 ff.; *Jahn*, Durchsuchung, S. 92 ff., 284 ff.; *Schwarze/Weitbrecht*, Kartellverfahrensrecht, § 4 Rn. 21; Schlussanträge von GA Mischo vom 21.02.1989 in EuGH, Urteil vom 21.09.1989, verb. Rs. 46/87 und 227/88, Slg. 1989, 2875, 2884 ff. Rn. 49 ff. *Hoechst*; Weißbuch über die Modernisierung der Regeln zur Anwendung der Artikel 81 und 82 EG-Vertrag, ABl. (EG) 1999 Nr. C 132/1 Rn. 110.

[64] Vgl. BVerfGE 32, 54, 68 ff.; BVerfGE 44, 353, 371; BVerfGE 76, 83, 88; vgl. auch *Dallmann*, Nachprüfung, S. 75 m.w.N.

[65] Bspw. Büros in Verwaltungsgebäuden von Unternehmen.

[66] Bspw. Gaststätten oder Kaufhäuser.

Geschäftsräumen der richterlichen Genehmigung nach § 105 Abs. 1 Satz 1 StPO, § 46 Abs. 1 OWiG.

Eingriffe, die nicht unter Art. 13 Abs. 2 GG subsumierbar sind,[67] unterfallen – von elektronischen Überwachungsmaßnahmen i.S.v. Art. 13 Abs. 3-5 GG abgesehen - dem Art. 13 Abs. 7 GG, der Eingriffe und Beschränkungen „im übrigen" einem qualifizierten Gesetzesvorbehalt unterstellt.

Eine Ausnahme gilt hierbei nur für die in den Schutzbereich des Art. 13 Abs. 1 GG fallenden Geschäftsräume. Während jedes Betreten von Privaträumen durch staatliche Organe einen Eingriff nach Art. 13 Abs. 7 GG darstellt, sind nach Ansicht des BVerfG reine Betretungs- und Besichtigungsrechte der öffentlichen Gewalt sowie bloße Einsichts- und Vorlagerechte bei Geschäftsunterlagen an Ort und Stelle in Unternehmensräumen etwa im Bereich der Gewerbeaufsicht keine Eingriffe und Beschränkungen i.S.v. Art. 13 Abs. 2 GG. Sie sind lediglich an Art. 2 Abs. 1 GG zu messen. Denn Geschäftsräumen komme aufgrund ihres stärkeren sozialen Bezugs nicht derselbe Stellenwert für die Persönlichkeitsentfaltung zu wie privaten Räumen. Ihr grundrechtlicher Schutz müsse daher nicht in gleichem Maße erfolgen.[68]

bb) Frankreich

In der französischen Verfassung ist das Recht auf Unverletzlichkeit der Wohnung nicht ausdrücklich verankert. Die „Déclaration des droits de l'homme et du citoyen" von 1789, die über den Verweis auf die Präambel der Verfassung von 1946 in die Verfassung von 1958 als Grundrechtskatalog inkorporiert ist, war noch nicht mit einer derartigen Garantie versehen. Gleichwohl wurde diese Garantie früh als schützenswert betrachtet. Bereits durch das Dekret vom 29.04.1832 wurde ihr Schutz gesetzlich zugesichert. Bereits im Jahre 1948 stellte der Conseil d'Etat daher fest, dass es sich bei dieser Garantie um einen der allgemeinen Rechtsgrundsätze („principes fondamentaux"[69]) handelt, die dem französischen Verfassungsrecht immanent sind.[70] Der Conseil Constitutionnel bestätigt diese Wertung, indem er die Unverletzlichkeit der Wohnung der „liberté individuelle" zuordnet.[71]

Die traditionelle französische Doktrin hat ein sehr weites Verständnis vom Schutzbereich der „inviolabilité du domicile". Dem Begriff des „domicile" werden selbst solche dem öffentlichen Verkehr gewidmete Räume wie Cafés und Restaurants zugeordnet, was erst recht für Geschäftsräume wie Fabrikhallen, Büroräume und Lager

---

67 Vgl. zur Abgrenzung einer Durchsuchung von Eingriffen „im übrigen" B.I.

68 Vgl. BVerfGE 32, 54, 76 f.

69 Die Erhebung der „principes fondamentaux garantis par les lois de la République" zum Bestandteil der verfassungsrechtlichen Grundprinzipien, die nach der Rechtsprechung des Conseil Constitutionel dem Zugriff des Gesetzgebers entzogen sind, schuf einen Kernbestand an Grundrechtsgarantien, die einen verfassungsrechtlichen Freiheitsschutz gewährleisten; vgl. *Frowein*, Gutachten, 60 f.

70 Vgl. m.w.N. *Jahn*, Durchsuchung, S. 110.

71 Vgl. Entscheidung vom 29.12.1983, Journal Officiel vom 30.12.1983, S. 3871 ff.; vgl. m.w.N. *Dallmann*, Nachprüfung, S. 77.

gilt.[72] Da der Schutz der Privatsphäre und der Menschenwürde allerdings im Vordergrund steht, weist der Schutz nicht bei allen Räumlichkeiten die gleiche Intensität auf. Während er bei der privaten Lebenssphäre, der Wohnung i.e.S., am stärksten ausgebildet ist, kommt er öffentlich zugänglichen Räumen nur in sehr eingeschränktem Maße zugute.

Eingriffe in die Unverletzlichkeit der Wohnung müssen dem Grundsatz der „legalité" entsprechen, was einem strikten Gesetzesvorbehalt entspricht. Das Eingriffe vorsehende Gesetz muss darüber hinaus präzise und bestimmt in der Normierung von Voraussetzungen und Grenzen der zugelassenen Eingriffskompetenzen sein. Schließlich müssen die Eingriffsregelungen die Rolle der „autorité judiciare" als „gardienne de la liberté individuelle" respektieren und entsprechende Rechtsschutzmöglichkeiten vorsehen. Dies beinhaltet allerdings kein unbedingtes Erfordernis einer vorherigen richterlichen Kontrolle der Eingriffe;[73] auch die Prüfung durch einen Staatsanwalt ist als „autorité judicaire" aufzufassen. Einfachgesetzlich ist bei Durchsuchungen jedoch die Tendenz erkennbar, einen Richtervorbehalt vorzusehen.[74] So werden kartellrechtliche Eingriffe in Gestalt der Durchsuchung nach Art. L. 450-4[75] Code de Commerce[76] unter einen Richtervorbehalt gestellt.

cc) Großbritannien

Einen ausdrücklich verankerten verfassungsrechtlichen Schutz der Wohnung bzw. sonstiger Grundrechte kennt das britische Recht nicht. Anders als die meisten Mitgliedstaaten der EU verfügt Großbritannien über keine *geschriebene* Verfassungsurkunde. Das britische Recht ist durch die Souveränität des Parlaments gekennzeichnet, das grundsätzlich frei darin ist, diejenigen Gesetze zu erlassen, die es für richtig erachtet.[77]

Gleichwohl nehmen die Gerichte traditionell die Befugnis für sich in Anspruch, Hüter der „rule of law" und der hieraus zum Teil unmittelbar ableitbaren, zum Teil selbständig begründeten Grundfreiheiten des englischen Bürgers nach dem Common Law zu sein.[78] Dabei versteht man unter Common Law die Rechtssätze und Rechtsbräuche auf dem Gebiet des britischen Königsreichs, die seit frühester Zeit in richterlichen Ent-

---

72 Vgl. *Frowein*, Gutachten, S. 63 f. m.w.N.

73 Vgl. *Frowein*, Gutachten, S. 62 f.

74 Vgl. *Dallmann*, Nachprüfung, S. 78 ff. m.w.N.

75 Art. L. 450-4: „Les enquêteurs ne peuvent procéder aux visite s en tous lieux ainsi qu'à la saisie de documents et de tout support d'information que dans le cadre d'enquêtes demandées par la Commission européenne, le ministre chargé de l'économie ou le rapporteur général du Conseil de la concurrence sur proposition du rapporteur, sur autorisation judiciaire donnée par ordonnance du juge des libertés et de la détention du tribunal de grande instance dans le ressort duquel sont situés les lieux à visiter. (...) Le juge doit vérifier que la demande d'autorisation qui lui est soumise est fondée (...)."

76 Gesetz Nr. 2001-420 vom 15.05.2001, Journal Officiel vom 16.05.2001.

77 Vgl. *Bradley/Ewing*, Constitutional Law, S. 6 ff.

78 Vgl. *Bradley/Ewing*, Constitutional Law, S. 90 ff.

scheidungen als Recht anerkannt wurden und denen daher ein Rang vergleichbar dem einer Verfassung beigemessen wird. In den Fällen, in denen Gesetzestexte nicht eindeutig auszulegen sind, wendet der Richter somit überlieferte und bestehende Prinzipien und Grundsätze an, welche sich aus den bereits entschiedenen Fällen entwickeln lassen.[79]

In Bezug auf den Wohnungsschutz enthält das britische Common Law ein generelles Recht auf Achtung der Privatsphäre („right of privacy"). Zudem erkennt das britische Recht einzelne Verfahrensgrundsätze an, die dem Schutz der Privatsphäre zuzurechnen sind.[80] So sind Gerichtsbefehle, die ohne nähere Spezifizierung zu Durchsuchungen jeder Art ermächtigen, unzulässig.[81]

Für die weitere Ausgestaltung der ungeschriebenen Regeln des Verfassungsrechts ist neben den Leitentscheidungen der britischen Rechtsprechung die gesetzgeberische Praxis heranzuziehen. Im Folgenden werden daher beispielhaft die Sec. 27 und 28 des Competition Act 1998 vorgestellt, die der britischen Kartellbehörde Betretungs- und Besichtigungsrechte als auch Durchsuchungsrechte zur Ermittlung kartellrechtswidriger Verhaltensweisen gewähren. Bei der Erforderlichkeit eines Richtervorbehalts ist zwischen Sec. 27 und 28 zu trennen.

Sec. 27[82] gewährt ein Betretungs- und Besichtigungsrecht von Privat- als auch Betriebs- und Geschäftsräumen; jedoch kein Durchsuchungsrecht, die Anwendung unmittelbaren Zwangs ist nicht gestattet.[83] Einer richterlichen Genehmigung unterliegt das Vorgehen der britischen Kartellbehörden dabei nicht. Ausreichend ist es, wenn eine schriftliche Authorisierung durch die zuständige Stelle innerhalb der britischen Kartellbehörde erfolgt.

Ein Durchsuchungsrecht gewährt hingegen Sec. 28[84]. Den britischen Kartellbehörden steht es zu, gewaltsam in Privat- und Betriebsräume einzudringen, wenn die Umstände dies erfordern, um Beweismaterial für ein kartellrechtliches Verfahren zu gewinnen. Zum Schutze des Betroffenen steht das Vorgehen der Behörden unter einem Richtervorbehalt.

---

79 Vgl. *Bradley/Ewing*, Constitutional Law, S. 16 f.

80 Vgl. *Dallmann*, Nachprüfung, S. 89 m.w.N.

81 Vgl. *Dallmann*, Nachprüfung, S. 89 m.w.N.

82 Sec. 27: (1) Any officer of the Director who is authorised in writing by the Director to do so ("an investigating officer") may enter any premises in connection with an investigation under section 25. (...).

83 Sec. 27 wird daher auch als das Recht des „peaceable entry" gekennzeichnet; vgl. *Wish*, Competition Law, S. 364.

84 Sec. 28: "(1) On an application made by the Director to the court in accordance with rules of court, a judge may issue a warrant if he is satisfied that - (a) there are reasonable grounds for suspecting that there are on any premises documents- (...) (c) an investigating officer has attempted to enter premises in the exercise of his powers under section 27 but has been unable to do so and that there are reasonable grounds for suspecting that there are on the premises documents the production of which could have been required under that section. (...)."

Erachtet man diese einfachgesetzlichen Aussagen als Ausdruck des im Common Law statuierten Schutzes auf Privatsphäre bedürfen nur schwerwiegende Eingriffe in Gestalt einer Durchsuchung in Privat- als auch Betriebs- und Geschäftsräumen eines Richtervorbehalts.[85]

dd) Italien

Die Unverletzlichkeit der Wohnung ist in Italien durch Art. 14 der Verfassung vom 27.12.1947 geschützt. Der Begriff der Wohnung wird im italienischen Verfassungsrecht weit verstanden als der räumliche Schutz der Privatsphäre und umfasst auch die Geschäftsräume von Unternehmen.[86]

Art. 13.[87]

(2) Non è ammessa forma alcuna di detenzione, di ispezione o perquisizione personale, né qualsiasi altra restrizione della libertà personale, se non per atto motivato dell'autorità giudiziaria e nei soli casi e modi previsti dalla legge.

(3) In casi eccezionali di necessità ed urgenza, indicati tassativamente dalla legge, l'autorità di pubblica sicurezza può adottare provvedimenti provvisori, che devono essere comunicati entro quarantotto ore all'autorità giudiziaria e, se questa non li convalida nelle successive quarantotto ore, si intendono revocati e restano privi di ogni effetto.

(...)

Art. 14.[88]

(1) Il domicilio è inviolabile.

---

85 Vgl. mit weiteren Beispielen aus dem britischen Recht *Friedmann*, Rechtsstaatliche Grundsätze, S. 117; *Dallmann*, Nachprüfung, S. 90 ff.

86 Vgl. m.w.N. *Dallmann*, Nachprüfung, S. 85.

87 Art. 13: „(...). (2) Jegliche Form der Inhaftierung, Untersuchung und Durchsuchung der Person wie auch jede sonstige Beschränkung der persönlichen Freiheit ist unzulässig, es sei denn durch eine mit Gründen versehene richterliche Verfügung und nur in den Fällen und Formen, die das Gesetz vorsieht. (3) In außerordentlichen, vom Gesetz genau bestimmten Notstands- und Dringlichkeitsfällen kann die für die öffentliche Sicherheit zuständige Behörde provisorische Maßnahmen treffen, die innerhalb von 48 Stunden dem Gericht mitgeteilt werden müssen und die als aufgehoben gelten und ohne rechtliche Wirkung bleiben, wenn dieses sie nicht innerhalb der folgenden 48 Stunden bestätigt. (...)."

88 Art. 14: „(1) Die Wohnung ist unverletzlich. (2) Besichtigungen, Durchsuchungen oder Beschlagnahmen dürfen nur in den gesetzlich festgelegten Fällen und Formen und unter Beachtung der zum Schutze der persönlichen Freiheit vorgeschriebenen Garantien vorgenommen werden. Bestandsaufnahmen und Besichtigungen aus Gründen der Gesundheitspflege und der öffentlichen Ordnung oder auch zu wirtschaftlichen und Steuerzwecken werden durch besondere Gesetze geregelt."

(2) Non vi si possono eseguire ispezioni o perquisizioni o sequestri, se non nei casi e modi stabiliti dalla legge secondo le garanzie prescritte per la tutela della libertà personale. Gli accertamenti e le ispezioni per motivi di sanità e di incolumità pubblica o a fini economici e fiscali sono regolati da leggi speciali.[89]

Gemäß Art. 14 Abs. 2 Satz 1 i.V.m. Art. 13 Abs. 2 Ital.Verf. dürfen hoheitliche Eingriffe in die Wohnungsfreiheit in Gestalt von Besichtigungen, Durchsuchungen oder Beschlagnahmen nur aufgrund einer vorherigen Gerichtsentscheidung vorgenommen werden. Von dieser Grundregel macht Art. 13 Abs. 2 Ital.Verf. für die Fälle der Gefahr im Verzug eine Ausnahme.

Maßnahmen in Gestalt der Bestandsaufnahme und der Besichtigung, die nicht die Eingriffsintensität einer Durchsuchung erreichen, sind zudem unter den Voraussetzungen des Art. 14 Abs. 2 Satz 2 Ital.Verf. als Sonderfall von einem Richtervorbehalt befreit, wenn sie aus Gründen der Gesundheitspflege und der öffentlichen Ordnung oder auch zu wirtschaftlichen und Steuerzwecken spezialgesetzlich angeordnet sind.[90] Eine richterliche Genehmigung ist daher entbehrlich, wenn die italienischen Kartellbehörden eine Besichtigung nach Art. 14 Abs. 2[91] des italienischen Kartellgesetzes[92] vornehmen.[93]

ee) Niederlande

Die Verfassung vom 17.02.1983 enthält die Garantie der Unverletzlichkeit der Wohnung. Diese findet sich neben dem in Art. 10 Abs. 1 Niederl.Verf. gesondert gewährleisteten Schutz der Privatsphäre in Art. 12 Abs. 1, 2 Niederl.Verf. Der sachliche Schutzbereich beschränkt sich dabei auf Privaträume; Betriebs- und Geschäftsräume unterliegen keinem Schutz i.S.v. Art. 12 Abs. 1, 2 Niederl.Verf.[94]

---

89 http://www.quirinale.it/costituzione/costituzione.htm (Stand: 15.07.2007).

90 Hierzu *Dallmann*, Nachprüfung, S. 86.

91 Art. 14 Abs. 2: "L'Autorità può in ogni momento dell'istruttoria richiedere alle imprese, enti o persone che ne siano in possesso, di fornire informazioni e di esibire documenti utili ai fini dell'istruttoria; disporre ispezioni al fine di controllare i documenti aziendali e di prenderne copia, anche avvalendosi della collaborazione di altri organi dello Stato; disporre perizie e analisi economiche e statistiche nonché la consultazione di esperti in ordine a qualsiasi elemento rilevante ai fini dell'istruttoria."

92 Gesetz Nr. 287/90 vom 10.10.1990.

93 Hierzu eingehend *Friedmann*, Rechtsstaatliche Grundsätze, S. 113 ff.

94 Vgl. *Frowein*, Gutachten, S. 91.

Art. 12.[95]

(1) Het binnentreden in een woning zonder toestemming van de bewoner is alleen geoorloofd in de gevallen bij of krachtens de wet bepaald, door hen die daartoe bij of krachtens de wet zijn aangewezen.

(2) Voor het binnentreden overeenkomstig het eerste lid zijn voorafgaande legitimatie en mededeling van het doel van het binnentreden vereist, behoudens bij de wet gestelde uitzonderingen.

(...)[96]

Einen Richtervorbehalt sieht das niederländische Verfassungsrecht für die Durchsuchung von Privaträumen nicht vor.[97] Der Schutz des Hausrechts wird in erster Linie durch den Gesetzesvorbehalt des Abs. 1 bzw. über die in Abs. 2 genannten Verfahrensvorschriften gewährleistet.[98]

ff) Spanien

Die spanische Verfassung vom 29.12.1978 enthält in Art. 18 Abs. 2 eine ausdrückliche Bestimmung über den Schutz der Unverletzlichkeit der Wohnung, die durch das spanische Verfassungsgericht unter Verweis auf die gleichlautende „doctrina generalizada" in anderen europäischen Staaten wie Deutschland, Italien und Österreich mit Entscheidung vom 17.10.1985 auch auf den Geschäftssitz juristischer Personen, mithin Geschäftsräume, ausgeweitet wurde.[99]

Art. 18.[100]

(2) El domicilio es inviolable. Ninguna entrada o registro podrá hacerse en él sin consentimiento del titular o resolución judicial, salvo en caso de flagrante delito.

(...).[101]

---

95 Art. 12: „(1) Das Betreten einer Wohnung ohne Zustimmung des Bewohners ist nur den durch Gesetz oder kraft Gesetzes bezeichneten Personen in den durch Gesetz oder kraft Gesetzes bezeichneten Fällen erlaubt. (2) Für das Betreten einer Wohnung gemäß Absatz 1 ist die vorherige Legitimation und die Mitteilung des Zwecks des Betretens der Wohnung erforderlich, unbeschadet der im Gesetz vorgesehenen Ausnahmen. (...)."

96 http://www.minbzk.nl/contents/pages/7430/grondwet_NL_6-02.pdf (Stand: 15.07.2007).

97 Das einfach-gesetzliche niederländische Recht regelt entsprechend Art. 12 Abs. 1 Niederl.Verf. in welchen Fällen und von wem private Wohnungen betreten werden dürfen, und unterscheidet dabei nach bloßen Kontrollbesuchen oder sog. Inspektionsbesuchen, die Durchsuchungen des deutschen Rechts vergleichbar sind; vgl. *Jahn*, Durchsuchung, S. 123 f.

98 Vgl. *Frowein*, Gutachten, S. 90.

99 Entscheidung 137/1985 (RA 390), Bolentin de Jurisprudencia Constitucional Nr. 54/55, S. 1268 ff.; vgl. auch *Jahn*, Durchsuchung, S. 131 f.; *Frowein*, Gutachten, S. 102.

100 Art. 18: „(2) Die Wohnung ist unverletzlich. Zutritt oder Durchsuchungen dürfen nicht ohne die Einwilligung des Besitzers oder ohne Gerichtsbescheid erfolgen, es sei denn im Falle frischer Tatbegehung. (...)."

101 http://www.constitucion.es/constitucion/castellano/ (Stand: 15.07.2007).

Bei den Eingriffsmöglichkeiten in das Grundrecht unterscheidet der Wortlaut der Vorschrift zwischen einem bloßen Betreten und einer Durchsuchung. In beiden Fällen unterliegt ein Eingriff einem strikten Richtervorbehalt, von dem nur abgesehen wird, soweit ein Straftäter auf frischer Tat betroffen wird oder bei einer sich daran unmittelbar anschließenden Verfolgung durch Polizeibeamte in ein Haus flüchtet (vgl. Art. 18 Abs. 2 Satz 2 Span.Verf.).[102] Letzterem kommt im Falle einer kartellrechtlichen Nachprüfung keine Relevanz zu. Art. 34 Abs. 1[103] des spanischen Kartellrechts[104] sieht dementsprechend das uneingeschränkte Erfordernis eines Richtervorbehalts vor, wenn spanische Kartellbehörden eine Inspektion vornehmen wollen.

b) Nationalstaatliche Verfassungsrechtslagen der zum 01.05.2004 beigetretenen Mitgliedstaaten der EU

Bei der Erörterung der Rechtslagen in den zehn neuen Mitgliedstaaten, die zum 01.05.2004 in den Kreis der Europäischen Gemeinschaften aufgenommen wurden, ist zu berücksichtigen, dass die Verfassungen der osteuropäischen Beitrittsländer infolge des in den Wendejahren einsetzenden Transformationsprozesses grundlegenden Reformen unterworfen waren. Aufgrund dessen sind die osteuropäischen Verfassungen in einem sehr jungen Entwicklungsstadium, so dass vielfältige Rechtsprobleme noch keiner Lösung durch die Verfassungsgerichtsbarkeit zugeführt werden konnten.[105] Beispielhaft fasst dies *Maruste*[106] für die estnische Rechtsordnung wie folgt zusammen: „The Estonian experience of practising democracy and international law is not the richest one. Due to the short time period the administrative and judicial practice in applying international law and pertinent scholarly analysis are relatively limited". Aus diesem Grunde finden nachfolgende Erörterungen ihre Grundlage und Bestätigung in Gesprächen mit Rechtsexperten der „neuen" EU-Mitgliedstaaten, die der *Verfasser* in den Jahren 2004 und 2005 führte.[107] Hilfsweise wird außerdem die Rechtslage nach der EMRK besondere Berücksichtigung finden, der bei der Formulierung der Verfassungen in den neuen EU-Mitgliedstaaten eine Leitbildfunktion zukam.

---

102 Vgl. *Frowein*, Gutachten, S. 101.

103 Art. 34 Abs. 1: „Access to premises may be made with the consent of the occupants or by means of a court order."

104 Competition Act 16/1989 of 17.07.1989, Official State Gazette No. 170, of 18.07.1989.

105 Erinnert sei an die Entwicklung der Rechtsprechung des BVerfG bei der Konkretisierung des sachlichen Schutzbereiches von Art. 13 Abs. 1 GG. Erst im Jahre 1971, mithin 22 Jahre nach Inkrafttreten des GG, akzeptierte das BVerfG eine extensive Interpretation von Art. 13 Abs. 1 GG zu Gunsten von Betriebs- und Geschäftsräumen; vgl. BVerfGE 32, 54, 68 ff.; vgl. allgemein zur Verfassungsgebung in Osteuropa *Brunner*, Osteuropa-Recht (41) 1995, 258, 258 ff.; *Ismayr*, in: Ismayr-Osteuropa, 9, 9 ff.

106 *Maruste*, in: Blackburn/Polakiewicz, 277, 277.

107 Fehlerhafte Interpretationen jeglicher Art sind selbstverständlich einzig mir, dem *Verfasser*, anzulasten.

aa) Estland

Beruhend auf der detaillierten Regelung des § 33 Estn.Verf. gewährt die estnische Verfassungsordnung[108] auch der räumlichen Privatsphäre grundrechtlichen Schutz. Diese Norm geht in ihrer Ausgestaltung – ebenso wie das II. Kapitel (§§ 8-54) der Verfassung, das den Grund- und Menschenrechten gewidmet ist - auf die verbindlichen Normen des Völkerrechts sowie den einschlägigen internationalen Verträgen, insbesondere der EMRK[109], zurück und entspricht diesen weitgehend.[110]

> *§ 33.*
>
> *The home is inviolable. No one's dwelling, real or personal property under his or her control, or place of employment shall be forcibly entered or searched, except in the cases and pursuant to procedure provided by law, to protect public order, health or the rights and freedoms of others, to prevent a criminal offence, to apprehend a criminal offender, or to ascertain the truth in a criminal proceeding.*[111]

Bereits der Wortlaut von § 33 Satz 2 Estn.Verf. unterstellt sowohl Privaträume („dwelling“) als auch dem Gewerbe dienende Räumlichkeiten („place of employment“) dem grundrechtlichen Schutz der räumlichen Privatsphäre. Gemäß § 9 Abs. 2 Estn.Verf.[112] erstreckt sich der Schutz aus § 33 Estn.Verf. - nach der Entscheidung des estnischen Obersten Gerichts vom 04.11.1993[113] - neben natürlichen Personen auch auf juristische Personen des Privatrechts.[114]

---

[108] Die Estnische Verfassung wurde nach der Wiedererlangung der Unabhängigkeit 1991 ausgearbeitet und in einem Referendum am 28.06.1992 vom Volk angenommen.

[109] Estlands Beitritt zur EMRK erfolgte am 16.04.1996; vgl. die Gegenüberstellung der Normen der EMRK mit den entsprechenden Regeln der estnischen Verfassung bei *Narits*, Juridica International I/1998, 25, 25 ff. Gemäß § 123 Abs. 2 Estn.Verf. ("If laws or other legislation of Estonia are in conflict with international treaties ratified by the Riigikogu [Anm. d. *Verfasser*: estnische Parlament], the provisions of the international treaty shall apply."), ist der EMRK Vorrang vor einfachem Recht eingeräumt. Umstritten ist allerdings, ob Art. 123 Abs. 2 Estn.Verf. internationalen Verträgen auch Vorrang vor der Verfassung gewährt; verneinend *Uibopuu*, in: Fundamental Rights, EE 9, EE 16; vgl. auch *Maruste*, in: Blackburn/Polakiewicz, 277, 280 ff.; *Thiele*, Osteuropa-Recht (48) 2002, 201, 204.

[110] So *Maruste*, in: Blackburn/Polakiewicz, 277, 278; zustimmend *Lagerspetz/Maier*, in: Ismayr-Osteuropa, 69, 71; *Narits*, Juridica International I/1998, 25, 25 f.

[111] Abrufbar unter: http://www.president.ee/en/estonia/constitution.php (Stand: 15.07.2007).

[112] § 9 Abs. 2 Estn.Verf. "The rights, freedoms and duties set out in the Constitution shall extend to legal persons in so far as this is in accordance with the general aims of legal persons and with the nature of such rights, freedoms and duties."

[113] Vgl. Oberste Gericht, III-4/A-4/93, 04.11.1993, RT I 1993, Nr. 72/73, Artikel 152; zustimmend *Roosma*, Juridica International IV/1999, 35, 37.

[114] Vgl. allgemein zur Grundrechtsträgerschaft im estnischen Rechtssystem *Uibopuu*, in: Fundamental Rights, EE 21, EE 22 ff. Vgl. hinsichtlich des im estnischen Rechtssystem ebenfalls auftretenden „Problems der Nicht-Staatsangehörigen mit langjährigem Territorialbezug“ sogleich unter A.II.3. b) bb).

Eingriffe - in Gestalt des zwangsweisen Betretens und Durchsuchens - in den dermaßen bestimmten Schutzbereich unterliegen den Anforderungen des qualifizierten Gesetzesvorbehalts in § 33 Satz 2 a.E. Estn.Verf. i.V.m. § 11 Estn.Verf.[115].[116] Ein Richtervorbehalt ist von Verfassungswegen nicht zwingend vorgesehen. Entsprechend bedürfen Durchsuchungen gemäß § 60 Abs. 1[117] des Estnischen Wettbewerbsgesetzes[118] keiner richterlichen Anordnung.

bb) Lettland

Der Schutz der räumlichen Privatsphäre wird in der lettischen Verfassung durch Art. 96 sichergestellt.[119]

> *Art. 96.*
>
> *Everyone has the right to inviolability of their private life, home and correspondence.*[120]

Die Reichweite des sachlichen Schutzbereichs von Art. 96 Lett.Verf. wurde bisher noch keiner grundlegenden verfassungsgerichtlichen Klärung unterzogen.[121] Gleichwohl interpretiert das lettische Verfassungsgericht die Grundrechte im Lichte der

---

115 § 11 Estn.Verf. "Rights and freedoms may be restricted only in accordance with the Constitution. Such restrictions must be necessary in a democratic society and shall not distort the nature of the rights and freedoms restricted."

116 Vgl. zu den verfassungsrechtlichen Bestimmtheitsanforderungen an eingriffslegitimierende Gesetze i.S.v. § 33 Satz 2 Estn.Verf. *Roosmaa*, Juridica International IV/1999, 35, 37 f. unter Hinweis auf die Entscheidung des estnischen Obersten Gerichts, III-4/A-2/94, 12.01.1994, RT I 1994, Nr. 8, Artikel 130 und der entsprechenden Rechtsprechung des BVerfG.

117 § 60 Abs. 1: "In order to establish a violation or possible violation of this Act, an official or representative of the Competition Board authorised by a directive of the Director General of the Competition Board or his or her deputy (hereinafter person conducting an investigation) has the right, without prior warning or special permission, to inspect the seat and place of business of an undertaking, including the enterprises, territory, buildings, rooms and means of transport of the undertaking, both during working hours and at any time the place of business is used. (...)."

118 Competition Act of 05.06.2001 (RT I 2001, 56, 332 of 01.10.2001).

119 Die lettische Verfassung vom 15.02.1922, die sog. *Satversme*, enthielt bei ihrer Wiederanwendung 1993 noch keinen Menschenrechts- bzw. Grundrechtsteil. Diese Rechte befanden sich im Verfassungsgesetz über die Rechte und Pflichten des Bürgers und Menschen vom 10.12.1991. Erst am 08.10.1998 wurde ein neuer Abschnitt zu den Menschenrechten (Art. 89-116 Lett.Verf.) in die lettische Verfassung aufgenommen, der im wesentlichen auf dem Verfassungsgesetz von 1991 beruhte; vgl. zur lettischen Verfassungsgeschichte *Thiele*, Osteuropa-Recht (48) 2002, 201, 202 f.; *Uhl*, Systemtransformationen, S. 179 ff.; *Schmidt*, in: Ismayr-Osteuropa, 109, 111 ff.

120 Abrufbar unter: http://www.lrkt.lt/Documents2_e.html (Stand: 15.07.2007).

121 Die rechtlichen Grundlagen für das Verfassungsgericht wurden erst durch eine Verfassungsänderung am 05.06.1996 (Art. 85 Verf.) und das am selben Tag verabschiedete Verfassungsgerichtsgesetz geschaffen; vgl. hierzu *Levits*, Osteuropa-Recht (43) 1997, 305, 305 ff. Eine individuelle Verfassungsbeschwerde war zunächst nicht vorgesehen. Am 01.06.2000 wurde mit Wirkung zum 01.07.2000 das Verfassungsgerichtsgesetz geändert und eine individuelle Verfassungsbeschwerde nach deutschem Vorbild eingeführt; vgl. *Schmidt*, in: Ismayr-Osteuropa, 109, 141 f.

EMRK und der hierauf beruhenden Rechtsprechung des EGMR. Ein Bekenntnis in diesem Sinne äußerte das lettische Verfassungsgericht in seiner Entscheidung vom 01.03.2000:

> *„Article 89*[122] *of the Satversme determines that the State recognizes and protects the fundamental rights of a person in accordance with the Constitution, the laws and international agreements binding on Latvia. From this Article it can be seen that the aim of the legislator has not been to oppose norms of human rights, included in the Satversme to the international ones. Quite contrary - the aim has been to achieve mutual harmony of the norms. In cases, when there is doubt about the contents of the norms of human rights included in the Satversme, they should be interpreted in compliance with the practice of application of international norms of human rights. The practice of the European Court of Human Rights (...) is mandatory when interpreting the norms of the Convention. This practice shall be used also when interpreting the respective norms of the Satversme."*[123]

Hierauf Bezug nehmend erscheint die Annahme gerechtfertigt, dass das lettische Verfassungsgericht den Schutzbereich des Art. 96 Lett.Verf. im Lichte des Art. 8 Abs. 1 EMRK interpretieren wird, wenn eine entsprechende Entscheidung zu treffen ist. Vertretbar erscheint es daher neben Privaträumen auch solche Räume in den Schutz des Art. 96 Lett.Verf. einzubeziehen, die zu gewerblichen Zwecken genutzt werden. Die Ausgestaltung des persönlichen Anwendungsbereichs entspricht den vorgenannten Gedanken zur Interpretation der lettischen Grundrechte. Neben Privatpersonen sind auch juristische Personen des Privatrechts als Träger des Grundrechts aus Art. 96 Lett.Verf. anzusehen.[124] Das Kriterium der Staatsbürgerschaft ist hierbei irrelevant.[125]

Eingriffe in den Schutzbereich sind gemäß Art. 116 Satz 1 Lett.Verf. gerechtfertigt, „provided for by law in order to protect the rights of other people, the democratic structure of the State, and public safety, welfare and morals". Unter Berücksichtigung der Interpretation des Art. 8 Abs. 2 EMRK ist eine präventive richterliche Einschaltung nicht erforderlich, sofern (einfachgesetzliche) verfahrensrechtliche Vorkehrungen den Eingriff als verhältnismäßig erscheinen lassen. Letzteres bedingt bei kartellrechtli-

---

122 Art. 89: "The State shall recognise and protect fundamental human rights in accordance with this Constitution, laws and international agreements binding upon Latvia."

123 Vgl. Lettisches Verfassungsgericht vom 01.03.2000, abrufbar unter: http://www.satv.tiesa.gov.lv/Eng/Spriedumi/03-01(00).htm (in englisch), (Stand: 15.07.2007).

124 Vgl. zum persönlichen Schutzbereich des Art. 8 EMRK unter A.II.1. Grundsätzlich sind dem lettischen Verfassungsgericht Klagen juristischer Personen nicht fremd; vgl. die Entscheidung des lettischen Verfassungsgerichts vom 01.06.2004, abrufbar unter: http://www.satv.tiesa.gov.lv/ENG/Spriedumi/06-01(04).htm (in englisch), (Stand: 15.07.2007).

125 Noch im Jahre 2002 wies *Thiele*, Osteuropa-Recht (48) 2002, 201, 208 f. auf das „Problem der Nicht-Staatsangehörigen mit langjährigem Territorialbezug in Lettland" hin. Vor allem der großen russischsprachigen Bevölkerungsgruppe ist aufgrund hoher gesetzlich festgelegter Anforderungen der Erwerb der lettischen Staatsangehörigkeit nur schwer möglich. Da zahlreiche Rechte, darunter nicht nur politische, sondern auch wirtschaftliche nur eigenen Staatsangehörigen vorbehalten sind, werden Nicht-Staatsangehörige mit ständigem Wohnsitz von bestimmten Rechten ausgeschlossen.

chen Durchsuchungen gemäß Sec. 9 Abs. 5 Nr. 4[126] des Lettischen Wettbewerbsgesetzes die Statuierung einer vorherigen richterlichen Entscheidung.

cc) Litauen

Die litauische Verfassung vom 25.10.1992 enthält im zweiten Abschnitt („The Individual and the State“) das Grundrecht der Unverletzlichkeit des Wohnraums (Art. 24 Lit.Verf.).[127]

> *Art. 24.*
>
> *A person's home shall be inviolable.*
>
> *Without the consent of the resident, entrance into a person's home shall only be permitted pursuant to a court order, or in accordance with the procedure etablished by law when this is necessary for the protection of public order, arrest of a criminal, or saving of a person's life, health, or property.*[128]

Verfassungsrechtlicher Klärung durch das litauische Verfassungsgericht bedarf der Aspekt, ob neben Privaträumen auch gewerblich genutzte Räumlichkeiten den Schutz des Art. 24 Lit.Verf. genießen.[129]

Stimmen in der litauischen Literatur raten eine extensive Auslegung der Norm an. Unter Wohnung i.S.v. Art. 24 Lit.Verf. sei auch ein Raum zu verstehen, der gewerblich genutzt werde.[130] Konsequenz der Gegenmeinung wäre ein verminderter Schutzstandard, der aus dem allgemeinen Eigentumsschutz i.S.v. Art. 23 Lit.Verf.[131] resultiert.

---

126 Sec. 9 Abs. 5: "In the name of Competition Council Bureau is entitled the right to: (…) 4) on the basis of court decision without prior warning and in presence of police – to enter into market participants' and their employees' vehicles, apartments or uninhabitable rooms, buildings and other premises by opening them and depositaries inside them, and examine possessions and documents of market participants and their employees. (…)".

127 Vgl. allgemein zur litauischen Verfassungsgeschichte *Vadapalas*, in: Blackburn/Polakiewicz, 503, 503; *Hollstein*, Staatsorganisatorische Modell, S. 27 ff.; *Jočienė*, in: Fundamental Rights, LT 11, LT 11; *Tauber*, in: Ismayr-Osteuropa, 149, 152 ff.

128 Abrufbar unter: http://www3.lrs.lt/c-bin/eng/preps2?Condition1=21892&Condition2=, (Stand: 15.07.2007).

129 Dementsprechend ungeklärt ist auch der persönliche Schutzbereich des Art. 24 Lit.Verf.; vgl. allgemein zum persönlichen Schutzbereich der litauischen Grundrechte *Jočienė*, in: Fundamental Rights, LT 21, LT 22 ff.

130 Vgl. *Teisės institutas*, Komentaras, S. 187.

131 Art. 23 Lit.Verf. "Property shall be inviolable. Property rights shall be protected by law. Property may be taken over only in cases and under the conditions provided for by the law in the public interest and, subject to fair compensation." Umstritten ist wiederum, ob Art. 23 Lit.Verf. auch auf juristische Personen anwendbar ist; vgl. m.w.N. *Roggemann*, Eigentum, S. 184 f.

Einer Auslegung der Norm i.S.d. EMRK[132], die das Wohnungsgrundrecht in Art. 8 EMRK auf Betriebs- und Geschäftsräume anwendet, kommt nur eine indizielle Bedeutung zu. Denn völkerrechtliche Verträge, somit auch die EMRK[133], bedürfen der Ratifizierung durch das litauische Parlament (*Seimas*). In der innerstaatlichen Normenhierarchie kommt ihnen lediglich Gesetzesrang zu (vgl. Art. 138 Abs. 3 Lit.Verf.[134]).[135] Das litauische Rechtssystem geht davon aus, dass völkerrechtliche Verträge wie Gesetze und andere Rechtsakte der Verfassung entsprechen müssen.[136] Sie unterliegen gemäß Art. 105 Abs. 3 Lit.Verf.[137] der Überprüfung durch das litauische Verfassungsgericht.[138]

Unter Zugrundelegung der erstgenannten Auffassung steht – abgesehen von Fällen der Gefahr im Verzuge - bereits das Betreten der (privat oder gewerblich) genutzten Räume unter dem Erfordernis einer richterlichen Anordnung; sofern kein legitimierendes Einverständnis von Seiten des Bewohners geäußert wird (vgl. Art. 24 Abs. 2 Lit.Verf.). Einfachgesetzlich wird dies durch Art. 26 Abs. 1 Nr. 1, 2, Abs. 2 i.V.m. Art. 29 des Litauischen Wettbewerbsgesetzes[139] bestätigt, der kartellrechtliche Durchsuchungen unter einen Richtervorbehalt stellt.

dd) Malta

Die Verfassung von 1964[140] enthält in Kapitel IV („Fundamental Rights and Freedoms of the Individual") einen umfangreichen und detaillierten Grundrechtskatalog (Art. 32-47), der in großem Umfange an die EMRK[141] angelehnt wurde. Der Schutz der Unverletzlichkeit der Wohnung hat in Art. 38 Malt.Verf. besondere Berücksichtigung gefunden.

---

132 Die Republik Litauen ratifizierte die EMRK am 27.04.1995. Der Beitritt erfolgte zum 20.06.1995.

133 Speziell zum Rang der EMRK im litauischen Recht *Vadapalas*, in: Blackburn/Polakiewicz, 503, 506 ff.

134 Art. 138 Abs. 3: "International agreements which are ratified by the Parliament of the Republic of Lithuania shall be the constituent part of the legal system of the Republic of Lithuania."

135 Vgl. *Vainiutė*, Verfassungsentwicklung, S. 290; *Vadapalas*, in: Blackburn/Polakiewicz, 503, 504; siehe auch *Jočienė*, in: Fundamental Rights, LT 65, LT 69 f.

136 Vgl. *Vainiutė*, Verfassungsentwicklung, S. 288 mit Verweisen auf die Rechtsprechung des litauischen Verfassungsgerichts.

137 Art. 105 Abs. 3: "The Constitutional Court shall present conclusions concerning: (...) 3) the conformity of international agreements of the Republic of Lithuania with the Constitution (...)."

138 Vgl. *Vainiutė*, Verfassungsentwicklung, S. 291.

139 Gesetz der Republik Litauen Nr. VIII-1099 vom 23.03.1999

140 Vgl. zur Verfassungsentwicklung Maltas *Bestler/Waschkuhn*, in: Ismayr-Westeuropa, 731, 731 ff.; *Pullicino*, in: Blackburn/Polakiewicz, 559, 559 ff.

141 Der Beitritt Maltas zur EMRK erfolgte am 23.01.1967. Mit Wirkung vom 19.08.1987 wurde die EMRK in das maltesische Recht übernommen; European Convention Act (Chapter 319 of the Laws of Malta); vgl. auch *Pullicino*, in: Blackburn/Polakiewicz, 559, 562.

Art. 38.

(1) Except with his own consent or by way of parental discipline, no person shall be subjected to the search of his person or his property or the entry by others on his premises.

(2) Nothing contained in or done under the authority of any law shall be held to be inconsistent with or in contravention of this article to the extent that the law in question makes provision –

> *(a) that is reasonably required in the interest of defence, public safety, public order, public morality or defency, public health, town and country planning, the development and utilisation of mineral resources, or the development and utilisation of any property in such a manner as to promote the public benefit;*
>
> *(b) that is reasonably required for the purpose of promoting the rights or freedoms of other purposes;*
>
> *(c) that authorises a department of the Government of Malta, or a local government authority, or a body corporate established by law for a public purpose, to enter on the premises of any person in order to inspect those premises or anything thereon for the purpose of any tax, rate or due or in order to carry out work connected with any property or installation which is lawfully on those premises and which belongs to that Government, that authority, or that body corporate, as the case may be; or*
>
> *(d) that authorises, for the purpose of enforcing a judgment or order of a court, the search of any person or property by order of a court or entry upon any premises by such order, or that is necessary for the purpose of preventing or detecting criminal offences,*

and except so far as that provision or, as the case may be, the thing done under the authority thereof is shown not to be reasonably justifiable in a democratic society.[142]

Der sachliche Schutzbereich des Art. 38 Abs. 1 Malt.Verf. erstreckt sich unter Zugrundelegung einer weiten Interpretation der „*premises*“ neben Privaträumen auch auf gewerblich genutzte Räumlichkeiten.[143] Der persönliche Anwendungsbereich von Art. 38 Abs. 1 Malt.Verf. erfasst dementsprechend auch juristische Personen des Privatrechts.[144]

Einschränkungen des in Art. 38 Abs. 1 Malt.Verf. formulierten Grundrechts auf Unverletzlichkeit der Wohnung werden nach Art. 38 Abs. 2 lit. (a) – (d) Malt.Verf. von verfassungswegen akzeptiert.

Hiernach unterliegen Eingriffe einem qualifizierten Gesetzesvorbehalt, der nur unter den besonderen Voraussetzungen des Art. 38 Abs. 2 lit. (d) Malt.Verf. einen Richtervorbehalt vorsieht. Keiner richterlichen Anordnung bedarf es daher bei kartellrechtli-

---

142 Abrufbar unter: http://www.legal-malta.com/law/constitution.htm (Stand: 15.07.2007).

143 Vgl. Entscheidung des Maltesischen Verfassungsgerichts vom 04.03.1992 (Band 76, Teil I, S. 51 der amtlichen Entscheidungssammlung).

144 Vgl. auch Art. 4 lit. d) Interpretation Act 1975 (Chapter 249 of the Laws of Malta): "In this Act and in every other Act whether passed before or after the commencement of this Act, unless the contrary intention appears – (...) (d) the expression "person" shall include a body or other association of persons, whether such body or association is corporate or unincorporate."

chen Inspektionen durch die Wettbewerbsbehörde Maltas (vgl. Art. 12 Abs. 5[145] Competition Act[146]).

ee) Polen

Ebenso wie eine Vielzahl der polnischen Grundrechte ist das Grundrecht auf Unverletzlichkeit der Wohnung (Art. 50 Poln.Verf.) in Kapitel II (Freiheiten, Rechte und Pflichten des Menschen und des Staatsbürgers) der polnischen Verfassung[147] niedergelegt.[148]

> *Art. 50.*
>
> *Die Unverletzlichkeit der Wohnung wird gewährleistet. Die Durchsuchung einer Wohnung, anderer Räume oder eines Fahrzeugs darf nur in den im Gesetz bestimmten Fällen und in der gesetzlich bestimmten Weise erfolgen.*[149]

Verfassungsrechtlich ungeklärt ist bisher, inwieweit Art. 50 Poln.Verf. neben Privaträumen auch solche Räumlichkeiten in seinem Schutzbereich umfasst, die der Erwerbstätigkeit gewidmet sind.[150]

In der Verfassungsrechtsprechung hatte diese Frage bisher keine praktische Bedeutung erlangt.

---

145 Art. 12 Abs. 5: "The Director, duly authorised by a warrant issued by the chairman of the Commission, may, for the purpose of any investigation under this article enter into and search any premises and any other place, or search any means of transport where he has reason to believe that information relevant to the investigation may be found, and in the course of any such search may seize any object or document, or order the non-removal of any object from any such premises, (...)."

146 Chapter 379 of the Laws of Malta

147 Die polnische Verfassung trat am 17.10.1997 in Kraft (Verfassung vom 02.04.1997, Dz. U. 1997, Nr. 78, Pos. 483). Die Vorgängerverfassungen enthielten nur bruchstückhafte Regelungen der Rechte und Freiheiten, die den Verfassungsgerichtshof nicht daran hinderten im Wege der Auslegung eine differenzierte Grundrechtsjudikatur zu schaffen (vgl. allgemein zum polnischen Verfassungsgerichtshof *Diemer-Benedict*, Osteuropa-Recht (44) 1998, 303, 303 ff.; *Ziemer/Matthes*, in: Ismayr-Osteuropa, 185, 229 f.; *Schnapp*, DÖV 2004, 322, 324 f., 326 ff.; vgl. zur Entwicklung der polnischen Verfassungsgerichtsbarkeit *Brunner*, in: Brunner/Garlicki, 15, 16 ff. Erst mit der Verfassung von 1997 liegt allerdings eine systematische Festlegung der Grundrechte im polnischen Verfassungsrecht vor; vgl. zur polnischen Verfassungsentwicklung *Ziemer/Matthes*, in: Ismayr-Osteuropa, 185, 187 ff.; *Mohlek*, Osteuropa-Recht (39), 1993, 146, 146 ff.

148 Vgl. zur systematischen Einordnung der Grundrechte *Diemer-Benedict*, ZaöRV 58,1 (1998), 205, 209; *Garlicki/Wyrzykowski*, in: Fundamental Rights, PL 11, PL 11 f.

149 Abrufbar unter: http://www.sejm.gov.pl/prawo/konst/niemiecki/kon1.htm (Stand: 15.07.2007).

150 Entsprechend zweifelhaft ist auch die Grundrechtsberechtigung inländischer juristischer Personen. Es fehlt in der Verfassung eine Art. 19 Abs. 3 GG entsprechende Regelung, die es erlauben würde, den Umfang des Gegenstandes in der Verfassung formulierter Rechte und Freiheiten auf juristische Personen zu erweitern; vgl. hierzu *Garlicki/Wyrzykowski*, in: Fundamental Rights, PL 11, PL 23 ff.; *Diemer-Benedict*, ZaöRV 58,1 (1998), 205, 213; *Banaszak*, Osteuropa-Recht (47) 2001, 477, 480.

Den Verfassungsmaterialien ist zu entnehmen, dass sich die Arbeiten und Entwürfe zu den polnischen Grundrechten der Verfassung von 1997 an den Normen der EMRK und der hierauf beruhenden Judikatur des EGMR orientiert haben.[151] Nach *Garlicki/Wyrzykowski*[152] entsprechen die grundrechtlichen Schutzbereiche der polnischen Verfassung den entsprechenden Regelungen der EMRK. Die polnischen Grundrechte seien demzufolge im Lichte der EMRK und der hierauf basierenden Rechtsprechung des EGMR zu interpretieren.[153]

Legt man - diesen Grundsätzen folgend - Art. 50 Poln.Verf. im Lichte der EMRK aus, ist dessen Schutzbereich auch auf gewerbliche Räumlichkeiten auszuweiten. Als Anknüpfungspunkt bietet sich eine extensive Auslegung der „anderer Räume" i.S.v. Art. 50 Satz 2 Poln.Verf. an.

Eingriffe in den Schutzbereich unterliegen keinem Richtervorbehalt.[154] Art. 50 Satz 2 Poln.Verf. unterwirft eine Durchsuchung einem Gesetzesvorbehalt, der den Vorgaben des Art. 31 Abs. 3 Poln.Verf.[155] entsprechen muss.[156]

ff) Slowakische Republik

In der slowakischen Rechtsordnung findet der Schutz der Unverletzlichkeit der Wohnung seine verfassungsrechtliche Grundlage in Art. 21 der slowakischen Verfassung vom 01.09.1992.[157]

---

151 Vgl. *Diemer-Benedict*, ZaöRV 58,1 (1998), 205, 217. Die EMRK wurde – mit Ausnahme der Protokolle 6/7 – am 19.01.1993 von der Republik Polen ratifiziert; Dz. U. 1992, Nr. 85, Pos. 427. Protokoll Nr. 11 wurde am 09.01.1997 ratifiziert, Dz. U. 1997, Nr. 18, Pos. 97; hierzu *Drzemczewski/Nowicki*, in: Blackburn/Polakiewicz, 657, 658 f. Vgl. zur Stellung völkerrechtlicher Verträge im polnischen Rechtssystem Art. 9 Poln.Verf., Art. 87 Poln.Verf., Art. 90 Poln.Verf.; *Diemer-Benedict*, ZaöRV 58,1 (1998), 205, 218 ff.; *Garlicki/Wyrzykowski*, in: Fundamental Rights, PL 11, PL 12 ff.; *Drzemczewski/Nowicki*, in: Blackburn/Polakiewicz, 657, 659 f.

152 *Garlicki/Wyrzykowski*, in: Fundamental Rights, PL 11, PL 61 f.

153 So ausdrücklich *Garlicki/Wyrzykowski*, in: Fundamental Rights, PL 11, PL 62 m.w.N.; vgl. auch *Drzemczewski/Nowicki*, in: Blackburn/Polakiewicz, 657, 668 f.

154 Daher überlässt es die polnische Strafprozessordnung (Gesetz vom 06.06.1997) in Art. 220 § 1 dem Staatsanwalt eine Durchsuchungsanordnung auszustellen. „Gefahr im Verzug" bedarf es diesbezüglich nicht (vgl. Art. 220 § 3 i.V.m. Art. 217 § 3).

155 Art. 31 Abs. 3: „Einschränkungen, verfassungsrechtliche Freiheiten und Rechte zu genießen, dürfen nur in einem Gesetz beschlossen werden und nur dann, wenn sie in einem demokratischen Staat wegen seiner Sicherheit oder öffentlicher Ordnung oder zum Schutz der Umwelt, Gesundheit, der öffentlichen Moral oder der Freiheiten und Rechte anderer Personen notwendig sind. Diese Einschränkungen dürfen das Wesen der Freiheiten und Rechte nicht verletzen."

156 Vgl. zur Beschränkung polnischer Grundrechte allgemein *Garlicki/Wyrzykowski*, in: Fundamental Rights, PL 11, PL 26 ff.

157 Vgl. zur Verfassungsentwicklung in der Slowakischen Republik *Blaško*, in: Blackburn/Polakiewicz, 755, 755 ff.; *Kipke*, in: Ismayr-Osteuropa, 273, 274 ff.; *Slapnicka*, Osteuropa-Recht (39) 1993, 157, 157 ff.

Art. 21.

(1) Die Wohnung ist unverletzlich. Sie darf nicht ohne Zustimmung dessen betreten werden, der darin wohnt.

(2) Eine Hausdurchsuchung ist nur im Zusammenhang mit einer Straftat, auf der Grundlage einer schriftlichen, mit Gründen versehenen richterlichen Anordnung zulässig. Die Vorgangsweise bei der Hausdurchsuchung wird durch Gesetz geregelt.

(3) Andere Eingriffe in die Unverletzlichkeit der Wohnung sind nur statthaft, wenn dies in einer demokratischen Gesellschaft zum Schutz des Lebens, der Gesundheit oder des persönlichen Eigentums, zum Schutz der Rechte und Freiheiten anderer oder zur Abwendung einer ernsten Bedrohung der öffentlichen Ordnung unvermeidlich ist. Wenn der Wohnraum auch zu unternehmerischen oder zur Ausübung einer anderen wirtschaftlichen Tätigkeit genutzt wird, können durch Gesetz auch dann Eingriffe vorgesehen werden, wenn dies zur Erfüllung von Aufgaben der öffentlichen Verwaltung unvermeidlich ist.[158]

Unstreitig fallen unter den Wohnungsbegriff des Art. 21 Abs. 1 Satz 1 Slowa.Verf. zu privaten Zwecken genutzte Räumlichkeiten. Betriebs- und Geschäftsräume finden dahingegen in Art. 21 Abs. 3 Satz 2 Slowa.Verf. ausdrückliche Erwähnung, sofern „Wohnraum auch zu unternehmerischen oder zur Ausübung einer anderen wirtschaftlichen Tätigkeit genutzt wird". Ausgehend von der Wendung „auch" in Art. 21 Abs. 3 Satz 2 Slowa.Verf. ist diese Regelung derart zu interpretieren, dass Betriebs- und Geschäftsräume - ebenso wie in Art. 12 LSPZ[159] - nur in dem Falle grundrechtlichen Schutz genießen, in denen sie auch privaten Zwecken dienen. Räume, die nur gewerblich genutzt werden, sind durch die slowakische Verfassung nicht direkt und ausdrücklich geschützt. Zu ihrem Schutz ist der allgemeine Verfassungsartikel über das Eigentum, Art. 20 Slowa.Verf.[160], heranzuziehen.[161]

Eingriffe in Art. 20 Slowa.Verf. sind durch und aufgrund eines Gesetzes möglich (vgl. Art. 13 Slowa.Verf.[162]).

---

158 Abrufbar unter: http://www.verfassungen.de/sk/verf92-l.htm (Stand: 15.07.2007).

159 Vgl. hierzu sogleich A.II.1.b) hh).

160 Art. 20: „(1) Jeder hat das Recht, Eigentum zu besitzen. Das Eigentumsrecht aller Eigentümer hat gleichen gesetzlichen Inhalt und genießt den gleichen Schutz. Das Erbrecht ist gewährleistet. (...) (3) Eigentum verpflichtet. Es darf nicht zum Nachteil der Rechte anderer oder im Widerspruch zu durch Gesetz geschützten allgemeinen Interessen mißbraucht werden. Die Ausübung des Eigentumsrechts darf die menschliche Gesundheit, die Natur, kulturelle Denkmäler und die Umwelt nicht über das gesetzlich bestimmte Maß hinaus beeinträchtigen. (4) Eine Enteignung oder zwangsweise Eigentumsbeschränkung darf nur im unvermeidlichen Ausmaße, im öffentlichen Interesse sowie auf Grund des Gesetzes erfolgen, das eine angemessene Entschädigung regelt."

161 Der persönliche Schutzbereich von Art. 20 Slowa.Verf. erfasst auch juristische Personen.

162 Art. 13: „(1) Pflichten können auf Grund eines Gesetzes, in dessen Rahmen und unter Beachtung der Grundrechte und -freiheiten auferlegt werden. (2) Die Grenzen der Grundrechte und -freiheiten dürfen nur unter den in dieser Verfassung festgelegten Bedingungen durch Gesetz bestimmt werden. (3) Gesetzliche Beschränkungen der Grundrechte und -freiheiten haben für alle Fälle, die die gesetzlich festgelegten Bedingungen erfüllen, gleiche Geltung. (4) Bei der Einschränkung der Grundrechte und -freiheiten muß auf ihr Wesen und ihren Sinn geachtet werden.

Wie im deutschen Recht nach Art. 13 Abs. 2 GG bedürfen Hausdurchsuchungen im Schutzbereich des Art. 21 Slowa.Verf. einer richterlichen Anordnung (vgl. Art. 21 Abs. 2 Satz 1 Slowa.Verf.).[163] „Andere Eingriffe" unterhalb der Schwelle der Hausdurchsuchung sind nach den in Art. 21 Abs. 3 Slowa.Verf. genannten Voraussetzungen ausnahmsweise gerechtfertigt. Betrieblich genutzte Privaträume unterliegen dabei gemäß Art. 21 Abs. 3 Satz 2 Slowa.Verf. erweiterten Eingriffsmöglichkeiten.

gg) Slowenien

In der Verfassung der Republik Slowenien vom 23.12.1991[164] wird dem Schutz grundrechtlicher Freiheiten besondere Bedeutung beigemessen. Niedergelegt sind sie - von Ausnahmen abgesehen - in Kapitel II der slowenischen Verfassung („Menschenrechte und Grundfreiheiten").[165] Dem Schutz der Unverletzlichkeit der Wohnung wurde Art. 36 Slowe.Verf. gewidmet.

Art. 36.

(1) Die Wohnung ist unverletzlich.

(2) Niemand darf ohne gerichtliche Verfügung ohne Einwilligung des Bewohners eine fremde Wohnung oder andere fremde Räumlichkeiten betreten oder durchsuchen.

(3) Die Person, deren Wohnung oder Räumlichkeiten durchsucht werden, oder ihr Vertreter ist berechtigt, während der Durchsuchung anwesend zu sein.

(4) Die Durchsuchung darf nur in Anwesenheit von zwei Zeugen durchgeführt werden.

(5) Unter den gesetzlich festgelegten Bedingungen darf eine Amtsperson ohne gerichtliche Verfügung eine fremde Wohnung oder fremde Räumlichkeiten betreten und diese ausnahmsweise ohne Anwesenheit von Zeugen durchsuchen, wenn dies unbedingt notwendig ist, um einen Straftäter unmittelbar zu fassen oder Menschen und Vermögen zu schützen.[166]

Fraglich ist, ob unter den Begriff der „Wohnung" i.S.v. Art. 36 Abs. 1 Slowe.Verf. oder der „andere(n) fremde(n) Räumlichkeiten" i.S.v. Art. 36 Abs. 2 Slowe.Verf. neben Privaträumen auch Betriebs- und Geschäftsräume subsumiert werden. Das slowenische Verfassungsgericht hat diese Frage in seiner Entscheidung vom 03.04.2003 entschieden.[167] Demnach fallen unter den Begriff der „Wohnung" bzw. „andere(n) frem-

---

Derartige Beschränkungen müssen im Einklang mit dem Geist der Verfassung stehen."

163 *Einfachgesetzlich* wird das Erfordernis einer richterlichen Anordnung auf reine Betriebs- und Geschäftsräume erweitert; vgl. Art. 22 Abs. 6 i.V.m. Abs. 4 des slowakischen Wettbewerbsgesetzes (Gesetz Nr. 136/2001 vom 27.02.2001 m.w.Ä.).

164 Ustava Republike Slovenije (Verfassung der Republik Slowenien), Uradni list Republike Slovenije (Amtsblatt der Republik Slowenien) Nr. 33/1991 vom 28.12.1991; vgl. zur Verfassungsentwicklung Sloweniens nur *Lukšič*, in: Ismayr-Osteuropa, 603, 604 ff.

165 Vgl. zur Systematik der slowenischen Grundrechte *Cerar/Šinkovec*, in: Fundamental Rights, SI 15, SI 15 ff.

166 Abrufbar unter: http://www.us-rs.si/en/index.php?sv_path=6,17&itlang=_L2 (Stand: 15.07.2007).

167 Verfassungsgericht der Republik Slowenien, Nr. Up-430/00, Official Gazette Republic of Slove-

de(n) Räumlichkeiten“ geschlossene Räume, die als Wohnraum bestimmt und genutzt werden und dem „öffentlichen Auge“ entzogen sind. In diesen Räumlichkeiten kann der einzelne erwarten seine Privatsphäre auszuleben. „Wohnung“ bzw. „andere(n) fremde(n) Räumlichkeiten“ nehmen daher einzig auf Privaträume Bezug.

Eingriffe in Form des Betretens oder Durchsuchens bedürfen gemäß Art. 36 Abs. 2 Slowe.Verf. einer gerichtlichen Verfügung. Ausnahmen hiervon sind nach Art. 36 Abs. 5 Slowe.Verf. nur in den dort genannten Fällen denkbar.

Wird ein Privatraum auch für wirtschaftliche Zwecke genutzt, so unterliegt dieser Raum nur einem eingeschränkten Schutz. Aufgrund einfachen Gesetzes können dort Durchsuchungen durch Stellen der Verwaltung angeordnet werden; freilich beschränkt auf den (räumlichen) Bereich der wirtschaftlichen Tätigkeit des Betroffenen. Eingriffe in die nicht von Art. 36 Slowe.Verf. geschützten Betriebs- und Geschäftsräume unterliegen daher im Rahmen kartellrechtlicher Hausdurchsuchungen keinem Richtervorbehalt. Gemäß Art. 27[168] i.V.m. Art. 29 Prevention of the Restriction of Competition Act[169] wird die Durchsuchungsanordnung von der Wettbewerbsbehörde erlassen.

hh) Tschechische Republik

Das Grundrecht auf Unverletzlichkeit der Wohnung ist in der tschechischen Verfassung vom 01.01.1993[170] nicht enthalten. Grundsätzlich finden die Grundrechte in der Verfassung der Tschechischen Republik keine abschließende Regelung.[171] Vielmehr erklärt Art. 3 Tsch.Verf., dass die „Urkunde der Grundrechte und Grundfreiheiten“[172] „Bestandteil der verfassungsmäßigen Ordnung der Tschechischen Republik ist“.[173] Der Grundrechtskatalog der Urkunde der Grundrechte und –freiheiten enthält minuziös definierte Grundrechtsgarantien.[174] Hierunter befindet sich in Art. 12 das Grundrecht auf Unverletzlichkeit der Wohnung.

---

nia Nr. 36/03.

168 Art. 27 Abs. 1: „Investigative action shall be carried out by a person employed at the Office on the basis of a written authorisation issued by the Director of the Office.“ Art. 27 Abs. 2: “The undertaking against which procedure has been initiated must at the request of the authorised person of the Office provide this person with access for the purpose of carrying out investigative action at the undertaking's registered office and in other premises in which the undertaking itself or other authorised undertakings carry out activities and business operations from which a violation of this Act might arise.”

169 Official Gazette of the Republic of Slovenia, Nr. 310-03/99-5/1.

170 Die Verfassungsurkunde (Verfassungsgesetz Nr. 1/1993) trat am 01.01.1993 mit dem Entstehungsmoment des tschechischen Staates in Kraft; vgl. zur tschechischen Verfassungsgeschichte *Vodička*, in: Ismayr-Osteuropa, 239, 240; vgl. auch *Weiß*, Rechtsstaatsprinzip, S. 12 ff.

171 Die Verfassung enthält lediglich vereinzelte Regelungen; vgl. bspw. Art. 12 Tsch.Verf., Art. 90 Tsch.Verf.

172 Auch als “Charter der Grundrechte” bezeichnet; im Folgenden wird die tschechische Kurzbezeichnung „LSPZ“ verwendet.

173 Vgl. *Gillis*, in: Fundamental Rights, CZ 9, CZ 9 f.

174 Vgl. im Überblick *Weiß*, Rechtsstaatsprinzip, S. 77 ff.

Art. 12 LSPZ.

(1) Die Wohnung ist unantastbar. Es ist nicht gestattet, diese ohne Zustimmung des Bewohners zu betreten.

(2) Eine Hausdurchsuchung ist nur zu Zwecken eines Strafverfahrens zulässig, und zwar nur auf die schriftliche, begründete Anordnung eines Richters. Die Durchführungsweise einer Hausdurchsuchung bestimmt das Gesetz.

(3) Andere Eingriffe in die Unantastbarkeit der Wohnung können vom Gesetz nur dann bewilligt werden, wenn dies in einer demokratischen Gesellschaft zum Schutz des menschlichen Lebens oder der Gesundheit, zum Schutz der Rechte und Freiheiten Anderer oder zur Abwehr einer ernsten Gefährdung der öffentlichen Sicherheit und Ordnung unumgänglich ist. Falls eine Wohnung auch als Sitz eines Unternehmens oder zu anderer Wirtschaftstätigkeit dient, können solche Eingriffe vom Gesetz gebilligt werden, falls dies zur Aufgabenerfüllung der öffentlichen Verwaltung notwendig ist.[175]

Der Begriff der „Wohnung" in Art. 12 Abs. 1 Satz 1 LSPZ erfasst solche Räumlichkeiten, die für den dauerhaften Aufenthalt, die vorübergehende Unterkunft oder zu Freizeitaktivitäten genutzt werden. Hierunter fallen zu privaten Zwecken genutzte Räume.[176]

Inwieweit auch Betriebs- und Geschäftsräume in den sachlichen Schutzbereich des Art. 12 LSPZ einbezogen sind, ist zunächst offen. Besondere Berücksichtigung erfahren derartige Räumlichkeiten in Art. 12 Abs. 3 Satz 2 LSPZ. Hiernach sind „Wohnungen", die „auch als Sitz eines Unternehmens oder zu anderer Wirtschaftstätigkeit" dienen, erweiterten Eingriffsmöglichkeiten unterworfen. Ausgehend von der Wendung „auch" in Art. 12 Abs. 3 Satz 2 LSPZ ist diese Regelung derart zu interpretieren, dass Betriebs- und Geschäftsräumen nur in dem Falle grundrechtlicher Schutz nach Art. 12 LSPZ zukommt, wenn sie auch als Privaträume genutzt werden.

Die Unverletzlichkeit der Wohnung wird durch die in Art. 12 Abs. 2 und 3 LSPZ enthaltenen Einschränkungsmöglichkeiten relativiert. Zu unterscheiden ist zwischen der Durchsuchung nach Art. 12 Abs. 2 LSPZ und „andere(n) Eingriffe(n)" i.S.v. Art. 12 Abs. 3 Satz 1 LSPZ. Durchsuchungen unterliegen gemäß Art. 12 Abs. 2 Satz 1 LSPZ einem Richtervorbehalt.[177] Unter den in Art. 12 Abs. 3 LSPZ genannten Voraussetzungen sind „andere Eingriffe" als Durchsuchungen ohne vorherige richterliche Anordnung gerechtfertigt.

---

175 Abrufbar unter: http://www.verfassungen.de/cz/grundrechte92.htm (Stand: 15.07.2007).

176 Bspw. ein Wohnhaus oder ein Wochenendhaus.

177 Vgl. auch Art. 21 Abs. 5 Satz 3, 4 des tschechischen Wettbewerbsgesetzes (Gesetz Nr. 143/2001 vom 04.04.2001): "For this purpose the Office's officials shall be empowered to enter any land, premises, rooms and means of transport, which are used by the undertakings in their business activities (...), examine the books and other business records, take copies or extracts therefrom and ask for oral explanation on the spot. If a reasonable suspicion exists that books or other business records are being kept in other than business premises, including the homes of natural persons that are statutory bodies or their members or employees (...), the investigation may be, with a prior authorisation from the court, conducted also in these premises."

Betriebs- und Geschäftsräume außerhalb der privaten räumlichen Sphäre erfahren gemäß Art. 10 Abs. 2 LSPZ[178] verfassungsrechtlichen Schutz.[179] Eingriffe unterliegen hiernach einem einfachen Gesetzesvorbehalt. Die Grundrechtsträgerschaft ist bei Art. 10 Abs. 2 LSPZ allerdings auf natürliche Personen beschränkt. Die Geltendmachung einer Verletzung der allgemeinen Handlungsfreiheit gemäß Art. 2 Abs. 3 LSPZ, Art. 2 Abs. 4 Tsch.Verf.[180] durch juristische Personen bleibt hiervon unbenommen.[181]

ii) Ungarn

Großes Gewicht legt die ungarische Verfassung dem Grundrechtskatalog (vgl. Art. 54-70 Ung.Verf.) bei, der eine dem internationalen Menschenrechtsstandard entsprechende Fassung erhalten hat.[182] Dem Schutz der räumlichen Privatsphäre widmet sich Art. 59 Abs. 1 Ung.Verf.

Art. 59.

(1) In der Republik Ungarn steht jedem das Recht auf einen guten Leumund, auf Unverletzlichkeit der Privatwohnung sowie auf Schutz der Privatgeheimnisse und der persönlichen Daten zu.

(2) (...).[183]

Der Schutzbereich der „Unverletzlichkeit der Privatwohnung" i.S.d. Art. 59 Abs. 1 Ung.Verf. umfasst - ausgehend von seinem Wortlaut - Räumlichkeiten, die der Privatsphäre zuzurechnen sind.

Unklar war bisher, inwieweit auch Räume in den Schutz von Art. 59 Abs. 1 Ung.Verf. einzubeziehen sind, die gewerblich genutzt werden. Dahingehende Rechtsklarheit schuf das ungarische Verfassungsgericht[184] mit seiner Entscheidung „26/2004. (VII. 7.) AB hat.". Gegenstand der genannten Entscheidung war die Anwendbarkeit des Art. 59 Abs. 1 Ung.Verf. auf das Durchsuchungsrecht der ungarischen Steuerbehörden gemäß Art. 103 Abs. 1, 2 Gesetz Nr. XCII/2003 in Unternehmen und Privaträumen, die auch gewerblicher Nutzung unterliegen. Das ungarische Verfassungsgericht stellte unter Hinweis auf die *Niemitz*-Rechtsprechung des EGMR[185] fest, dass die

---

178 Art. 10 Abs. 2 LSPZ: "Everybody is entitled to protection against unauthorized interference in his or her personal and family life."

179 Art. 10 Abs. 2 LSPZ ist im Verhältnis zu Art. 12 LSPZ lex generalis.

180 Art. 2 Abs. 3 LSPZ: "Everybody may do what is not prohibited by law and nobody may be forced to do what the law does not command." Art. 2 Abs. 4 Tsch.Verf.: "Every citizen may do whatever is not forbidden by law, and no one may be forced to do what the law does not enjoin."

181 Vgl. *Filip*, in: Fundamental Rights, CZ 15, CZ 20 Fn. 13; *Weiß*, Rechtsstaatsprinzip, S. 77 ff.

182 Vgl. *Petsche*, Osteuropa-Recht (42) 1996, 124, 133 ff.; *Brunner*, in: Brunner/Sólyom, 13, 50 ff.; *Polt/Kaltenbach*, Osteuropa-Recht (46) 2000, 242, 242 ff.; *Bokor-Szegö/Weller*, in: Blackburn/Polakiewicz, 383, 383.

183 Abrufbar unter: http://www.mkab.hu/content/de/decont5.htm (Stand: 15.07.2007).

184 Allgemein zur ungarischen Verfassungsgerichtsbarkeit *Körösényi*, in: Ismayr-Osteuropa, 309, 345 ff.; *Majoros*, Osteuropa-Recht (36) 1990, 161, 167 f.; *Küpper*, ZaöRV 58,1 (1998), 239, 267 ff.

185 Vgl. A.II.1. bzw. A.III.2.d) aa) (2) (b).

räumliche Privatsphäre i.S.v. Art. 59 Abs. 1 Ung.Verf. auch bei Eingriffen in Betriebs- und Geschäftsräume berührt wird. Art. 103 Abs. 1, 2 Gesetz Nr. XCII/2003 wurde daraufhin aufgrund seines unverhältnismäßigen Eingriffs in Art. 59 Abs. 1 Ung.Verf. für nichtig erklärt. Der Schutzbereich des Art. 59 Abs. 1 Ung.Verf. wird nunmehr zu Gunsten der Betriebs- und Geschäftsräume natürlicher und juristischer Personen extensiv ausgelegt.

Eingriffe in Art. 59 Abs. 1 Ung.Verf. unterliegen den allgemeinen Anforderungen des Art. 8 Abs. 2 Ung.Verf.[186]. Einschränkende Regelungen sind zulässig, die, auf gesetzlicher Grundlage beruhend, kollidierenden Verfassungsrechtsgütern Geltung verschaffen. Bei ihrer gesetzlichen Ausgestaltung ist die Legislative an den Verhältnismäßigkeitsgrundsatz gebunden.[187]

Bei Eingriffen in Art. 59 Abs. 1 Ung.Verf. ist von Verfassungswegen kein Richtervorbehalt vorgesehen. Gleichwohl ist ggfs. dessen Ausgestaltung auf einfachgesetzlicher Ebene aus Gründen der Verhältnismäßigkeit der Maßnahme angezeigt, wie Art. 65A Abs. 3 Satz 1[188] des Gesetzes Nr. LVII/1996 vom 25.06.1996 über das Verbot des unlauteren Wettbewerbs und der Wettbewerbsbeschränkung verdeutlicht, der kartellrechtliche Durchsuchungen im ungarischen Wettbewerbsrecht einem Richtervorbehalt unterstellt.

jj) Zypern

Gemäß Art. 5 des Vertrages zur Gründung der Republik Zypern[189] wurde vereinbart: "The Republic of Cyprus shall secure to everyone within its jurisdiction human rights and fundamental freedoms comparable to those set out in section I of the European Convention for the Protection of Human Rights and Fundamental Freedoms signed at Rome on the 4th of November, 1950, and the Protocol to that Convention signed at Paris on the 20th of March, 1952."[190] Dies ist einer der Gründe weshalb Teil II ("Fundamental Rights and Liberties") der Verfassung nach dem Vorbild der EMRK[191] entworfen wurde. Nach *Loizou*[192] diente die EMRK „as the prototype for this Part".

Obwohl die zypriotische Verfassung ausführlicher ist als die EMRK, wird die Rechtsprechung der Organe der EMRK, der Kommission und des Gerichtshofs für

---

[186] Art. 8 Abs. 2 Ung.Verf. „(2) In der Republik Ungarn bestimmt ein Gesetz die auf die grundlegenden Rechte und Pflichten bezogenen Regelungen, doch darf dieses den wesentlichen Inhalt eines Grundrechtes nicht einschränken."

[187] Vgl. die Entscheidung des Ungarischen Verfassungsgerichts Nr. 30/1992. (V. 26.) AB hat.

[188] Art. 65A Abs. 3 Satz 1: „Carrying out the investigatory acts specified by this Article shall be subject to the attainment in advance of a judicial authorization decision."

[189] „Treaty of Establishment of the Republic of Cyprus" (16.08.1960); vgl. hierzu *Zervakis*, in: Ismayr-Osteuropa, 847, 849 f.

[190] Vgl. *Loizou*, in: Blackburn/Polakiewicz, 217, 217; *Evangelides*, Republic of Cyprus, S. 67.

[191] Mit Wirkung zum 06.10.1962 trat Zypern der EMRK bei; vgl. European Convention on Human Rights (Ratification) Law, Law No. 39 of 1962.

[192] *Loizou*, in: Blackburn/Polakiewicz, 217, 217.

Menschenrechte, auch für die Auslegung der zypriotischen Grundrechtsvorschriften als maßgeblich angesehen.[193] Sofern es der Wortlaut der einschlägigen Verfassungsnorm erlaubt entwickelt die Rechtsprechung des Obersten Gerichtshofs Zyperns eine mit der EMRK und der Rechtsprechung des EGMR übereinstimmende Interpretation.[194]

In Anlehnung an Art. 8 EMRK formuliert Art. 16 Zyp.Verf. den Schutz der Unverletzlichkeit der Wohnung in der Rechtsordnung Zyperns wie folgt:

Art. 16.

1. Every person's dwelling house is inviolable.

2. There shall be no entry in any dwelling house or any search therein except when and as provided by law and on a judicial warrant duly reasoned or when the entry is made with the express consent of its occupant or for the purpose of rescuing the victims of any violence or of any desaster.[195]

Die Formulierung "person's dwelling house" umfasst unter Berücksichtigung der Rechtsprechung des EGMR zu Art. 8 EMRK[196] neben privaten Räumlichkeiten auch solche die zu gewerblichen Zwecken genutzt werden.[197] Der persönliche Schutzbereich von Art. 16 Abs. 1 Zyp.Verf. schließt - unter Bezugnahme auf die Rechtsprechung des EGMR[198] und Art. 186 Abs. 1 Zyp.Verf.[199] - sowohl natürliche als auch juristische Personen ein.[200]

---

193 Vgl. *Rumpf*, in: Südosteuropa-Handbuch, 155, 161 f.; *Loizou*, in: Blackburn/Polakiewicz, 217, 222 ff.; *Zervakis*, in: Ismayr-Osteuropa, 847, 851; *Evangelides*, Republic of Cyprus, S. 238 ff., 395. Vgl. zu Abweichungen zwischen den Grundrechtsnormen die Gegenüberstellung bei *Evangelides*, Republic of Cyprus, S. 403.

194 Es ist daher ständige Praxis des Obersten Gerichtshofes von Zypern auf die Rechtsprechung des EGMR Bezug zu nehmen; vgl. nur *Evangelides*, Republic of Cyprus, S. 238 ff. Dies darf allerdings nicht dahingehend verstanden werden, dass die EMRK in der Rechtsordnung Zyperns verfassungsrechtlichen Charakter besitzt. In den Worten von *Evangelides*, Republic of Cyprus, S. 237 ist vielmehr festzustellen: „Article 169 (3) of the Constitution, provides that an international instrument has, from the date of its publication in the official Gazette of the Republic, superior force to any municipal law, and therewith not to the Constitution, on condition that such instrument is applied by the other party thereto"; vgl. zum Status der EMRK in der Rechtsordnung Zyperns *Evangelides*, Republic of Cyprus, S. 69 ff., 388 ff.; *Loizou*, in: Blackburn/Polakiewicz, 217, 219 f.

195 Abrufbar unter: http://www.kypros.org/Constitution/English/ (Stand: 15.07.2007).

196 Vgl. A.II.1.

197 Anders noch *Nedjati*, Fundamental Freedoms, S. 92.

198 Vgl. A.II.1.

199 Art. 186 Abs. 1 Zyp.Verf.. "In this Constitution, unless it is otherwise expressly provided or required by the context – (...) 'person' includes any company, partnership, association, society, institution or body of persons, corporate or uninconporate; (...)."

200 Vgl. eingehend zur Grundrechtsberechtigung im Verfassungsrecht Zyperns *Evangelides*, Republic of Cyprus, S. 293 ff., 326 f.

Eingriffe in den Schutzbereich von Art. 16 Abs. 1 Zyp.Verf. sind nur unter den Voraussetzungen des Art. 16 Abs. 2 Zyp.Verf. gerechtfertigt. Das Betreten und Durchsuchen einer unter Art. 16 Abs. 1 Zyp.Verf. subsumierten Räumlichkeit ist nur aufgrund eines Gesetzes und einer ausreichend begründeten richterlichen Anordnung gestattet, sofern der Bewohner nicht sein Einverständnis erklärt hat. Dementsprechend statuiert Sec. 25 (1) i.V.m. (5)[201] des zypriotischen Kartellgesetzes[202] einen Richtervorbehalt bei Betretungs- und Durchsuchungsrechten der zypriotischen Kartellbehörden. Bei Gefahr im Verzug i.S.v. Art. 16 Abs. 2, 3. Alt. Zyp.Verf. wird allerdings auch ohne diese Erfordernisse ein Eingriff in Art. 16 Abs. 1 Zyp.Verf. gebilligt.

4. Ergebnis

Die Zusammenschau der verfassungsrechtlichen Situation in den EU-Mitgliedstaaten mit der Rechtslage der EMRK und der Grundrechte-Charta verdeutlicht, dass das Grundrecht auf Unverletzlichkeit der Wohnung den Verfassungstraditionen aller Mitgliedstaaten gemeinsam ist. Es entspricht einer europäischen Verfassungstradition, die Wohnung als besonders schützenswürdiges Rechtsgut anzusehen.

Nicht einheitlich ist die Frage zu beantworten, ob dieser Grundsatz auch Geschäftsräume juristischer Personen schützt. Die Rechtslage ist nicht in allen Mitgliedstaaten einheitlich. So haben sich Slowenien und die Niederlande gegen einen derartigen Schutz ausgesprochen. Die Slowakische Republik und die Tschechische Republik öffnen den sachlichen Schutzbereich nur solchen Betriebs- und Gewerberäumen, die zugleich privater Nutzung unterliegen.

Von diesen Divergenzen abgesehen, ist jedoch eine allgemeine Tendenz zugunsten einer solchen Gleichstellung im nationalen Recht festzustellen. Gleichwohl darf hierüber nicht verkannt werden, dass in Anlehnung an die Rechtsprechung des EGMR zu Art. 8 Abs. 2 EMRK Eingriffe in gewerblich genutzte Räumlichkeiten größeren Einschränkungsmöglichkeiten unterliegen als dies bei Privaträumen der Fall ist. Die Verfassungsgarantie der Unverletzlichkeit der Wohnung gilt daher auch in den Staaten, in denen sie auf Geschäftsräume erstreckt wird, für diese nicht mit derselben Intensität wie für Privatwohnungen.

Die Reichweite des sachlichen und persönlichen Schutzbereichs und deren Bedeutung im grundrechtlichen Schutzsystem wird allerdings relativiert, sofern keine verschärften Eingriffsschranken aufgestellt sind, die die Möglichkeit eines gerechtfertigten Eingriffs in das Grundrecht erschweren. Es zeigt sich jedoch, dass sowohl Mitgliedstaaten mit einer ausdifferenzierten Rechtsentwicklung wie Deutschland, Großbritannien, Italien und Spanien den Richtervorbehalt als Schutz gegen Eingriffe der öffentlichen Gewalt in die geschützte Rechtssphäre anerkennen als auch die modernen

---

201 Sec. 25 (1) i.V.m. (5): "(1) The Commission shall have the power, in the exercise of its functions under this Law, to conduct all the necessary inquiries in enterprises or trade associations and for this purpose to — (...) (d) enter in all of the offices, premises and transportation means of the enterprises. (...) (5) The entry into a premise or the conduct of an inquiry into a premise shall not be permissible without a properly reasoned judicial order."

202 The Protection of Competition Law of 1989, Law No. 207 of 1989.

Verfassungen von Litauen, Malta, Slowenien, der Slowakischen Republik und der Tschechischen Republik sowie Zyperns. Allerdings gilt dieses Erfordernis nicht ausnahmslos. Als gemeinsamer Bestand der europäischen Rechtsordnung lässt sich herausfiltern, dass die besondere Verfahrenssicherung des Richtervorbehalts fast ausnahmslos nur bei Durchsuchungen anerkannt ist, die das Betreten der geschützten Räumlichkeiten mit Mitteln des physischen Zwangs sichern. Einfache Betretungs- und Besichtigungsrechte ohne Zwangsbefugnisse unterliegen dahingegen in der Regel nur einem einfachen oder qualifizierten Gesetzesvorbehalt. Zudem erkennen einzelne Staaten in Fällen der Gefahr im Verzuge eine Ausnahme vom Erfordernis des Richtervorbehalts an. Unbekannt ist der Richtervorbehalt hingegen den Verfassungen in Estland, Lettland, den Niederlanden, Polen und Ungarn.

Im Ergebnis ist festzuhalten, dass eine präventive richterliche Kontrolle bei einem zwangsweisen Eingriff in private und geschäftliche Räumlichkeiten tendenziell den gemeinsamen Vorstellungen der europäischen Rechts- und Verfassungstraditionen entspricht.

III. Bewertung

Ob aus dem im Rahmen der vorstehenden Rechtsvergleichung gewonnenen Ergebnis ein Richtervorbehalt auf Ebene der Gemeinschaftsgerichte zu folgern ist, ist abhängig davon, welcher Stellenwert der Rechtslage in den genannten Rechtsquellen für die Herleitung eines allgemeinen Rechtsgrundsatzes des Gemeinschaftsrechts beizumessen ist.

Gegen eine Bindung an das im Wege des Rechtsvergleichs gewonnene Ergebnis, demzufolge ein Richtervorbehalt bei Eingriffen in privat und gewerblich genutzte Räumlichkeiten Bestandteil europäischer Verfassungstradition ist, und dessen unreflektierte Übernahme in den Fundus der gemeinschaftsrechtlichen Regelungen sprechen die Formulierungen, die der EuGH verwendet, wenn er auf die Rechtsordnungen der Mitgliedstaaten zu sprechen kommt. So hebt er in der Rs. *Algera* hervor, dass „*unter Berücksichtigung* der in Gesetzgebung, Lehre und Rechtsprechung der Mitgliedstaaten anerkannten Regeln (entschieden)" werden muss.[203] In der Rs. *Rüffer* betont er in gleicher Weise, dass „aus der Gesamtheit der nationalen Rechtssysteme sich ergebende allgemeine Grundsätze (...) *heranzuziehen*" sind.[204] Gleichsam formuliert er in der Rs. *Nold*[205] in Bezug auf völkerrechtliche Verträge, dass „auch internationale Verträge, an deren Abschluss die Mitgliedstaaten beteiligt waren oder denen sie beigetreten sind, (...) *Hinweise* geben (können), die *zu berücksichtigen* sind." Der EuGH hat hierbei niemals die Aussage getroffen, dass er sich in irgendeiner Weise an die konkret in den Rechtsquellen vorgegebenen Lösungen gebunden sieht.

---

[203] EuGH, Urteil vom 12.07.1957, verb. Rs 7/56, 3/57, 7/57, Slg. 1957, 83, 118 *Algera* (Hervorhebung nur hier).

[204] EuGH, Urteil vom 16.12.1980, Rs. 814/79, Slg. 1980, 3807, 3819 Rn. 7 *Rüffer* (Hervorhebung nur hier).

[205] EuGH, Urteil vom 14.05.1974, Rs. 4/73, Slg. 1974, 491, 507 Rn. 13 *Nold* (Hervorhebung nur hier).

Ist eine strikte Bindung abzulehnen, so bleibt die Frage, ob nicht wenigstens eine Orientierung des EuGH an den im Wege des Rechtsvergleichs ermittelten Aussagen bei der Entwicklung seiner Lösungen in der einen oder anderen Richtung festzustellen ist.

Zunächst einmal könnte man aufgrund einer in der Rechtsprechung wiederholt verwendeten Formulierung von einer Maximalorientierung des EuGH ausgehen. Damit wäre gesagt, dass der jeweils höchste Grundrechtsschutzstandard in den mitgliedstaatlichen Verfassungsordnungen für das Schutzniveau auf Gemeinschaftsebene maßgeblich ist. In mehreren Urteilen, ausgehend von der Rs. *Nold*[206] und wiederholt in der Rs. *Schräder*[207] hat der EuGH festgestellt, dass er keine Maßnahme als rechtens ansehen kann, die mit den von den Verfassungen der Mitgliedstaaten anerkannten und geschützten Grundrechten unvereinbar ist. Da er hier nicht von Verfassungskonzeptionen oder dergleichen spricht, sondern von den in den nationalen Verfassungen gewährten Grundrechten, könnte man in der Tat an eine Orientierung am Maximalstandard, d.h. an der Rechtsordnung, die den weitesten Individualschutz zu einer konkreten Frage anbietet, denken. Dem folgend wäre ein Richtervorbehalt im Gemeinschaftsrecht vorzusehen, wenn zwangsweise Eingriffe in die räumliche Sphäre von Privatwohnungen und Geschäfträumen auf gemeinschaftsrechtlichen Befugnissen beruhen. Denn verschiedene Verfassungen der Mitgliedstaaten sehen die Verfahrenssicherung des Richtervorbehalts zum Schutze der räumlichen Grundrechtssphäre vor.

Im Widerspruch hierzu steht das Urteil in der Rs. *Hoechst*, in dem die Frage aufgeworfen wurde, ob es einen Rechtsgrundsatz der Unverletzlichkeit der Wohnung für juristische Personen im Rahmen des Kartellverfahrens der EG gebe. Der EuGH hat dies mit einem Satz abgelehnt, da die „Rechtsordnungen der Mitgliedstaaten bezüglich Art und Umfang des Schutzes von Geschäftsräumen nicht unerhebliche Unterschiede“ aufweisen.[208] Zu diesem Schluss ist der Gerichtshof gekommen, obwohl einige Mitgliedstaaten von Verfassungs wegen den Schutz der Geschäftsräume ausdrücklich bejahen.[209] Der EuGH hat sich hier nicht vom Maximalstandard mehrerer Mitgliedstaaten leiten lassen.

Aus der Ablehnung einer sog. Maximalorientierung kann eine Orientierung am Minimalstandard resultieren, bei dem die Anerkennung eines Rechtsgrundsatzes nur dann erfolgt, wenn er in irgendeiner Form in *jedem* Mitgliedstaat vorhanden ist. Sobald eine Rechtsordnung das betreffende Recht nicht kennt, wäre es automatisch auf Gemeinschaftsebene nicht gewährleistet. Ein Richtervorbehalt wäre demzufolge im Gemeinschaftsrecht nicht erforderlich, da das Institut des Richtervorbehalts nicht in allen Verfassungen der Mitgliedstaaten verankert ist. Auf eine Orientierung in diesem Sinne könnte das zuvor bereits angesprochene Urteil in der Rs. *Hoechst* hindeuten, in dem zum Ausdruck kommt, dass die Unverletzlichkeit der Wohnung im Gemeinschafts-

---

206 EuGH, Urteil vom 14.05.1974, Rs. 4/73, Slg. 1974, 491, 507 Rn. 13 *Nold*.

207 EuGH, Urteil vom 11.07.1989, Rs. 265/87, Slg. 1989, 2237, 2267 f. Rn. 14 *Schräder*.

208 EuGH, Urteil vom 21.09.1989, verb. Rs. 46/87 und 227/88, Slg. 1989, 2875, 2878 Rn. 17 *Hoechst*.

209 Vgl. A.II.3.

recht als ein dem Recht der Mitgliedstaaten gemeinsamer Grundsatz für die Privatwohnung anzuerkennen sei, und es keinen Mitgliedstaat gebe, in dem dies nicht der Fall sei.[210]

Gegen eine derartige Rechtsprechungspraxis spricht das Urteil in der Rs. *Kampffmeyer*, in dem es um die Frage der Zulässigkeit einer Amtshaftungsklage für künftige Schäden ging. Der EuGH führte aus, dass die „*meisten* dieser Rechtsordnungen (...) die Haftungsklage bei künftigen Schäden" zulassen.[211] Gleichermaßen stellte er im Urteil *Hauer*[212] bezüglich des Grundrechts auf freie Berufsausübung fest, dass „die Verfassungsordnung *verschiedener* Mitgliedstaaten die freie Berufsausübung gewährleistet".[213] In der Rechtsprechung des EuGH finden sich mithin durchaus Urteile, die einer Orientierung am Minimalstandard entgegenlaufen, indem sie allgemeine Rechtsgrundsätze statuieren, die nicht in der Gesamtheit der mitgliedstaatlichen Rechtsordnungen Anerkennung finden.

Eine Orientierung am sog. Minimalstandard ist daher gleichermaßen wie eine Ausrichtung am Maximalstandard abzulehnen.[214]

Die Methode des EuGH kann daher nur eine autonome Rechtsfindung sein, die ihre Anregungen aus den genannten Quellen bezieht, darüber hinaus aber die Regelung sucht, die sich bei einer wertenden Betrachtung am besten in das Gemeinschaftsrechtssystem einpasst. Der EuGH betrachtet die nationalen Verfassungen und die Menschenrechtsverträge daher nicht als Rechtsquellen, sondern lediglich als Rechts*erkenntnis*quellen. D.h. es ist bei der Entwicklung der allgemeinen Rechtsgrundsätze weder der kleinste gemeinsame Nenner aller Mitgliedstaaten, noch das am weitesten fortentwickelte Konzept des entsprechenden Rechtsgrundsatzes zugrunde zu legen. Vielmehr ist in einer Synthese der verschiedenen nationalen und internationalen Rechtsprinzipien eine *eigenständige* Lösung zu entwickeln, die sich am besten in die Struktur und Ziele des Gemeinschaftsrechtssystems einfügt und zugleich zu einer sachgerechten Ausbalancierung der Interessen der EG und des einzelnen führt.[215] Der Rechtsvergleich ist daher nicht sklavisch an die nationalen Rechtsordnungen gebunden. Im Gegenteil, dieses methodische Vorgehen lässt im Hinblick auf die nationalen Rechtsordnungen eine Vielzahl von Lösungsmöglichkeiten zu. Die gemeinschaftlichen Rechtsgrundsätze müssen keineswegs in allen mitgliedstaatlichen Rechtssystemen anerkannt sein.[216] Es ist auch denkbar, dass die nationalen Rechtsrahmen nur den Anstoß für eine neue, ganz andersartige, streng gemeinschaftsbezogene Lösung bilden, die mit den nationa-

---

210 EuGH, Urteil vom 21.09.1989, verb. Rs. 46/87 und 227/88, Slg. 1989, 2875, 2878 Rn. 17 *Hoechst*.

211 EuGH, Urteil vom 02.06.1976, verb. Rs. 56-60/74, Slg. 1976, 711, 742 Rn. 6 *Kampffmeyer* (Hervorhebung nur hier).

212 EuGH, Urteil vom 13.12.1979, Rs. 44/79, Slg. 1979, 3727, 3750 Rn. 32 *Hauer* (Hervorhebung nur hier).

213 Vgl. hierzu auch *Weiß*, Verteidigungsrechte, S. 57 ff.

214 Vgl. hierzu auch *Rengeling*, Grundrechtsschutz, S. 224; *Weiß*, Verteidigungsrechte, S. 48 ff.

215 Vgl. EuGH, Urteil vom 11.07.1989, Rs. 265/87, Slg. 1989, 2237, 2268 Rn. 15 *Schräder*.

216 Vgl. zur „wertenden Rechtsvergleichung" nur *Weiß*, Verteidigungsrechte, S. 31 ff., 61 ff.

len nichts mehr gemeinsam haben; es kann aber auch eine starke Annäherung an eine nationale Lösung erfolgen. So kann es wie bspw. in der Rs. *AM&S* dazu kommen, dass unter diesen Gesichtspunkten der höchste Grundrechtsstandard als der gemeinschaftsrechtliche anerkannt wird.[217] Jede Fixierung auf einen Minimal- oder Maximalstandard ist ausgeschlossen.[218]

Die im Wege des Rechtsvergleichs gewonnene Erkenntnis, dass ein Richtervorbehalt bei Eingriffen in privat und gewerblich genutzte Räumlichkeiten der europäischen Verfassungstradition entspringt, begründet einen Richtervorbehalt bei den Gemeinschaftsgerichten im europäischen Nachprüfungsverfahren der Art. 20, 21 VO 1/2003 als allgemeinen Rechtsgrundsatz des Gemeinschaftsrechts, wenn ein derartiger Richtervorbehalt mit der Struktur und den Zielen des Gemeinschaftsrechtssystems im Einklang steht.

Eine dahingehende Prüfung setzt zunächst voraus, dass die gemeinschaftsrechtliche Zielsetzung ermittelt ist, anhand der das Erfordernis eines Richtervorbehalts im Nachprüfungsverfahren der Kommission zu messen ist.

1. Gemeinschaftsrechtliche Zielsetzung

Als gemeinschaftsrechtliche Zielsetzung, die die Statuierung eines primärrechtlichen Richtervorbehalts bei Nachprüfungen i.S.v. Art. 20 Abs. 2, 6 VO 1/2003 und Art. 21 Abs. 2, 4 VO 1/2003 fordern könnte, kommt dem Recht auf effektiven Rechtsschutz zentrale Bedeutung bei, das im Primärrecht als allgemeiner Rechtsgrundsatz des Gemeinschaftsrechts Anerkennung gefunden hat.[219] Er bindet im Anwendungsbereich des Gemeinschaftsrechts sowohl die Gemeinschaft und deren Organe als auch die Mitgliedstaaten. Der EuGH hat dieses Gemeinschaftsgrundrecht unter Rückgriff auf die gemeinsamen Verfassungstraditionen der Mitgliedstaaten und auf Art. 6 und 13 EMRK[220] erstmals explizit in seinem *Johnston*-Urteil vom 15.05.1986 als einen allgemeinen – später sogar „fundamental"[221] bezeichneten – Rechtsgrundsatz des Gemeinschaftsrechts anerkannt.[222]

---

217 In dem Verfahren erkannte der EuGH das „Legal Privilege", der Schutz der Vertraulichkeit zwischen Anwalt und Mandant, in einer Weise an, wie er nur im englischen Recht vorkommt; vgl. EuGH, Urteil vom 18.05.1982, Rs. 155/79, 1575, 1611 Rn. 23 *AM&S.*

218 Vgl. *Wetter*, Grundrechtscharta, S. 48

219 Vgl. hierzu m.w.N. *Rengeling*, Grundrechtsschutz, S. 158 ff.; *Allkemper*, Rechtsschutz, S. 41 ff.; *Calliess*, NJW 2002, 3577, 3577 ff. *Rengeling/Szczekalla*, Grundrechte, Rn. 539 sieht in diesem Grundsatz den „Schlussstein im Gewölbe des Rechtsstaats".

220 Die EMRK enthält zwar selbst nicht den Begriff des effektiven Rechtsschutzes, und auch von den Konventionsorganen wird diese Bezeichnung – soweit ersichtlich – bisher nicht verwendet. In der Sache decken die Gewährleistungen der Art. 6 und 13 EMRK jedoch wichtige Bereiche ab, die auch in den nationalen Rechtsordnungen der Mitgliedstaaten der Garantie eines effektiven Rechtsschutzes zugeordnet werden.

221 EuGH, Urteil vom 03.05.1996, Rs. C-399/95 R, Slg. 1996, I-2441, 2456 Rn. 47 *Deutschland/Kommission.*

222 EuGH, Urteil vom 15.05.1986, Rs. 222/84, Slg. 1986, 1651, 1682 Rn. 18 *Johnston.*

Die Rechtfertigung, dass gerade der allgemeine Rechtsgrundsatz auf effektiven Rechtsschutz die zu wählende Zielsetzung formuliert, an der das im Wege des Rechtsvergleichs gewonnene Ergebnis zu messen ist, liegt darin, dass ein primärrechtlicher Richtervorbehalt im Nachprüfungsverfahren der Kommission eine (ungeschriebene) Erweiterung des nach Art. 220 ff. EG bereitstehenden Rechtsschutzarsenals bedeuten würde, welches wiederum eine Ausprägung des allgemeinen Rechtsgrundsatzes auf effektiven Rechtsschutz darstellt. Konkret wäre ein derartiger Richtervorbehalt dabei nicht mit den repressiven Rechtsschutzinstrumenten zu vergleichen, sondern als eine Form präventiven Rechtsschutzes aufzufassen.

Dem Recht auf effektiven Rechtsschutz sind grundsätzliche Garantien zu entnehmen, denen das gemeinschaftsrechtliche Rechtsschutzsystem und damit der gemeinschaftsrechtliche Rechtsschutzstandard entsprechen muss. So gewährt er natürlichen und juristischen Personen im Falle der Beeinträchtigung (anderer) subjektiver Gemeinschaftsrechte zunächst einmal, den gerade im Zusammenhang mit formellen Nachprüfungsentscheidungen der Kommission relevanten Anspruch auf Zugang zu einem Gericht i.S. einer Rechtsweggarantie.[223] Darüber hinaus stellt der gemeinschaftsverfassungsrechtliche Grundsatz effektiven Rechtsschutzes individualschützende Anforderungen an die Durchführung und den Abschluss von Verwaltungsverfahren mit gemeinschaftsrechtlichem Bezug.[224] Eines der Kernelemente effektiven Rechtsschutzes bildet dabei das Bestehen wirksamer Kontrollmöglichkeiten sei es vor nationalen Gerichten oder direkt vor dem EuGH gegenüber Eingriffen in die gemeinschaftsrechtlich gewährten subjektiven Rechtspositionen in der Weise, dass durch sie verhindert wird, dass schwerwiegende, anders nicht abwendbare Nachteile durch rechtswidriges Handeln entstehen, welche durch eine nachfolgende gerichtliche Entscheidung nicht mehr beseitigt werden können;[225] insoweit bedeutet effektiver Rechtsschutz auch präventiver Rechtsschutz.

Will ein Richtervorbehalt im Nachprüfungsverfahren der Kommission gemeinschaftsrechtliche Anerkennung finden, muss der Nachweis geführt werden, dass ein derartiges präventives Rechtsschutzinstrument unerlässlich ist, um das Verfahren der Art. 20 Abs. 2, 6 VO 1/2003 (ggfs. i.V.m. Art. 21 Abs. 1, 4 Satz 2 VO 1/2003) mit den Anforderungen effektiven Rechtsschutzes in Einklang zu bringen.

Welche Anforderungen eine effektive Rechtsschutzgewähr in concreto an das Nachprüfungsverfahren stellt, ist den vorstehenden Prämissen nur im Grundsatz zu entnehmen. Insbesondere bedürfen sie der weiteren Auslegung und inhaltlichen Aus-

---

223 EuGH, Urteil vom 15.05.1986, Rs. 222/84, Slg. 1986, 1651, 1682 Rn. 19 *Johnston*; EuGH, Urteil vom 15.10.1987, Rs. 222/86, Slg. 1987, 4097, 4117 Rn. 14 *Heylens*.

224 EuGH, Urteil vom 15.10.1987, Rs. 222/86, Slg. 1987, 4097, 4117 Rn. 15 *Heylens*; EuGH, Urteil vom 07.05.1992, Rs. C-104/91, Slg. 1992, I-3003, 3029 Rn. 15 *Collegio Oficial de API*.

225 Es besteht eine Übereinstimmung von individuellem Recht und Rechtsschutz, wie sie auch vom BVerfG über Art. 19 Abs. 4 GG hinaus allgemein aus der Existenz der materiellen Grundrechte gefolgert wird. Aus der Existenz der Grundrechte unter dem GG wird ebenfalls ein Schutz durch behördliche und gerichtliche Verfahren abgeleitet, der die Wirksamkeit der Grundrechte gewährleistet; vgl. BVerfGE 53, 30, 65 m.w.N.

füllung, um Kriterien zu bilden, anhand denen der Frage nachgegangen werden kann, wann effektiver Rechtsschutz mit dem Erfordernis eines Richtervorbehalts, d.h. präventiven Rechtsschutzes, gleichzusetzen ist.

Konkrete Anhaltspunkte, wann effektiver Rechtsschutz mit dem Erfordernis präventiven Rechtsschutzes gleichzusetzen ist, sind hierbei anhand des gemeinschaftsrechtlichen Rechtsschutzsystems, wie es in den Gemeinschaftsverträgen verankert ist, zu entwickeln.

Aus den Rechtsprechungskompetenzen der Gemeinschaftsgerichte (vgl. Art. 220, 230, 231, 232 EG) lässt sich zunächst der Grundsatz ableiten, dass effektiver Rechtsschutz auf Gemeinschaftsebene in der Regel in Form *repressiven* Rechtsschutzes gewährt wird. Eine Ausnahme hiervon bilden die Regelungen des vorläufigen Rechtsschutzes (Art. 242 Satz 2, Art. 243 EG[226]), die darauf ausgerichtet sind, *präventiven* Rechtsschutz in den Fallgestaltungen zu gewähren, in denen die repressiven Rechtsschutzinstrumente untauglich sind, die Rechte des Betroffenen ausreichend zu wahren. Der allgemeine Rechtsgrundsatz effektiven Rechtsschutzes erfordert daher präventiven Rechtsschutz, um *rechtzeitigen* Rechtsschutz zu ermöglichen.[227]

Präventiver Rechtsschutz i.S.v. Art. 242 Satz 2, Art. 243 EG wird auf gemeinschaftsrechtlicher Ebene gewährt, wenn ein solcher – in Anlehnung an die Voraussetzungen der Begründetheit im Verfahren des einstweiligen Rechtsschutzes (vgl. Art. 83

---

226 Das Gemeinschaftsrecht sieht zurzeit in allen drei Gründungsverträgen der Europäischen Gemeinschaften Bestimmungen zum vorläufigen Rechtsschutz vor; vgl. Art. 242 Satz 2, 243 und 256 Abs. 4 EG; Art. 157 Satz 2, 158, 164 Abs. 3 Satz 1 EAG-Vertrag; Art. 39 Abs. 2 und 3, 92 Abs. 3 EGKS-Vertrag. Da die Regelungen im EAG-Vertrag und im EGKS-Vertrag weitgehend mit denjenigen im EG-Vertrag übereinstimmen, letztere in der Rechtsprechung der Gemeinschaftsgerichte aber eine weitaus größere Rolle spielen, werden der weiteren Darstellung im Wesentlichen die Vorschriften des EG-Vertrages zugrunde gelegt. Hierbei kennt das Rechtsschutzsystem der Europäischen Gemeinschaft drei Formen des vorläufigen Rechtsschutzes: die Aussetzung der Durchführung einer angefochtenen Handlung gemäß Art. 242 Satz 2 EG, die einstweilige Anordnung nach Art. 243 EG und die Aussetzung der Zwangsvollstreckung nach Art. 256 Abs. 4 Satz 1 EG. Praktische Bedeutung haben vor allem die beiden erstgenannten Rechtsschutzformen. Die Voraussetzungen des Art. 256 Abs. 4 EG, der zudem einen Unterfall des Antrags nach Art. 242 Satz 2 EG bildet, werden hier deshalb nicht gesondert behandelt.

227 Wie *GA Tesauro* in seinen Schlussanträgen in der Rs. *Factortame* festgestellt hat, soll der präventive Rechtsschutz in Form des einstweiligen Rechtsschutzes gerade gewährleisten, dass in der für die Feststellung des Rechts notwendigen Zeit das Recht nicht irreversibel dadurch seines Inhalts entleert wird, dass die Möglichkeiten für seine Ausübung beseitigt werden. Mit ihm werde deshalb kurz gesagt, das grundlegende Ziel jeder Rechtsordnung verfolgt, nämlich die Effektivität des gerichtlichen Schutzes; vgl. GA Tesauro, Schlussanträge vom 17.05.1990 in EuGH, Urteil vom 19.06.1990, Rs. C-213/89, Slg. 1990, I-2450, 2456 f. Rn. 18 f. *Factortame*. In die gleiche Richtung geht die rechtswissenschaftliche Literatur, wenn sie betont, der Erlass vorläufiger Maßnahmen im Gemeinschaftsrecht solle verhindern, dass bis zum Abschluss des Hauptsacheverfahrens vollendete Tatsachen geschaffen werden oder der dann gewährte Rechtsschutz aus anderen Gründen leer läuft; so etwa *Estler*, Effektivität, S. 133; *Kaessner*, Einstweilige Rechtsschutz, S. 11; vgl. auch *Schlette*, EuGRZ 1999, 369, 369 unter Hinweis auf die im Englischen gebräuchliche anschauliche Formel „justice delayed, justice denied".

§ 2 VerfO-EuGH; Art. 104 § 2 VerfO-EuGH[228]) – „dringlich" ist.[229] Bei der „Dringlichkeit" kommt es darauf an, dass bei Abwägung der widerstreitenden Interessen eine sofortige Regelung unumgänglich ist, um den Betroffenen vor einem schweren und nicht-wiedergutzumachenden Schaden zu bewahren.[230] Die Dringlichkeit wird in dieser Abwägung dann bejaht, wenn das Interesse an der Vermeidung des Schadens die widerstreitenden Interessen überwiegt.[231]

Abstrahiert man diese Aussagen und betrachtet die Regelungen der Art. 242 Satz 2, Art. 243 EG als Ausdruck des allgemeinen Rechtsgrundsatzes auf effektiven Rechtsschutz, so erkennt das Gemeinschaftsrecht das Erfordernis einer präventiven Rechtsschutzgewähr an, wenn ein solcher „dringlich" im vorstehend genannten Sinne ist.

Präventiver Rechtsschutz in Gestalt eines Richtervorbehalts bei den Gemeinschaftsgerichten ist im Nachprüfungsverfahren der Kommission daher unumgänglich, um den Anforderungen des allgemeinen Rechtsgrundsatzes auf effektiven Rechtsschutz zu entsprechen, wenn eine dahingehende „Dringlichkeit" bejaht werden kann; d.h. wenn den durch die zwangsweise Vornahme der Nachprüfung entstehenden Nachteilen für die Rechtsposition des Betroffenen nicht anders begegnet werden kann.[232] Eine diesbezügliche Prüfung hat die durch den Eingriff entstehenden Nachteile mit den bereits vorhandenen Schutzmechanismen in Beziehung zu setzen und zu bewerten, um eine Einschätzung treffen zu können, ob die Nachprüfung einen schweren und nicht-wiedergutzumachenden Schaden auf Seiten des Betroffenen begründet. Im Anschluss hieran ist das Interesse des Nachprüfungsadressaten, namentlich die zuvor erläuterte drohende Beeinträchtigung seiner Rechtssphäre, mit dem Interesse der Gemein-

---

[228] Ungeachtet ihres unterschiedlichen Anwendungsbereichs gelten für den Aussetzungsantrag (Art. 242 Satz 2 EG) und den Antrag auf einstweilige Anordnung (Art. 243 EG) mit Art. 83 ff. VerfO-EuGH sowie Art. 104 ff. VerfO-EuGH einheitliche verfahrensrechtliche Bestimmungen; vgl. *Stoll*, in: Grabitz/Hilf, Art. 242, 243 EGV Rn. 7. In Bezug auf die materiellen Voraussetzungen des gemeinschaftsrechtlichen Eilrechtsschutzes enthalten diese Vorschriften ebenso wie die Art. 242 Satz 2 EG, Art. 243 EG allerdings nur punktuelle Regelungen. Sie werden ergänzt durch die Rechtsprechung der Gemeinschaftsgerichte, welche die spärlichen Anhaltspunkte im geschriebenen Gemeinschaftsrecht schrittweise mit Leben erfüllt und auf diese Weise einen umfangreichen Katalog von Antragsvoraussetzungen entwickelt haben.

[229] Das ebenfalls nach Art. 83 § 2 VerfO-EuGH; Art. 104 § 2 VerfO-EuGH zu beachtende Kriterium der Notwendigkeit wird bei der abstrakten Kriterienbestimmung hingegen keine weiterführende Bedeutung erlangen.

[230] In Bezug auf das Verfahren der einstweiligen Anordnung EuGH, Beschluss vom 17.12.1984, Rs. 258/84 R, Slg. 1984, 4357, 4361 Rn. 14 *Nippon Seiko*; EuGH, Beschluss vom 09.07.1986, Rs. 119/86 R, Slg. 1986, 2241, 2250 f. Rn. 30 *Spanien/Kommission*; EuGH, Beschluss vom 02.05.1988, Rs. 92/88 R, Slg. 1988, 2425, 2432 f. *Assider*; EuGH, Beschluss vom 26.04.1989, Rs. 32/89 R, Slg. 1989, 985, 989 f. Rn. 15 ff. *Griechenland/Kommission*; EuGH, Beschluss vom 23.05.1990, verb. Rs. C-51 und 59/90 R, Slg. 1990, I-2167, 2173 ff. Rn. 24 ff. *Comos-Tank*.

[231] Ständige Rechtsprechung; vgl. bspw. EuGH, Beschluss vom 20.10.1959, verb. Rs. 43-45/59, Slg. 1960, 1019, 1023 f. *Lachmüller*; EuGH, Beschluss vom 31.08.1962, Rs. 25/62 R1, Slg. 1963, 271, 276 *Plaumann*; EuGH, Beschluss vom 18.10.1991, Rs. C-213/91 R, Slg. 1991, I-5109, 5115 Rn. 17 f. *Abertal*; vgl. auch *Stoll*, in: Grabitz/Hilf, Art. 242, 243 EGV Rn. 26.

[232] Vgl. *Dallmann*, Nachprüfung, S. 116 ff.

schaftsorgane an einer effizienten sofortigen Vollziehung der Nachprüfungsentscheidung abzuwägen.

Nachdem die Kriterien bestimmt wurden, die einer Anerkennung eines primärrechtlichen Richtervorbehalts auf Gemeinschaftsebene im Nachprüfungsverfahren der Kommission zugrunde liegen, ist in einem nächsten Schritt zu untersuchen, ob von deren Vorliegen auszugehen ist.

Die folgende Untersuchung unterscheidet hierbei in Anlehnung an die Differenzierung nach Art. 20 und 21 VO 1/2003 zwischen einem Nachprüfungsverfahren in Betriebs- und Geschäftsräumen (A.III.2.) bzw. in „anderen Räumlichkeiten" (A.III.3.).

2. Geschäftsräume

Ein primärrechtlicher Richtervorbehalt bei Nachprüfungen i.S.v. Art. 20 Abs. 2, 6 VO 1/2003 ist anzunehmen, wenn ein solcher unumgänglich ist, um die Ermittlungsbefugnisse der Kommission mit den Anforderungen des allgemeinen Rechtsgrundsatzes auf effektive Rechtsschutzgewähr in Einklang zu bringen.

Die Dringlichkeit einer dahingehenden Rechtsschutzregelung setzt – gemäß der vorstehend entwickelten Prüfungspunkte[233] - zunächst voraus, dass ein rechtlich geschütztes Interesse des Nachprüfungsadressaten in Betracht kommt, dass durch ein Vorgehen nach Art. 20 Abs. 2, 6 VO 1/2003 potentiell bedroht wird (sogleich a)). Im Anschluss an eine diesbezügliche Feststellung ist in einem nächsten Schritt die Gefahr eines schweren (sodann b)) und nicht-wiedergutzumachenden (darauf c)) Schadens zu Lasten der zuvor bestimmten Rechtsposition des Nachprüfungsadressaten zu erörtern, der aus einem Vorgehen nach Art. 20 Abs. 2, 6 VO 1/2003 resultiert.

Das hierdurch charakterisierte Individualinteresse an verstärktem Rechtsschutz ist mit dem öffentlichen Interesse abzuwägen, das einer präventiven richterlichen Kontrolle im Verfahren des Art. 20 Abs. 2, 6 VO 1/2003 entgegensteht (nachfolgend d)). Überwiegt im Rahmen der Abwägung das individuelle Interesse auf erhöhten Rechtsschutz, ist eine Nachprüfung nur zulässig, wenn eine Verstärkung präventiven Rechtsschutzes in Form eines primärrechtlichen Richtervorbehalts Beachtung erfährt.

a) Rechtlich geschütztes Interesse des Nachprüfungsadressaten

Die Hinzuziehung des allgemeinen Rechtsgrundsatzes auf effektiven Rechtsschutz zur Bestimmung des im Nachprüfungsverfahren der Kommission nach Art. 20 Abs. 2, 6 VO 1/2003 zu gewährenden Rechtsschutzstandards, setzt zunächst voraus, dass eine Rechtsposition des Nachprüfungsadressaten existiert, die es effektiv zu schützen gilt. Der Erörterung bedarf daher die Frage, ob bzw. welche Grundrechte des Gemeinschaftsrechts durch ein Eindringen in Betriebs- und Geschäftsräume berührt werden.

Anzuknüpfen ist dabei an die Rechtsprechung der Gemeinschaftsgerichte, denen die Aufgabe obliegt, grundrechtliche Standards gemeinschaftsautonom in Gestalt allgemeiner Rechtsgrundsätze des Gemeinschaftsrechts zu entwickeln.

---

233 Vgl. A.III.1.

Anders als in zahlreichen mitgliedstaatlichen Verfassungen[234] unterfällt der räumliche Schutz von Betriebs- und Geschäftsräumen auf gemeinschaftsrechtlicher Ebene nicht der Grundrechtsposition zum Schutze der Privatwohnung.[235] So ist hinsichtlich der Rechtsposition, die effektiv vor einer Beeinträchtigung i.S.v. Art. 20 Abs. 2, 6 VO 1/2003 zu schützen ist, um deren praktische Wirksamkeit zu wahren, *nicht* auf den als allgemeinen Rechtsgrundsatz des Gemeinschaftsrechts anerkannten Schutz der räumlichen Privatsphäre Bezug zu nehmen.[236] Geschäftsräume natürlicher und juristischer[237] Personen sind nach der Rechtsprechung der Gemeinschaftsgerichte von seinem Schutz ausdrücklich ausgenommen.[238]

Der EuGH führte in der Rs. *Hoechst* aus, dass Geschäftsräume in den Rechtsordnungen der Mitgliedstaaten im Gegensatz zu Wohnräumen grundrechtlichen Schutz in derart unterschiedlichem Umfang genießen, dass von einer gemeinsamen Verfassungstradition insoweit nicht auszugehen ist.[239] Insbesondere lässt sich der Schutz der Geschäftsräume – nach der Auffassung des EuGH - nicht aus Art. 8 Abs. 1 EMRK herleiten, da der Schutzbereich dieses Artikels sich auf die freie Entfaltung der Persönlichkeit und die Wohnung bezieht, dieser aber nicht auf Geschäftsräume auszudehnen ist. Zudem gebe es insoweit auch keine gegenteilige Rechtsprechung des EGMR.[240] Diese

---

234 Vgl. A.II.3.

235 Vgl. eingehend zum Grundrecht auf Schutz der räumlichen Privatsphäre A.III.3.a).

236 Ob hierdurch zugleich ausgesagt ist, dass Betriebs- und Geschäftsräume im Vergleich zu Privaträumen einen geringeren Schutz auf Ebene des Gemeinschaftsrechts genießen, ist umstritten; vgl. hierzu eingehend A.III.2.d) bb) (2).

237 Allgemein gelten für juristische Personen die Grundrechte des Gemeinschaftsrechts, sofern das jeweilige Grundrecht seinem Wesen nach auf diese Person anwendbar ist; vgl. *Ehlers*, in: Ehlers, § 14 Rn. 30.

238 Hierzu kritisch *Wetter*, Grundrechtscharta, S. 162 ff.; *Rengeling*, Grundrechtsschutz, S. 121 ff.; *Ress/Ukrow*, EuZW 2003, 499, 502 ff.; *Kulka*, DB 1989, 2115, 2116; *Scholz*, WuW 1990, 99, 105; *Moosecker*, WuW 1989, 1012, 1014 f. Teilweise wurde auch vertreten, dass das *Hoechst*-Urteil eine Erweiterung des Grundrechtsschutzes auf europäischer Ebene darstelle; vgl. *Everling*, EuR 1990, 195, 208 f.; *Kamburoglou/Pirrwitz*, RIW 1990, 263, 264, 269 f.; *Schriefers*, WuW 1993, 98, 105.

239 Nach aktueller Rechtslage in den Mitgliedstaaten ist mittlerweile eine allgemeine Tendenz zugunsten einer zunehmenden Gleichstellung von Betriebs- und Geschäftsräumen mit Privaträumen im nationalen Recht festzustellen (vgl. A.III.3.). Die fehlende Einbeziehung der Betriebs- und Geschäftsräume in den Schutzbereich der räumlichen Privatsphäre wäre daher nicht mehr mit Hinweis auf die fehlende Akzeptanz einer solchen Lösung in den mitgliedstaatlichen Rechtsordnungen vertretbar. Ebenfalls kritisch *Schwarze/Weitbrecht*, Kartellverfahrensrecht, § 5 Rn. 19, der anmerkt, dass es „für die Anerkennung eines Gemeinschaftsgrundrechts nämlich nicht erforderlich (sei), dass es in den Verfassungsordnungen sämtlicher Mitgliedstaaten geschützt ist." Vgl. bereits zum Stellenwert der Rechtserkenntnisquellen bei der Konkretisierung allgemeiner Rechtsgrundsätze im Gemeinschaftsrecht (A.III. vor 1.).

240 EuGH, Urteil vom 21.09.1989, verb. Rs. 46/87 und 227/88, Slg. 1989, 2859, 2924 Rn. 18 *Hoechst*. Der EuGH sieht sich in diesem Punkte dem Vorwurf ausgesetzt, dass Urteil *Chappell* des EGMR (Urteil vom 30.03.1989, Appl. Nr. 10461/83) missachtet zu haben, so *Wildhaber*, in: IK-EMRK, Art. 8 Rn. 466; *Weiß*, EWS 1997, 2253, 256; *Philippi*, ZEuS 2000, 97, 109; a.A. *Calliess*, EuZW 2001, 261, 261, der ausführt, dass es Fälle divergierender Urteile gegeben habe, wo-

Begründung legte er auch seinen Entscheidungen in den Rs. *Dow Benelux*[241] und *Dow Chemical Ibérica*[242] zugrunde, die ebenfalls auf diese grundrechtliche Problemstellung Bezug nahmen.

Angesichts der aktuellen Entwicklungen im Grundrechtsbereich auf europäischer Ebene – insbesondere im Hinblick auf die Urteile *Niemitz* und *Stés Colas Est SA* des EGMR – wies der EuGH in seinem Urteil vom 22.10.2002 jedoch darauf hin, dass die Rechtsprechung des EGMR, nach der der Schutz der Wohnung nach Art. 8 EMRK unter bestimmten Umständen auf Geschäftsräume ausgedehnt werden könne, zu berücksichtigen sei.[243] Auf welche Weise und in welchem Umfang diese Rechtsprechung in das Gemeinschaftsrecht Eingang finden soll, ließ der Gerichtshof allerdings offen.[244]

Der EuGH hat zwar den Schutz von Geschäftsräumen aus dem Grundrechtsschutzbereich der räumlichen Privatsphäre ausgegrenzt. Gleichwohl hat er unter Rückgriff auf allgemeine Rechtsgrundsätze einen Schutz betroffener Unternehmen mit folgender Äußerung sichergestellt: „Indessen bedürfen in allen Rechtsordnungen der Mitgliedstaaten Eingriffe der öffentlichen Gewalt in der Sphäre der privaten Betätigung jeder – natürlichen oder juristischen – Person einer Rechtsgrundlage und müssen aus den gesetzlich vorgesehenen Gründen gerechtfertigt sein; diese Rechtsordnungen sehen daher, wenn auch in unterschiedlicher Ausgestaltung, einen Schutz gegen willkürliche oder unverhältnismäßige Eingriffe vor. Das Erfordernis eines solchen Schutzes ist folglich als allgemeiner Grundsatz des Gemeinschaftsrechts anzuerkennen."[245] Als

---

bei allerdings der EuGH jeweils entschieden hatte, bevor der EGMR Grundrechte aus der EMRK abweichend und großzügiger interpretierte; a.A. auch *Hertogen*, CJEL 10 (2003), 137, 144, die ausführt, dass das Urteil *Chappell* nur den Punkt der Mischnutzung betraf, d.h. auf Räumlichkeiten Bezug nahm, die sowohl privater als auch gewerblicher Nutzung unterlagen.

241 EuGH, Urteil vom 17.10.1989, Rs. 85/87, Slg. 1989, 3137, 3155 f. Rn. 22 ff. *Dow Benelux*.

242 EuGH, Urteil vom 17.10.1989, verb. Rs. 97-99/87, Slg. 1989, 3165, 3185 Rn. 14 f. *Dow Chemical Ibérica*.

243 EuGH, Urteil vom 22.10.2002, Rs. C-94/00, Slg. 2002, I-9011, 9054 Rn. 29 *Roquette Frères SA*.

244 Auch der EuGH hat das im *Roquette*-Urteil im Hinblick auf die fragliche Existenz eines eigenständigen Gemeinschaftsgrundrechts der Unverletzlichkeit von Geschäftsräumen hinterlassene Vakuum bislang nicht gefüllt; vielmehr hat es in drei nachfolgenden Entscheidungen, in denen es um die Frage der Rechtmäßigkeit bestimmter Nachprüfungen der Kommission in Geschäftsräumen von juristischen Personen ging, maßgeblich auf die im *Roquette*-Urteil bestätigte *Hoechst*-Rechtsprechung rekurriert, ohne dabei auch nur ansatzweise von einem Gemeinschaftsgrundrecht der Unverletzlichkeit von Geschäftsräumen zu sprechen (EuGH, Urteil vom 11.12.2003, Rs. T-66/99, Rn. 49 ff. *Minoan Lines*). Hierzu *Nehl*, in: Behrens/Braun/Nowak, 73, 85 f.; *Nowak/Pombo*, in: Loewenheim/Meessen/Riesenkampff, Art. 20 VerfVO Rn. 30 erkennen in dieser defensiven Vorgehensweise einen latenten Unwillen, die eigene Rechtsprechung zu revidieren. Seiner herausragenden verfassungsgerichtlichen Rolle i.R. des europäischen Verfassungsverbundes werde der EuGH in diesem speziellen Bereich daher nur bedingt gerecht. Ebenfalls kritisch *Meyer/Kuhn*, WuW 2004, 880, 882. Anders *Grabenwarter*, EMRK, S. 186 f., der – ohne weitere Begründung - feststellt, dass eine fortdauernde Rechtsprechungsdivergenz zwischen EuGH und EGMR nicht mehr festzustellen sei.

245 EuGH, Urteil vom 21.09.1989, verb. Rs. 46/87 und 227/88, Slg. 1989, 2859, 2924 Rn. 19

Gegenstand des Schutzes sieht der EuGH nicht nur die Betätigung als solche an, sondern geht darüber hinaus, indem er von einer Sphäre der privaten Betätigung spricht. Der Zusammenhang, in dem diese Äußerung steht, spricht dafür, dass hiermit der räumlich-gegenständliche Bereich der geschützten Betätigung ebenfalls als Schutzgegenstand aufgefasst werden soll.[246] Wie das EuG in der Entscheidung *Limburgse Vinyl*[247] ausgeführt hat, wird hierdurch auch ohne den Rückgriff auf das Recht des Art. 8 EMRK der Schutz der Geschäftsräume sichergestellt. Eine ausdrückliche Schutzbereichsbestimmung erfolgte hingegen nicht.

In Anlehnung an Art. 2 Abs. 1 GG haben Stimmen in der deutschen Literatur[248] den hierdurch vermittelten Schutzstandard als Grundrecht der allgemeinen Handlungsfreiheit bezeichnet.[249] Ausdrückliche Erwähnung durch den EuGH hat die allgemeine Handlungsfreiheit allerdings nur in der Rs. *Rau* gefunden[250].

Im Übrigen beschränkte sich die Gemeinschaftsgerichtsbarkeit darauf, Eingriffe der öffentlichen Gewalt in die Sphäre der privaten Betätigung einer natürlichen oder juristischen Person einer gesetzlichen Ermächtigungsgrundlage und einer sich aus den gesetzlichen Gründen ergebenden Rechtfertigung zu unterwerfen.[251]

In der nachfolgenden Untersuchung wird der Ausdruck der Gemeinschaftsgerichte verwandt, demzufolge die relevante Rechtsposition als „die Sphäre der privaten Betätigung jeder natürlichen oder juristischen Person" zu bezeichnen ist. Alternativ könnte der im *Hoechst*-Urteil angesprochene „Eingriff" in die Sphäre der privaten Betätigung jeder natürlichen oder juristischen Person zwar auch dahingehend verstanden werden, dass er sich auf eines der vom EuGH anerkannten Wirtschaftsgrundrechte bezieht.[252] Zu diesen gehören neben der Eigentumsfreiheit[253] auch die vom EuGH anerkannte – teils als „wirtschaftliche Handlungsfreiheit" bezeichnete[254] – unternehmerische Wirtschafts- bzw. wirtschaftliche Betätigungsfreiheit[255] sowie die Handels[256]- und Wettbe-

---

Hoechst.

246 Vgl. *Lenz/Mölls*, WuW 1991, 771, 782.

247 EuG, Urteil vom 20.04.1999, verb. Rs. T-305/94, Slg. 1999, II-931, 1055 f. Rn. 417 ff. *Limburgse Vinyl Maatschappij*; vgl. hierzu auch *Schwarze/Weitbrecht*, Kartellverfahrensrecht, § 5 Rn. 21.

248 Vgl. *Crones*, Grundrechtlicher Schutz, S. 130; *Weber*, OLAF, S. 271; *Pauly*, EuR 1998, 242, 254; vgl. auch *Emmerich-Fritsche*, Verhältnismäßigkeit, S. 403 ff.; *Koch*, Verhältnismäßigkeit, S. 506 ff.

249 Vgl. umfassend *Rengeling/Szczekalla*, Grundrechte, Rn. 632 ff. m.w.N.

250 EuGH, Urteil vom 21.05.1987, verb. Rs. 133-136/85, Slg. 1987, 2289, 2338 Rn. 15, 2339 Rn. 19 *Rau*; daher kritisch *Nowak/Pombo*, in: Loewenheim/Meessen/Riesenkampff, Art. 20 VerfVO Rn. 18.

251 EuGH, Urteil vom 21.09.1989, verb. Rs. 46/87 und 227/88, Slg. 1989, 2859, 2924 Rn. 19 *Hoechst*; EuGH, Urteil vom 17.10.1989, verb. Rs. 97-99/87, Slg. 1989, 3165, 3186 Rn. 16 *Dow Chemical Ibérica.*

252 Vgl. *Lenz/Mölls*, WuW 1991, 771, 782 f.

253 Vgl. EuGH, Urteil vom 14.05.1974, Rs. 4/73, Slg. 1974, 491, 507 Rn. 12 *Nold.*

254 So EuGH, Urteil vom 29.04.2004, Rs. C-418/01, II-2349 Rn. 48 *IMS Health.*

255 EuGH, Urteil vom 19.09.1985, verb. Rs. 63/84 und. 147/84, Slg. 1985, 2857, 2882 Rn. 23 f.

werbsfreiheit[257]. Im Ergebnis würden sich hierdurch jedoch keine Präjudizien für die wertende Rechtsvergleichung ergeben. Zum einen umfasst der Schutz der privaten Betätigung jeder natürlichen oder juristischen Person ebenfalls die durch die vorstehend genannten Grundrechte geschützten Verhaltensweisen. Zum anderen wird der Schutzstandard eines betroffenen Rechtsgutes samt der hierdurch zum Ausdruck kommenden Bedeutung für die Rechtsordnung anders als aus dem deutschen Recht bekannt nicht durch die Zuordnung zum Schutzbereich eines speziellen Grundrechtes vermittelt, sondern erst durch die Ausgestaltung der konkreten gemeinschaftsverfassungsrechtlichen Verfahrensgarantien und Verteidigungsrechte.[258]

Dieses Recht ist in einem weiteren Prüfungsschritt daraufhin zu untersuchen, ob die durch die zwangsweise Vornahme der Nachprüfung entstehenden Nachteile zu Lasten der betroffenen Rechtsposition einen Richtervorbehalt bei den Gemeinschaftsgerichten als dringlich erscheinen lassen. Dies setzt zuerst voraus, dass der Nachprüfungsadressat ein erhöhtes Interesse an einem verstärkten präventiven Schutz seiner Rechtsposition besitzt. Ein solches Interesse besteht, wenn eine Nachprüfung der Kommission unter Zuhilfenahme mitgliedstaatlicher Stellen in schwerer und nichtwiedergutzumachender Weise in die geschütze Sphäre des Betroffenen eindringt.

Es ist daher zunächst die durch den Eingriff entstehende Schwere der Beeinträchtigungen zu bestimmen (sogleich b)), bevor eine nähere Analyse der bereits vorhandenen Schutzmechanismen erfolgt (sodann c)). Erst auf Grundlage dieser Ausführungen kann abschließende eine Bewertung dahingehend getroffen werden, ob einem Individualinteresse auf erhöhten Rechtsschutz durch eine Verstärkung präventiv wirkender Schutzmechanismen zu entsprechen ist (darauffolgend d)).

b) Schwere der grundrechtlichen Beeinträchtigung

Das Individualinteresse an verstärktem Rechtsschutz im Nachprüfungsverfahren der Kommission setzt zunächst voraus, dass die Nachteile bzw. Schäden, die dem Betroffenen durch ein rechtswidriges Vorgehen der Kommission und der mitgliedstaatlichen Behörden drohen, schwerwiegend sind. Das individuelle Interesse an effektiver Rechtsschutzgewähr muss ein Mindestmaß erreichen, das es erst rechtfertigt, das öffentliche Interesse an einem effektiven Wettbewerbsschutz durch den Ruf nach einem Richtervorbehalt auf Gemeinschaftsebene in Frage zu stellen.

Ob im Nachprüfungsverfahren der Kommission ein „schwerer" Schaden droht, der ein Individualinteresse an erhöhtem Rechtsschutz begründet, wird im Folgenden zu untersuchen sein. Die Beantwortung dieser Frage setzt voraus, dass eine Beeinträchtigung der Rechtsposition des Betroffenen festgestellt werden kann, die zudem als „schwer" zu bezeichnen ist. In einem ersten Schritt soll daher ermittelt werden, welche

---

Finsider.

256 EuGH, Urteil vom 07.02.1985, Rs. 240/83, Slg. 1985, 531, 549 Rn. 11 *Procureur de la République.*

257 EuGH, Urteil vom 05.10.1994, Rs. C-280/93, Slg. 1994, I-4973, 5060 f. Rn. 58 ff. *Bananen.*

258 Vgl. hierzu eingehend A.III.2.d) bb) (2).

rechtlichen und tatsächlichen Beeinträchtigungen der individuellen Rechtsposition konkret im Verfahren nach Art. 20 Abs. 2, 6 VO 1/2003 drohen (sogleich aa)). Erst im Anschluss hieran, ist der Frage nachzugehen, ob die dargestellten Beeinträchtigungen das Kriterium der „Schwere" erfüllen (sodann bb)).

aa) Rechtliche und tatsächliche Beeinträchtigungen der Rechtsposition des Nachprüfungsadressaten

Die Art und der Umfang der drohenden Beeinträchtigungen, denen sich die Rechtsposition des Nachprüfungsadressaten ausgesetzt sieht, stehen in Abhängigkeit zu den Eingriffsbefugnissen, die Art. 20 Abs. 2, 6 VO 1/2003 den ermittelnden Behörden verleiht. Sie präzisieren die in Art. 85 Abs. 1 Satz 2 EG enthaltene allgemeine Pflicht und Zuständigkeit der Kommission, Untersuchungen vorzunehmen, wenn Zuwiderhandlungen gegen die „in den Artikeln 81 und 82 niedergelegten Grundsätze" vermutet werden.

Je großzügiger sie ausgestaltet sind, um den Nachprüfungszweck zu erfüllen, desto höhere Belastungen wird der Betroffene zu tragen haben. Nachfolgend wird daher zu erörtern sein, welche Befugnisse sich daraus ergeben, dass die Kommission eine Nachprüfungsentscheidung erlässt und inwieweit sie die betroffene Rechtsposition in Abrede stellen. Besondere Berücksichtigung erfährt hierbei die Frage, ob die Nachprüfungsbefugnisse das Recht zur Durchsuchung, als einen der eingriffsintensivsten Akte öffentlicher Gewalt, umfassen.

(1) Nachprüfungsbefugnisse i.S.v. Art. 20 Abs. 2 VO 1/2003

Art. 20 Abs. 2 VO 1/2003 bezeichnet die Nachprüfungsbefugnisse der Kommission einzelnd und abschließend. Die Kommissionsbeamten haben zunächst umfassende Betretungs-, Prüfungs- und Fragerechte, wie in Art. 20 Abs. 2 VO 1/2003 aufgelistet ist. Sämtliche Befugnisse basieren auf der freiwilligen Kooperation des Unternehmens, sei es durch passive Duldung, sei es durch aktive Mitwirkung.

Bei Bestehen eines Anfangsverdachts[259] auf das Vorliegen eines Verstoßes gegen die europäischen Wettbewerbsregelungen können die mit den Nachprüfungen beauftragten Bediensteten der Kommission[260] und die anderen von ihr ermächtigten Begleitpersonen[261] gemäß Art. 20 Abs. 2 lit. a) VO 1/2003 *alle* Räumlichkeiten[262],

---

[259] Die Kommission kann von den förmlichen Ermittlungsinstrumenten nur Gebrauch machen, wenn sie bereits über Informationen verfügt, die ihren Eingriff in die unternehmerische Freiheit rechtfertigen. Denn die Kommission ist nicht berechtigt, ihre förmlichen Ermittlungsinstrumente zwecks Ermittlung der Eingriffsvoraussetzungen einzusetzen (*fishing expeditions*); vgl. *Lampert/Niejahr/Kübler/Weidenbach*, EG-Kartell-VO, Art. 17-22 Rn. 334; *Sauter*, in: Dauses, H.I. § 3 Rn. 64. Ein nur dokumentarisches oder vorsorgliches Sammeln von Informationen oder Beweisen ist daher rechtswidrig; vgl. *Weiß*, Verteidigungsrechte, S. 128 f.; *Schwarze/Weitbrecht*, Kartellverfahrensrecht, § 4 Rn. 4.

[260] Ermittlungen werden in der Regel durch zwei oder drei Kommissionsbedienstete ausgeübt; vgl. *Joshua*, ELR 1983, 3, 9.

[261] Art. 20 Abs. 2 VO 1/2003 spezifiziert nicht, wer als „Begleitperson" aufzufassen ist. Hierzu wer-

Grundstücke und Transportmittel von Unternehmen *betreten.* Das Betretungsrecht soll es der Kommission ermöglichen, Beweismaterial für den Nachweis von Zuwiderhandlungen gegen Wettbewerbsregeln an Orten zu sammeln, an denen es sich normalerweise befindet, nämlich in den Geschäftsräumen der Unternehmen. Zu diesem Zweck ist das Unternehmen verpflichtet, den Prüfern den Zutritt zum Firmengelände zu ermöglichen und anzugeben, wo sich bestimmte Räumlichkeiten befinden und diese zu öffnen.[263] In diesem Zusammenhang ist nicht auf Eigentums- oder Besitzverhältnisse abzustellen. Ausschlaggebend ist allein die funktionale Zuordnung von Räumlichkeiten zum Unternehmen und die tatsächliche Möglichkeit, den Beamten Zutritt zu diesen Räumlichkeiten zu verschaffen.[264]

Das Betretungsrecht gibt der Kommission zudem die Befugnis, nach Informationsquellen zu suchen, die ihr noch nicht bekannt sind. Folglich brauchen die Akten, in die Einsicht genommen werden soll, nicht im voraus genau bezeichnet werden. Es ist auch die aktive Suche nach noch unbekannten Beweisen zulässig. Die Kommissionsbeamten dürfen die Räume daher betreten und durch bloßen Blickkontakt feststellen, ob Akten oder verschlossene Behältnisse vorhanden sind.[265]

Ein Platzverweis einzelner oder gar aller Mitarbeiter ist hierbei gesetzlich nicht vorgesehen und wäre selbst im Falle unkooperativen Verhaltens unzulässig. Aus dem Hausrecht folgt das Anwesenheitsrecht des Unternehmens, welches durch die eigenen Mitarbeiter ausgeübt wird.[266]

Unterstützend kann die Kommission auf das Auskunftsrecht nach Art. 20 Abs. 2 lit. e) VO 1/2003 zurückgreifen, wonach sie befugt ist, alle Informationen zu verlangen, die den Gegenstand der Ermittlung betreffen.[267] Haben die Kommissionsbediensteten

---

den jedoch insbesondere IT-Experten zu rechnen sein, die den Kommissionsbediensteten Zugang zu elektronisch gesicherten Informationen verschaffen.

262 Räumlichkeiten sind insbesondere Büros, Lagerhallen und Produktionsstätten; vgl. *Miersch*, in: Grabitz/Hilf, nach Art. 83 EGV, Art. 20 Rn. 15.

263 Vgl. *Miersch*, in: Grabitz/Hilf, nach Art. 83 EGV, Art. 20 Rn. 16; *Jahn*, Durchsuchung, S. 141 f.

264 Vgl. *Meyer/Kuhn*, WuW 2004, 880, 881.

265 Der EuGH folgert das daraus, dass das Betretungsrecht des Art. 20 Abs. 2 lit. a) VO 1/2003 anderenfalls nutzlos und es der Kommission unmöglich wäre, die erforderlichen Informationen einzuholen, falls die betroffenen Unternehmen die Mitwirkung verweigern oder eine obstruktive Haltung einnehmen; vgl. EuGH, Urteil vom 21.09.1989, verb. Rs. 46/87 und 227/88, Slg. 1989, 2859, 2926 Rn. 27 *Hoechst*.

266 Eine Ausnahme bilden intensive Störungen der Nachprüfungsmaßnahme, die als formellrechtliche Verstöße gegen die Duldungspflicht gemäß Art. 23 Abs. 1 lit. c), 24 Abs. 1 lit. e) VO 1/2003 geahndet werden können. Äußerstenfalls ließe sich die Nachprüfungsmaßnahme in solchen Fällen anhand unmittelbaren Zwangs durch nationale Vollzugsbeamte durchsetzen; vgl. *Friedmann*, Rechtsstaatliche Grundsätze, S. 152 f.

267 Vgl. auch Erwägungsgrund Nr. 25 Satz 5 VO 1/2003. Eine Beschränkung des Fragerechts auf Erläuterungen der vorgefundenen Unterlagen gilt nicht mehr; das Fragerecht wurde insoweit von den gefundenen Unterlagen entkoppelt; vgl. zu der umstr. Rechtslage unter Art. 14 Abs. 1 lit. c) VO 17/62 *Klees*, Kartellverfahrensrecht, § 9 Rn. 100 ff. kritisch zu Art. 20 Abs. 2 lit. e) VO 1/2003 *Nowak/Pombo*, in: Loewenheim/Meessen/Riesenkampff, Art. 20 VerfVO Rn. 75 f.

durch die Besichtigung der Räumlichkeiten Geschäftsunterlagen[268] oder verschlossene Behältnisse entdeckt, die sie auf ihre Ermittlungsrelevanz überprüfen möchten, machen sie von ihrem Prüfungsrecht gemäß Art. 20 Abs. 2 lit. b) VO 1/2003 Gebrauch und bitten um die Vorlage der betreffenden Unterlagen bzw. Öffnung des Behältnisses, um sich vom Inhalt überzeugen zu können.[269] Die Unternehmensvertreter sind aufgrund ihrer mit dem Anforderungsrecht der Kommission korrespondierenden Vorlagepflicht zur Aushändigung der Unterlagen und zur Öffnung der Behältnisse verpflichtet. Es sind somit die Unternehmensvertreter, die den Aktenschrank öffnen, den Aktenordner entnehmen und die darin befindlichen Unterlagen den Kommissionsbediensteten aushändigen.[270] Unterlagen eigenhändig zu entnehmen, kommt für die Bediensteten der Kommission selbst dann nicht in Betracht, wenn die Aufbewahrungsorte der Unterlagen ohne weiteres zugänglich sind. Ergänzend ist die Kommission, sofern relevantes Beweismaterial ermittelt wurde, nach Art. 20 Abs. 2 lit. c) VO 1/2003 berechtigt - als Ausgleich für das fehlende Beschlagnahmerecht[271] -, aus den Büchern und Unterlagen Kopien oder Auszüge gleich welcher Art anzufertigen oder zu erlangen.

Neu ist die eingeräumte Befugnis gemäß Art. 20 Abs. 2 lit. d) VO 1/2003, betriebliche Räumlichkeiten, Bücher oder *Unterlagen jeder Art* in dem Ausmaß zu *versiegeln*, wie es für die Nachprüfung erforderlich ist. Die Versiegelung dauert daher maximal so lange wie die Nachprüfung vor Ort. Das soll es den Bediensteten ermöglichen, bei Nachprüfungen, die länger als einen Tag in Anspruch nehmen, die Ermittlungen am nächsten Tag fortführen zu können, ohne befürchten zu müssen, dass Unterlagen verschwunden oder verändert worden sind. Die Versiegelungsbefugnisse sind nicht mit

268 Der Begriff der „Geschäftsunterlagen" ist weit auszulegen und beschränkt sich nicht auf offizielle Schriftstücke des Unternehmens. Er erstreckt sich gleichermaßen auf physisch vorhandene wie elektronisch gespeicherte Dokumente und Unterlagen; vgl. hierzu *Lampert/Niejahr/Kübler/ Weidenbach*, EG-Kartell-VO, Art. 20 Rn. 398 ff. Abzugrenzen sind davon Privatunterlagen, die nicht vorzulegen sind. Allerdings ist eine eingeschränkte Vorlagepflicht dergestalt anerkannt, dass der Kommission die allein ihr obliegende Beurteilung, ob eine uneingeschränkte Vorlagepflicht besteht, ermöglicht werden muss; vgl. EuGH, Urteil vom 18.05.1982, Rs. 155/79, Slg. 1982, 1575, 1610 Rn. 17 *AM&S*.

269 Dieses „nachprüfungsbezogene" Auskunftsverlangen ist nicht mit dem allgemeinen Auskunftsverlangen nach Art. 18 VO 1/2003 zu verwechseln, welches unabhängig von einem konkreten Nachprüfungsauftrag bzw. einer Nachprüfungsentscheidung gestellt werden kann und dessen Adressatenkreis Unternehmen, Behörden und Regierungen anstelle von natürlichen Personen betrifft; vgl. *Klees*, Kartellverfahrensrecht, § 9 Rn. 105.

270 Vgl. *Jahn*, Durchsuchung, S. 141 f.

271 Neben einem Beschlagnahmerecht wäre diese Regelung überflüssig. Die Kommission ist auch zu Prüfungszwecken nicht berechtigt, Geschäftsunterlagen gegen den Willen des Unternehmens in amtliche Verwahrung zu nehmen. Eine Ausnahme gilt für den Fall, dass die von der Kommission benötigten Fotokopien nicht an Ort und Stelle hergestellt werden können und die Dokumente nach der Vervielfältigung unverzüglich herausgegeben werden; vgl. *Gillmeister*, Ermittlungsrechte, S. 199 m.w.N. Das Versiegelungsrecht schließt gerade die Lücke, die in dem europäischen Kartellverfahrensrecht dadurch entstanden ist, dass die Kommission kein Beschlagnahmerecht hat; vgl. *Lampert/Niejahr/Kübler/Weidenbach*, EG-Kartell-VO, Art. 20 Rn. 411; *Schnelle/Bartosch/ Hübner*, EU-Kartellverfahrensrecht, S. 140.

einer Sicherstellung zum Zwecke der Beschlagnahme zu verwechseln. Diese ist nach wie vor unzulässig, wie sich mittelbar aus der Befugnis zur Anfertigung von Kopien oder Auszügen in Art. 20 Abs. 2 lit. c) VO 1/2003 ergibt.[272]

(2) Durchsuchungsbefugnis der Kommission gemäß Art. 20 Abs. 2, 4 Satz 1 VO 1/2003?

Offen ist, ob aus den vorstehend im Überblick dargestellten Eingriffsbefugnissen des Art. 20 Abs. 2, 4 Satz 1 VO 1/2003 die Berechtigung zu entnehmen ist, die Unternehmensräumlichkeiten zu *durchsuchen*. Eine dahingehende ausdrückliche Bestimmung sieht das europäische Kartellverfahrensrecht nicht vor. Im Wege der Auslegung ist daher zu ermitteln, ob die Kommission nach dem normativen Gehalt der Vorschrift bzw. dem Willen des Gemeinschaftsgesetzgebers hierzu in eigener Zuständigkeit befugt sein soll.

Mangels einer einheitlichen gemeinschaftsrechtlichen Definition des Durchsuchungsrechts wird zur näheren Kennzeichnung der Befugnisse der Kommission an die Begriffsbestimmung des BVerwG[273] angeknüpft, das die Durchsuchung und die damit verbundenen Rechte wie folgt umschrieben hat:

„Kennzeichnend für die Durchsuchung ist das ziel- und zweckgerichtete Suchen staatlicher Organe in einer Wohnung, um dort planmäßig etwas aufzuspüren, was der Inhaber der Wohnung von sich aus nicht offen legen oder herausgeben will, etwas nicht klar zutage Liegendes, vielleicht Verborgenes aufzudecken oder ein Geheimnis zu lüften; mithin das Ausforschen eines für die freie Entfaltung der Persönlichkeit wesentlichen Lebensbereichs, das unter Umständen bis in die Intimsphäre des Betroffenen dringen kann."

Konstituierend für eine Durchsuchungsbefugnis im vorstehend genannten Sinne ist damit die Berechtigung, die räumliche Sphäre des Betroffenen auszuforschen und hierbei etwaigen Widerstand mit Mitteln unmittelbaren Zwangs zu überwinden. Ob der Kommission bei Nachprüfungen in Geschäfts- und Betriebsräumen dahingehende Eingriffsrechte zustehen, wird im Folgenden zu untersuchen sein.

Den Ausgangspunkt bildet die Formulierung „dass sich ein Unternehmen (...) widersetzt" in Art. 20 Abs. 6 VO 1/2003. Aus dieser Formulierung ergibt sich, dass die Kommission bei Nachprüfungen nicht auf die Bereitwilligkeit des Unternehmens angewiesen ist. Die Durchführung einer Nachprüfung hängt gerade nicht von dem Entgegenkommen der Unternehmen ab. Der Begriff „widersetzt" bestätigt vielmehr, dass die Nachprüfungsbefugnisse auch unter Überwindung physischen Widerstands durch Anwendung körperlicher Gewalt durchzusetzen sind.

Hiermit ist jedoch nicht ausgesagt, dass gerade der Kommission eine Befugnis zur Überwindung des entgegenstehenden Willens der Unternehmen mit Mitteln des unmit-

---

272 Vgl. *Friedmann*, Rechtsstaatliche Grundsätze, S. 178.

273 BVerwGE 47, 31, 37; vgl. auch BVerfGE 51, 97, 106 f.; BVerfGE 75, 318, 327; BVerfGE 76, 83, 89.

telbaren[274] Zwangs zugestanden wurde. Denn für den Fall des Widersetzens sieht Art. 20 Abs. 6 VO 1/2003 die Hilfestellung durch die Mitgliedstaaten vor.[275] Ein sachlicher Grund für eine Mitwirkung mitgliedstaatlicher Stellen im Nachprüfungsverfahren der Kommission wäre nicht ersichtlich, wenn bereits die Kommission ihre Befugnisse durch eigene Bedienstete zwangsweise durchsetzen könnte.

Zudem wäre die Anwendung unmittelbaren Zwangs durch die Kommission mit primärrechtlichen Grundsätzen unvereinbar. An keiner Stelle des Primärrechts ist vorgesehen, dass die Kommission dazu berechtigt sein soll, ihre Entscheidungen gegenüber dem Einzelnen unmittelbar selbst durchzusetzen. Im Gegenteil, Art. 256 EG bestimmt, dass Entscheidungen, die auf Geldzahlungen gerichtet sind, vollstreckbare Titel darstellen, deren Vollstreckung den Mitgliedstaaten nach deren nationalem Zivilverfahrensrecht vorbehalten ist. GA Mischo hat dieser Regelung in seinen Schlussanträgen zu der Rs. *Hoechst* den allgemeinen Grundsatz entnommen, dass der EG-Vertrag jede Art des Tätigwerdens, das der Anwendung unmittelbaren Zwangs gleichkommt, den Mitgliedstaaten vorbehalten wollte.[276]

Zwar sind die Vollstreckungsbefugnisse ohne das Vorliegen eines vollstreckungsfähigen Titels allein bedeutungslos.

Diese Zusammengehörigkeit geht jedoch nicht so weit, dass die Zwangsgewalt als bloßes Akzessorium der europarechtlichen Sachregelungsbefugnis anzusehen ist. Alles andere wäre eine unzulässige Verknüpfung von Rechtsetzungs- und Verwaltungshoheit.

Bestätigung erfährt diese Sichtweise durch die mit Art. 20 Abs. 6 VO 1/2003 vergleichbare Regelung des Art. 81 Abs. 5 EAG-Vertrag, in der die Durchsetzung von Ermittlungsrechten der Kommission im Falle des Widerspruchs des Maßnahmebetroffenen den Behörden eines Mitgliedstaats vorbehalten ist. Daneben spricht im Fall einer Nachprüfung nach dem Montanunionvertrag der Wortlaut von Art. 47 Abs. 1 Satz 2 EGKS-Vertrag gegen eine unmittelbare Zwangsgewalt der Kommission. Denn dort ist vorgesehen, dass die Kommission „die erforderlichen Nachprüfungen vornehmen lassen (kann)".[277]

---

274 Lediglich Befugnisse zur Ausübung „mittelbaren" – und im Hinblick auf das Erfordernis des sofortigen Ermittlungserfolgs in der Regel verspäteten – Zwangs durch die Verhängung von Geldbußen (Art. 23 Abs. 1 VO 1/2003) oder die Festsetzung von Zwangsgeldern (Art. 24 Abs. 1 lit. d) und e) VO 1/2003) stehen der Kommission zur Verfügung.

275 Vgl. *Jahn*, Durchsuchung, S. 155.

276 Schlussanträge von GA Mischo vom 21.02.1989 in EuGH, Urteil vom 21.09.1989, verb. Rs. 46/87 und 227/88, Slg. 1989, 2875, 2883 Rn. 42 *Hoechst*; vgl. auch *Gumbel*, Grundrechte, S. 107 f. m.w.N.; *Winkler*, Beitritt, S. 163; *Pernice*, RIW 1986, 353, 354.

277 Ursächlich mag die Tatsache sein, dass sich die Mitgliedstaaten jede Art des Tätigwerdens, das der Anwendung unmittelbaren Zwangs gleichkommt, als einen wesentlichen Ausdruck der Staatsgewalt vorbehalten wollten; so Schlussanträge von GA Mischo vom 21.02.1989 in EuGH, Urteil vom 21.09.1989, verb. Rs. 46/87 und 227/88, Slg. 1989, 2875, 2883 Rn. 42 *Hoechst*. Ein weiterer – wohl eher pragmatischer Grund – ist der, dass es der Gemeinschaft bisher an dem notwendigen Vollzugsapparat bzw. Hilfsbeamten fehlt und dass dessen Errichtung einen immensen personellen und finanziellen Aufwand bedeuten würde; so *Jahn*, Durchsuchung, S. 188.

In gleicher Weise abzulehnen ist der Einwand von *Kulka*[278], demzufolge aus dem Umstand, dass die Nachprüfungsbefugnisse der Kommission nicht auf exakt anzugebene Unterlagen begrenzt sind, die Suche daher auch auf Informationsquellen erstreckt werden darf, die noch nicht bekannt oder vollständig bezeichnet sind,[279] eine Durchsuchungsbefugnis abzuleiten ist. Denn dieser Schluss geht zu weit. Zwar ist unbestritten, dass die Kommissionsbeamten die Räume betreten und durch bloßen Blickkontakt feststellen dürfen, ob Akten oder verschlossene Behältnisse sichtbar vorhanden sind. Auch ist die Befugnis zu bejahen, in verschlossene Behältnisse und in Akten allgemein einsehen zu dürfen. Diese Befugnis kann aber nur so ausgeübt werden, dass der Beamte die für relevant erachteten Unterlagen bezeichnet, indem er bspw. begehrt, diese Akten aus jenem Schrank wolle er näher prüfen, oder um Öffnung eines Schrankes bittet, um sich vom Inhalt überzeugen zu können.[280] Das Unternehmen ist bei einer Entscheidung nach Art. 20 Abs. 2, 4 Satz 1 VO 1/2003 verpflichtet, diesem Ansinnen nachzukommen. Leistet es nicht Folge, kann der Beamte der Kommission aber nicht selbst die Akte aus dem Regal nehmen oder den Schrank öffnen, auch wenn dazu keinerlei Gewalt nötig ist,[281] da die Kommission über keine Zwangs- und Vollstreckungsbefugnisse verfügt. Hierfür wird die nationale Hilfe nach Art. 20 Abs. 6 VO 1/2003 benötigt. Es fehlt der Kommission damit die Befugnis etwas zu suchen bzw. aufzuspüren, wenn der Adressat nicht will. Die Kommissionsentscheidung hat bei Weigerung des Unternehmens ohne Mitwirkung nationaler Stellen keine *unmittelbare* Zwangswirkung.[282] Aufgrund der fehlenden Möglichkeit, die Nachprüfungsbefugnisse mit unmittelbarem Zwang durchzusetzen, mangelt es der Kommission an einer für die Durchsuchung charakteristischen Befugnis. Art. 20 Abs. 2, 4 Satz 1 VO 1/2003 gewährt der Kommission daher nur eine Anordnungs-, nicht aber auch eine Vollstreckungskompetenz bei Widerstand des Unternehmens.[283]

Aufgrund der fehlenden Befugnis der Kommission unmittelbaren Zwang anzuwenden, ähneln ihre Befugnisse aus Art. 20 Abs. 2, 4 Satz 1 VO 1/2003 dem - von einem Durchsuchungsrecht zu unterscheidenden - Recht einer Behörde, die Wohnung oder die Geschäftsräume ohne Widerstand von Seiten des Inhabers und ohne die Möglich-

---

278 *Kulka*, DB 1989, 2115, 2116 in Bezug auf Art. 14 Abs. 6 VO 17/62.

279 Vgl. EuGH, Urteil vom 21.09.1989, verb. Rs. 46/87 und 227/88, Slg. 1989, 2859, 2926 Rn. 26 f. *Hoechst*.

280 Vgl. *Weiß*, Verteidigungsrechte, S. 136.

281 Sich über den Willen des Betroffenen hinwegzusetzen, ist Anwendung von Zwang, auch wenn keine weiteren physischen Zwangsmittel anzuwenden sind; vgl. *Weiß*, Verteidigungsrechte, S. 134.

282 Vgl. *Weiß*, Verteidigungsrechte, S. 135.

283 Ganz h.M.; vgl. EuGH, Urteil vom 21.09.1989, verb. Rs. 46/87 und 227/88, Slg. 1989, 2859, 2929 Rn. 37 *Hoechst*; Schlussanträge von GA Mischo vom 21.02.1989 in EuGH, Urteil vom 21.09.1989, verb. Rs. 46/87 und 227/88, Slg. 1989, 2875, 2895 Rn. 117 *Hoechst*; *Jahn*, Durchsuchung, S. 67 ff.; *Gumbel*, Grundrechte, S. 104 ff. m.w.N.; *Weiß*, Verteidigungsrechte, S. 135 ff. m.w.N.; vgl. auch *Nockelmann*, Durchsuchungsrecht, S. 43, der in Bezug auf Art. 14 VO 17/62 anmerkt, dass eine Durchsuchungsbefugnis zwar aus Zweckmäßigkeitsgründen rechtspolitisch wünschenswert, aber aus dem Wortlaut der geltenden Vorschriften nicht begründbar sei.

keit der Zwangsanwendung zu betreten und hier bestimmte Besichtigungen und Inspektionen vorzunehmen.[284] Als vergleichendes Beispiel sei § 59 Abs. 1 Satz 2, Abs. 2, 3 GWB angeführt, der den deutschen Wettbewerbsbehörden das Recht einräumt, Geschäftsräume und –grundstücke zu betreten und geschäftliche Unterlagen zu prüfen. Die Unternehmensvertreter sind hierbei - wie im Falle des Art. 20 Abs. 2, 4 Satz 1 VO 1/2003 - verpflichtet, die verlangten Unterlagen herauszugeben, die verlangten Auskünfte zu erteilen und die geschäftlichen Unterlagen zur Einsichtnahme und Prüfung vorzulegen. Eine zwangsweise Vornahme dieser Befugnisse scheidet im Rahmen des § 59 Abs. 1 Satz 2, Abs. 2, 3 GWB aus und wird nur im Falle des § 59 Abs. 4 GWB gebilligt, der ein Durchsuchungsrecht unter verschärften Anforderungen statuiert.

(3) Durchsuchungsbefugnis der Mitgliedstaaten als Amtshilfeleistung i.S.v. Art. 20 Abs. 6 VO 1/2003?

Die fehlende Mitwirkung der Unternehmen wird durch die Unterstützung der nationalen Beamten im Wege der Amtshilfe[285] nach Art. 20 Abs. 6 VO 1/2003 ersetzt,[286] bspw. durch den Einsatz von Polizeikräften oder anderer Vollzugsbehörden.[287] Diese haben dafür Sorge zu tragen, dass trotz des entgegenstehenden Unternehmenswillens das Nachprüfungsziel erreicht wird. Hierbei handelt es sich *nicht* um eine Rückdelegation gemeinschaftlicher Zuständigkeiten oder eine Form gemeinschaftlichen Handelns unter Durchgriff auf die Mitgliedstaaten oder deren Organe. Die Mitgliedstaaten wer-

---

284 Diese Unterscheidung ist in vielen europäischen Rechtsordnungen deutlich ausgeprägt; vgl. A.II.3.

285 Einen Unterfall der Amtshilfe stellt die Vollstreckungshilfe dar. Die ersuchte Behörde ist bei dieser Art des Tätigwerdens allein auf die ihr übertragene Vollstreckungsaufgabe beschränkt; vgl. *Jahn*, Durchsuchung, S. 214 m.w.N.; *Idziok*, Vollstreckungshilfe, S. 111 ff. Voraussetzung für das Funktionieren eines System der Amtshilfe ist allerdings, dass in jedem Mitgliedstaat nationale Stellen berechtigt sind, der Kommission Amtshilfe zu leisten. Dem begegnet Art. 35 Abs.1 VO 1/2003, der die Mitgliedstaaten verpflichtet, die für die Anwendung europäischen Kartellrechts zuständigen Wettbewerbsbehörden zu bestimmen; vgl. hierzu allgemein *Schwarze/Weitbrecht*, Kartellverfahrensrecht, § 8 Rn. 5 ff.; *Klees*, Kartellverfahrensrecht, § 7 Rn. 14 ff. In Deutschland wurde bereits im Rahmen der 5. GWB-Novelle mit § 47 GWB a.F. eine Kompetenzzuweisung zu Gunsten des Bundeskartellamts geschaffen. Infolge der 7. GWB-Novelle erklärt nunmehr § 50 Abs. 3 GWB das Bundeskartellamt für die ausschließlich zuständige Behörde, soweit es um die Mitwirkung an Verfahren der Kommission geht; vgl. *Klees*, Kartellverfahrensrecht, § 7 Rn. 17; *Schütz*, in: Gemeinschaftskommentar, VO 1/2003, Art. 20 Rn. 8.

286 Auch „agency situation" genannt; so *Peters*, EMRK, S. 31; *Weiler/Fries*, in: Alston/Bustelo/Heenan, 147, 161; *Kingreen/Störmer*, EuR 1998, 263, 279. Dem Mitgliedstaat kommt hierbei kein Ermessen zu. Er ist zur Gewährung der Unterstützung verpflichtet. Verweigert der Mitgliedstaat seine Mithilfe kann die Kommission ein Vertragsverletzungsverfahren i.S.v. Art. 226 EG zu Lasten des Mitgliedstaates initiieren.

287 Zu unterscheiden sind hiervon Auftragsnachprüfungen nach Art. 22 Abs. 2 VO 1/2003. Anstelle der Kommissionsbediensteten führen hier die Mitgliedstaaten die Nachprüfungen durch. Anders als im Falle des Art. 20 Abs. 6 VO 1/2003 sind sie nicht auf die nur zwangsweise Durchsetzung einer Nachprüfungsentscheidung der Kommission beschränkt; vgl. hierzu *Klees*, Kartellverfahrensrecht, § 9 Rn. 139 ff.

den, wenn sie Gemeinschaftsrecht vollziehen, in keiner Weise in die Gemeinschaftsorganisation eingestellt. Die Mitgliedstaaten handeln bei der Erfüllung ihrer Mitwirkungspflichten nach den Gemeinschaftsverträgen nicht im Sinne eines „dédoublement fonctionnell" zugleich als Organe der Gemeinschaft. Die Maßnahmen des mitgliedstaatlichen Vollzugs sind dementsprechend nicht den Gemeinschaftsorganen zuzurechnen. Es handelt sich vielmehr um Akte der nationalen hoheitlichen Gewalt.[288] Die nationalen Verwaltungsbehörden unterliegen daher auch keiner Weisungsbefugnis der Kommission.[289]

Die von den Mitgliedstaaten zu ergreifenden Maßnahmen müssen geeignet sein, einen Zustand herbeizuführen, als ob das betreffende Unternehmen seiner Pflicht zur Duldung der Nachprüfung ohne Verzögerung, ununterbrochen und vollständig nachkommt.[290]

Der Wille der Unternehmen wird mit Maßnahmen des nationalen Rechts zwangsweise gebrochen.[291] Die Auswahl des Zwangsmittels zur Durchsetzung der Nachprüfungsentscheidung trifft die ersuchte Behörde nach dem für sie geltenden nationalen Recht,[292] wobei die nationalen Verfahrensgarantien Berücksichtigung finden. Innerhalb der Grenzen des Gemeinschaftsrechts bleibt es daher der Festlegung durch den nationalen Gesetzgeber vorbehalten, das Verfahren zu bestimmen, in dem das von der

---

288 Maßgeblich ist daher nicht die Urheberschaft hinsichtlich des anzuwendenden Rechts, sondern die Zuordnung der Vollzugsmaßnahmen zu einem bestimmten Hoheitsträger; vgl. *Suerbaum*, Kompetenzverteilung, S. 121 ff. m.w.N. *Pernice*, CMLR 36 (1999), 703, 724 könnte daher missverstanden werden, wenn er ausführt, „national administrative bodies are in an 'agency-situation' regarding the transposition and application of community law, in fact they are part of the European executive (...) authority". Es geht im Übrigen fehl, die Behandlung der Organisationsbefugnisse hinsichtlich des mitgliedstaatlichen Vollzugs mit „Die EG-Mitgliedstaaten in der Verwaltungsorganisation der Gemeinschaft" zu überschreiben; so aber *Klösters*, Kompetenzen, S. 56. Entsprechende Deutungen wären mit dem Prinzip der begrenzten Ermächtigung unvereinbar, demgemäss im Bereich des Verwaltungsvollzugs nur punktuelle Kompetenzzuweisungen zugunsten der Gemeinschaft erfolgt sind.

289 Gleichwohl besteht eine Vielzahl faktischer Einflussmöglichkeiten, von denen sich insbesondere das sogenannte Rechnungsabschlussverfahren für die Kontrolle der Ausgaben für die gemeinsame Agrarpolitik aus Gemeinschaftsmitteln als effektiv erwiesen hat; *Streinz*, in: Handbuch Staatsrecht, Bd. VII, § 182 Rn. 21; vgl. auch *Klösters*, Kompetenzen, S. 27 ff.

290 Einzig die Erteilung einer vollständigen Antwort nach Art. 20 Abs. 2 lit. e) VO 1/2003 kann auch mit unmittelbarem Zwang nicht durchgesetzt werden. Insoweit bleibt der Kommission nur die Verhängung von Buß- und Zwangsgeldern; vgl. *Miersch*, in: Grabitz/Hilf, nach Art. 83 EGV, Art. 20 Rn. 60.

291 Dieser Hilfe kann sich die Kommission auch vorsorglich versichern; vgl. Art. 20 Abs. 7 Satz 2 VO 1/2003; EuGH, Urteil vom 21.09.1989, verb. Rs. 46/87 und 227/88, Slg. 1989, 2859, 2928 Rn. 33 *Hoechst*; *Schütz*, in: Gemeinschaftskommentar, VO 1/2003, Art. 20 Rn. 8; *Klees*, Kartellverfahrensrecht, § 9 Rn. 71. Einschränkend stellt der EuGH allerdings fest, dass ein vorsorgliches Ersuchen um Zwangsmaßnahmen nur zulässig ist, soweit es Gründe für die Annahme gibt, dass der Nachprüfung widersprochen und versucht werden könnte, Beweise zu verbergen und dem Zugriff zu entziehen; vgl. EuGH, Urteil vom 22.10.2002, Rs. C-94/00, Slg. 2002, I-9011, 9066 Rn. 74 *Roquette Frères SA*.

292 Im Gegensatz zur Unterstützung nach Art. 20 Abs. 5 VO 1/2003.

Kommission gewünschte Verhalten erzwungen bzw. das Ziel der Nachprüfungen verwirklicht wird.[293]

Zweifelhaft ist, ob den zur Mitwirkung verpflichteten Mitgliedstaaten hierbei eine Befugnis zur Durchsuchung zusteht.

Aus dem Wortlaut des Art. 20 Abs. 6 VO 1/2003 ergibt sich zunächst, dass die nationalen Behörden nur in dem Umfang zu einer Hilfestellung verpflichtet sind, wie es für eine wirkungsvolle Durchführung der Nachprüfungen „erforderlich" ist. Für eine dahingehende Wechselbeziehung streitet der Normzweck des Art. 20 Abs. 6 VO 1/2003, demzufolge die zwangsweise Durchsetzung der Kommissionsanordnung gesichert, nicht aber die Befugnisse nach Art. 20 Abs. 2, 4 Satz 1 VO 1/2003 ausgeweitet werden sollen.[294] Das Spektrum der in Betracht kommenden Maßnahmen wird durch die Notwendigkeit der Maßnahmen begrenzt. Ein mitgliedstaatliches Durchsuchungsrecht findet im Rahmen der Unterstützungsleistung nach Art. 20 Abs. 6 VO 1/2003 daher Anerkennung, wenn anderenfalls eine wirksame Durchsetzung der Nachprüfungsbefugnisse aus Art. 20 Abs. 2, 4 Satz 1 VO 1/2003 nicht gewährleistet werden kann. Mit anderen Worten: Die Rechtmäßigkeit eines mitgliedstaatlichen Durchsuchungsrechts wäre nicht gegeben, wenn hiermit Eingriffsbefugnisse verbunden wären, die nicht zwingend erforderlich sind, um den Nachprüfungszweck sicherzustellen.

Die Befugnis eine Durchsuchung im Rahmen der Amtshilfeleistung nach Art. 20 Abs. 6 VO 1/2003 auszuüben, ist damit davon abhängig, ob die mit einem Durchsuchungsrecht verbundenen Eingriffsbefugnisse *vollumfänglich* als erforderlich zu erachten sind, um die Vollstreckung der Nachprüfungsbefugnisse i.S.v. Art. 20 Abs. 2, 4 Satz 1 VO 1/2003 zu gewährleisten. Nur in diesem Falle, wird eine Durchsuchungsbefugnis als „erforderliche" Amtshilfeleistung i.S.v. Art. 20 Abs. 6 VO 1/2003 zu bezeichnen sein.

Angesichts der unstreitig bestehenden Befugnis der Mitgliedstaaten unmittelbaren Zwang gegenüber den Nachprüfungsadressaten auszuüben, um deren Willen zu überwinden, konzentriert sich die folgende Darstellung darauf, die mitgliedstaatliche Amtshilfeleistung daraufhin zu untersuchen, ob ihr eine Berechtigung zur „Ausforschung" zukommt, die neben der Anwendung unmittelbaren Zwangs kennzeichnend für das Institut der Durchsuchung ist.[295] Die Ausforschung ermächtigt die zuständigen staatlichen Stellen zu sehr weitreichenden Maßnahmen. Es kann nach geheimen Aufbewahrungsorten oder Verstecken gefahndet werden. Zu diesem Zwecke können Schränke oder andere Möbel verschoben oder sogar bauliche Änderungen vorgenommen werden, um solche Verstecke aufzuspüren.

Welche mitgliedstaatlichen Maßnahmen eine Vollstreckung der Nachprüfungsbefugnisse gewährleisten, kann nur unter Bezugnahme auf die in Art. 20 Abs. 2, 4 Satz 1

---

293 Vgl. EuGH, Urteil vom 10.11.1993, Rs. C-60/92, Slg. 1993, I-5683, 5712 Rn. 14 *Postbank*; *Bechtold*, EuR 1992, 41, 41; *Mestmäcker/Schweitzer*, EG-Wettbewerbsrecht, § 5 Rn. 17 ff.; *de Bronett*, EU-Kartellverfahrensrecht, Vorbemerkung Rn. 2, Art. 5 Rn. 2; *Klees*, Kartellverfahrensrecht, § 7 Rn. 55 ff.; *Schwarze/Weitbrecht*, Kartellverfahrensrecht, § 8 Rn. 2 f.

294 Vgl. *Weiß*, Verteidigungsrechte, S. 136; *Gillmeister*, Ermittlungsrechte, S. 200.

295 Vgl. A.III.2.b) aa) (2).

VO 1/2003 genannten einzelnen Befugnisse der Kommission erfolgen, die unter den Oberbegriff der Nachprüfung fallen. Eine Durchsuchung kommt hierbei als adäquate mitgliedstaatliche Maßnahme i.S.v. Art. 20 Abs. 6 VO 1/2003 in Betracht, wenn einem der in Art. 20 Abs. 2, 4 Satz 1 VO 1/2003 genannten Eingriffsbefugnisse *nur* im Wege einer Durchsuchung zu praktischer Wirksamkeit verholfen werden kann. Im Rahmen der folgenden Untersuchung ist daher unter dem Gesichtspunkt der „Erforderlichkeit" zu überprüfen, ob nicht andere – weniger einschneidende – Maßnahmen zur Durchsetzung der Rechte der Kommission in Betracht kommen und ausreichen, das Ziel der Nachprüfungen zu erreichen.

Für die Erzwingung einer Handlung kommt, nach der deutschen Rechtslage, die beispielhaft hinzugezogen werden soll, die Ersatzvornahme (§ 10 VwVG), die Verhängung eines Zwangsgeldes (§ 11 VwVG) sowie die Ausübung unmittelbaren Zwangs (§ 12 VwVG) als Vollstreckungsmittel in Betracht. Die Ausforschung, mithin die Durchsuchung, ist hierbei ein zulässiges Mittel im Rahmen des unmittelbaren Zwangs, sofern sie gesetzlich vorgesehen ist. Aufgrund des weitgehenden Inhalts dieser Befugnis sowie ihrer Grundrechtsrelevanz ist sie jedoch im Rahmen des unmittelbaren Zwangs lediglich als ultima ratio einzusetzen.[296]

Ausgehend von diesen Befugnissen ergibt sich für die Vollstreckung der Nachprüfungsbefugnisse der Kommission bei einem Widersetzen des Unternehmens im Hinblick auf den Vollstreckungsgegenstand – die fehlende Mitwirkung des Unternehmens – folgendes:

Werden die Kommissionsbediensteten bereits am Betreten des Firmengeländes i.S.v. Art. 20 Abs. 2 lit. a) VO 1/2003 gehindert, indem die Firmentore nicht geöffnet werden, bzw. wird durch das Verschließen einzelner Räume verhindert, dass die Bediensteten zu allen Räumlichkeiten Zutritt erhalten, kommt unter Zuhilfenahme mitgliedstaatlicher Vollstreckungsmaßnahmen zunächst die Verhängung eines Zwangsgeldes (vgl. § 11 VwVG) oder eine Ersatzvornahme (vgl. § 10 VwVG) in Betracht. Zeigen sich die Unternehmensvertreter zu einer Zahlung des Zwangsgeldes nicht bereit oder birgt die Ersatzvornahme das Risiko der Verdunkelungsgefahr, weil das Öffnen der Zutrittsmöglichkeiten eine zeitliche Verzögerung mit sich bringt, kommt die Anwendung unmittelbaren Zwangs – als ultima ratio – durch die mitgliedstaatlichen Beamten in Betracht. Unmittelbarer Zwang wird hierbei durch die körperliche Einwirkung auf die Zutrittshindernisse ausgeübt; d.h. die Firmentore bzw. verschlossenen Türen können durch mitgliedstaatliche Beamte aufgebrochen werden. Einer Ausforschung bedarf es zur Durchsetzung dieser Befugnis nicht.[297]

Mit Hilfe des ihr eingeräumten Betretungsrechts kann sich die Kommission Kenntnis von allen Unterlagen verschaffen, die sich in den Räumlichkeiten des Unternehmens befinden. Sie ist befugt, alle Räumlichkeiten zu betreten und sich den Inhalt aller Behältnisse zeigen zu lassen. Begehren die Kommissionsbediensteten nach Betreten der Unternehmensräumlichkeiten von den Unternehmensvertretern die Vorlage einzelner Unterlagen, die sie in den geöffneten Räumlichkeiten bzw. Schränken entdecken,

---

296 Vgl. *Jahn*, Durchsuchung, S. 245 f.

297 Vgl. *Jahn*, Durchsuchung, S. 242 f.

um diese i.S.v. Art. 20 Abs. 2 lit. b) VO 1/2003 zu prüfen oder aus ihnen gemäß Art. 20 Abs. 2 lit. c) VO 1/2003 Auszüge anzufertigen, können die nationalen Beamten zur Erzwingung dieser Handlung zunächst ein Zwangsgeld i.S.v. § 11 VwVG verhängen. Zeitigt dieses Zwangsmittel keinen Erfolg, werden die mitgliedstaatlichen Beamten unmittelbaren Zwang anwenden müssen, der in Form der Wegnahme in Betracht kommt.[298] Einer Durchsuchung bedarf es hierfür nicht. Denn der Aufenthaltsort der Unterlagen ist im Augenblick der Anforderung zur Herausgabe bekannt, so dass das Aufspüren dieser Unterlagen im Wege der Ausforschung nicht in Betracht kommt.

Eine davon abweichende Beurteilung rechtfertigt insbesondere nicht das Recht der Kommission nach ihr *unbekannten* Informationsquellen zu *suchen*. Die vom Gerichtshof in der *Hoechst*-Entscheidung gemachten Ausführungen zum Inhalt des Rechts zur Suche weisen den Kommissionsbediensteten hierbei ein passives Verhalten zu.[299] So besteht kein Recht, die Unternehmensvertreter zu verpflichten, Schränke oder andere Möbel zu verschieben oder sogar bauliche Änderungen vorzunehmen, um geheime Aufbewahrungsorte oder Verstecke aufzudecken. Derart weitreichende Anordnungsbefugnisse sind ihr weder durch die VO 1/2003 noch durch die Rechtsprechung des EuGH zugestanden. Wünschen die Kommissionsbediensteten den Inhalt eines Schrankes zu sehen, sind sie darauf angewiesen, dass dieser von einem Unternehmensvertreter geöffnet wird und dieser ihnen die Unterlagen aushändigt. Verweigern die Unternehmensvertreter eine dahingehende Mitwirkung wenden die mitgliedstaatlichen Beamten unmittelbaren Zwang in Form des Aufbrechens der Schränke und der Wegnahme der darin befindlichen Unterlagen an. Insofern weist das Recht zur Suche nach unbekannten Informationsquellen im Bereich der mitgliedstaatlichen Vollstreckung keine Besonderheiten im Vergleich zur Prüfung vorab bereits bekannter Unterlagen auf.[300]

Als weitere, mit dem Betretungs- und Prüfungsrecht in Bezug stehende vollziehbare Nachprüfungsbefugnis, ist die Verpflichtung der Unternehmen zu nennen, Unterlagen vollständig vorzulegen, als auch auf Unterlagen hinzuweisen, von denen die Kommission keine Kenntnis hat oder deren Aufbewahrungsort ihr nicht bekannt sind. Kommen die Unternehmensvertreter ihrer Pflicht zur Abgabe der gewünschten Auskünfte nicht nach, kann diese Pflicht ebenfalls durch die Verhängung eines Zwangsgeldes erzwungen werden. Eine Ersatzvornahme scheidet in diesem Fall aus, da es sich um unvertretbare Handlungen handelt. Die Vollstreckung dieser Pflicht ist im Hinblick auf ein Durchsuchungsrecht somit nicht relevant.[301]

Darüber hinaus trifft die Unternehmensvertreter die Verpflichtung, eine Versiegelung i.S.v. Art. 20 Abs. 2 lit. d) VO 1/2003 zu dulden. Leisten die Unternehmensvertreter Widerstand, bspw. indem sie die Ermittlungsbeamten beim Anbringen der Siegel

---

[298] Die Kenntnis über den Aufenthaltsort könnte zudem eine Ersatzvornahme nahe legen. Allerdings ist es umstritten, ob die Wegnahme im Wege der Ersatzvornahme möglich ist; vgl. m.w.N. *Jahn*, Durchsuchung, S. 243.

[299] EuGH, Urteil vom 21.09.1989, verb. Rs. 46/87 und 227/88, Slg. 1989, 2859, 2927 f. Rn. 32 ff. *Hoechst*.

[300] Vgl. *Jahn*, Durchsuchung, S. 237 f.

[301] Vgl. *Jahn*, Durchsuchung, S. 244.

stören, kommt zunächst die Auferlegung eines Zwangsgeldes in Betracht, um eine Erfüllung der Verpflichtung zu erzwingen. Im äußersten Falle werden die mitgliedstaatlichen Beamten ebenso befugt sein, unmittelbaren Zwang i.S.v. körperlicher Gewalt gegen die Störer anzuwenden, um die Versiegelung zu gewährleisten. Einer Durchsuchungsbefugnis bedürfen die mitgliedstaatlichen Behörden hierbei unter keinen Umständen.

Zusammenfassend ist festzuhalten, dass keines der in Art. 20 Abs. 2, 4 Satz 1 VO 1/2003 formulierten Nachprüfungsbefugnisse geeignet ist, eine mitgliedstaatliche Vollstreckung im Wege der Durchsuchung zu rechtfertigen.[302] Zwar werden die beschriebenen Vollstreckungsmittel auch von einem Durchsuchungsrecht umfasst, für die Verwirklichung der der Kommission zustehenden Befugnisse ist der weitergehende Inhalt des Durchsuchungsrechts jedoch nicht notwendig bzw. entsprechend dem Wortlaut des Art. 20 Abs. 6 VO 1/2003 nicht „erforderlich". Den nationalen Behörden sind keine weitergehenden Befugnisse als der eigentlich für die Durchführung der Nachprüfungen zuständigen Kommission einzuräumen.[303] Anderenfalls würde die Kommission mittelbar ihre Nachprüfungsbefugnisse kraft einer Befugnis durchsetzen, die ihr nach der Wertung des Gemeinschaftsgesetzgebers bzw. –rechts nicht zustehen sollte.[304]

Hiergegen kann nicht eingewandt werden, dass zwischen den Verfahrensrechten der Kommission und den Vollstreckungsrechten, die den nationalen Behörden vorbehalten seien, strikt unterschieden werden müsse.[305] Letzteres würde bedingen, dass die aus dem sekundären Gemeinschaftsrecht fließenden Beschränkungen mitgliedstaatlichen Handelns beim indirekten Vollzug von Gemeinschaftsrecht ignoriert würden, was mit dem Anwendungsvorrang des Gemeinschaftsrechts nicht im Einklang stünde. Die in § 50 Abs. 3 Satz 2 GWB i.V.m. 102, 103 StPO, § 46 Abs. 1 OWiG ausgesprochene Be-

---

302 Ebenso m.w.N. *Weiß*, Verteidigungsrechte, S. 136 ff.; *Jahn*, Durchsuchung, S. 226 ff.; *Gillmeister*, Ermittlungsrechte, S. 200.

303 Eine Lücke in den Ermittlungsmöglichkeiten bleibt daher, wenn Unterlagen so versteckt sind, dass die nationalen Stellen im Rahmen der nach Art. 20 Abs. 6 VO 1/2003 erlaubten Maßnahmen sie nicht aufspüren können oder dürfen und das Unternehmen weiterhin jede Mitwirkung verweigert. Dann hat die Kommission keine Handhabe, an die Unterlagen heranzukommen, abgesehen von der Möglichkeit, nach Art. 23 Abs. 1 lit. c), d) VO 1/2003 ein Bußgeld wegen verweigerter Mitwirkung und nach Art. 24 Abs. 1 lit. e) VO 1/2003 ein Zwangsgeld zur Erwirkung der Vorlage der Unterlage zu verhängen; vgl. *Weiß*, Verteidigungsrechte, S. 138 f.; *Gillmeister*, Ermittlungsrechte, S. 237.

304 Der im Urteil *Roquette Frères* erfolgte Hinweis, dass die nationalen Behörden „auch Durchsuchungen ohne Einwilligung der Verantwortlichen des Unternehmens vornehmen" können, ist unter diesem Gesichtspunkt einzig als Betonung der Befugnis anzusehen, die Nachprüfungsentscheidung mit Mitteln des unmittelbaren Zwangs durchzusetzen; vgl. EuGH, Urteil vom 22.10.2002, Rs. C-94/00, Slg. 2002, I-9011, 9062 Rn. 58 *Roquette Frères SA* unter Verweis auf EuGH, Urteil vom 21.09.1989, verb. Rs. 46/87 und 227/88, Slg. 1989, 2859, 2927 Rn. 31 *Hoechst*. Dass die mitgliedstaatlichen Behörden in diesem Rahmen befugt sein sollen, eine Ausforschung des relevanten Sachverhalts durchzuführen, kann dem EuGH dabei nicht entnommen werden. Insoweit verwendet er einen engeren Durchsuchungsbegriff als das BVerfG.

305 So aber *Gumbel*, Grundrechte, S. 110.

fugnis, die dem BKartA bei der Amtshilfeleistung i.S.v. Art. 20 Abs. 6 VO 1/2003 ein Durchsuchungsrecht zugesteht, ist aufgrund der gemeinschaftsrechtlichen Beschränkung mitgliedstaatlicher Maßnahmen auf das Kriterium der Erforderlichkeit als gemeinschaftsrechtlich unzulässige Unterstützungshandlung anzusehen. Dies gilt auch dann, wenn eine nationale Durchsuchungsanordnung bereits erteilt wurde. Trotz einer richterlichen Genehmigung dürfen hierauf gestützt nur solche Maßnahmen ergriffen werden, die als „erforderlich" i.S.v. Art. 20 Abs. 6 VO 1/2003 zu erachten sind.[306] Die nationale Durchsuchungsbefugnis wird mit anderen Worten durch gemeinschaftsrechtliche Vorgaben beschränkt.[307]

(4) Nachprüfungsbefugnisse i.S.v. Art. 20 Abs. 2, 4 Satz 1 i.V.m. Abs. 6 VO 1/2003 als Ermittlungsbefugnisse „sui generis"

Im Ergebnis ist die Nachprüfung ein dem Gemeinschaftsrecht eigentümliches Instrument (sui generis).[308] Sie kommt in mancher Beziehung der Durchsuchung des deutschen Rechts nahe, unterscheidet sich davon aber auch wieder deutlich. Für eine Annäherung an die Durchsuchung des nationalen, deutschen Rechts spricht, dass Gegenstand der Nachprüfung nicht nur Unterlagen oder Akten sind, die die Kommission schon kennt oder die sie genau bezeichnen kann, sondern auch ihr bis dahin unbekannte Informationsquellen. Allerdings verleiht das Gemeinschaftsrecht nicht der Kommission, sondern nur den Mitgliedstaaten die Befugnis, diese Maßnahmen gewaltsam durchzusetzen.[309]

Hieraus folgt wiederum nicht, dass die Nachprüfungsbefugnis der Kommission in der mitgliedstaatlichen Vollstreckung den Charakter einer Durchsuchung erhält. Denn die Reichweite der mitgliedstaatlichen Unterstützungsleistung umfasst nicht die Befugnis zur Vornahme einer Ausforschung, die als wesentliches Merkmal des Durchsuchungsrechts anerkannt ist. Umgekehrt geht das Nachprüfungsrecht der Kommission aber auch weiter als ein Durchsuchungsrecht, da sich das betroffene Unternehmen nicht auf bloß passives Verhalten beschränken kann, sondern den Kommissionsbeamten Unterlagen vorzulegen und Auskünfte zu erteilen hat.

---

306 Vgl. zum Erfordernis einer richterlichen Genehmigung im Rahmen der deutschen Unterstützungsleistung nach Art. 20 Abs. 7, 8 VO 1/2003, (B.I.).

307 Missverständlich ist es, wenn *Meyer/Kuhn*, WuW 2004, 880 ihren Aufsatz mit „Befugnisse und Grenzen kartellrechtlicher *Durchsuchungen* nach VO Nr. 1/2003 und nationalem Recht" (Hervorhebung nur hier) überschreiben.

308 So die Bezeichnung durch *de Bronett*, in: Groeben/Schwarze, nach Artikel 83 EG, Verordnung Nr. 17 Rn. 25.

309 Die Vollstreckung der Nachprüfungsentscheidung mit Mitteln des unmittelbaren Zwangs verbietet die Gleichstellung der Nachprüfungsbefugnisse i.S.v. Art. 20 Abs. 2, 6 VO 1/2003 mit den Betretungs- und Prüfungsrechten des § 59 Abs. 1 Satz 2, Abs. 2, 3 GWB.

Das Unternehmen trifft eine Mitwirkungspflicht. Diese geht so weit, dass das Unternehmen sich nicht damit begnügen kann, den Kommissionsbeamten unspezifischen Zugang zu sämtlichen Akten zu verschaffen, ohne ihnen konkrete Hinweise zu geben, wo die interessierenden Vorgänge zu finden sind.[310]

bb) Bewertung

Ob im Nachprüfungsverfahren der Kommission ein „schwerer" Schaden droht, der ein Individualinteresse an erhöhtem Rechtsschutz begründet, ist anhand der vorstehenden Eingriffsbefugnisse zu bewerten. Hierzu werden die rechtlichen und tatsächlichen Beeinträchtigungen, denen die betroffene Rechtsposition im Verfahren nach Art. 20 Abs. 2, 6 VO 1/2003 unterworfen ist, einer wertenden Betrachtung unterzogen. Als Beurteilungskriterien für die Schwere der Beeinträchtigung dienen den Gemeinschaftsgerichten die konkreten und endgültigen nachteiligen Auswirkungen auf das Vermögen oder die sonstigen rechtlich geschützten (materiellen[311] und immateriellen[312]) Güter des Betroffenen.[313] Die Beeinträchtigung ist hierbei „schwer", wenn sie bei Würdigung und Bewertung der tatsächlichen Umstände des Einzelfalles „nicht unerheblich" ist.[314] Geringfügige Nachteile sind dem Betroffenen mithin zumutbar.[315]

Für einen besonders intensiven Eingriff in die Sphäre der privaten Betätigung jeder natürlichen oder juristischen Person spricht zunächst die durch das Betretungs- und Prüfungsrecht hervorgerufene Präsenz der Ermittler in den Geschäftsräumen des Betroffenen, die eine ungestörte Ausübung der unternehmerischen Tätigkeit in diesen Räumen nicht lediglich behindert, sondern geeignet ist, vollständig zum Erliegen zu bringen.[316] Erschwerend kommt der zeitliche Aspekt hinzu, der den Grundrechtsgebrauch nicht nur kurz, sondern in der Regel 1-2 Tage beeinträchtigt.[317]

Zudem kommen die Bediensteten der Kommission und der unterstützenden Mitgliedstaaten im Zuge einer Nachprüfung mit zahlreichen vertraulichen Informationen und Geschäftsgeheimnissen in Kontakt, die vor einer Bekanntgabe an die Öffentlichkeit und konkurrierenden Wettbewerbern bewahrt werden müssen. Sofern hierbei

---

310 Vgl. *Burrichter/Hauschild*, in: Immenga/Mestmäcker/EG-Wettbewerbsrecht, Art. 14 VO 17 Rn. 9, 17; *Schütz*, in: Gemeinschaftskommentar, Artikel 20 Rn. 2; *Jahn*, Durchsuchung, S. 141 f.

311 Vgl. in Bezug auf die einstweilige Rechtsschutzgewähr i.S.v. Art. 242 Satz 2, Art. 243 EG EuGH, Beschluss vom 01.02.1984, Rs. 1/84 R, Slg. 1984, 423, 426 Rn. 1 ff. *Ilford*; EuGH, Beschluss vom 13.06.1989, Rs. 56/89 R, Slg. 1989, 1693, 1699 Rn. 26 ff. *Publishers Association*; EuGH, Beschluss vom 23.11.1990, Rs. T-45/90 R, Slg. 1990, II-705, 709 Rn. 13 ff. *Speybrouck*.

312 Vgl. in Bezug auf die einstweilige Rechtsschutzgewähr i.S.v. Art. 242 Satz 2, Art. 243 EG EuGH, Beschluss vom 02.07.1980, Rs. 129/80 R, Slg. 1980, 2135, 2139 *Turner*.

313 Vgl. m.w.N. *Estler*, Effektivität, S. 74.

314 Vgl. EuGH, Beschluss vom 14.10.1977, Rs. 113/77 R, Slg. 1977, 1721, 1725 Rn. 4/7 *NTN Toyo Bearing*; EuGH, Beschluss vom 17.12.1984, Rs. 258/84 R, Slg. 1984, 4357, 4361 Rn. 17 *Nippon Seiko*.

315 Vgl. EuGH, Beschluss vom 02.05.1988, Rs. 92/88 R, Slg. 1988, 2425, 2432 Rn. 27 *Assider*.

316 Vgl. *Dallmann*, Nachprüfung, S. 119.

317 Vgl. *Jahn*, Durchsuchung, S. 1.

Schränke aufgebrochen werden, die auch betriebsintern regelmäßig verschlossen gehalten werden, handelt es sich schon deshalb um einen stärkeren Eingriff in die Sphäre der privaten Betätigung als im Falle einer Suche ohne Zwangsmittelanwendung, da es sich um einen Eingriff in einen besonders geschützten Geheimbereich handelt.[318]

Die Situation ist für die Unternehmen um so prekärer, als die Kommissionsbediensteten ohne vorherige Ankündigung in Begleitung der mitgliedstaatlichen Ermittler erscheinen[319] und unmittelbar nach Zustellung der Entscheidung Einlass in das Unternehmen verlangen bzw. um die sofortige mitgliedstaatliche Vollstreckung dieser Anordnung bitten. Die betroffenen Unternehmen und deren Mitarbeiter stehen oftmals unvorbereitet dieser für sie ungewohnten Situation gegenüber. Dies führt häufig dazu, dass die Betroffenen von den ihnen gesetzlich eingeräumten Verfahrensrechten überhaupt nicht oder nur unzureichend Gebrauch machen. Aus diesem Grund werden diese Ermittlungen auch als „dawn raids“[320] oder „Blitzaktion im Morgengrauen“[321] bezeichnet.[322]

Neben der unmittelbar betroffenen unternehmerischen Tätigkeit besteht die Gefahr eines nachhaltigen Imageverlustes, der geeignet ist die zukünftige wirtschaftliche Perspektive des Unternehmens am Markt negativ zu beeinflussen. Denn zu dem Ruf eines Unternehmens zählt auch die Einschätzung der Öffentlichkeit über die (Kartell)-Rechtstreue des Unternehmens.[323] Die in Teilen einer Durchsuchung ähnliche Nachprüfung wird in der öffentlichen Meinung als Teil eines Kriminalverfahrens verstanden. Sie erweckt bei dem unbefangenen Zuschauer den Eindruck, dass gegen den Betroffenen ein äußerst starker und begründeter Verdacht bestehen muss, wenn eine Behörde zu diesem diffamierenden Mittel greift.[324] Wie hoch dieser drohende Imagever-

---

318 Vgl. *Dallmann*, Nachprüfung, S. 177.

319 Eine vorherige Unterrichtung findet nur hinsichtlich der zuständigen mitgliedstaatlichen Stellen statt (vgl. Art. 20 Abs. 4 Satz 3 VO 1/2003); vgl. auch *Europäische Kommission*, Kontakte, S. 36; *Schnelle/Bartosch/Hübner*, EU-Kartellverfahrensrecht, S. 140 f. Vorgebeugt wird hiermit der Gefahr, dass der Adressat einer solchen Entscheidung daran gehindert wird, belastende Beweismittel wegzuschaffen oder zu vernichten, bevor die Kommission von ihrer Nachprüfungsbefugnis Gebrauch gemacht hat; vgl. *Schütz*, in: Gemeinschaftskommentar, Artikel 20 Rn. 7; *Kerse/Khan*, EC Antitrust Procedure, Rn. 3-040.

320 Vgl. bspw. *Klees*, Kartellverfahrensrecht, § 9 Rn. 53; *Kerse/Khan*, EC Antitrust Procedure, Rn. 3-039; *Nowak/Pombo*, in: Loewenheim/Meessen/Riesenkampff, Art. 20 VerfVO Rn. 61.

321 So *Europäische Kommission*, Kontakte, S. 33.

322 Laut dem *BDI*, Positionspapier 2002, S. 6 leitet sich insbesondere aus dem Überrumpelungseffekt eine besondere Schutzwürdigkeit des Betroffenen her; vgl. auch *Dallmann*, Nachprüfung, S. 118 f. Gleichwohl dürfen diese Begrifflichkeiten nicht darüber hinweg täuschen, dass Nachprüfungen in der Regel zu den üblichen Geschäftszeiten vorgenommen werden.

323 Vgl. *Reuter*, Kartellbehördliche Recherche, S. 59; vgl. auch EGMR, Urteil vom 28.04.2005, Strafo 2005, 371, 373 Rn. 51 *Buck*.

324 In Bezug auf das Durchsuchungsrecht im deutschen Recht *Krekeler/Schütz*, wistra 1995, 296, 299. Mittelbar bestätigt auch EU-Wettbewerbskommissarin *Neelie Kroes* eine dahingehende Gefahr, wenn sie im Hinblick auf eine Nachprüfung bei führenden europäischen Gasunternehmen versichert, dass die Nachprüfung keineswegs bedeute, dass die Firmen schuldig seien; vgl. SZ

lust einzuschätzen ist, wird daraus deutlich, dass diesem im Kartellrecht generell eine Abschreckungswirkung zugeschrieben wird.[325]

Die wesentlichen durch das zwangsweise Betreten und Prüfen hervorgerufenen Beeinträchtigungen für die rechtliche Position der betroffenen Unternehmen werden durch das Recht zur Versiegelung perpetuiert und intensiviert.[326] Stellt bereits das Prüfungs- und Betretungsrecht die der Ermittlung unterliegenden Räumlichkeiten im wesentlichen Maße zur Disposition der ermittelnden Behörden, so verhindert die Befugnis zur Versiegelung jegliche Einwirkung des Hausrechtsinhabers auf die betroffenen Räumlichkeiten. Wie dem Erwägungsgrund Nr. 25 Satz 3 und 4 der VO 1/2003 zu entnehmen ist, soll die Dauer der Versiegelung 72 Stunden nicht überschreiten. Unter dem Gesichtspunkt der Verhältnismäßigkeit wird die Kommission zwar gehalten sein, das Versiegeln von ganzen Räumlichkeiten des Betriebes auf das erforderliche Minimum zu reduzieren, um den Geschäftsbetrieb des Unternehmens nicht mehr als unbedingt nötig zu behindern.[327] Eine sich über mehr als drei Tage erstreckende Versiegelung ist dennoch nicht kategorisch ausgeschlossen. Dem Unternehmen wird für diesen Zeitraum der Zugriff auf die relevanten Unterlagen und das Betreten dieser Räumlichkeiten versagt. Das unternehmerische Handeln wird demzufolge starken Einschränkungen unterworfen, die unter Umständen eine nachhaltige Beschwer der unternehmerischen Tätigkeit zur Folge haben können.

Zusammenfassend betrachtet erscheint das Zusammenspiel dieser Befugnisse geeignet, die Nachprüfung i.S.v. Art. 20 Abs. 2, 6 VO 1/2003 - neben einer Durchsuchung oder Verhaftung - als einen der weitestgehenden hoheitlichen Rechtseingriffe zu bewerten.[328] Denn die Anwendung von Zwangsmitteln ist stets Ausdruck des intensivsten Eingriffs in die Freiheitssphäre des einzelnen durch die öffentliche Gewalt, die den Bürger mit ihren Machtmitteln konfrontiert und diese, soweit erforderlich, unmittelbar einsetzt.[329] Im Rahmen der weiteren Ausführungen ist daher von einer überaus intensiven, schwerwiegenden Beeinträchtigung der Geschäftsräume und der damit verbundenen Rechtsposition des Unternehmens auszugehen.

c) Gefahr eines nicht-wiedergutzumachenden Schadens

Ein primärrechtlicher Richtervorbehalt ist bei Nachprüfungen i.S.v. Art. 20 Abs. 2, 6 VO 1/2003 vorzusehen, wenn ein solcher unumgänglich ist, um die Ermittlungsbefugnisse der Kommission mit den Anforderungen des allgemeinen Rechtsgrundsatzes auf effektive Rechtsschutzgewähr in Einklang zu bringen. Dies setzt voraus, dass ein sol-

---

vom 18.05.2006 S. 1.

325 Vgl. *Dallmann*, Nachprüfung, S. 121.

326 Vgl. zur Berücksichtigung der voraussichtlichen Dauer der Belastung bei der Beurteilung der Erheblichkeit des Schadens; EuGH, Beschluss vom 19.07.1983, Rs. 120/83 R, Slg. 1983, 2573, 2579 Rn. 11 ff. *Raznoimport*.

327 Vgl. *Friedmann*, Rechtsstaatliche Grundsätze, S. 178.

328 Ebenso *Dallmann*, Nachprüfung, S. 135.

329 Vgl. *Dallmann*, Nachprüfung, S. 177.

cher Verfahrensschutz als „dringlich" entsprechend Art. 242 Satz 2, Art. 243 EG zu bezeichnen ist.[330] Die Dringlichkeit bedingt, dass das individuelle Interesse des Nachprüfungsadressaten auf erhöhten Rechtsschutz ein entgegenstehendes öffentliches Interesse überwiegt.

Ein Individualinteresse auf erhöhten, d.h. effektiven Rechtsschutz setzt zunächst voraus, dass ein solches dem Grunde nach besteht. Hierfür muss ein schwerer und nicht-wiedergutzumachender Schaden für den Fall drohen, dass kein erhöhter Rechtsschutz gewährt wird.

Nachdem vorstehend dargelegt wurde, dass bei einem rechtswidrigen Vorgehen der Kommission im Rahmen einer Nachprüfung i.S.v. Art. 20 Abs. 2, 6 VO 1/2003 ein schwerer Schaden zu befürchten ist,[331] wird im Folgenden die Frage zu erörtern sein, ob der drohende Schaden des Nachprüfungsadressaten in nicht-wiedergutzumachender Weise eintritt. Denn nur, wenn ein schwerer und nicht-wiedergutzumachender Schaden droht, existiert ein ausreichendes Individualinteresse, das geeignet erscheint, mit öffentlichen Interessen in Widerstreit zu treten und eine „Dringlichkeit" zu begründen.

Das Kriterium des nicht-wiedergutzumachenden Schadens liegt immer dann vor, wenn die durch den Eingriff heraufbeschworenen Nachteile für die geschützte Rechtsposition anhand der bereits vorhandenen Rechtsschutzinstrumente nicht vollständig abgewehrt werden können.[332] Mit anderen Worten: Ist der Eintritt des geltend gemachten Schadens in *wiedergutzumachender* Form auch ohne Statuierung eines primärrechtlichen Richtervorbehalts sichergestellt, ist dem Nachprüfungsadressaten zuzumuten, die bereits vorhandenen Rechtsschutzinstrumente zur Widerherstellung des status quo ante heranzuziehen. Einem individuellen Interesse an erhöhtem Rechtsschutz durch Einführung eines Richtervorbehalts mangelt es in diesem Falle an einer ausreichenden Legitimation.

In einem nächsten Prüfungsschritt ist daher die Relevanz der Verfahrensrechte und –garantien im Nachprüfungsverfahren der Kommission zu untersuchen. Hierzu ist ein Vergleich zu ziehen zwischen den drohenden Nachteilen des Nachprüfungsadressaten einerseits und den ausgleichenden Wirkungen des bestehenden Rechtsschutzsystems andererseits, um abschließend die Feststellung treffen zu können, ob die Befugnisse nach Art. 20 Abs. 2, 6 VO 1/2003 vollendete Tatsachen schaffen, die nicht oder nur schwer wieder rückgängig zu machen sind.[333]

---

330 Vgl. hierzu eingehend A.III.1.

331 Vgl. A.III.2.b)

332 Die Entscheidungen benutzen auch die Begriffe „irreparabel"; EuGH, Beschluss vom 12.07.1990, Rs. C-195/90 R, Slg. 1990, I-3351, 3361 Rn. 38 *Kommission/Deutschland* und „irreversibel"; EuGH, Beschluss vom 23.11.1990, Rs. T-45/90 R, Slg. 1990, II- 705, 713 Rn. 29 *Speybrouck*, ohne damit andere Inhalte zu verbinden.

333 Berücksichtigung finden hierbei nur solche Verfahrensrechte, denen im Falle eines zwangsweisen Vollzugs der Nachprüfungsentscheidung durch die Mitgliedstaaten Relevanz zukommt. Keine weitere Bezugnahme erfolgt daher auf die Problematik des Auskunftsverweigerungsrechts, denn zwar obliegt den betroffenen Unternehmen die Verpflichtung, alle erforderlichen Auskünfte über ihnen eventuell bekannte Tatsachen zu erteilen, selbst wenn sie dazu verwendet werden können,

Grundsätzlich werden die weitreichenden Befugnisse der Kommission bei der Tatsachenaufklärung und der hieran beteiligten mitgliedstaatlichen Stellen[334] durch verfahrensrechtliche Vorkehrungen zugunsten der betroffenen Rechtsposition der Unternehmen beschränkt. Ihre Berücksichtigung muss nicht nur in Verwaltungsverfahren, die zu Sanktionen führen können, gewährleistet sein, sondern auch in Voruntersuchungsverfahren. Insbesondere gilt dies bei Nachprüfungen nach Art. 20 Abs. 2, 6 VO 1/2003, die von entscheidender Bedeutung für die Erbringung von Beweisen für rechtswidrige Verhaltensweisen von Unternehmen sein können, die geeignet sind, deren Haftung auszulösen. Denn nur ein zum materiellen Grundrechtsschutz hinzutretender „Grundrechtsschutz durch Verfahren" gewährleistet insgesamt genügenden Schutz für von Nachprüfungen betroffene Unternehmen.[335] Rechtliche Grenzen für die Ermittlungsbefugnisse der Kommission ergeben sich dabei nicht nur aus den Verträgen und dem einschlägigen Sekundärrecht, sondern insbesondere auch aus allgemeinen Rechtsgrundsätzen, die der EuGH konkretisiert hat.[336]

Bei der Vorstellung der im Nachprüfungsverfahren zu wahrenden Verfahrensrechte wird stets darauf Bezug genommen, welche Nachteile das jeweilige Verfahrensrecht im einzelnen behebt; abschließend wird das Zusammenspiel der Verfahrensrechte dahingehend ausgewertet, ob alle unter A.III.2.b) aufgeführten Nachteile abgewehrt werden können.

Bei der Ausgestaltung der Verfahrensrechte und –garantien wird danach unterschieden, ob ihnen in Bezug auf den Rechtseingriff eine präventive oder repressive Schutzfunktion zukommt.

aa) Präventiver Rechtsschutz

Präventiven Schutz vermitteln solche Verfahrensrechte und –garantien, die im Vorfeld der beeinträchtigenden Handlungen dazu beitragen, ein rechtswidriges Vorgehen der Behörden zu verhindern.

---

den Beweis für ein wettbewerbswidriges Verhalten des betreffenden oder eines anderen Unternehmens zu erbringen. Allerdings scheidet eine zwangsweise Durchsetzung dieser Pflichten aus, wenn die Auskunft verweigert wird; vgl. A.III.2b) aa) (3). Beachte allgemein zum Auskunftsverweigerungsrecht im Verfahren der VO 1/2003 *Klees*, Kartellverfahrensrecht, § 9 Rn. 34 f. m.w.N. zum Streitstand.

334 Auch die am europäischen Kartellverfahren beteiligten mitgliedstaatlichen Stellen haben die aus dem Gemeinschaftsrecht resultierenden Verfahrensrechte der Betroffenen zu respektieren; vgl. hierzu eingehend B.II.

335 Vgl. zur verfahrensrechtlichen Funktion der Grundrechte im Gemeinschaftsrecht *Rengeling/Szczekalla*, Grundrechte, § 6 Rn. 419 ff.

336 Vgl. hierzu näher *Brinker*, in: Wirtschaftsverfassungsrechtliche Garantien, 177, 121.

(1) Mitgliedstaatlicher Richtervorbehalt i.S.v. Art. 20 Abs. 7 Satz 1 VO 1/2003

Besonderen Ausdruck einer derartigen Regelung stellt Art. 20 Abs. 7 VO 1/2003 dar, der bei der zwangsweisen Vornahme einer Nachprüfungsentscheidung die Genehmigung eines einzelstaatlichen Gerichts voraussetzt, sofern dies im nationalen Recht vorgesehen ist.

Unklar ist jedoch, inwieweit der mitgliedstaatliche Richtervorbehalt i.S.v. Art. 20 Abs. 7 Satz 1 VO 1/2003, stellvertretend für die auch im Nachprüfungsverfahren zu achtenden nationalen Verfahrensgarantien,[337] im Rahmen der vorliegenden Untersuchung als Bestandteil der gemeinschaftlichen Rechtsschutzkonzeption aufzufassen ist. Die Besonderheit besteht darin, dass – anders als in Art. 21 Abs. 3 Satz 1 VO 1/2003 – die richterliche Mitwirkung nur vorgesehen ist, wenn das einzelstaatliche Recht eine solche Verfahrensregelung beinhaltet. Die einer gemeinschaftsrechtlich determinierten Rechtsposition zu Gute kommende präventive Rechtsschutzgewähr ist demnach abhängig davon, in welchem Mitgliedstaat die Nachprüfung stattfindet. Konsequenz dessen ist, dass bei parallel durchgeführten Nachprüfungen in mehreren Mitgliedstaaten die betroffene Rechtsposition des Unternehmens ein jeweils unterschiedliches Maß an präventiver Rechtsschutzgewähr erfährt. Dies gilt umso mehr als das Institut des Richtervorbehalts keinesfalls in allen nationalen Rechtsordnungen der Mitgliedstaaten Anerkennung gefunden hat.[338] Die gemeinschaftsrechtliche Rechtsposition wird demnach in ihrer Wirksamkeit durch die Ausgestaltung der nationalen Rechtsordnungen bestimmt; ihre Tragweite wird in die Hand der Mitgliedstaaten gelegt.

Eine allgemein gültige Feststellung, die darauf abzielt, die kompensatorische Funktion dieses Rechtsinstituts gegenüber den Eingriffen der öffentlichen Gewalt im gesamten Gemeinschaftsgebiet zu bestimmen, ist daher nicht möglich. Nicht völlig unbegründet erscheint insoweit die Vermutung *Röhlings*[339], dass der europäische Gesetzgeber lediglich verfahrensrechtliche Traditionen in den Mitgliedstaaten respektieren wollte.

Dieser Regelungssystematik kann im Rahmen der weiteren Ausführungen nur dadurch Rechnung getragen werden, dass der Maßstab des zu gewährenden Rechtsschutzes im Verfahren nach Art. 20 Abs. 2, 6 VO 1/2003 unter Außerachtlassung des Richtervorbehalts i.S.v. Art. 20 Abs. 7 Satz 1 VO 1/2003 zu bestimmen ist. Denn wenn bereits bei Nachprüfungen in den Mitgliedstaaten, deren Rechtsordnungen einen Richtervorbehalt nicht vorsehen, ein Mindestmaß an effektiver Rechtsschutzgewähr gegeben ist, ist die fehlende präventive richterliche Kontrolle unschädlich. Sofern ein derartiger Mindestmaßstab nicht konstatiert werden kann, wird auch die bedingte Ein-

---

337 Vgl. EuGH, Urteil vom 21.09.1989, verb. Rs. 46/87 und 227/88, Slg. 1989, 2859, 2928 f. Rn. 33 f., 37 *Hoechst*; EuGH, Urteil vom 22.10.2002, Rs. C-94/00, Slg. 2002, I-9011, 9055 f. Rn. 34 *Roquette Frères SA;* vgl. hierzu auch Schlussanträge von GA Mischo vom 20.09.2001 in EuGH, Urteil vom 22.10.2002, Rs. C-94/00, Slg. 2002, I-9015, 9037 Rn. 100 *Roquette Frères SA*.

338 Vgl. hierzu eingehend A.II.3.

339 *Röhling*, EWiR, Art. 85 EWGV 5/89, 999, 1000; zustimmend *Nockelmann*, Durchsuchungsrecht, S. 114.

schaltung des nationalen Ermittlungsrichters i.S.v. Art. 20 Abs. 7 Satz 1 VO 1/2003 kein anderes Ergebnis in Bezug auf die Mitgliedstaaten rechtfertigen, die einen Richtervorbehalt vorsehen.

Denn anderenfalls wäre die - als allgemeiner Rechtsgrundsatz anerkannte - *einheitliche* Wirksamkeit des Gemeinschaftsrechts in allen Mitgliedstaaten[340] nicht gesichert.

(2) Einstweiliger Rechtsschutz

Einer präventiven Rechtskontrolle in Gestalt eines Richtervorbehalts bedürfte es in jedem Falle nicht, wenn bereits das Rechtsinstitut des einstweiligen Rechtsschutzes im Nachprüfungsverfahren der Kommission praktische Relevanz und eine frühzeitige richterliche Kontrolle gewährleisten würde. Grundsätzlich ist einstweiliger Rechtsschutz vor Durchführung einer Nachprüfung – angesichts der fehlenden aufschiebenden Wirkung einer gegen eine Nachprüfungsentscheidung erhobenen Nichtigkeitsklage (vgl. Art. 242 Satz 1 EG) – in Form einer vorläufigen Aussetzung des Vollzugs der Kommissionsentscheidung i.S.v. Art. 242 Satz 2 EG bzw. im Wege einer Anordnung einstweiliger Maßnahmen gemäß Art. 243 EG in Betracht zu ziehen. Durch die mangelnde Unterrichtung über die anstehende Ermittlungsmaßnahme wird den Betroffenen jedoch die Möglichkeit genommen, einstweiligen Rechtsschutz durch die Gemeinschaftsgerichte zu beantragen, um die Untersuchungsmaßnahmen erfolgreich abzuwehren.[341] Selbst wenn es gelingen sollte, im unmittelbaren Anschluss an das überraschende Erscheinen der Kommissionsbediensteten einen Antrag zu formulieren und abzusenden, wird eine Entscheidung der Gemeinschaftsgerichte wenigstens einige Tage in Anspruch nehmen,[342] innerhalb deren das Unternehmen der Nachprüfung (zwangsweise) unterworfen ist. Bei einer durchschnittlichen Nachprüfungsdauer von 1-2 Tagen wird einstweiliger Rechtsschutz in der Regel nur theoretischer Natur sein.[343]

Ein maßgeblicher Faktor hierfür ist das Erfordernis gemäß Art. 84 § 1 VerfO-EuGH den Antrag auf Gewährung einstweiligen Rechtsschutzes dem Antragsgegner zuzustellen, und diesem eine kurze Frist zur schriftlichen oder mündlichen Stellungnahme zu geben. Hiervon kann im Regelfall nicht abgesehen werden; ist es doch dem einstweiligen Rechtsschutz immanent, dass ihm eine Abwägung zwischen den widerstreitenden Interessen zugrunde liegt.[344]

---

340 Vgl. hierzu nur *Nettesheim*, in: GS Grabitz, 447, 447 ff.

341 Vgl. *v. Winterfeld*, RIW 1992, 524, 525; *Allkemper*, Rechtsschutz, S. 146; vgl. auch *Brei*, ZWeR 2004, 107, 112 f.; *Riley*, ICLQ 51 (2002), 55, 76.

342 Vgl. *Kerse/Khan*, EC Antitrust Procedure, Rn. 3-062 spricht unter Verweis auf EuGH, Beschluss vom 10.08.2001, Rs. T-184/01 R, Slg. 2001, II-2349 *IMS Health* von 4 Tagen.

343 Vgl. *Allkemper*, Rechtsschutz, S. 146; *Nowak/Pombo*, in: Loewenheim/Meessen/Riesenkampff, Art. 20 VerfVO Rn. 100; *Feddersen*, EuZW 2003, 22, 22; *v. Winterfeld*, NJW 1988, 1409, 1414; *v. Winterfeld*, RIW 1992, 524, 525; *Schwarze/Weitbrecht*, Kartellverfahrensrecht, § 4 Rn. 23.

344 Vgl. *Allkemper*, Rechtsschutz, S. 148; vgl. zur Interessenabwägung im Verfahren des einstweiligen Rechtsschutzes *Borchardt*, Europäische Gerichtshof, Art. 242, 243 Rn. 25 ff.

Daneben steht dem Antragsgegner als Ausdruck der Gewährung rechtlichen Gehörs ein primärrechtlich geschütztes Interesse zu, seine Stellungnahme zum Antrag auf einstweiligen Rechtsschutz abzugeben; will er nicht eine stattgebende Entscheidung riskieren.[345] Auch eine Verweigerung des Unternehmens, die Nachprüfung zu dulden, führt keinen Zeitgewinn herbei.[346] In der Regel wird dem Erfordernis einer mitgliedstaatlichen Unterstützungsleistung dadurch vorgebeugt, dass mitgliedstaatliche Vollzugskräfte die Bediensteten der Kommission begleiten, um unmittelbar im Anschluss an die verweigerten Mitwirkungspflichten diese (ggfs. unter Vorlage einer zuvor erwirkten richterlichen Anordnung) zwangsweise durchzusetzen.

Einstweiliger Rechtsschutz ist im Ergebnis daher in effektiver Weise nur unter Aufgabe der mangelnden Unterrichtung des betroffenen Unternehmens zu erlangen. Hierdurch würden jedoch die Zwecke einer solchen überraschenden Maßnahme nicht mehr ausreichend gesichert. Der Sofortvollzug und damit die Nachprüfungsbefugnisse hätten keinerlei Wirkungskraft mehr. Die Unterrichtung geriete in Konflikt mit dem primärrechtlichen Ziel effektiven Wettbewerbsschutzes, dem die Nachprüfungsbefugnisse zu dienen bestimmt sind. Ihr Unterlassen ist daher unter rechtlichen Gesichtspunkten nicht zu beanstanden.

(3) Selbstkontrollmechanismen der Kommission

Das Fehlen einer präventiven richterlichen Kontrolle ist auch nicht angesichts etwaiger Selbstkontrollmechanismen der Kommission entbehrlich.[347] Das Risiko, dass die Kommission eine rechtswidrige Nachprüfungsentscheidung erlässt und deren Vollstreckung durch mitgliedstaatliche Stellen veranlasst, ist im Gegenteil durch die Konzentration des Nachprüfungsverfahrens auf die Generaldirektion für Wettbewerb erhöht und daher keineswegs vernachlässigbar gering.[348] Auf der Generaldirektion für Wettbewerb liegt die Last der Ermittlung und Verfahrensbewältigung.[349] Ihr obliegt es, die zur Durchführung der Verfahrenshandlungen erforderlichen Maßnahmen in den einzelnen Mitgliedstaaten durch ihre eigenen Beamten vorzunehmen. Selbst die Entscheidung zur Einleitung des Verfahrens gemäß Art. 2 Abs. 1 Hs. 1 VO 773/2004 sowie die Entscheidung zur Durchführung einer Nachprüfung i.S.v. Art. 20 Abs. 2 VO 1/2003 stützt sich auf den Entscheidungsentwurf der Generaldirektion für Wettbewerb. Erlassen wird eine dahingehende Entscheidung durch das für Wettbewerbsfragen zuständige Mitglied der Kommission[350], der der Generaldirektion für Wettbewerb zugleich weisungsbefugt ist.

---

345 Vgl. *Allkemper*, Rechtsschutz, S. 148.

346 Anders ohne weitere Begründung *Kerse/Khan*, EC Antitrust Procedure, Rn. 3-062.

347 Vgl. hierzu eingehend *Dallmann*, Nachprüfung, S. 122 ff.

348 Vgl. zum generellen Misstrauen der VO 1/2003 gegenüber der Tätigkeit der Kommission A.III.2.d) bb) (1)(e) (bb).

349 Vgl. *Dieckmann*, in: Wiedemann - Handbuch Kartellrecht, § 41 Rn. 2; *Weiß*, Verteidigungsrechte, S. 149.

350 Die Zuständigkeit beruht auf einer Ermächtigung durch das Kommissionskollegium; vgl. *Dieckmann*, in: Hdb Kartellrecht, § 41 Rn. 15; *Schwarze*, Europäisches Verwaltungsrecht, S. 1168 ff.

(4) Anhörung

Das Fehlen einstweiligen Rechtsschutzes wird darüber hinaus nicht durch präventive Partizipationsgarantien des Einzelnen im Nachprüfungsverfahren der Kommission kompensiert, die es dem Nachprüfungsadressaten ermöglichen seine persönliche Rechts- und Interessenposition effektiv zur Kenntnis zu bringen und die Verwaltung zu deren Berücksichtigung und Schutz bei der Entscheidungsfindung anzuhalten. Grundsätzlich bewirkt eine Partizipation des Bürgers aufgrund von Verfahrensgarantien und die Pflicht der Verwaltung zur Berücksichtigung des Vorgebrachten eine Förderung der Effizienz und Transparenz des Verwaltungsverfahrens sowie der Sachrichtigkeit der Verwaltungsentscheidung.[351]

Vor dem Erlass einer Nachprüfungsentscheidung wird der beabsichtige Adressat jedoch nicht angehört.[352] Art. 27 Abs. 1 Satz 1 VO 1/2003 i.V.m. Art. 10 ff. VO 773/2004[353] gewährt nur den Adressaten einer Entscheidung gemäß Art. 7, 8, 23 oder 24 Abs. 2 VO 1/2003 vor deren Erlass einen Anspruch auf Anhörung. Ein Anspruch auf rechtliches Gehör kann zwar auch ohne ausdrückliche sekundärrechtliche Grundlage bestehen. Immerhin handelt es sich um ein wesentliches Element des primärrechtlichen Anspruchs auf rechtliches Gehör.[354]

Aus gemeinschaftsverfassungsrechtlicher Perspektive streitet jedoch der Zweck eines effektiven Wettbewerbschutzes für eine restriktive Handhabung des Anhörungsrechts. Vereitelt die Gewährung eines Anhörungsanspruchs doch den in der Ermöglichung überraschender Nachprüfungen liegenden Zweck des Nachprüfungsverfahrens.[355]

Die fehlende Anhörung des betroffenen Unternehmens wird auch nicht durch die Anhörung der mitgliedstaatlichen Behörde vor Erlass einer Nachprüfungsentscheidung i.S.v. Art. 20 Abs. 4 Satz 3 VO 1/2003[356] ersetzt oder ausgeglichen.[357] Denn an die

---

351 Vgl. *Nehl*, in: Nowak/Cremer, 135, 143 f.

352 Vgl. EuGH, Urteil vom 26.06.1980, Rs. 136/79, Slg. 1980, 2033, 2057 Rn. 20 f. *National Panasonic*; vgl. auch *de Bronett*, EU-Kartellverfahrensrecht, Art. 20 Rn. 28; *Gillmeister*, Ermittlungsrechte, S. 175 f.; *Nowak/Pombo*, in: Loewenheim/Meessen/Riesenkampff, Art. 20 VerfVO Rn. 45 f.

353 Verordnung (EG) Nr. 733/2004 der Kommission vom 7. April 2004 über die Durchführung von Verfahren auf der Grundlage der Artikel 81 und 82 EG-Vertrag durch die Kommission; ABl. (EU) 2004 Nr. L 123/18.

354 Vgl. EuGH, Urteil vom 13.02.1979, Rs. 85/76, *Hoffmann-La Roche*, Slg. 1979, 461, 511 f. Rn. 9, 11; EuGH, Urteil vom 07.06.1983, Rs. 100-103/80, *Musique Diffusion Française*, Slg. 1983, 1825, 1880 Rn. 10; EuGH, Urteil vom 29.06.1994, Rs. C-135/92, *Fiskano*, Slg. 1994, I-2885, 2909 Rn. 39; vgl. auch *Schwarze/Weitbrecht*, Kartellverfahrensrecht, § 5 Rn. 6 ff.; *Schwarze*, Europäisches Verwaltungsrecht, S. 1307 ff.

355 Vgl. *Nowak/Pombo*, in: Loewenheim/Meessen/Riesenkampff, Art. 20 VerfVO Rn. 46; *Klees*, Kartellverfahrensrecht, § 9 Rn. 63; *Haibach*, NVwZ 1998, 456, 457.

356 Hiervon zu unterscheiden ist eine Anhörung des Beratenden Ausschusses i.S.v. Art. 14 Abs. 1 VO 1/2003. Der Beratende Ausschuss ist das Forum, in dem Fachleute aus den einzelnen Wettbewerbsbehörden Einzelfälle und allgemeine Fragen des europäischen Wettbewerbsrechts erörtern. Die Kommission ist verpflichtet, vor den in Art. 14 Abs. 1 VO 1/2003 genannten Verfahren in

Stellungnahme der nationalen Behörde ist die Kommission nicht gebunden, weil ein Einvernehmen zwischen den Behörden keine Zulässigkeitsvoraussetzung ist.[358] Zudem dient die Anhörung nicht dem Schutz der Verfahrensrechte des betroffenen Unternehmens.[359] Die Anhörung sichert vielmehr die Zusammenarbeit zwischen Kommission und nationalen Wettbewerbsbehörden und erleichtert letzteren die Organisation der Unterstützung nach Art. 20 Abs. 5, 6, 7 VO 1/2003.[360]

(5) Recht auf anwaltlichen Beistand

Die fehlende Anhörung des Nachprüfungsadressaten könnte durch die Aufsicht der Nachprüfungsvornahme durch einen Anwalt ausgeglichen werden, der die Interessen des Nachprüfungsadressaten vor Ort vertritt und damit die Gefahr eines rechtswidrigen Vorgehens der Ermittlungsbeamten reduziert.

Grundsätzlich besteht im Nachprüfungsverfahren das Recht auf Hinzuziehung eines juristischen Beistands.[361] Ein Nachprüfungsadressat kann vor Beginn kartellverfahrensrechtlicher Nachprüfungsmaßnahmen darauf bestehen, einen Anwalt seiner Wahl zu informieren und zu konsultieren.

Dieses Verfahrensrecht ist jedoch entwertet, weil kein Anspruch darauf besteht, dass die Ermittler bei unangekündigten Nachprüfungen mit deren Beginn bis zum Eintreffen des Anwalts warten. Es bestünde die Gefahr, dass ein von der Kommission bei der Anhörung möglicherweise beabsichtigter Überraschungseffekt durch eine gezielte Verspätung des Rechtsanwalts zunichte gemacht werden könnte.[362] Gleichwohl gesteht die Kommission den betreffenden Unternehmen in diesen Fällen eine begrenzte Wartezeit[363] zu,[364] sofern die Nachprüfung hierdurch nicht unangemessen verzögert

---

Wettbewerbssachen den Beratenden Ausschuss anzuhören. Eine Anhörung des Beratenden Ausschusses im Verfahren nach Art. 20 und Art. 21 VO 1/2003 ist allerdings nicht genannt und vorgesehen; vgl. hierzu auch *Dallmann*, Nachprüfung, S. 67 Fn. 248.

357 Vgl. *Lang/Rizza*, ECLR 2002, 413, 416.

358 Vgl. *Gillmeister*, Verteidigungsrechte, S. 180.

359 Vgl. *Lampert/Niejahr/Kübler/Weidenbach*, EG-Kartell-VO, Art. 20 Rn. 388; *Feddersen*, EuZW 2003, 22, 22.

360 Vgl. *Miersch*, in: Grabitz/Hilf, nach Art. 83 EGV, Art. 20 Rn. 55.

361 Vgl. EuGH, Urteil vom 21.09.1989, verb. Rs. 46/87 und 227/88, Slg. 1989, 2859, 2924 Rn. 16 *Hoechst*; EuGH, Urteil vom 17.10.1989, Rs. 85/87, Slg. 1989, 3137, 3156 Rn. 27 *Dow Benelux*; EuGH, Urteil vom 22.10.2002, Rs. C-94/00, Slg. 2002, I-9011, 9058 f. Rn. 46 *Roquette Frères SA*; *Nowak/Pombo*, in: Loewenheim/Meessen/Riesenkampff, Art. 20 VerfVO Rn. 33; *Schütz*, in: Gemeinschaftskommentar, VO 1/2003, Artikel 20 Rn. 14; *Miersch*, in: Grabitz/Hilf, nach Art. 83 EGV, Art. 20 Rn. 54; *Tissot-Favre*, ICCLR 2003, 319, 323.

362 Vgl. *Dannecker*, ZStW 111 (1999), 256, 280.

363 Die Kommissionsbeamten sind in der Regel nur bereit, relativ kurze Zeit – meist ca. 30-40 Minuten – auf das Eintreffen von externen Rechtsanwälten zu warten, bevor sie mit der Nachprüfung beginnen. Die Weigerung des Unternehmens, eine Nachprüfung in Abwesenheit eines Anwalts zu dulden, stellt eine Verletzung der Duldungs- und Mitwirkungspflichten dar; vgl. *Europäische Kommission*, Kontakte, S. 37; *Lampert/Niejahr/Kübler/Weidenbach*, EG-Kartell-VO, Art. 20 Rn. 387; *Joshua*, ELR 1983, 3, 9.

wird und der Nachprüfungsadressat versichert, die jeweiligen Geschäftsunterlagen an dem Ort und in dem Zustand zu belassen, wo und wie sie sich bei der Ankunft der Ermittler befunden haben.

(6) Legal Privilege

Trotz fehlender effektiver Einwirkungsmöglichkeiten des Betroffenen im Vorfeld der Nachprüfungen sind die weitreichenden Befugnisse der Kommission bei der Tatsachenaufklärung eingeschränkt. Die Gefahr, dass Kommissionsbedienstete Einsicht in Unterlagen nehmen, die für die Rechtsverteidigung des Unternehmens relevant sind und in der Regel selbstbelastende Angaben enthalten, wird durch den erstmals in der *AM&S*-Entscheidung[365] des EuGH anerkannten allgemeinen Rechtsgrundsatz auf Wahrung der Vertraulichkeit des Schriftverkehrs zwischen Anwalt und Mandant minimiert, der das in Art. 20 Abs. 2 lit. b) VO 1/2003 geregelte Prüfungsrecht der Kommission begrenzt und dadurch ein partielles Beweiserhebungsverbot statuiert.

Hiernach besteht grundsätzlich kein Zugriff auf den vertraulichen Schriftverkehr zwischen Anwalt und Mandant. Mitarbeiter des betroffenen Unternehmens dürfen den Beamten der Kommission die Lektüre und erst Recht die Herausgabe der Dokumente verweigern, in denen ihnen von einem Rechtsanwalt ein Rechtsrat erteilt worden ist.

Dieser meist unter der Kurzbezeichnung „Legal Privilege“ thematisierte Vertraulichkeitsschutz setzt nach herkömmlicher Rechtsprechung zweierlei voraus: *Erstens* muss der betreffende Schriftwechsel im Rahmen und im Interesse des Rechts des Mandanten auf Verteidigung geführt worden sein, wobei sich dieses Erfordernis auf den gesamten Schriftwechsel bezieht, der entweder nach Eröffnung eines kartellrechtlichen Verwaltungsverfahrens oder aber bereits früher geführt worden ist und mit dem Gegenstand dieses Verfahrens im Zusammenhang steht[366]; *zweitens* muss der betreffende Schriftwechsel von unabhängigen Rechtsanwälten ausgehen, d.h. von solchen Anwälten, die nicht durch einen Dienstvertrag bzw. ein Beschäftigungsverhältnis an den Mandanten gebunden sind. Bislang können danach Syndikusanwälte nicht am „Legal Privilege“ partizipieren.[367]

---

364 Anders dagegen, wenn das betreffende Unternehmen selbst über eine Rechtsabteilung verfügt; vgl. *Klees*, Kartellverfahrensrecht, § 9 Rn. 66.

365 EuGH, Urteil vom 18.05.1982, Rs. 155/79, Slg. 1982, 1575, 1613 Rn. 29 ff. *AM&S.*

366 In der Folge der *AM&S*-Rechtsprechung des EuGH erweiterte das EuG in der Rs. *Hilti* den durch das „Legal Privilege“ gewährleisteten Vertraulichkeitsschutz auf unternehmensinterne Schriftstücke, soweit darin der Inhalt der anwaltlichen Kommunikation zum Zwecke der unternehmensinternen Verbreitung festgehalten ist; EuG, Beschluss vom 04.04.1990, Rs. T-30/89, Slg. 1990, II-163, 169 Rn. 13 *Hilti.*

367 Inwieweit die Gemeinschaftsgerichte an diesen Grundsätzen festhalten werden, ist seit dem Beschluss des Präsidenten des EuG vom 30.10.2003 in den Rs. *Akzo Nobel Chemicals* und *Akros Chemicals* (EuG, verb. Rs. T-125/03 R und T-253/03 R, Slg. 2003, II-4771, 4788 Rn. 36 ff.) fraglich geworden. Er vertrat die Ansicht, dass das „Legal Privilege“ auch auf die Korrespondenz zwischen dem Nachprüfungsadressaten und internen Rechtsberatern erstreckt werden könne, sofern die jeweiligen Unternehmensjuristen denselben strengen Berufsstandsregeln unterliegen wie externe Rechtsberater; vgl. hierzu auch *Nowak/Pombo*, in: Loewenheim/Meessen/Riesenkampff,

Nach dem im *AM&S*-Urteil entwickelten Schutzregime kann sich der Nachprüfungsadressat dem Prüfungsrecht der Kommission allerdings nicht mit der bloßen Behauptung entziehen, dass einem bestimmten Dokument der Vertraulichkeitsschutz i.S. des Legal Privilege zukomme. Weigert sich der Nachprüfungsadressat unter Berufung auf den Schutz der Vertraulichkeit, Einsicht in den mit seinem Anwalt geführten Schriftverkehr zu gewähren, der sich unter den von der Kommission verlangten Geschäftsunterlagen befindet, so hat er den beauftragten Kommissionsbediensteten – ohne schon gleich zur Offenbarung des Inhalts der betreffenden Korrespondenz verpflichtet zu sein – zunächst alle zweckdienlichen Angaben zu machen, mit denen dargelegt werden kann, dass der Schriftverkehr die Voraussetzungen für den Vertraulichkeitsschutz erfüllt.[368] Hält die Behörde wegen Unzulänglichkeit der Nachweise weiterhin an ihrem Nachprüfungswunsch fest, so wird zunächst ein gemeinsames Protokoll erstellt und die Unterlagen bis zu einer rechtskräftigen Entscheidung des EuG über die Verwertbarkeit im Unternehmen selbst versiegelt und aufbewahrt. Weigert sich das Unternehmen selbst nach der rechtskräftig festgestellten Offenbarungspflicht, die Unterlagen vorzulegen, so kann die Kommission im Rahmen ihrer Befugnisse aus Art. 20 Abs. 2, 6 VO 1/2003 eine Nachprüfung erzwingen lassen. Hiergegen ist wiederum eine gerichtliche Überprüfung im Wege der Klage nach Art. 230 EG möglich.[369] Beweismittel, die unter Verstoß gegen das Anwaltsprivileg erlangt wurden, sind unverwertbar.

(7) Begründung der Nachprüfungsentscheidung

Eine wesentliche Verfahrenssicherung, die unmittelbar vor einer Nachprüfung wirksam wird und den Nachprüfungsadressaten in Kenntnis über die bevorstehenden Ermittlungsmaßnahmen setzt, stellt die in Art. 20 Abs. 4 Satz 2 VO 1/2003 i.V.m. Art. 253 EG geregelte Begründungspflicht der Nachprüfungsentscheidung dar, die einer effektiven Geltendmachung der vorstehenden Verfahrensrechte dient.[370] Die Entscheidung bezeichnet den Gegenstand und den Zweck der Nachprüfung, bestimmt den Zeitpunkt des Beginns der Nachprüfung und weist auf die in Art. 23 und 24 VO 1/2003 vorgesehenen Sanktionen sowie auf das Recht hin, vor dem Gerichtshof Klage gegen die Entscheidung zu erheben.

Die Inspektoren der Kommission überreichen bei ihrer Ankunft den Vertretern des Unternehmens eine Ausfertigung der Entscheidung. Sollte die Begründung nicht oder

---

Art. 20 VerfVO Rn. 35; *Lampert/Niejahr/Kübler/Weidenbach*, EG-Kartell-VO, Art. 17-22 Rn. 351; *Klees*, Kartellverfahrensrecht, § 9 Rn. 86 f.

368 Vgl. *Weiß*, Verteidigungsrechte, S. 398 ff. m.w.N.; *Nowak/Pombo*, in: Loewenheim/Meessen/Riesenkampff, Art. 20 VerfVO Rn. 34 ff., 72; *Crones*, Grundrechtlicher Schutz, S. 133; *Tissot-Favre*, ICCLR 2003, 319, 323. Anders als bei Privatunterlagen besteht bei der Anwaltskorrespondenz daher keine Pflicht zur eingeschränkten Vorlage; vgl. EuGH, Urteil vom 18.05.1982, Rs. 155/79, Slg. 1982, 1575, 1613 Rn. 29 *AM&S*.

369 Vgl. *Friedmann*, Rechtsstaatliche Grundsätze, S. 151 m.w.N.

370 Vgl. EuGH, Urteil vom 22.10.2002, Rs. C-94/00, Slg. 2002, I-9011 Rn. 48 *Roquette Frères SA*; *Nehl*, Verwaltungsverfahren, S. 326; *Schwarze*, Europäisches Verwaltungsrecht, S. 1333 f.

nicht ausreichend erfolgt sein, ist eine Verletzung wesentlicher Formvorschriften gemäß Art. 230 EG gegeben. Dies kann ein ausreichender Grund für eine Nichtigkeitsklage sein und damit zur Aufhebung der Maßnahme führen.[371]

Die Begründung hält den Entscheidungsträger dazu an, sich über die Gründe einer beabsichtigten Maßnahme Klarheit zu verschaffen und trägt auf diese Weise zur Selbstkontrolle bei. Andererseits ermöglicht sie dem Betroffenen von seinen Verteidigungsrechten Gebrauch zu machen. Denn die Unternehmen sollen dadurch in die Lage versetzt werden, die Berechtigung der Nachprüfung nachzuvollziehen, den Umfang der Mitwirkungs- und Duldungspflicht erkennen und ggfs. die geeigneten Maßnahmen zur Wahrung ihrer Verteidigungsrechte ergreifen.[372]

(8) Ergebnis

Im Ergebnis weist die gesetzliche Rechtsschutzkonzeption im Nachprüfungsverfahren keine präventive Ausrichtung auf. Lediglich das Legal Privilege schränkt in dem speziellen Punkte des Zugriffs auf gewisse Geschäftsunterlagen die Nachprüfungsbefugnisse ein. In der Praxis kann die erforderliche Rechtsschutzgewähr daher im Grundsatz nur repressiv erfolgen.

bb) Repressiver Rechtsschutz

Repressiv wirken die Verfahrensrechte und –garantien, die die aus dem erfolgten Eingriff resultierenden faktischen und rechtlichen Beeinträchtigungen abwehren oder mildern.

(1) Rechtsschutz durch die Gerichtsbarkeit der Gemeinschaft und der Mitgliedstaaten

Im Gegensatz zum verwehrten gerichtlichen Rechtsschutz im Vorfeld der Beeinträchtigungen eröffnen sich repressiv unterschiedliche Möglichkeiten die Judikative wegen der erfolgten Beeinträchtigungen anzurufen.[373]

Entsprechend der Trennung zwischen der Anordnungs- und Vollstreckungskompetenz im verwaltungsverfahrensrechtlichen Entscheidungsprozess ist auch der hierauf bezogene Rechtsschutz den jeweiligen Verantwortungsbereichen von Gemeinschaft

---

371 Vgl. EuGH, Urteil vom 07.07.1981, Rs. 158/80, Slg. 1981, 1805, 1832 ff. Rn. 18 ff. *REWE*; *Gumbel*, Grundrechte, S. 236.

372 Vgl. EuGH, Urteil vom 21.09.1989, verb. Rs. 46/87 und 227/88, Slg. 1989, 2859, 2929 f. Rn. 41 *Hoechst*; EuGH, Urteil vom 17.10.1989, Rs. 85/87, Slg. 1989, 3137, 3155 Rn. 19 *Dow Benelux*; *Miersch*, in: Grabitz/Hilf, nach Art. 83 EGV, Art. 20 Rn. 43 ff., 69 ff.; *Lampert/Niejahr/Kübler/Weidenbach*, EG-Kartell-VO, Art. 20 Rn. 386 f.; *de Bronnet*, EU-Kartellverfahrensrecht, Art. 20 Rn. 29 ff.; *Klees*, Kartellverfahrensrecht, § 9 Rn. 62 f.; vgl. allgemein zum Zweckverständnis der Begründungspflicht *Scheffler*, Begründung, S. 44 ff., 49 f.

373 Vgl. allgemein *Nowak/Pombo*, in: Loewenheim/Meessen/Riesenkampff, Art. 20 VerfVO Rn. 98 ff.; *Miersch*, in: Grabitz/Hilf, nach Art. 83 EGV, vor Art. 17 Rn. 47 ff.; *Nehl*, Verwaltungsverfahren, S. 415.

und Mitgliedstaaten zugewiesen. Nachprüfungsentscheidungen der Kommission i.S.v. Art. 20 Abs. 4 VO 1/2003 sind Rechtsakte, die von ihren Adressaten binnen einer zweimonatigen Klagefrist mit der Nichtigkeitsklage gemäß Art. 230 Abs. 4 EG vor dem EuG angefochten werden können.[374] Gemäß Art. 20 Abs. 4 Satz 2 VO 1/2003 sind die Betroffenen hierüber aufzuklären. Einzelne Nachprüfungshandlungen, wie etwa die ermöglichte Protokollierung mündlicher Erklärungen, können grundsätzlich nicht isoliert mit einer Nichtigkeitsklage i.S.v. Art. 230 Abs. 4 EG angefochten werden, da derartige Handlungen zu den nicht anfechtbaren Zwischenmaßnahmen bzw. vorbereitenden Maßnahmen gezählt werden, die keine die Interessen des Klägers beeinträchtigenden Rechtswirkungen erzeugen bzw. gegen deren (angebliche) Rechtswidrigkeit eine Klage gegen die das Verfahren abschließende Entscheidung hinreichenden Schutz für die Betroffenen bieten würde.[375]

Die Vollstreckung einer Nachprüfungsentscheidung durch die zuständige mitgliedstaatliche Verwaltung ist hingegen einer nationalen richterlichen Rechtmäßigkeitskontrolle unterworfen.

Erwägungsgrund Nr. 27 VO 1/2003 macht deutlich, dass es nicht nur um die Genehmigung der Zwangsmaßnahmen *vor* deren Einsatz, sondern auch um die *nachträgliche* Überprüfung der erfolgten Anwendung der Zwangsmaßnahmen am Maßstab der nationalen Verfahrensvorschriften geht.[376] Die nationalen Gerichte haben im Verlauf

---

[374] Gegen dessen Entscheidungen ist ein auf die Kontrolle von Rechtsverletzungen beschränktes Rechtsmittel zum EuGH gegeben (Art. 225 Abs. 1 EG).

[375] Zur grds. Nichtanfechtbarkeit vorbereitender Maßnahmen im Wege der Nichtigkeitsklage gemäß Art. 230 Abs. 4 EG vgl. EuGH, Urteil vom 11.11.1981, Rs. 60/81, Slg. 1981, 2639 Rn. 10 ff. *IBM*; EuG, Urteil vom 10.7.1990, Rs. T-64/89, Slg. 1990, II-367, 381 Rn. 42 *Automec*; EuG, Urteil vom 18.12.1992, verb. Rs. T-10-12/92 und T-15/92, Slg. 1992, II-2667, 2680 Rn. 31 *Cimenteries*.

[376] In Deutschland können betroffene Unternehmen sowohl gegen die richterliche Anordnung, der es im Rahmen einer Unterstützungsleistung nach Art. 20 Abs. 6 VO 1/2003 grundsätzlich bedarf (vgl. B.I.), als auch gegen die Art und Weise ihrer Vollstreckung durch das BKartA Rechtsschutz begehren. Die richterliche Anordnung ist gemäß § 46 Abs. 1 OWiG i.V.m. § 304 StPO mit einer Beschwerde anzugreifen. Wendet sich der Betroffene gegen die Art und Weise der Durchführung der vom Richter angeordneten und von den Kartellbehörden vollzogenen Maßnahmen, so steht ihm nach h.M. der Antrag auf gerichtliche Entscheidung gemäß § 46 Abs. 1 OWiG i.V.m. § 98 Abs. 2 Satz 2 StPO analog zur Verfügung (vgl. hierzu eingehend *Schäfer*, in: Löwe-Rosenberg, § 105 Rn. 84 ff. m.w.N.). Dass die genannten Rechtsbehelfe gegen die Anordnung oder die Art und Weise ihrer Vollstreckung häufig zu spät kommen, weil der mit den Maßnahmen einhergehende Grundrechtseingriff nach Beendigung der Nachprüfung nicht mehr rückgängig gemacht werden kann, ist vorliegend unerheblich. Zwar gilt der Grundsatz, dass die prozessuale Überholung der Rechtsschutzbehelfe das notwendige Rechtsschutzbedürfnis entfallen lässt. Eine Ausnahme ist jedoch anerkannt, wenn unter Bezugnahme auf Art. 19 Abs. 4 GG ein nachwirkendes Interesse an einer richterlichen Kontrolle besteht (vgl. BVerfGE 49, 329, 338). Ein solches Rechtsschutzinteresse ist insbesondere in Fällen „tiefgreifender Grundrechtseingriffe" gegeben, in denen „die direkte Belastung durch den angegriffenen Hoheitsakt sich nach dem typischen Verfahrensablauf auf eine Zeitspanne beschränkt, in welcher der Betroffene die gerichtliche Entscheidung in der von der Prozessordnung gegebenen Instanz kaum erlangen kann" (BVerfG, NJW 1997, 2163, 2164). Solche tiefgreifenden Grundrechtseingriffe sind bei einer Durchsuchung anerkannt (vgl.

des Gerichtsverfahrens nach Art. 234 EG die Möglichkeit, den EuGH um Vorabentscheidung bzgl. der Auslegung des einschlägigen Gemeinschaftsrechts, insbesondere auch der Gültigkeit der zugrundeliegenden Kommissionsentscheidung, zu ersuchen.[377] Eine Gültigkeitsprüfung von Gemeinschaftsrechtsakten durch nationale Gerichte ist grundsätzlich unzulässig.[378]

Falls die Nachprüfungsentscheidung vom Gemeinschaftsrichter für nichtig erklärt würde, wäre die Kommission nach ständiger Rechtsprechung der Gemeinschaftsgerichte[379] gehindert, Unterlagen oder Beweisstücke, die sie sich im Zuge der Nachprüfung verschafft hat, im Verfahren wegen eines Verstoßes gegen die Wettbewerbsregeln der Gemeinschaft zu verwenden;[380] anderenfalls liefe sie Gefahr, dass die Entscheidung über den Wettbewerbsverstoß vom Gemeinschaftsrichter für nichtig erklärt würde, soweit sie auf derartige Beweismittel gestützt wäre.[381]

Wenn bei der Durchführung der Nachprüfung Rechtsfehler begangen werden, berührt das nur die Rechtmäßigkeit der betroffenen Nachprüfungsmaßnahme; es bedeutet nicht, dass deswegen die Rechtmäßigkeit der Entscheidung, durch die die Nachprüfung angeordnet wurde, rückwirkend in Frage gestellt wird.[382]

Stellt das nationale Gericht fest, dass die Durchführung der Zwangsmaßnahmen rechtswidrig war, ist auf der Grundlage europäischen Rechts zu entscheiden, ob die dabei erlangten Beweismittel in dem von der Kommission eröffneten Verfahren nach Art. 81 oder 82 EG verwertet werden dürfen. Den Kontrollmaßstab bildet das primäre Gemeinschaftsrecht, bspw. in Gestalt verfahrenssichernder allgemeiner Rechtsgrundsätze, das auch von den nationalen Gerichten zu beachten ist.[383]

Sofern ein dahingehender Verstoß festgestellt werden sollte, ist das im Gemeinschaftsrecht anzutreffende *strenge* Beweisverwertungsverbot auch auf solche Beweismittel anzuwenden, die mit mitgliedstaatlicher Hilfe gewonnen wurden.[384] Denn es besteht kein Unterscheid darin, ob Beweise auf einer rechtswidrigen Nachprüfungsentscheidung beruhen oder außerhalb des Anwendungsbereichs einer rechtsgültigen

---

BVerfG, NJW 1997, 2163, 2164). Deren Eingriffsintensität ist wiederum mit der einer Nachprüfung i.S.v. Art. 20 Abs. 2, 6 VO 1/2003 vergleichbar (vgl. A.III.), so dass auch im vorliegenden Fall von einem (nachwirkenden) Rechtsschutzinteresse auszugehen ist.

377 Vgl. *Nehl*, Verwaltungsverfahren, S. 425 f.

378 Hierzu ausführlich A.III.2.d) bb) (c) (bb).

379 Vgl. m.w.N. EuGH, Urteil vom 22.10.2002, Rs. C-94/00, Slg. 2002, I-9011 Rn. 49 *Roquette Frères SA*.

380 Vgl. zu Beweisverwertungsverboten im Gemeinschaftsrecht nur *Börner*, in: FS Ipsen, 557, 557 ff.; *Dannecker*, ZStW 111 (1999), 256, 287.

381 Vgl. EuGH, Urteil vom 22.10.2002, Rs. C-94/00, Slg. 2002, I-9011 Rn. 49 *Roquette Frères SA*.

382 Vgl. EuGH, Urteil vom 17.10.1989, Rs. 85/87, Slg. 1989, 3137, 3162 Rn. 49 *Dow Benelux*; vgl. auch *Bechtold/Bosch/Brinker/Hirsbrunner*, EG-Kartellrecht, Art. 20 VO 1/2003 Rn. 5; *Hertogen*, CJEL 10 (2003), 137, 151.

383 Vgl. zur Bindung nationaler Stellen an das Gemeinschaftsrecht im Rahmen der Amtshilfeleistung nach Art. 20 Abs. 6 VO 1/2003 (B.II.).

384 Vgl. *Börner*, FS Ipsen, S. 557, 570 ff.

Nachprüfungsentscheidung gewonnen werden. Stets geht die Beweismittelbeschaffung mit einer Missachtung gemeinschaftsrechtlicher Normen einher.

(2) Amtsverschwiegenheit

Einen Schutz vor der mit einer Nachprüfung zwingend verbundenen Gefahr, dass die zahlreichen vertraulichen Informationen und Geschäftsgeheimnisse, mit denen die ermittelnden Beamten im Zuge einer Nachprüfung in Kontakt kommen, der Öffentlichkeit und den konkurrierenden Wettbewerbern bekannt werden, gewährt Art. 28 Abs. 2 VO 1/2003.[385] Art. 28 Abs. 2 VO 1/2003 statuiert die sog. Verschwiegenheitspflicht, die die Preisgabe geschützter Informationen, insbesondere von Geschäftsgeheimnissen, verbietet.[386] Von der Verschwiegenheitspflicht werden nicht nur die bereits nach Art. 287 EG primärrechtlich zur Geheimhaltung verpflichteten Bediensteten der Gemeinschaftsorgane erfasst, sondern auch die nationalen Wettbewerbsbehörden und ihre Bediensteten sowie die Bediensteten anderer nationaler Behörden. Die Verpflichtung erstreckt sich auch auf unter Aufsicht der bezeichneten Personen tätige Personen wie bspw. die Begleitpersonen nach Art. 20 Abs. 2, 3, 5 und 6 VO 1/2003.

Der allgemeine Vertraulichkeitsschutz des Art. 28 Abs. 2 VO 1/2003 steht wiederum ausdrücklich unter dem Vorbehalt des Austauschs und der Verwendung von Informationen gemäß Art. 11, 12, 14, 15 und 27 VO 1/2003. Sämtliche der genannten Bestimmungen enthalten allerdings eigene Regelungen zum Vertraulichkeitsschutz, die dem allgemeinen Vertraulichkeitsschutz nach Art. 28 Abs. 2 VO 1/2003 vorgehen.[387]

Beabsichtigt die Kommission die Weiterleitung oder Offenlegung von Dokumenten die (möglicherweise) vertrauliche Informationen enthalten, hat sie zunächst dem Schutzberechtigten Gelegenheit zur Stellungnahme zu geben (vgl. Art. 16 Abs. 3 VO 773/2004). Zudem ist angesichts des außerordentlich schweren Schadens, der aus der unzulässigen Weiterleitung solcher Unterlagen an Wettbewerber entstehen kann, dem Unternehmen vor Vollzug der Weiterleitungsentscheidung die Möglichkeit zu geben, die Gemeinschaftsgerichte anzurufen.

Im Ergebnis gewährt das Gemeinschaftsrecht einen umfassenden Schutz gegenüber der Gefahr, dass Unbefugte von Unternehmensinterna Kenntnis erlangen.

---

385 In Erwägungsgrund Nr. 32 VO 1/2003 wird der Schutz der Geschäftsgeheimnisse als „unerlässlich" bezeichnet.

386 Geschäftsgeheimnisse sind nach der gebotenen objektiven Auslegung dieses Begriffes solche Angaben, die ein Unternehmen einem Wettbewerber, Abnehmer, Verbraucher oder Lieferanten üblicherweise nicht zugänglich macht und deren Kenntnis einem Dritten einen Vorteil im Wettbewerb oder in ihren Geschäftsbeziehungen bedeutet und deren Mitteilung eine dem Wettbewerb inhärente Unsicherheit über das künftige Marktverhalten verringert und damit die Selbständigkeit der unternehmerischen Marktstrategie beeinträchtigt; vgl. *Klees*, Kartellverfahrensrecht, § 5 Rn. 82 m.w.N.; *Barthelmeß*, in: Loewenheim/Meessen/Riesenkampff, Art. 28 Rn. 20 ff., 25 ff. Nach Art. 287 a.E. EG zählen hierzu bspw. Auskünfte über Geschäftsbeziehungen und Kostenelemente.

387 Vgl. hierzu eingehend *Barthelmeß*, in: Loewenheim/Meessen/Riesenkampff, Art. 28 Rn. 23.

(3) Verwertungsbeschränkung

Mit der Pflicht der Kommission und der nationalen Behörden zur Wahrung der Vertraulichkeit der erlangten Kenntnisse ist das Verbot verbunden, die für die Zwecke einer Nachprüfung nach Art. 20 Abs. 2, 6 VO 1/2003 erlangten Kenntnisse zu anderen Zwecken zu verwenden als denjenigen, auf die die Nachprüfung ausgerichtet war.

Gemäß Art. 28 Abs. 1 VO 1/2003 darf die Verwertung der bei einer Nachprüfung erlangten Informationen – mit Ausnahme der Befugnisse nach Art. 12 und 15 VO 1/2003 - nur zu dem Zweck erfolgen, zu dem sie eingeholt wurden. Zweck i.S.d. Art. 28 Abs. 1 VO 1/2003 ist gleich bedeutend mit dem in der Nachprüfungsentscheidung anzugebenden konkreten Zweck der Ermittlung. Um diese enge Zweckbindung im Hinblick auf die abverlangten Mitwirkungspflichten der Unternehmen sowie deren Verteidigungsrechte nicht auszuhöhlen, müssen Gegenstand und Zweck der Ermittlungsmaßnahme in der Entscheidung hinreichend klar bestimmt sein.[388] Der Begriff ist damit einzelfallbezogen zu verstehen; nur zu diesem konkreten Ermittlungszweck dürfen die Informationen verwendet werden. Es ist nicht zulässig, die Kenntnisse zur Feststellung von Zuwiderhandlungen gegen Art. 81 und 82 EG zu verwerten, die durch den Nachprüfungszweck nicht gedeckt sind. Insbesondere dürfen die erlangten Informationen nicht in einem anderen, parallel oder zeitlich versetzt anhängigen Verfahren als Beweismittel gegen die betroffenen Unternehmen verwendet werden. So darf die Kommission, wenn sie gegen ein Unternehmen A ermittelt und bei einer Vor-Ort-Inspektion bei diesem Unternehmen belastende Informationen über ein Unternehmen B findet, diese nicht als Beweise in einem Verfahren gegen das Unternehmen B verwenden.[389] Ein Verstoß gegen das Verwertungsverbot kann zur Aufhebung der Entscheidung bzw. Maßnahme und zu einer Schadensersatzverpflichtung der Gemeinschaft führen.[390]

Wertlos sind Informationen, die von diesem Zweck nicht erfasst sind, für die Kommission grundsätzlich nicht. Es besteht kein generelles Verbot der (Weiter)-Verwertung von Zufallsfunden für die Kommission. Die Kommission darf diese Informationen zum Anlass nehmen, um sie in einem neuen Untersuchungsverfahren auf ihre Richtigkeit zu überprüfen oder zu vervollständigen, wenn sie einen Hinweis auf einen Verstoß gegen Wettbewerbsvorschriften liefern.[391] Weitere Beachtung ist den hierdurch entstehenden Nachteilen im Rahmen der vorliegenden Untersuchung aller-

---

388 Vgl. *Barthelmeß*, in: Loewenheim/Meessen/Riesenkampff, Art. 28 Rn. 9.

389 Vgl. *Europäische Kommission*, Kontakte, S. 53.

390 Vgl. *Klees*, Kartellverfahrensrecht, § 9 Rn. 146; *Dannecker*, ZStW 111 (1999), 256, 278.

391 Vgl. EuGH, Urteil vom 16.07.1992, Rs. C-67/91, Slg. 1992, I-4785, 4833 Rn. 39 *Asociación Española de Banca Privada*. Nach Ansicht des EuGH (EuGH, Urteil vom 17.10.1989, Rs. 85/87, Slg. 1989, 3137, 3155 Rn. 19 *Dow Benelux*) ginge ein dem entgegenstehendes Verbot über das hinaus, was zum Schutz der Geheimhaltungsinteressen und der Verteidigungsrechte der betroffenen Unternehmen notwendig ist, und würde die Kommission in unzulässiger Weise bei der Erfüllung ihrer Aufgabe behindern, über die Einhaltung der Wettbewerbsregeln im Gemeinsamen Markt zu wachen.

dings nicht zu zumessen. Diese können – wie *Dallmann*[392] zurecht anmerkt - auch durch einen Richtervorbehalt nicht vermieden werden. War die Nachprüfungsentscheidung von vornherein rechtswidrig, wird nicht von Zufallsfunden gesprochen. Zufallsfunde setzen per Definition voraus, dass sie rechtmäßig erlangt wurden. Bei einer rechtmäßigen Nachprüfung würde die richterliche Genehmigung jedoch in jedem Falle erfolgen. Der Problemkreis der Zufallsfunde liegt daher außerhalb des durch einen Richtervorbehalt vermittelten Rechtsschutzes.

Sofern das Handeln der Kommission rechtswidrig ist, bspw. wegen einer bewussten Überschreitung der rechtlichen Grenzen ihrer Ermittlungsbefugnisse, wird, unabhängig von allen rechtlichen Schranken, die Kenntnisnahme der Ermittler vom Inhalt der geprüften Unterlagen *faktisch* nicht mehr ungeschehen zu machen sein. Hieraus erwächst den Ermittlern bei späteren Ermittlungen ein Vorwissen aufgrund dessen ihre Aufmerksamkeit in Bezug auf den betreffenden Sachverhalt jedenfalls in besonderer Weise geschärft wird. Sie werden in die Lage versetzt, das ihnen sonst zur Verfügung stehende Beweismaterial neu zu bewerten und neue Ermittlungen aufzunehmen, die zu überführungsgeeigneten Beweisen führen.[393] Diese Praxis ist in Anlehnung an die Regeln der Verwertung von Zufallsfunden zwar rechtlich nicht zu beanstanden. Andererseits bedeutet sie eine Weiterverwertung von Information zu Lasten des Nachprüfungsadressaten, die in rechtswidriger Weise gewonnen wurden. Das System der in Art. 28 Abs. 1 VO 1/2003 angelegten Verwertungsverbote ist daher nicht in jedem Fall geeignet, eine Verwertung rechtswidrig erlangter Informationen zu verhindern.[394]

(4) Schadensersatzpflicht

Eine weitere durch die Nachprüfung bestehende Gefahr liegt in den finanziellen Einbußen, die einem Nachprüfungsadressaten als Folge der Ermittlungshandlungen drohen. Grundsätzlich werden finanzielle Schäden an den Rechtsgütern des Betroffenen, die auf einen Verstoß der Gemeinschaftsbediensteten gegen die ihnen im Rahmen einer Nachprüfung obliegenden Pflichten zurückzuführen sind, durch einen Schadensersatzanspruch i.S.v. Art. 288 Abs. 2 EG kompensiert.[395] Organe oder Bedienstete der Mitgliedstaaten haften entsprechend nach nationalem Recht.[396]

Der gemeinschaftsrechtliche Schadensersatzanspruch umfasst allerdings nur solche Schadensposten, die nachgewiesenermaßen kausal und zudem bezifferbar sind. Dies ist wiederum bei einem Umsatzrückgang, der auf einer Veröffentlichung von Geschäftsgeheimnissen oder auf einem Imageverlust beruht, im Regelfall nicht möglich.[397] Die Schadensersatzpflicht ist daher nicht in der Lage, eine Entschädigung in

392 Vgl. *Dallmann*, Nachprüfung, S. 132.

393 Vgl. *Dallmann*, Nachprüfung, S. 132 f.

394 Vgl. *Dallmann*, Nachprüfung, S. 133.

395 Vgl. *Kerse/Khan*, EC Antitrust Procedure, Rn. 3-062; in Bezug auf die Verpflichtung aus Art. 28 Abs. 2 VO 1/2003 *Barthelmeß*, in: Loewenheim/Meessen/Riesenkampff, Art. 28 Rn. 36.

396 In Deutschland kommt in erster Linie die Amtshaftung nach § 839 BGB i.V.m. Art. 34 GG in Betracht.

397 Als nicht bezifferbar und damit als nicht-wiedergutzumachender Schaden sind auf gemeinschafts-

jedem Einzelfall zu gewähren. Im Ergebnis wird dem Nachprüfungsadressaten zugemutet, die Gefahr finanzieller Einbußen zu tragen, die aus einer rechtswidrigen Nachprüfung erwachsen.

cc) Ergebnis

Der Individualrechtsschutz gegen die Nachprüfungsbefugnisse i.S.v. Art. 20 Abs. 2, 6 VO 1/2003 erfolgt grundsätzlich nach Abschluss der jeweiligen Nachprüfungsmaßnahmen. Der dermaßen gewährte Rechtsschutz wehrt aufgrund seines zeitlichen Defizits den Eingriff in die Sphäre der privaten Betätigung als solchen nicht ab. Er ist vom Nachprüfungsadressaten hinzunehmen. Das Rechtsschutzsystem ist darauf ausgerichtet, die aus dem Eingriff resultierenden unmittelbaren und mittelbaren Folgen auszugleichen. Diesbezüglich ist es, wenn es um die Informationsnutzung geht, durch ein strenges Beweisverwertungsverbot zu Gunsten des Betroffenen gekennzeichnet, das gleichwohl unter rechtspraktischen Gesichtspunkten unvollkommen bleiben muss. Andererseits ist ungewiss, ob die wirtschaftliche Lage des Unternehmens, die unabhängig von der späteren Beweisverwertung allein durch das Wirken der Ermittler im Unternehmen schwerwiegend getroffen sein kann, durch eine finanzielle Kompensation rehabilitierbar ist.

Im Ergebnis besteht damit die Gefahr, dass ein durch eine rechtswidrige Untersuchungsmaßnahme verursachter Schaden eintritt und dieser unter bestimmten Gesichtspunkten nur unzulänglich wieder aus der Welt geschafft werden kann. Insoweit führt das Nachprüfungsverfahren der Kommission zu nicht-wiedergutzumachenden Beeinträchtigungen.

d) Abwägung der widerstreitenden Interessen

Präventiver Rechtsschutz in Gestalt eines Richtervorbehalts bei den Gemeinschaftsgerichten ist im Nachprüfungsverfahren der Kommission unumgänglich, um den Anforderungen einer effektiven Rechtsschutzgewähr zu entsprechen, wenn eine dahingehende „Dringlichkeit" bejaht werden kann;[398] d.h. wenn den durch die zwangsweise Vornahme der Nachprüfung entstehenden Nachteilen für die Rechtsposition des Betroffenen nicht anders begegnet werden kann. Dabei sind im Folgenden - in Anlehnung an die Regelungen des einstweiligen Rechtsschutzes gemäß Art. 242 Satz 2, Art. 243 EG[399] - dem Interesse des Nachprüfungsadressaten an einer präventiven Rechtskontrolle zur Vermeidung des zuvor festgestellten schweren[400] und nicht-

---

rechtlicher Ebene Verluste von Marktanteilen anerkannt; vgl. hierzu EuGH, Beschluss vom 08.04.1987, Rs. 65/87 R, Slg. 1987, 1691, 1696 f. Rn. 18 *Pfizer*; EuGH, Beschluss vom 30.10.1978, Rs. 209-215 und 218/78 R, Slg. 1978, 2111, 2112 *van Landewyck*; vgl. auch m.w.N. *Dallmann*, Nachprüfung, S. 134.

398 Vgl. hierzu eingehend A.III.1.

399 Vgl. zur Interessenabwägung im Verfahren des Art. 242, 243 EG EuGH, Beschluss vom 16.01.1975, Rs. 3/75 R, Slg. 1975, 1, 6 Rn. 1 ff. *Johnson*; EuGH, Beschluss vom 19.12.1990, Rs. C-358/90 R, Slg. I-4887, 4895 Rn. 28 ff. *Compagnia Italiana Alcool.*

400 Vgl. A.III.2.b).

wiedergutzumachenden[401] Schadens, die eventuell schweren und nichtwiedergutzumachenden Nachteile gegenüberzustellen, die dem Interesse der Gemeinschaft an einer effektiven Verfolgung kartellrechtswidriger Verhaltensweisen bei Einführung einer stets zu beachtenden richterlichen Vorabkontrolle drohen.[402]

Ein allgemeiner Rechtsgrundsatz des Gemeinschaftsrechts, der einen Richtervorbehalt bei den Gemeinschaftsgerichten vorsieht, ist hiernach gegeben, wenn die Individualinteressen gegenüber den öffentlichen Interessen im Rahmen der Abwägung obsiegen; ihr erhöhter Schutz daher dringlich ist.

Eine Interessenabwägung ist dabei in Bezug auf zwei Fragestellungen notwendig, die erst im Zusammenspiel eine Auskunft darüber geben, ob ein allgemeiner Rechtsgrundsatz des Gemeinschaftsrechts anzuerkennen ist, der einen Richtervorbehalt bei den Gemeinschaftsgerichten vorsieht. Zunächst muss die Abwägung die Frage verfolgen, ob ein *Richtervorbehalt* grundsätzlich erforderlich ist, um das Nachprüfungsverfahren i.S.v. Art. 20 Abs. 2, 6 VO 1/2003 in Einklang mit den Anforderungen effektiven Rechtsschutzes zu bringen (sogleich aa)). Sofern ein Richtervorbehalt essentiell ist, um die Primärrechtskonformität des Nachprüfungsverfahrens zu gewährleisten, ist hierdurch jedoch nicht ausgesagt, ob die präventive richterliche Kontrolle *bei den Gemeinschaftsgerichten* oder den Gerichten der Mitgliedstaaten zu installieren ist. Abschließend ist daher eine Abwägung zu vollziehen, die sich dieser Frage annimmt (sodann bb)).

aa) Erfordernis präventiver richterlicher Einschaltung im Verfahren nach Art. 20 Abs. 2, 6 VO 1/2003

Dem Interesse des Nachprüfungsadressaten, namentlich der drohenden Beeinträchtigung seiner Rechtssphäre ohne Gewähr präventiven Rechtsschutzes, ist das Interesse der Gemeinschaftsorgane an einer wirksamen Durchsetzung der Wettbewerbsregeln, die für die weitere wirtschaftliche Integration innerhalb der EU von ausschlaggebender Bedeutung ist, gegenüberzustellen.[403] Hierbei handelt es sich um ein grundlegendes Vertragsziel zwingender Geltung, wie aus Art. 3 lit. f), Art. 85 ff. EG sowie aus dem vierten Absatz der Präambel zum EG-Vertrag deutlich wird.

---

401 Vgl. A.III.2.c).

402 Der skizzierte Prozess der Abwägung von Interessen, die gleichberechtigt Verwirklichung beanspruchen, wird in der deutschen Verfassungslehre als Herstellung praktischer Konkordanz bezeichnet (vgl. *Hesse*, Grundzüge, Rn. 317 ff.). Darunter versteht man den Versuch, zwei unterschiedliche Rechtsgüter konkret einander zuzuordnen, ohne vorschnell eines auf die Kosten des anderen zu realisieren. Statt dessen wird beiden durch verhältnismäßige Belastung und gleichmäßige gegenseitige Begrenzung zu optimaler Wirksamkeit verholfen.

403 Eine dahingehende Abwägung findet auch in der Rs. *Roquette Frères* Anklang; vgl. Schlussanträge von GA Mischo vom 20.09.2001 in EuGH, Urteil vom 22.10.2002, Rs. C-94/00, Slg. 2002, I-9015, 9030 Rn. 60 *Roquette Frères SA*; EuGH, Urteil vom 22.10.2002, Rs. C-94/00, Slg. 2002, I-9011, 9057 f. Rn. 41 ff. *Roquette Frères SA*.

Den Anforderungen an den allgemeinen Rechtsgrundsatz effektiven Rechtsschutzes würde hierbei im Ergebnis widersprochen, wenn eine Ausweitung des präventiven Rechtsschutzes unumgänglich ist, um die Individualinteressen zu wahren.

(1) Interessengewichtung

Im Rahmen der Abwägung ist eine Gewichtung der widerstreitenden Interessen durchzuführen, wie sie sich im Verfahren nach Art. 20 Abs. 2, 6 VO 1/2003 darstellen. Das Gewicht eines Interesses wird hierbei nicht abstrakt, sondern nur in Bezug auf den konkreten Fall bestimmt. Während das eine Interesse dem anderen daher unter bestimmten Umständen vorgeht, kann in anderen Fällen die Vorrangfrage in Bezug auf die gleichen Interessen umgekehrt zu lösen sein.

Entscheidend ist, ob das Interesse der Gemeinschaftsorgane an der effizienten sofortigen Vollziehung der Nachprüfungsentscheidung das Individualinteresse auf präventiven Rechtsschutz überwiegt. Letzteres ist stets der Gefahr ausgesetzt, in schwerer und nicht-wiedergutzumachender Weise bedroht zu werden, wenn kein Richtervorbehalt vorgesehen ist.

Ein Überwiegen des öffentlichen Interesses kommt hierbei nur in Betracht, wenn die Gemeinschaftsorgane bei einer präventiven richterlichen Kontrolle ihrerseits vor Schwierigkeiten bei der Wahrnehmung der ihnen überantworteten Aufgaben gestellt würden.[404] Mit anderen Worten kann das öffentliche Interesse nur dann entgegenstehen, wenn es im Falle des Obsiegens des Individualinteresses überhaupt potentiell berührt wird. Sollte dies nicht der Fall sein, kann dem Erfordernis einer Stärkung präventiven Rechtsschutzes nicht mit dem Argument begegnet werden, ein öffentliches Interesse stünde dem entgegen. Dies nicht zuletzt deshalb, weil es auch im öffentlichen Interesse ist, dass das Nachprüfungsverfahren der Kommission rechtsstaatlichen und insbesondere grundrechtlichen Standards Rechnung trägt.[405]

Eine Beeinträchtigung öffentlicher Interessen ist in Betracht zu ziehen, wenn die richterliche Einschaltung im Vorfeld der Nachprüfungen den Nachprüfungszweck aufgrund der notwendig damit verbundenen zeitlichen Verzögerungen vereitelt. Hierdurch erwachsen der Verfolgungsbehörde jedoch im Normalfall keine Risiken. Denn soll der Überraschungseffekt der Nachprüfungen gewahrt bleiben, wird das betroffene Unternehmen die gerichtliche Ermächtigung erst mit der Vorlage der richterlichen Anordnung erfahren.

Dem steht auch nicht die Gefahr einer Verletzung der Geheimhaltungspflicht durch das zuständige nationale Gericht entgegen, die eine den Nachprüfungszweck erfüllende überraschende Nachprüfung vereiteln könnte.[406] Dass die Kenntnisnahme der nati-

404 Vgl. *Schniewind*, Vollstreckung, S. 137.

405 Vgl. *Schwarze/Weitbrecht*, Kartellverfahrensrecht, S. 64 Rn. 24; in Bezug auf die deutsche Rechtsordnung *Schniewind*, Vollstreckung, S. 137; *Hilger*, in: FS Salger, 319, 324 ff.; *Geppert*, DRiZ 1992, 405, 414; *Müller*, AnwBl. 1992, 349, 352.

406 Kritisch *Dallmann*, Nachprüfung, S. 181 Fn. 65, der dahingehende Bedenken in Bezug auf „einige südliche Mitgliedstaaten der Gemeinschaften" äußert. Mangels empirischer Nachweise bleibt seine Vermutung jedoch spekulativ.

onalen Gerichte von den Absichten der Kommission bzw. der mitgliedstaatlichen Behörden im Vorfeld der Nachprüfungen die potentielle Gefahr begründet, dass unter Missachtung von Geheimhaltungsinteressen das Unternehmen Kenntnis von der bevorstehenden Nachprüfung erhält, steht im Widerspruch zu der dezentralen Ausrichtung des europäischen Kartellverfahrensrechts, die durch eine verstärkte Hinzuziehung nationaler Behörden und Gerichte bei der Verfolgung und Ahndung von Verstößen gegen Art. 81 EG bzw. Art. 82 EG gekennzeichnet ist und ein erhöhtes Vertrauen gegenüber den nationalen Stellen zum Ausdruck bringt.[407]

Werden die individuellen Interessen im Grundsatz nicht zugunsten einer drohenden Beeinträchtigung öffentlicher Interessen beschränkt, stehen keine Gründe entgegen, verschärfte Anforderungen an den im Verfahren nach Art. 20 Abs. 2, 6 VO 1/2003 zu gewährenden Rechtsschutz zu stellen. Trotz eines Richtervorbehalts wird der öffentliche Anspruch auf eine effiziente kartellrechtliche Ermittlungstätigkeit ohne große Einbußen verwirklicht werden können.

Problematisch ist demgegenüber die (wenig praxisrelevante[408]) Situation einer Gefahr im Verzug[409]. Angesichts der Möglichkeit vorsorglich eine richterliche Anordnung zu erwirken, werden hierunter in der Rechtspraxis nur solche Fälle fallen, in denen sich am Tag der Nachprüfung vor Ort ergibt, dass bspw. die Anschrift des Unternehmens nicht korrekt war oder dass es noch weitere Niederlassungen gibt, auf die sich die richterliche Anordnung nicht bezieht. Müssten die ermittelnden Behörden zunächst eine richterliche Anordnung erwirken, um in diesen Fällen die Fortsetzung der Nachprüfung bspw. mit Mitteln unmittelbaren Zwangs betreiben zu können, würde hiermit zwangsnotwendig eine zeitliche Verzögerung des Nachprüfungsverfahrens einhergehen, die die Gefahr begründet, dass der Nachprüfungsadressat Kenntnis von der bevorstehenden Nachprüfung erhält und Beweismittel unterdrückt, um den Nachprüfungserfolg zu vereiteln. Ein verhältnismäßiger Ausgleich zwischen dem individuellen Interesse an präventivem Rechtsschutz auch in Fällen der Gefahr im Verzuge und

---

407 Vgl. zur verstärkten Dezentralisierung des europäischen Kartellverfahrens das Kapitel „Einleitung".

408 Eine dahingehende Vermutung wird durch die Praxis deutscher Kartellbehörden begründet. Praktische Bedeutung hat die eigene Anordnungskompetenz der Kartellbehörde nach § 46 Abs. 2 O-WiG i.V.m. §§ 98 Abs. 1, 105 Abs. 1 StPO nicht; vgl. Stellungnahme des *Präsidenten des BKartA* vom 08.10.1981, WuW 1983, 283, 284; zustimmend *Rengier*, NStZ 1981, 372, 373. Die praktische Irrelevanz der Eilkompetenz i.S.v. § 105 Abs. 1 StPO wird auch auf Ebene der Landeskartellbehörden sichtbar. Bei den im Zeitraum 1995- 2004 durchgeführten Durchsuchungen bspw. durch die Landeskartellbehörden von *Sachsen* und *Bayern* wurde in *keinem* Fall von einer Eilkompetenz Gebrauch gemacht (Quelle: Befragung der Landeskartellbehörden durch den *Verfasser*). Anders im strafrechtlichen Ermittlungsverfahren, in dem entgegen der gesetzlichen Konzeption die Eilanordnung durch Staatsanwaltschaft und Hilfsbeamte dominiert; vgl. *Rieß*, in: FS Rebmann, 381, 390; abweichend wiederum bei Anordnungen i.S.v. § 100b StPO, bei denen die Praxis die gesetzliche Verteilung akzeptiert; vgl. hierzu die aktuellen empirischen Untersuchungen von *Backes/Gusy*, Telefonüberwachung, S. 53 ff.; *Albrecht/Dorsch/Krüpe*, Rechtswirklichkeit, S. 22 ff., 40.

409 Gefahr im Verzug liegt vor, wenn ohne die sofortige Durchführung der Nachprüfung der Erfolg der Nachprüfung gefährdet wäre; vgl. BVerfGE 51, 97, 111.

dem öffentlichen Interesse auf eine möglichst effiziente Bekämpfung wettbewerbswidriger Verhaltensweisen kann in diesen Fällen nur darin bestehen, eine Ausnahme vom Erfordernis eines Richtervorbehalts vorzusehen.[410] Mit diesem Lösungsansatz wird eine in zahlreichen Mitgliedstaaten anerkannte Verfassungstradition gewürdigt,[411] die auch im Gemeinschaftsrecht Anerkennung gefunden hat (vgl. Art. 81 Abs. 4 Satz 1 EAG-Vertrag[412]).

Ein Vorrang des individuellen Interesses auch in Fällen der Gefahr im Verzuge, das bereits durch das vorhandene Rechtsschutzsystem partiellen Schutz erfährt, hätte ein vollständiges Zurücktreten des öffentlichen Interesses zur Folge, was aufgrund seines fundamentalen Gewichts für die europäische Integration nicht hingenommen werden kann.

Zusammenfassend ist ein Richtervorbehalt - mit einem Ausnahmetatbestand bei Gefahr im Verzuge – als allgemeiner Rechtsgrundsatz des Gemeinschaftsrechts anzuerkennen und im Verfahren nach Art. 20 Abs. 2, 6 VO 1/2003 als erforderlich zu erachten. Es besteht demnach ein Bedürfnis, das in der europäischen Verfassungstradition verankerte Institut des Richtervorbehalts in das primäre Gemeinschaftsrecht zu übertragen.[413]

(2) Richtervorbehalt und Art. 307 EG, Art. 10 EG

Die Tragfähigkeit des vorstehenden Abwägungsergebnisses soll durch eine Kontrolluntersuchung erhöht werden, die darin besteht, die Frage zu erörtern, ob nur eine zwingende Einschaltung einer präventiven richterlichen Kontrolle im Nachprüfungsverfahren der Kommission den Vorgaben des Art. 8 EMRK entspricht. Zwar können aufgrund des fehlenden Beitritts der EU/EG zur EMRK dieser keine *unmittelbaren* Aussagen über die Ausgestaltung des Gemeinschaftsrechts entnommen werden. Die EMRK dient den Europäischen Gemeinschaften ebenso wie die Verfassungslage in den EU-Mitgliedstaaten und die Europäische Grundrechte-Charta nur als Rechtserkenntnisquelle.[414] Rechtliche Bindungswirkung entfalten die Schutzstandards der EMRK allerdings *mittelbar* gemäß Art. 307 EG, Art. 10 EG.

Art. 307 Abs. 1 EG gibt den völkerrechtlichen Grundsatz vom Vorrang des früheren Vertrages wieder. Nach dieser Vorschrift bleiben die Verträge der Mitgliedstaaten, die sie vor dem 01.01.1958 oder vor ihrem Beitritt zur EG geschlossen haben, vom EG-Vertrag unberührt.[415] Insoweit können sich bereits keine Konflikte aus den gemein-

---

410 Ebenso *Dallmann*, Nachprüfung, S. 182.

411 Vgl. A.II.3.

412 „Bei Gefahr im Verzug kann die Kommission durch eine eigene Entscheidung eine schriftliche Anordnung der Überwachungsmaßnahmen erlassen.“

413 Vgl. *Lienemeyer/Waelbroeck*, CMLR 2003, 1494, 1497.

414 Vgl. hierzu bereits A.III. vor 1.

415 Alle EU-Mitgliedstaaten außer Frankreich ratifizierten die EMRK vor dem Inkrafttreten der Gründungsverträge der Europäischen Gemeinschaften bzw. vor ihrem Beitritt zur Europäischen Gemeinschaft.

schaftsrechtlichen Verpflichtungen und solchen aus der EMRK ergeben, da die EMRK ein „früherer" Vertrag ist. Nach *Giegerich*[416] ist Art. 307 EG die „gemeinschaftsrechtliche Akzeptanznorm für den Vorranganspruch der EMRK". Art. 10 EG gewinnt in diesem Zusammenhang Bedeutung, als ihm der EuGH die Verpflichtung der Gemeinschaftsorgane entnimmt, auf berechtigte Interessen Rücksicht zu nehmen und mit den Mitgliedstaaten redlich zusammenzuwirken, um Schwierigkeiten zu überwinden.[417]

Diese Schwierigkeiten bestehen darin, dass der nationale Hoheitsakt in Form der mitgliedstaatlichen Unterstützungsleistung inhaltlich von der vorausgehenden gemeinschaftsrechtlichen Entscheidung „infiziert"[418] wird. Steht diese bereits im Widerspruch zu den Aussagen der EMRK, so verhilft die nationale Unterstützungshandlung der menschenrechtswidrigen Entscheidung zur Durchsetzung. Die Grundrechtsverletzung setzt sich im gemeinschaftsrechtlich determinierten nationalen Ausführungsakt fort.[419] Als Ansatzpunkt einer mitgliedstaatlichen Verantwortlichkeit nach der EMRK kommt einerseits die mitgliedstaatliche Unterstützungshandlung i.S.v. Art. 20 Abs. 6 VO 1/2003, welche die Nachprüfungsentscheidung der EG-Kommission innerstaatlich umsetzt, also ein positives Tun in Betracht, als auch ein Unterlassen, der EMRK in der vorliegenden Konstellation Wirksamkeit zu verschaffen.[420]

Diese Rücksichtnahme- und Loyalitätspflicht der Gemeinschaftsorgane gegenüber den Mitgliedstaaten dürfte es ihrem Sinn nach verhindern, dass ein Gemeinschaftsorgan die Erfüllung einer gemeinschaftsrechtlichen Pflicht verlangt, die im Widerspruch zu den Wertungen der EMRK stünde.[421] Es wäre kaum mit dem Bekenntnis zu den unveräußerlichen Rechten in Art. 6 Abs. 2 EU vereinbar, würde ein Gemeinschaftsorgan von einem Mitgliedstaat Zuwiderhandlungen gegen die Inhalte der EMRK fordern.[422]

---

416 *Giegerich*, ZaöRV 50,2 (1990), 836, 854.

417 Vgl. EuGH, Beschluss vom 13.07.1990, Rs. C-2/88, Slg. 1990-I, 3365, 3372 Rn. 17 m.w.N. *Zwartveld*.

418 So *Nehl*, Verwaltungsverfahren, S. 429.

419 Vgl. *Langenfeld/Zimmermann*, ZaöRV 52,1 (1992), 259, 306; *Giegerich*, ZaöRV 50,2 (1990), 836, 842 f.

420 Vgl. *Giegerich*, ZaöRV 50,2 (1990), 836, 848.

421 Der Einwand, Art. 307 Abs. 2 EG bewirke vorrangig eine Verpflichtung der Mitgliedstaaten, Inkompatibilitäten zu beheben, um die Regelungen des EG mit „Altverträgen" in Einklang zu bringen (vgl. *Kokott*, in: Streinz-EUV/EGV, Art. 307 EGV Rn. 24), wird in Bezug auf die mitgliedstaatlichen Bindungen an die EMRK keine praktischen Auswirkungen zeitigen. Denn sowohl die Aufnahme von Verhandlungen zwischen den EMRK-Mitgliedstaaten mit dem Ziel einer Absenkung der EMRK-Standards als auch eine einseitige Aufkündigung völkerrechtlicher Verpflichtungen durch einen Mitgliedstaat nach Art. 58 EMRK ist im Lichte des Art. 6 Abs. 2 EU und der Europäischen Grundrechte-Charta als rechtspolitisch unmöglich zu bewerten; ebenso *Riley*, ICLQ 51 (2002), 55, 81.

422 Vgl. eingehend *Busch*, Bedeutung, S. 145 ff.; *Strasser*, Grundrechtsschutz, S. 82 ff.; *Riley*, ICLQ 51 (2002), 55, 78 ff.; *Ehlers*, in: Ehlers, § 2 Rn. 32; *Grabenwarter*, VVDStRL 60 (2001), 290, 331 f.

Eine aus Art. 307 EG, Art. 10 EG entspringende Loyalitätspflicht setzt voraus, dass die Erfüllung mitgliedstaatlicher Pflichten i.S.v. Art. 20 Abs. 6 VO 1/2003 zugleich einen Bruch völkerrechtlicher Verpflichtungen nach Art. 8 EMRK bedeuten würde, für den sich die Mitgliedstaaten vor dem EGMR verantworten müssten. Eine dahingehende völkerrechtliche Pflichtenkollision erfordert zunächst, dass die EMRK den Fall des mitgliedstaatlichen Vollzugs von Gemeinschaftsrecht ihrem Regelungsregime unterwirft; was nur der Fall ist, wenn der jeweilige Mitgliedstaat sich auch bei einem Handeln im gemeinschaftsrechtlichen Kontext vor dem EGMR verantworten muss (sogleich (a)). Bei Vorliegen einer derartigen Verbindlichkeit ist das mitgliedstaatliche Handeln i.S.v. Art. 20 Abs. 6 VO 1/2003 in einem weiteren Schritt daraufhin zu untersuchen, ob es zu den Vorgaben des Art. 8 EMRK in seiner Ausgestaltung durch die Rechtsprechung des EGMR in Widerspruch steht (sodann (b)).

(a) Mitgliedstaatliche Bindung an die EMRK beim indirekten Vollzug von Gemeinschaftsrecht

Einer Bindung an die EMRK unterliegt die nationale Stelle im Kartellverfahren der Kommission, wenn ihre Mitwirkung mittels einer Individualbeschwerde nach Art. 34 EMRK angreifbar ist. Als Maßstab dienen die Zulässigkeitsvoraussetzungen i.S.v. Art. 35 Abs. 3 EMRK. Danach ist eine Individualbeschwerde insbesondere dann unzulässig, wenn sie unvereinbar ratione personae oder ratione materiae ist. Eine Beschwerde ist mit der Konvention insbesondere dann unvereinbar *ratione personae*, wenn der Beschwerdegegner nicht passiv legitimiert ist, was wiederum der Fall ist, wenn die gerügte Handlung oder Unterlassung dem beklagten Staat nicht zurechenbar i.S.v. Art. 1 EMRK ist.[423] Diesbezüglich gilt es zu beachten, dass die ermittlungsrichterliche Mitwirkung bei aller gemeinschaftsrechtlichen Bindung ein staatlicher Hoheitsakt bleibt.[424] Es ist kein Grund erkennbar, warum der unbedingte Anwendungsbefehl des Gemeinschaftsrechts an die nationale Behörde dazu führen soll, den gleichen Rechtsakt den das Gemeinschaftsrecht selbst als mitgliedstaatlich qualifiziert, nun aus konventionsrechtlichem Blickwinkel ausschließlich dem - der Konvention nicht unterstehendem - Gemeinschaftsrecht zugerechnet werden sollte.

Auch der EGMR hat mit Nachdruck betont, dass es für die Anwendung der EMRK unerheblich sei, ob sich die behauptete Verletzung der Konventionsgarantien durch die Anwendung des innerstaatlichen Rechts oder als Folge der Erfüllung internationaler Verpflichtungen ergebe.[425] Sollte sich die Vollstreckung der gemeinschaftsrechtlichen Grundverfügung nach Auffassung der Konventionsorgane als konventionswidrig erweisen, so realisiert sich für den betroffenen Mitgliedstaat das Risiko der von ihm eingegangenen widerstreitenden völkerrechtlichen Verpflichtungen.[426] Hieran würde sich auch nichts ändern, selbst wenn das ermittlungsrichterliche Handeln keiner Vertrags-

---

423 Vgl. *Grabenwarter*, EMRK, S. 71 m.w.N.

424 Vgl. hierzu A.III.2.b) aa) (3).

425 Vgl. EGMR, Urteil vom 30.06.2005, NJW 2006, 197, 202 Rn. 153 *Bosphorus Hava*; ebenso *Busch*, Bedeutung, S. 111 f.

426 Vgl. *Winkler*, Beitritt, S. 163 f.

partei als Hoheitsakt zugerechnet werden könnte. Es ist anerkannt, dass sich die Konventionsmitglieder durch die Schaffung einer supranationalen Organisation nicht von ihren Verpflichtungen aus der EMRK freizeichnen können.[427] So kommt es nicht darauf an, warum ein Mitgliedstaat eine Maßnahme tätigt, entscheidend ist, dass er sie tätigt.[428]

Im Rahmen der Frage, ob eine Beschwerde mit den Bestimmungen der Konvention unvereinbar *ratione materiae* ist, prüft der EGMR, ob das vom Beschwerdeführer geltend gemachte Recht im konkreten Einzelfall von der EMRK gewährleistet wird.[429] Nach der früheren[430] EKMR-Rechtsprechung bestand nur theoretisch die Verantwortung der Konventionsstaaten für die Einhaltung der EMRK fort; auch wenn sie im EU-Bereich handelten. Eine Beschwerde gegen einen Konventionsstaat, der Gemeinschaftsrecht anwendet, war unzulässig: In *M.&Co./Deutschland*[431] (1990) hatte die EG-Kommission eine Wettbewerbsbuße verhängt, die vom EuGH bestätigt wurde. Das deutsche Justizministerium hatte das EuGH-Urteil für vollstreckbar erklärt. *M.&Co.* rügten eine Verletzung des Art. 6 EMRK. Die EKMR führte dazu aus: Zwar können sich die Konventionsstaaten grundsätzlich nicht durch Übertragung von Hoheitsrechten der Verantwortung für die Einhaltung der EMRK entziehen.[432] Jedoch existiere ein ausreichender Grundrechtsschutz auf Gemeinschaftsebene, wobei die EMRK bereits vom EuGH beachtet werde. Die Beschwerde war daher unzulässig *ratione materiae*.[433] Die EKMR hatte damit einen dem Solange II-Beschluss des BVerfG[434] vergleichbaren Weg gewählt, um mögliche Konflikte zwischen Gemeinschaftsrecht und EMRK von vornherein zu vermeiden.[435] Die EKMR kontrollierte auf dem Gemeinschaftsrecht beruhende vertragsstaatliche Handlungen solange nicht, wie

---

427 Die Verantwortung der Mitgliedstaaten für die konventionskonforme Ausübung dieser Hoheitsbefugnisse besteht fort und der Mitgliedstaat hat für die Konsequenzen einzustehen, die sich aus einer solchen Übertragung von Hoheitsrechten ergeben. Aus völkerrechtlicher Sicht lässt sich diese Annahme damit begründen, dass ein Mitgliedstaat mit der Ratifikation der EMRK Verpflichtungen eingegangen ist, von denen er nicht dadurch frei wird, dass er Hoheitsbefugnisse auf völkerrechtliche Entitäten überträgt. Die Mitgliedstaaten der Union träfe entweder einzeln oder zur gesamten Hand eine völkerrechtliche Verantwortlichkeit daher auch für solche Konventionsverstöße, die dem Gemeinschafts- bzw. Unionsrecht zuzurechnen wären; vgl. *Strasser*, Grundrechtsschutz, S. 41; *Grabenwarter*, EMRK, S. 27 f. m.w.N.

428 Vgl. *Busch*, Bedeutung, S. 115 m.w.N.

429 Vgl. *Grabenwarter*, EMRK, S. 74.

430 Die EKMR wurde mit dem 11. Zusatzprotokoll zur EMRK (BGBl. 1995 II, 578), welches am 01.11.1998 in Kraft trat, abgeschafft.

431 Vgl. EKMR, Nr. 13258/87, *M.&Co.*, DR 64, 138, 146.

432 Die EKMR verneinte hier daher nicht *ratione personae* ihre Zuständigkeit, sondern behandelt die Beschwerde als *ratione materiae* von den Bestimmungen der Konvention ausgenommen. Daraus folgt, dass sich die Kommission in der Sache für zuständig hielt, die Kontrolle über nationale Vollzugsakte auszuüben.

433 Kritisch *Strasser*, Grundrechtsschutz, S. 43 f.; *Klip*, in: Renzikowski, 123, 134 ff.

434 BVerfGE 73, 339, 378, 383 ff. *Solange II.*

435 Vgl. *Giegerich*, ZaöRV 50,2 (1990), 836, 860; *Philippi*, ZEuS 2000, 97, 102 f.

die EU und dementsprechend der EuGH nach ihrer Einschätzung die Rechte der EMRK im Allgemeinen garantierten. Der Grundrechtsschutz gegen gemeinschaftsrechtlich determinierte Vollzugsakte vollzog sich hiernach allein auf der Ebene des Gemeinschaftsrechts und dort beim EuGH konzentriert.[436]

Der EGMR hat sich dieser Argumentation der EKMR *nicht* angeschlossen. Nach der EGMR-Rechtsprechung, die zuletzt durch Urteil des EGMR vom 30.06.2005 in der Rs. *Bosphorus Hava*[437] Bestätigung erfuhr, sind die EMRK-Vertragsstaaten, die gleichzeitig EU-Mitgliedstaaten sind, prinzipiell dafür verantwortlich, dass EG/EU-Akte dem Maßstab der EMRK genügen. Alles andere würde bedeuten, es den Konventionsstaaten zu erlauben, sich ihrer EMRK-Verpflichtungen zu entziehen.[438] Dies ist mit dem Anspruch der Konventionsorgane, die EMRK im Sinne eines „living instrument" zu verstehen und so auszulegen, dass ihre Garantien nicht theoretisch und illusorisch, sondern praktisch und effektiv zur Anwendung kommen, nicht vereinbar.[439] Die EU-Mitglieder, die allesamt EMRK-Staaten sind[440], sind demnach dafür verantwortlich, dass staatliche Akte, wozu auch der Abschluss eines völkerrechtlichen Vertrages gehören kann, keine konventionswidrigen Zustände schaffen.[441] Anderenfalls könnte die wirksame Garantie der EMRK nicht aufrecht erhalten werden. Der EGMR prüft daher die Verantwortlichkeit der Vertragsstaaten auch dann, wenn in der Sache Gemeinschaftsrecht Verfahrensgegenstand ist. Anders gewendet kontrolliert der EGMR mittelbar über die Mitgliedstaaten das gesamte Sekundärrecht der EG.[442] Auf den gemeinschaftsrechtlichen Kontext kommt es für die EMRK somit im Rahmen der Klagezulässigkeit nicht an.[443]

(b) Konventionsrechtliche Bewertung mitgliedstaatlichen Handelns i.S.v. Art. 20 Abs. 6 VO 1/2003 anhand Art. 8 EMRK

Eine dermaßen für zulässig zu erachtende Individualbeschwerde ist begründet, wenn ein mitgliedstaatlicher Verstoß gegen die Regelungen der Konvention, vorliegend Art. 8 EMRK, gegeben ist. Hierbei ist zu berücksichtigen, dass die Rechtsprechung des EGMR bei der Klagebegründung den Einwand der Mitgliedstaaten nicht unberücksichtigt lässt, dass sie aufgrund einer anderweitigen vertraglichen Verpflichtung glei-

---

436 Vgl. *Langenfeld/Zimmermann*, ZaöRV 52,1 (1992), 259, 306 f.; kritisch *Busch*, Bedeutung, S. 115 m.w.N.

437 Vgl. EGMR, Urteil vom 30.06.2005, NJW 2006, 197, 201 ff. Rn. 149 ff. *Bosphorus Hava*; zustimmend *Heer-Reißmann*, NJW 2006, 192, 193.

438 Vgl. Vgl. EGMR, Urteil vom 30.06.2005, NJW 2006, 197, 202 Rn. 154 *Bosphorus Hava*.

439 Vgl. *Winkler*, Beitritt, S. 172.

440 Frankreich trat am 03.05.1974 als letzter EU-Mitgliedstaat der EMRK bei. Für künftige Beitritte zur EU gilt als Voraussetzung, dass der Beitritt zur EMRK sowie die Unterwerfung unter die Individualbeschwerde erfolgt sind; vgl. Art. 49 Abs. 1 i.V.m. Art. 6 Abs. 2 EU.

441 Vgl. EGMR, Urteil vom 18.02.1999, EuGRZ 1999, 200, 200 ff. *Matthews*.

442 Vgl. *Heer-Reißmann*, NJW 2006, 192, 193.

443 Der EGMR lässt sich dementsprechend auch nicht durch eine frühere Auslegung der Konvention durch den EuGH präjudizieren; vgl. *Kokott*, AöR 121 (1996), 599, 614 f.

chermaßen gezwungen waren, die im Widerstreit stehende Maßnahme zu vollziehen. Denn der Gerichtshof hat seit langem die steigende Bedeutung internationaler Zusammenarbeit anerkannt und die daraus folgende Notwendigkeit, die reibungslose Arbeit internationaler Organisationen sicherzustellen.[444]

Aufgrund dieser besonderen strukturellen Eigenheiten des angegriffenen staatlichen Handelns betrachtet der EGMR eine Maßnahme, die ein Staat trifft, um seinen Verpflichtungen aus der Mitgliedschaft in einer internationalen Organisation nachzukommen, so lange als gerechtfertigt, wie angenommen werden kann, dass die betreffende Organisation einen Grundrechtsschutz bietet, der dem durch die EMRK gewährleisteten zwar nicht unbedingt identisch, aber zumindest gleichwertig, d.h. qualitativ vergleichbar ist; und zwar sowohl hinsichtlich der inhaltlichen Garantien[445] als auch hinsichtlich der Durchsetzungsmechanismen.[446]

Wenn anzunehmen ist, dass der von der Organisation gebotene Schutz grundsätzlich gleichwertig ist, bestehe eine Vermutung dafür, dass ein Staat nicht von Anforderungen der Menschenrechtskonvention abweicht, wenn er nur die Verpflichtungen erfüllt, die sich aus seiner Mitgliedschaft in der Organisation ergeben.

Geht man vorliegend von einer dahingehenden Vermutung in Bezug auf die formellen Durchsetzungssetzungsmechanismen aus,[447] kommt ein Verstoß gegen Art. 8 EMRK durch ein mitgliedstaatliches Handeln nach Art. 20 Abs. 2, 6 VO 1/2003 gleichwohl dann in Betracht, wenn diese Vermutung widerlegt werden kann; d.h. der Schutz von Konventionsrechten unter den Umständen des *konkreten* Falles als *materiell* „offenkundig ungenügend" anzusehen ist. Denn in solchen Fällen wiegt die Rolle der Konvention als konstitutionelles Instrument der öffentlichen europäischen Ordnung im Bereich der Menschenrechte schwerer als das Interesse an internationaler Zusammenarbeit.[448] Ein „offenkundig ungenügender" Schutz setzt vorliegend voraus, dass das mitgliedstaatliche Handeln i.S.v. Art. 20 Abs. 2, 6 VO 1/2003 gegen Art. 8 EMRK verstößt; mithin einen ungenügenden Schutz gegen einen Eingriff in die ge-

---

444 Vgl. EGMR, Urteil vom 30.06.2005, NJW 2006, 197, 201 f. Rn. 150 m.w.N. *Bosphorus Hava*

445 In der Regel verkörpern die Rechtsordnungen der EMRK und der EU keinen Konflikt divergierender Grundrechtsstandards. Grundsätzlich werden die parallelen Grundrechte von den beiden Rechtsprechungsinstanzen übereinstimmend ausgelegt und beide Gerichte zitieren die jeweils andere Rechtsprechung. Eine Absenkung des vom EGMR gewährleisteten Grundrechtsstandards ist jedoch mehr als nur eine theoretische Gefahr (vgl. *Ruffert*, EuGRZ 1995, 518, 525 f.; *Böse*, ZRP 2001, 402, 403. Eine „wachsende Distanz" zwischen EuGH und EGMR beklagt auch *Ress*, in: FS Winkler, 897, 917 ff.; vgl. auch *Peters*, EMRK, S. 30 f. m.w.N.; *Philippi*, ZEuS 2000, 97, 107 ff.). Diese Gefahr ist offenbar, wenn man bedenkt, dass der EGMR die Konventionsgarantien im Lichte der Ziele der EMRK auslegt, während der EuGH sie im Lichte der Gemeinschaftsziele sieht. Dabei geht es aus der EMRK-Sicht um den Schutz des Individuums, während die EU zunächst die wirtschaftliche und soziale Integration zwischen den Mitgliedstaaten fördert; vgl. *Busch*, Bedeutung, S. 122, 128; *Lenaerts*, ZfRV 1992, 281, 287; *Riley*, ICLQ 51 (2002), 55, 75.

446 Vgl. EGMR, Urteil vom 30.06.2005, NJW 2006, 197, 202 Rn. 155 *Bosphorus Hava.*

447 So EGMR, Urteil vom 30.06.2005, NJW 2006, 197, 202 Rn. 159 ff. *Bosphorus Hava*; vgl. hierzu auch *Bröhmer*, EuZW 2006, 71, 73, 75.

448 Vgl. EGMR, Urteil vom 30.06.2005, NJW 2006, 197, 202 Rn. 156 *Bosphorus Hava.*

schützte Rechtssphäre bietet (sogleich aa)). Erst im Falle einer Missachtung grundrechtlicher Wertmaßstäbe ist die Frage zu beantworten, ob der ungenügende Schutz der grundrechtlichen Garantien zudem „offenkundig“ ist (sodann bb)).

(aa) Art. 20 Abs. 2, 6 VO 1/2003 und Art. 8 EMRK

Ein mitgliedstaatliches Handeln gemäß Art. 20 Abs. 2, 6 VO 1/2003 stellt zweifelsohne einen Eingriff in den Schutzbereich des Art. 8 Abs. 1 EMRK dar.

Gemäß Art. 8 Abs. 2 EMRK sind Eingriffe in den Schutzbereich von Art. 8 Abs. 1 EMRK dann gerechtfertigt, wenn der Eingriff gesetzlich vorgesehen und zur Verfolgung eines der in Art. 8 Abs. 2 EMRK genannten Ziele in einer demokratischen Gesellschaft notwendig ist.

Eine ausreichende gesetzliche Grundlage finden die Nachprüfungsbefugnisse in Art. 20 Abs. 2, 6 VO 1/2003 i.V.m. den nationalen Verfahrensregelungen.[449] Legitimes Ziel i.S.v. Art. 8 Abs. 2 EMRK zur Einschränkung des Schutzes von privaten und geschäftlichen Räumlichkeiten ist im Falle kartellrechtlicher Durchsuchungen das wirtschaftliche Wohl eines Landes und die Verhütung von Straftaten.[450]

Ein auf Sicherung des Wettbewerbs gerichteter Eingriff muss weiter, um den Anforderungen des Art. 8 Abs. 2 EMRK zu entsprechen, „notwendig“, d.h. verhältnismäßig sein. Besondere Berücksichtigung kommt dabei den verfahrensrechtlichen Sicherungen zu, die vor rechtswidrigen Eingriffen schützen sollen. Eingriffe in das Recht aus Art. 8 Abs. 1 EMRK unterliegen im Grundsatz keinem Richtervorbehalt; gleichwohl müssen die maßgeblichen innerstaatlichen Rechtsvorschriften und Vollzugspraktiken unter dem Gesichtspunkt der Verhältnismäßigkeit i.S.v. Art. 8 Abs. 2 EMRK angemessene und wirksame Sicherungen gegen Missbrauch bieten.[451]

Die Anordnung der Durchsuchung durch einen Richter stellt hierbei ein wesentliches Element der Absicherung des Verfahrens dar. Umgekehrt überprüft der EGMR dort besonders aufmerksam die Verhältnismäßigkeit der Durchsuchung, wo es an einem Richtervorbehalt fehlt.[452]

Im Ergebnis ist es sehr vom Einzelfall und von einer Gesamtwürdigung aller Umstände[453] abhängig, ob und in welchem Umfang Art. 8 Abs. 2 EMRK besondere verfahrensrechtliche Regelungen zum Schutz vor willkürlichen Eingriffen in die Woh-

---

[449] Hierzu eingehend *Friedmann*, Rechtsstaatliche Grundsätze, S. 167 ff.; vgl. auch *Riley*, ICLQ 51 (2002), 55, 75; *Gumbel*, Grundrechte, S. 114.

[450] Vgl. *Friedmann*, Rechtsstaatliche Grundsätze, S. 164; *Gumbel*, Grundrechte, S. 114; *Riley*, ICLQ 51 (2002), 55, 75; Schlussanträge von GA Mischo vom 20.09.2001 in EuGH, Urteil vom 22.10.2002, Rs. C-94/00, Slg. 2002, I-9015, 9025 f. Rn. 40 f. *Roquette Frères SA*.

[451] Vgl. A.II.1.

[452] Vgl. A.II.1.

[453] Insbesondere von der Schwere des Eingriffs, den Gründen für den Eingriff, der Verwaltungsorganisation und den zur Verfügung stehenden Rechtsbehelfen; vgl. EGMR, Urteil vom 06.09.1978, EuGRZ 1979, 278, 285 *Klass*; EGMR, Urteil vom 28.04.2005, Strafo 2005, 371, 372 Rn. 45 *Buck*.

nung voraussetzt und in diesem Zusammenhang insbesondere die Regelung eines Richtervorbehalts verlangt.[454]

Der nach Auffassung des EGMR adäquate Rechtsschutz kann anhand von vier Entscheidungen illustriert werden, denen Fallgestaltungen des zwangsweisen Suchens in Räumlichkeiten zugrunde lagen.

In dem der Rs. *Chappell*[455] zugrundeliegenden Sachverhalt bestand als besondere verfahrensrechtliche Vorkehrung das Erfordernis einer präventiven richterlichen Anordnung. Die Anordnung war von ihrem Umfang her eng umgrenzt: ihre Durchsetzung durfte nur zu bestimmten Zeiten erfolgen, ihre Wirksamkeit war auf eine kurze Zeitspanne beschränkt und das aufgrund der Durchsuchung gewonnene Beweismaterial unterlag einer besonderen Zweckbindung. Ihre Durchsetzung oblag darüber hinaus einem zur Unparteilichkeit verpflichteten Anwalt. Im Gegensatz hierzu wurden in der Rs. *Cremieux*[456] die verfahrensrechtlichen Vorkehrungen gegenüber den Untersuchungsbefugnissen der französischen Zollbehörden als nicht ausreichend erachtet, um einen angemessenen und wirksamen Schutz gegen Missbrauch zu bieten. Den Zollbehörden standen sehr weite Ermächtigungen zu; insbesondere waren sie ausschließlich zuständig, die Zweckmäßigkeit, die Zahl und das Ausmaß von Augenscheinen zu beurteilen. In *Camenzind* sah der EGMR[457] die Eingriffsrechtfertigung des Art. 8 Abs. 2 EMRK als gegeben an, obwohl eine präventive richterliche Kontrolle *nicht* vorgeschrieben war. Der EGMR sah in diesem Falle die Rechte des Betroffenen aus Art. 8 Abs. 1 EMRK durch die im schweizerischen Recht vorhandenen weitgehenden verfahrensrechtlichen Vorkehrungen als ausreichend geschützt an. Hierzu zählte neben der Hinzuziehung eines Anwalts und eines unabhängigen Beobachters die Beschränkung der Durchsuchung auf bestimmte elektronische Gegenstände.[458] Andererseits sprach der EGMR im Urteil *Stés Colas SA*[459] kartellrechtlichen Nachprüfungen durch französische Behörden die Verhältnismäßigkeit mangels ausreichender Kontrollmechanismen ab, obgleich dort berufliche oder geschäftliche Tätigkeiten bzw. –Lokale betroffen waren, bei denen Eingriffe grundsätzlich weitreichender sein können, als es bei Räumlichkeiten der Fall wäre, die zu privaten Zwecken genutzt werden.[460]. Das damals anwendbare französische Recht sah nahezu uneingeschränkte Befugnisse für die zuständigen Beamten vor, die allein über den Zeitpunkt, die Zahl, die Dauer und das

---

454 Ebenso *Riley*, ICLQ 51 (2002), 55, 74.

455 EGMR, Urteil vom 30.03.1989, Appl. Nr. 10461/83 *Chappell.*

456 EGMR, Urteil vom 25.02.1993, ÖJZ 1993, 534, 534 *Crémieux*

457 EGMR, Urteil vom 16.12.1997, ÖJZ 1998, 797, 798 *Camenzind.*

458 „Die ermittelnden Beamten berührten weder irgendwelche Gegenstände, noch öffneten sie Schränke oder inspizierten Dokumente"; vgl. EGMR, Urteil vom 16.12.1997, ÖJZ 1998, 797, 798 *Camenzind.*

459 EGMR, Urteil vom 16.04.2002, Appl. Nr. 37971/97 Rn. 48 f. *Stés Colas SA*; vgl. auch die Anmerkung bei *Lang/Rizza*, ECLR 2002, 413, 413 ff.

460 Vgl. *Riley*, ICLQ 51 (2002), 55, 73, 77 Fn. 117 mit Verweis auf EGMR, Urteil vom 16.12.1992, EuGRZ 1993, 65, 66 Rn. 31 *Niemietz*; vgl. auch EuGH, Urteil vom 22.10.2002, Rs. C-94/00, Slg. 2002, I-9011 Rn. 29 *Roquette Frères SA*.

Ausmaß der Nachforschungen entscheiden konnten, ohne einer unabhängigen Kontrolle zu unterliegen.

Setzt man die dieser Rechtsprechung zugrundeliegenden Wertungen und Aussagen in Bezug zu den mitgliedstaatlichen Befugnissen i.S.v. Art. 20 Abs. 2, 6 VO 1/2003, so halten die Befugnisse einer Überprüfung am Maßstab des Art. 8 EMRK kaum stand. Anders als in der Rs. *Chappell* existiert kein zwingender Richtervorbehalt im Verfahren nach Art. 20 Abs. 2, 6 VO 1/2003; gleichermaßen wie bei den französischen Behörden in den Rs. *Cremieux* und *Stés Colas SA* steht die Initiierung des Verfahrens im Ermessen exekutiver Stellen.[461] Diese Betrachtungsweise wird durch die Aussagen des EGMR in der Rs. *Camenzind* unterstützt, in der zwar kein Richtervorbehalt als erforderlich betrachtet wurde, andererseits weitreichende verfahrensrechtliche Vorkehrungen vorgesehen waren. Demgegenüber sieht das Verfahren nach Art. 20 Abs. 2, 6 VO 1/2003 bei weitgehenden mitgliedstaatlichen Eingriffsbefugnissen keine vorherige Benachrichtigung des Betroffenen sowie keinen unabhängigen Beobachter vor. Es ist zwar zuzustimmen, dass eine Anzahl an verfahrensrechtlichen Vorkehrungen im europäischen Kartellverfahren vorgesehen ist,[462] die dieses Verfahren insbesondere von den französischen Untersuchungsbefugnissen in der Rs. *Cremieux* und *Stés Colas SA* abhebt. Anders als im *Chappell*-Verfahren ist dieser Verfahrensschutz jedoch repressiv ausgerichtet und wirkt nicht präventiv.

Anzunehmen ist, dass der EGMR im Falle einer Überprüfung des mitgliedstaatlichen Vorgehens i.S.v. Art. 20 Abs. 2, 6 VO 1/2003 weitere verfahrensrechtliche Vorkehrungen im europäischen Kartellverfahren fordern wird, die darin bestehen einen zwingenden Richtervorbehalt zu statuieren oder einen unabhängigen Beobachter bei den Nachprüfungen vorzusehen. Gegen letzteres hat sich das Gemeinschaftsrecht explizit gewandt, wenn es die Anwesenheit eines Rechtsbeistands nicht als rechtliche Voraussetzung für die Durchführung einer Nachprüfung ansieht.[463]

Im Ergebnis steht die gegenwärtige verfahrensrechtliche Ausgestaltung im europäischen Nachprüfungsverfahren des Art. 20 Abs. 2, 6 VO 1/2003 - in Anbetracht der vergleichenden Darstellung mit der Rechtsprechung des EGMR - nicht mit den Wertungen des Art. 8 Abs. 2 EMRK in Einklang.[464]

(bb) „Offenkundig" ungenügender Grundrechtsschutz?

Ob das mitgliedstaatliche Handeln i.S.v. Art. 20 Abs. 2, 6 VO 1/2003 trotz einer fehlenden Übereinstimmung mit Art. 8 EMRK vor dem EGMR geahndet werden würde, ist abhängig davon, ob der Schutz des Art. 8 EMRK im konkreten Fall als „offenkun-

---

461 Vgl. *Lang/Rizza*, ECLR 2002, 413, 415.

462 Vgl. A.III.2.c).

463 Vgl. hierzu A.III.2.c) aa) (5).

464 Ebenso *Riley*, ICLQ 51 (2002), 55, 75 ff.; *Lang/Rizza*, ECLR 2002, 413, 416; a.A. ohne weitergehende Begründung Schlussanträge von GA Mischo vom 20.09.2001 in EuGH, Urteil vom 22.10.2002, Rs. C-94/00, Slg. 2002, I-9015, 9026 Rn. 41 ff. *Roquette Frères SA*; *Grabenwarter*, EMRK, S. 186 f.; *Koch*, Verhältnismäßigkeit, S. 561 f.; *Brei*, ZWeR 2004, 107, 124; *Hertogen*, CJEL 10 (2003) 137, 152.

dig ungenügend" zu bezeichnen ist. Denn nur dann ist die grundsätzliche Vermutung einer EMRK-Konformität widerlegbar.

Eine allgemeingültige Deutung, wann der ungenügende Grundrechtsschutz „offenkundig" ist, erfolgt von Seiten des EGMR nicht. Das Merkmal des „offenkundig ungenügenden Schutzes" ist daher abstrakt zu definieren, bevor der Verstoß des mitgliedstaatlichen Wirkens im Nachprüfungsverfahren der Kommission gegen Art. 8 EMRK unter dieses Merkmal subsumiert werden kann.

In keinem Falle darf der Begriff der „Offensichtlichkeit" dahingehend verstanden werden, dass in den einschlägigen Fällen bereits „dem ersten Anschein nach" eine Unterschreitung der Konventionsgarantien gegeben sein muss. Folge einer derartigen Begriffsinterpretation wäre der faktische Fortfall der Geltungskraft der EMRK im Bereich des indirekten Vollzugs von Gemeinschaftsrecht durch die Mitgliedstaaten. Denn es sind in der Praxis kaum Fälle denkbar, in denen eine derartige evidente Missachtung konventionsrechtlicher Garantien gegeben sein könnte. Bereits die Frage, ob ein Eingriff in das geltend gemachte Recht vorliegt bzw. der gerügte Eingriff gerechtfertigt ist, erfordert eine Auslegung der Reichweite des jeweiligen grundrechtlichen Schutzbereichs bzw. der eingriffsrechtfertigenden Voraussetzungen. Die Bewertung mitgliedstaatlichen Handelns i.S.v. Art. 20 Abs. 6 VO 1/2003 anhand Art. 8 EMRK bildet hierfür ein anschauliches Beispiel.

Zudem wird nicht zu erwarten sein, dass Gemeinschaftsrecht, das das mitgliedstaatliche Handeln determiniert, in augenfälligem Ausmaße grundrechtliche Defizite aufweist. Das Gemeinschaftsrecht stellt mit den allgemeinen Rechtsgrundsätzen auf der einen und den grundrechtsähnlichen Grundfreiheiten auf der anderen Seite ein differenziertes Grundrechtsschutzsystem auf, dem mitgliedstaatliches Handeln im gemeinschaftsrechtlichen Kontext Beachtung schenken muss. Ein Verstoß gegen die Grundsätze der EMRK durch die Mitgliedstaaten beim indirekten Vollzug von Gemeinschaftsrecht wird in grober Form daher realistischerweise nicht zu erwarten sein. Eine Missachtung konventionsrechtlicher Garantien wird auf grundrechtliche Detailfragen beschränkt bleiben.

Entscheidend muss daher sein, dass eine gegen ein mitgliedstaatliches Handeln i.S.v. Art. 20 Abs. 6 VO 1/2003 gerichtete Beschwerde als „klar für begründet" zu erachten ist. In jedem Falle wird eine Beschwerde klar begründet sein, wenn der Wesensgehalt einer Konventionsnorm durch mitgliedstaatliches Handeln in Abrede gestellt wird. Darüber hinaus müssen jedoch auch Beschwerden als klar begründet verstanden werden können, die nicht eine derart schwerwiegende Grundrechtsverletzung darstellen.[465] Denn gemäß Art. 53 EMRK statuiert die EMRK einen grundrechtlichen Mindeststandard, von dem nicht ohne weiteres abgewichen werden kann.[466] Bereits aus diesem Grunde ist eine Beschränkung auf „ganz extreme Fälle"[467] nicht möglich.

---

465 Ebenso *Bröhmer*, EuZW 2006, 71, 76.

466 Vgl. zustimmende Meinung der Richter Rozakis, Tulkens, Traja, Botoucharova, Zagrebelsky und Garlicki, Rn. 4 zu EGMR, Urteil vom 30.06.2005 *Bosphorus Hava*.

467 So *Lavranos*, EuR 2006, 79, 85; wohl auch *Weiß*, EuZW 2006, 263, 265, der sich an die Solange-II-Rechtsprechung des BVerfG erinnert fühlt.

Zudem ist an den Grundsatz zu erinnern, den der EGMR in der Rs. *Matthews*[468] in Bezug auf die Verantwortlichkeit der Konventionsstaaten für die Einhaltung der EMRK nach Übertragung von Hoheitsrechten an die EG/EU formulierte. Demnach dürfen die in der EMRK niedergelegten Rechte nicht theoretisch und illusorisch sein, sondern müssen konkret und effektiv wirken. Letzteres wird nur zu erreichen sein, wenn nur im seltenen Ausnahmefall eine Rücknahme der Begründetheitskontrolle erfolgt.

Der EGMR kann schon deshalb nicht pauschal hinter den Stand seiner Rechtsprechung zurückfallen, weil seine Rechtsprechung nicht auf die 25 EU-Mitgliedstaaten beschränkt ist, sondern auch für weitere europäische Staaten bedeutend bleibt. Die Etablierung unterschiedlicher EMRK-Standards mit einem nachlässigeren innerhalb der EU und einem strikteren für alle weiteren Staaten dürfte nicht ernstlich zu erwarten und auch nicht zu begründen sein, zumal sich gerade die in den Schoß des Europarates gebettete EMRK selbst als Teil der europäischen Integration begreift.[469]

Diesen Erwägungen ist in Anlehnung an *Ress*[470] dadurch zu entsprechen, dass eine Beschwerde bereits dann als „klar begründet" zu bezeichnen ist, wenn die der Beschwerde zugrundeliegende Rechtsfrage eine Auslegung der Konvention verlangt, die mit Hilfe der bereits vorhandenen Rechtsprechung des EGMR geleistet werden kann. Eine Beschwerde ist demnach als „klar begründet" zu bezeichnen, wenn das mitgliedstaatliche Handeln nach Art. 20 Abs. 6 VO 1/2003 in Konflikt zu einer gefestigten Rechtsprechung des EGMR tritt. Andererseits wird in Fällen, in denen zur Beurteilung einer Beschwerde neuartige Auslegungsfragen in Bezug auf die EMRK durch den EGMR beantwortet werden müssen, eine derartige „Klarheit" zu vermissen sein. Gleiches gilt, wenn der EGMR eine Beschwerde zum Anlass nimmt, eine Rechtsprechungsänderung zu vollziehen. Auch in diesem Fall ist eine Beschwerde schwerlich als „klar begründet" zu titulieren. Aufgrund der differenzierten EGMR-Rechtsprechung werden letztgenannte Konstellationen allerdings nur in Ausnahmefällen anzunehmen sein.

Zusammenfassend ist festzuhalten, dass ein im gemeinschaftsrechtlichen Kontext stehendes Handeln der EMRK-Mitgliedstaaten eine völkerrechtliche Haftung i.S.d. EMRK begründet, wenn der Schutz der Konventionsrechte „offenkundig ungenügend" ist. Dies ist anzunehmen, wenn sich eine Beschwerde vor dem EGMR als „klar begründet" erweist. Eine dahingehende Klarheit besteht, wenn im Rahmen der Begründetheit einer Beschwerde zur Lösung der zentralen richterlichen Zweifelsfragen Rückgriff auf die bereits bestehende Rechtsprechung des EGMR genommen werden kann.

Überträgt man diese Begriffsbestimmung auf den Widerspruch zwischen den Befugnissen der mitgliedstaatlichen Behörden i.S.v. Art. 20 Abs. 6 VO 1/2003 und Art. 8 EMRK so erscheint eine Wertung dahingehend gerechtfertigt zu sein, dass in diesem

---

468 EGMR, Urteil vom 18.02.1999, EuGRZ 1999, 200, 202 Rn. 34 *Matthews*.

469 Vgl. zustimmende Meinung des Richters Ress, Rn. 5 zu EGMR, Urteil vom 30.06.2005 *Bosphorus Hava*; ebenso *Gaede*, ZStW 115 (2003), 845, 856 f.

470 Vgl. zustimmende Meinung des Richters Ress, Rn. 3 zu EGMR, Urteil vom 30.06.2005 *Bosphorus Hava*.

Falle ein offensichtlich ungenügender Schutz des Konventionsrechts gegeben ist. Denn – wie zuvor aufgezeigt – bilden die der Konventionswidrigkeit der Maßnahme zugrundeliegenden Rechtserwägungen einen wichtigen Bestandteil der ständigen Rechtsprechung des EGMR, wie es bspw. in den Rs. *Chappell, Cremieux, Camenzind, Stés Colas SA* zum Ausdruck kommt.

Eine Individualbeschwerde i.S.v. Art. 34 EMRK des Nachprüfungsadressaten ist demnach nicht nur zulässig, sondern auch begründet. Denn die Vermutung für die Grundrechtskonformität des mitgliedstaatlichen Handelns i.S.v. Art. 20 Abs. 6 VO 1/2003 ist in der konkreten Fallkonstellation aufgrund des offensichtlich ungenügenden Schutzes gegenüber Beeinträchtigungen von Art. 8 EMRK widerlegt. Im Ergebnis erfordert die Erfüllung mitgliedstaatlicher Pflichten i.S.v. Art. 20 Abs. 6 VO 1/2003 daher zugleich eine Verletzung völkerrechtlicher Verpflichtungen nach Art. 8 EMRK, für die sich der Mitgliedstaat vor dem EGMR zu verantworten hat.

Hierdurch werden die Loyalitätspflichten aus Art. 307 EG, Art. 10 EG relevant, die der Kommission gebieten, mitgliedstaatliche Stellen nicht in den Völkerrechtsbruch zu drängen. Letzteres wird bei der gegebenen sekundärrechtlichen Ausgestaltung im EG-Kartellverfahren nur möglich sein, wenn die Kommission von einem Unterstützungsersuchen an die mitgliedstaatlichen Stellen absieht. Konsequenz dessen ist, dass ohne eine Beachtung der Rechtslage der EMRK ein Kartellverfahren unter Beteiligung mitgliedstaatlicher Stellen nicht denkbar ist. Die Auffassung, dass im gegenwärtigen Nachprüfungsverfahren der Kommission kein effektiver Rechtsschutz gewährt wird, findet in der Rechtslage nach der EMRK daher ihre Bestätigung.

(3) Ergebnis

Ein allgemeiner Rechtsgrundsatz des Gemeinschaftsrechts, demzufolge eine Nachprüfung i.S.v. Art. 20 Abs. 2, 6 VO 1/2003 einer zwingenden Präventivkontrolle durch einen Richter unterworfen ist, muss von den normsetzenden Gemeinschaftsorganen beachtet werden, um die rechtsstaatlichen Mindestvoraussetzungen des Verfahrens zu wahren. Eine mitgliedstaatliche Unterstützungsleistung ist im Verfahren der Kommission daher zu verweigern, sofern vorab keine richterliche Genehmigung der zwangsweisen Vornahme erfolgt und auch keine Gefahr im Verzug gegeben ist.

bb) Sachliche Zuständigkeit der Gemeinschaftsgerichtsbarkeit im Lichte des Subsidiaritätsprinzips

Mit dem vorstehenden Ergebnis bleibt unbeantwortet, ob die präventive richterliche Kontrolle bei den Gemeinschaftsgerichten oder den Gerichten der Mitgliedstaaten anzusiedeln ist.

Unter Bezugnahme auf das Subsidiaritätsprinzip des Art. 5 Abs. 2 EG sind im Grundsatz die mitgliedstaatlichen Gerichte mit der Gewähr präventiven Rechtsschutzes zu befassen, soweit hierdurch die rechtsstaatlichen Anforderungen an den Richtervorbehalt im Nachprüfungsverfahren der Kommission gemäß Art. 20 Abs. 2, 6 VO

1/2003 ausreichende Berücksichtigung erfahren.[471] Denn in erster Linie obliegt nach dem Rechtsschutzsystem der Gemeinschaft den *nationalen* Gerichten der Schutz der dem Einzelnen durch das Gemeinschaftsrecht verliehenen Rechte.[472] Mit dem hierdurch zum Ausdruck kommenden Vertrauen seitens der Gemeinschaftsrechtsordnung in die nationale Gerichtsbarkeit steht eine nicht hinreichend gerechtfertigte Abwälzung der den nationalen Gerichten obliegenden Verantwortung auf die Gemeinschaftsgerichte in Widerspruch.

Ein mitgliedstaatlicher Richtervorbehalt entspricht den Anforderungen des allgemeinen Rechtsgrundsatzes des Gemeinschaftsrechts auf präventive Rechtskontrolle, wenn er ein ausreichendes Maß an Rechtsschutz gewährleistet. Nur wenn er diesen Ansprüchen nicht gerecht wird, ist ein Richtervorbehalt auf Ebene der Gemeinschaftsgerichte vorzusehen.

Eine dahingehende Prüfung hat in einem ersten Schritt das Maß an Rechtsschutz zu ermitteln, das einem mitgliedstaatlichen Richtervorbehalt eigen ist. Exemplarisch wird hierfür die Einbindung des mitgliedstaatlichen Richters im Verfahren nach Art. 20 Abs. 7, 8 VO 1/2003 unter Berücksichtigung der primärrechtlichen Vorgaben ausgelegt (sogleich (1)). Auf Grundlage der gewonnenen Erkenntnisse ist in einem weiteren Schritt im Rahmen einer wertenden Betrachtung die Frage zu erörtern, ob der ermittelte Rechtsschutzstandard mit den Anforderungen einer effektiven Rechtsschutzgewähr im Einklang steht (sodann (2)). Sollte dies verneint werden, kann einzig ein Richtervorbehalt bei den Gemeinschaftsgerichten ein ausreichendes Maß an Rechtsschutz sichern.

(1) Mitgliedstaatlicher Richtervorbehalt im Konflikt mit den Kompetenzen der gemeinschaftsrechtlichen Gerichtsbarkeit

Um konkret zu bemessen, welches Maß an Rechtsschutz die präventive richterliche Kontrolle i.S.v. Art. 20 Abs. 7, 8 VO 1/2003 vermittelt, ist die Prüfungskompetenz des nationalen Richters im Verfahren nach Art. 20 Abs. 7, 8 VO 1/2003 auszulegen. Die Art und das Ausmaß der gerichtlichen Kontrolle entscheiden darüber, welcher Wert ihr zukommt.[473]

Hierbei ist es für die Frage, welches Maß an Rechtsschutz einem mitgliedstaatlichen Richtervorbehalt zukommt, unerheblich, ob der Prüfungsumfang abschließend den europarechtlichen Regelungen zu entnehmen ist oder dem nationalen Verfahrensrecht entspringt.[474] Denn auch in letztgenanntem Falle sind die nationalen Normen aufgrund des Anwendungsvorrangs des Gemeinschaftsrechts durch die europarechtlichen Vor-

---

471 Zugleich wird bei diesem Lösungsansatz berücksichtigt, dass die europäische Gerichtsbarkeit nur über begrenzte Sach- und Humanressourcen verfügt.

472 Vgl. EuGH, Urteil vom 11.05.2000, Rs. C-38/98, Slg. 2000, I-2973, 3022 Rn. 32 *Renault*; EuGH, Urteil vom 14.12.1995, Rs. C-312/93, Slg. 1995, I-4599, 4620 f. Rn. 12 *Peterbroeck*; EuG, Urteil vom 10.07.1990, Rs. T-51/89, Slg. 1990, II-309, 364 Rn. 42 *Tetra Pak*.

473 Vgl. *Nehl*, Verwaltungsverfahren, S. 193 f.

474 Vgl. zu diesem Problemkreis eingehend B.II.

gaben des Art. 20 Abs. 8 VO 1/2003 zu modifizieren. Der Prüfungskanon in Art. 20 Abs. 8 VO 1/2003 bildet daher einen Mindestmaßstab, dem die richterliche Prüfung entsprechen muss. Nur ihm kann nachfolgend Aufmerksamkeit geschenkt werden. Prüfungsverschärfende oder –mildernde Regelungen in den Mitgliedstaaten werden bei der Bestimmung des Rechtsschutzmaßstabes keine Berücksichtigung finden. Denn es gilt den Rechtsschutzgehalt, den ein mitgliedstaatlicher Richtervorbehalt vermittelt, in einer Weise zu bestimmen, wie er in allen mitgliedstaatlichen Rechtsordnungen anzutreffen sein wird. Dies ist nur möglich, wenn sich die Analyse auf die *gemeinschaftsrechtlichen* Vorgaben in Art. 20 Abs. 8 VO 1/2003 beschränkt. Nur dann kann ein *einheitlicher* Maßstab entwickelt werden, der es erlaubt Rückschlüsse über die Vereinbarkeit eines mitgliedstaatlichen Richtervorbehalts mit dem Gebot effektiven Rechtsschutzes zu ziehen.

Nach der Bestimmung des Beweismaßes (sogleich (a)) wird in Anlehnung an die aus Art. 20 Abs. 8 VO 1/2003 zu entnehmende Prüfungsreihenfolge in der Praxis die Darstellung des Prüfungskanons zunächst unter dem Gesichtspunkt der Echtheit der Nachprüfungsentscheidung erfolgen ((b)). Hieran schließt sich die Frage an, in welcher Intensität die Willkürfreiheit ((c)) und Verhältnismäßigkeit ((d)) der beantragten Zwangsmaßnahme richterlich geprüft werden. Damit verbunden ist die Frage nach der Informationsgrundlage, anhand derer die materielle Rechtskontrolle erfolgt ((e)). Bevor abschließend eine Wertung darüber zu treffen ist, welches Maß an Rechtsschutzgewähr der richterlichen Prüfung beizumessen ist ((g)) wird eine Zusammenarbeit zwischen dem nationalen Ermittlungsrichter und den Gemeinschaftsgerichten i.S.v. Art. 234 EG erläutert werden müssen ((f)), um einen umfassenden Eindruck von dem im Rahmen einer mitgliedstaatlichen Kontrolle vermittelten Rechtsschutzstandard zu erlangen.

(a) Richterliche Überzeugung

Das europäische Kartellverfahrensrecht enthält keine ausdrückliche Regelung des Beweismaßes, das im Verfahren nach Art. 20 Abs. 2, 6 VO 1/2003 zugrunde zulegen ist. Es erscheint erwägenswert, ob bereits eine Glaubhaftmachung der eingriffsbegründenden Tatsachen ausreichend ist, um den Richter zu veranlassen, eine beantragte Zwangsmaßnahme anzuordnen. Dies könnte sich aus einer entsprechenden Anwendung der Regelungen zum einstweiligen Rechtsschutz nach Art. 242 Satz 2, Art. 243 EG ergeben. Einstweiliger Rechtsschutz ist zu gewähren, wenn dessen Notwendigkeit glaubhaft gemacht ist. Einer vollen richterlichen Überzeugung bedarf es nicht.

Grundsätzlich ist die einstweilige Rechtsschutzgewähr i.S.v. Art. 242 Satz 2, Art. 243 EG mit dem Richtervorbehalt nach Art. 20 Abs. 7, 8 VO 1/2003 dergestalt verwandt, dass beide Institute Ausdruck des allgemeinen Rechtsgrundsatzes auf effektiven Rechtsschutz sind. Allerdings darf nicht übersehen werden, dass die von einem verminderten Beweismaß profitierenden Verfahrensbeteiligten nicht identisch sind.

Im Verfahren der Art. 242 Satz 2, Art. 243 EG rechtfertigt sich ein derartiges Beweismaß, weil es denjenigen privilegiert, der sich von einer Maßnahme der öffentlichen Gewalt in seinen Rechten bedroht sieht. Eine Verringerung richterlicher Überzeugungsbildung berührt daher nicht die Rechtsschutzfunktion des Verfahrens; im Gegenteil es effektiviert die Möglichkeiten des Betroffenen erfolgreich Rechtsschutz zu begehren.

Anders ist der Fall im Rahmen des Art. 20 Abs. 7, 8 VO 1/2003 gelagert. Hier käme eine Absenkung des Beweismaßes auf den Aspekt der Glaubhaftmachung nicht dem von einer Nachprüfung Betroffenen zugute, sondern der Verfolgungsbehörde, die auf einfacherem Wege eine Zwangsmaßnahme erfolgreich beantragen könnte.

Es ist daher daran festzuhalten, dass der nationale Richter nur dann einen Eingriff anordnen darf, wenn er von dem Vorliegen der anspruchsbegründenden Tatsachen vollständig überzeugt ist.

(b) Echtheit der Entscheidung

Dem einzelstaatlichen Gericht ist es zunächst gemäß Art. 20 Abs. 8 Satz 1 VO 1/2003 gestattet, die „Echtheit der Entscheidung der Kommission" zu prüfen. Als ein Mindestmaß richterlicher Prüfung ist anerkannt, dass die Prüfung der Echtheit der Entscheidung die Feststellung umfasst, ob die zu vollstreckende Nachprüfungsentscheidung tatsächlich von der Kommission stammt.[475] Die richterliche Prüfungstätigkeit beschränkt sich daher zunächst darauf festzustellen, ob die Unterschrift von dem für Wettbewerb zuständigen Mitglied der Kommission stammt.[476]

Eine materielle Prüfungskompetenz, ob die Entscheidung von der Kommission als Kollegialorgan oder aufgrund einer ordnungsgemäßen Ermächtigung durch einen einzelnen Kommissar zu Recht erlassen wurde bzw. allgemein mit den materiellrechtlichen Vorgaben des Gemeinschaftsrechts im Einklang steht, wird dem Gericht in diesem Zusammenhang nicht zugestanden.[477] Denn Art. 20 Abs. 8 Satz 1 VO 1/2003 stellt klar, dass die Prüfung der Rechtmäßigkeit der Kommissionsentscheidung dem Gerichtshof vorbehalten ist.[478]

---

475 Vgl. auch *Idziok*, Vollstreckungshilfe, S. 125.

476 Vgl. zur kommissionsinternen Arbeitsverteilung A.III.2.c) aa) (3).

477 Unzulässig ist daher die Prüfung des innerstaatlichen „odre public" (vgl. bspw. § 328 Abs. 1 Nr. 4 ZPO). Eine derartige Prüfung durch den nationalen Ermittlungsrichter wäre mit dem Geltungsvorrang des Gemeinschaftsrechts nicht in Einklang zu bringen; vgl. hierzu *Idziok*, Vollstreckungshilfe, S. 126 f.

478 Dieses Ergebnis kann entgegen *Kamburoglou/Pirrwitz,* RIW 1990, 263, 270 nicht auf Art. 256 Abs. 2 Satz 2 EG zurückgeführt werden. Trotz sprachlicher Verwandtschaften im Normtext steht einer Vergleichbarkeit des nationalen Ermittlungsrichters mit einem Vollstreckungsrichter bereits entgegen, dass es sich zum Zeitpunkt der Durchführung der Nachprüfungen bei der Nachprüfungsentscheidung um keine unanfechtbare Entscheidung handelt. Dies stellt einen wesentlichen Unterschied zu Art. 256 EG dar, der die Vollstreckung von Entscheidungen, die auf Geldzahlungen gerichtet sind, regelt. Im Unterschied zu den Nachprüfungsentscheidungen erfolgt die Prüfung durch den nationalen Richter bei Art. 256 EG allerdings, wenn die Entscheidung bereits unanfechtbar ist. Ist die zu vollstreckende Entscheidung unanfechtbar geworden, so hatte der Betroffene zuvor die Möglichkeit, mit den ihm zustehenden Rechtsschutzmöglichkeiten gegen die Entscheidung vorzugehen. Die Überprüfung durch den nationalen Richter ist hierbei, wie sich aus Art. 256 Abs. 2 und 4 EG ergibt, auf verfahrensrechtliche Rügen der Durchführung der Vollstreckung beschränkt. Daher hat eine Prüfung, ob die zugrunde liegende Entscheidung zu Recht erlas-

Mit diesen Grundsätzen steht es nicht in Widerspruch, wenn man dem nationalen Gericht gestattet, sich zur Beseitigung einer in Einzelheiten unbestimmten Nachprüfungsentscheidung an die Kommission zu wenden. Denn auch hier steht die Anwendung der Verträge im Vordergrund. Das heißt: Es liegt im Interesse der Gemeinschaften, dass ein etwaiger Mangel der Entscheidung möglichst rasch behoben wird. Aus diesem Grunde wird man der befassten nationalen Behörde das Recht zubilligen müssen, über eine Echtheitsprüfung im engeren Sinne hinaus etwa zu kontrollieren, ob die Nachprüfungsentscheidung genügend bestimmt ist, um gegenüber dem Adressaten vollzogen zu werden.[479] In eine förmliche Verweigerung der Genehmigung können diese Bedenken freilich nicht münden. Die Prüfung der Echtheit des Titels ist daher ein rein formelles Verfahren, das sich auf die Feststellung der Authentizität der Siegel und der Unterschriften, die für das handelnde Organ geleistet werden, beschränkt.[480]

Unter rechtspraktischen Gesichtspunkten wird die Prüfung der Echtheit der Nachprüfungsentscheidung allerdings keinen wesentlichen Beitrag zum Rechtsschutz des Betroffenen beitragen. Denn zur Beschleunigung des Verfahrens sendet die Generaldirektion für Wettbewerb den nationalen Behörden in der Regel nur ihren Entwurf der Entscheidung in Kopie, bei dem eine zu prüfende Unterschrift des Wettbewerbskommissars fehlt.[481]

(c) Willkürfreiheit der beantragten Zwangsmaßnahme

Gemäß Art. 20 Abs. 8 Satz 1 VO 1/2003 prüft das einzelstaatliche Gericht, dass die beabsichtigte Zwangsmaßnahme nicht willkürlich ist. Dabei ist es dem nationalen Ermittlungsrichter allerdings verwehrt, die „Notwendigkeit der Nachprüfung" in Frage zu stellen (Art. 20 Abs. 8 Satz 3 VO 1/2003).

Die dermaßen umschriebene Prüfungskompetenz des nationalen Ermittlungsrichters erschließt sich nur im Wege der Auslegung. Bereits der Rechtsbegriff der Willkür ist facettenreich und bedarf in einem ersten Schritt der allgemeinen Definition. Im Anschluss hieran eröffnet sich die Möglichkeit, auf Grundlage der gewonnenen Erkenntnisse die einschränkenden Regelungen des Art. 20 Abs. 8 Satz 3, 4 VO 1/2003 auf die Willkürprüfung der beantragten Zwangsmaßnahme anzuwenden. Abschließend ist der hierdurch vermittelte Rechtsschutzgehalt zu bewerten.

---

sen wurde, durch den nationalen Richter zu unterbleiben; vgl. *Jahn*, Durchsuchung, S. 256 ff.

479 Vgl. *Idziok*, Vollstreckungshilfe, S. 125.

480 Vgl. *Bechtold/Bosch/Brinker/Hirsbrunner*, EG-Kartellrecht, Art. 21 VO 1/2003 Rn. 8.

481 Vgl. *Kulka*, DB 1989, 2115, 2116; *Engel/Freier*, EWS 1992, 361, 371; ebenfalls kritisch *Klees*, Kartellverfahrensrecht, § 9 Rn. 73 Fn. 131.

(aa) Begriffliche Herleitung

Folgt man der Betrachtung von *Schwarze* ist der gemeinschaftsrechtliche[482] Begriff der Willkür wenig praktikabel, einen deutlich abgrenzbaren Bereich richterlicher Kontrolltätigkeit aufzuzeigen. Denn „(d)er Willkürbegriff stellt einen Grenzbegriff dar, einen Begriff der äußersten Sphäre des Rechts (...), der sich ebenso wenig wie die Gerechtigkeit formal und allgemeingültig definieren lässt."[483] Ein genereller Wesenszug sei dem Willkürbegriff nur insoweit abzugewinnen, als ihm der Widerspruch zu dem jeweils „Vernünftigen", zu den ordnungsgemäß zu befolgenden Gesetzen und Regeln eigen sei. Denn „willkürliches Recht" sei zugleich „unrichtiges Recht", das sich von diesem nur quantitativ dadurch unterscheide, dass für den fraglichen Rechtsakt kein oder doch kein in der Hauptsache vernünftiger Grund angeführt werden könne.[484]

Dementsprechend haben sich die Gemeinschaftsgerichte bemüht zumindest negative Richtlinien aufzustellen, die bestimmte Lösungen ausschließen, die im Widerspruch zur Gerechtigkeit stehen. Besonderen Ausdruck hat der Begriff der Gerechtigkeit im allgemeinen Rechtsgrundsatz der Gleichbehandlung gefunden.[485] Danach dürfen vergleichbare Sachverhalte nicht unterschiedlich behandelt werden, es sei denn, dass eine Differenzierung objektiv gerechtfertigt ist.[486] Willkürlich handelt die Verwaltung demnach, wenn sie ohne sachlichen Grund vergleichbare Einzelsachverhalte unterschiedlich auffasst.[487]

Wann eine objektive bzw. sachliche Rechtfertigung gegeben ist, ist von den Umständen des Einzelfalls abhängig. Die Rechtsprechung der Gemeinschaftsgerichte erkennt eine sachliche Rechtfertigung der beantragten Zwangsmaßnahme im gemeinschaftsrechtlichen Nachprüfungsverfahren an, wenn hinreichende Anhaltspunkte gegeben sind, die das Vorliegen des eingriffslegitimierenden Verdachtsmoments nahelegen. Gemäß Art. 20 Abs. 8 Satz 1 VO 1/2003 ist die beantragte Zwangsmaßnahme hiernach willkürfrei, wenn ernsthafte Indizien vorliegen, die für den Verdacht eines Verstoßes gegen die Wettbewerbsregeln der Art. 81 und 82 EG durch das betroffene Unternehmen ausreichen.[488] Eine beantragte Zwangsmaßnahme ist daher in jedem Fal-

482 *V. Danwitz*, Verwaltungsrechtliches System, S. 163 weist allgemein darauf hin, dass begriffliche Übereinstimmungen zwischen Rechtsinstituten des Gemeinschaftsrechts und nationaler Rechtsordnungen als solche den Schluss auf auch inhaltliche Übereinstimmungen nicht rechtfertigen.

483 *Schwarze*, Europäisches Verwaltungsrecht, S. 538.

484 Vgl. allgemein zum Begriff der Willkür im Gemeinschaftsrecht *Schwarze*, Europäisches Verwaltungsrecht, S. 537 f., 558 ff., 568 ff.

485 Vgl. *Haibach*, NVwZ 1998, 456, 460 f.

486 Vgl. EuGH, Urteil vom 11.07.1974, Rs. 11/74, Slg. 1974, 877, 886 Rn. 22/23 *Union des Minotiers de la Champagne*; EuGH, Urteil vom 13.06.1978, Rs. 139/77, Slg. 1978, 1317, 1332 f. Rn. 15 *Denkavit*; EuGH, Urteil vom 15.09.1982, Rs. 106/81, Slg. 1982, 2885, 2921 Rn. 22 *Julius Kind AG*.

487 Vgl. *Schwarze*, Europäisches Verwaltungsrecht, S. 547.

488 Vgl. EuGH, Urteil vom 22.10.2002, Rs. C-94/00, Slg. 2002, I-9011, 9061 Rn. 54 *Roquette Frères SA*; EuGH, Urteil vom 26.06.1980, Rs. 136/79, Slg. 1980, 2033, 2055 f. Rn. 13 *National Panasonic*; EuGH, Urteil vom 18.10.1989, Rs. 374/87, Slg. 1989, 3283, 3347 f. Rn. 15 *Orkem*; EuG, Ur-

le als willkürlich zu bezeichnen, wenn mit ihrer Hilfe erst die Eingriffsvoraussetzungen ermittelt werden sollen. Ein nur dokumentarisches oder vorsorgliches Sammeln von Informationen oder Beweisen ist rechtswidrig.[489]

Darüber hinaus mangelt es einer beantragten Zwangsmaßnahme an einer hinreichenden sachlichen Rechtfertigung, wenn bereits keine Hinweise dafür ersichtlich sind, dass sich der Nachprüfungsadressat einer Nachprüfung widersetzt.[490] Die Anwendung mitgliedstaatlichen Zwangs zur Durchsetzung einer Nachprüfungsentscheidung i.S.v. Art. 20 Abs. 6 VO 1/2003 fordert nach dem gesetzlichen Ausnahmecharakter dieser Mitwirkung einen ausreichenden Anlass, der gerade in der den Nachprüfungszweck gefährdenden Verhaltensweise des Nachprüfungsadressaten liegt. Die Gefährdung des Nachprüfungszwecks setzt zweierlei voraus, um ein tatbestandliches „Widersetzen" i.S.v. Art. 20 Abs. 6 VO 1/2003 annehmen zu können: neben dem faktischen Verhalten, das der Betroffene gegenüber den Ermittlern zeigt, muss dieses darauf gerichtet sein, eine ihm obliegende Duldungsverpflichtung zu verletzen. Dulden muss der Nachprüfungsadressat nur solche Verhaltensweisen, zu denen die Ermittlungsbeamten gemäß Art. 20 Abs. 1, 2 VO 1/2003 legitimiert sind. So kann bspw. von einem Widersetzen keine Rede sein, wenn der Nachprüfungsadressat aktiv gegen die Einsichtnahme in Privatunterlagen vorgeht. Denn private Dokumente sind von den Nachprüfungsbefugnissen der Ermittler ausgenommen, so dass auch keine damit korrespondierende Duldungsverpflichtung angenommen werden kann. Eine mitgliedstaatliche Zwangsmaßnahme ist demnach willkürlich, wenn keine Hinweise darauf bestehen, dass der von einer Nachprüfung Betroffene seine Duldungsverpflichtungen verletzt.

(bb) Einschränkung richterlicher Prüfungskompetenz i.S.v. Art. 20 Abs. 8 Satz 3, 4 VO 1/2003

Die in Art. 20 Abs. 8 Satz 1 VO 1/2003 auferlegte Verpflichtung die beantragte Zwangsmaßnahme darauf hin zu überprüfen, ob sie willkürlich ist, steht unter der Einschränkung des Art. 20 Abs. 8 Satz 3, 4 VO 1/2003: „Das einzelstaatliche Gericht darf (...) nicht die Notwendigkeit der Nachprüfung in Frage stellen (...). Die Prüfung der Kommissionsentscheidung ist dem Gerichtshof vorbehalten." Dem „teils unvollständigen, teils zu Missverständnissen verleitenden Wortlaut"[491] sind dabei unmittelbar keine Erkenntnisse über deren Einwirkung auf die Prüfung der Willkür zu entnehmen. Im Gegenteil, es werden „unklar gebliebene Maßstäbe"[492] bemängelt, die eine nur „wenig

---

teil vom 12.12.1991, Rs. T-39/90, Slg. 1991, II-1497, 1512 Rn. 29 *SEP*; hierzu auch *Nowak/Pombo*, in: Loewenheim/Meessen/Riesenkampff, Art. 20 VerfVO Rn. 89; *Miersch*, in: Grabitz/Hilf, nach Art. 83 EGV, Art. 20 Rn. 66.

489 Vgl. *Weiß*, Verteidigungsrechte, S. 128 f.; *Schwarze/Weitbrecht*, Kartellverfahrensrecht, § 4 Rn. 4.

490 Vgl. hierzu AG Bonn, EWS 2002, 197, 198 f.; ebenso *Lienemeyer/Waelbroeck*, CMLR (40) 2003, 1481, 1489.

491 So *Schnelle/Bartosch/Hübner*, EU-Kartellverfahrensrecht, S. 148.

492 So *Bechtold*, BB 2000, 2425, 2430; zustimmend *Schwarze/Weitbrecht*, Kartellverfahrensrecht, S.

trennscharfe Abgrenzung der Aufgabenbereiche und Prüfungsbefugnisse"[493] ermöglichen.

Es bedarf daher der Auslegung. Im Auslegungsergebnis müssen sich die in Art. 20 Abs. 8 VO 1/2003 verankerten Verfahrensziele widerspiegeln und zu einem Ausgleich gebracht werden, der beiden zu je größtmöglicher praktischer Anwendung verhilft.[494] Diesbezüglich stehen sich die individualschützende Verfahrensratio (Art. 20 Abs. 8 Satz 1 VO 1/2003) und das an der Verfahrenseffizienz orientierte Verfahrensziel (Art. 20 Abs. 8 Satz 3, 4 VO 1/2003) widerstreitend gegenüber.[495] Ausgeschlossen ist demzufolge sowohl die Degradierung der richterlichen Kontrolle zur Formalie, als auch deren Aufwertung in einer Weise, die die praktische Umsetzung der Nachprüfungsbefugnisse vereitelt.

Den Ausgangspunkt der Betrachtung bildet die grundsätzliche Unterscheidung zwischen dem Entscheidungs- und Vollstreckungsverfahren,[496] deren Rechtmäßigkeitskontrolle nach dem jeweiligen Rechtskreis erfolgt. Während die Gemeinschaftsgerichte im Grundsatz nur für die Rechtmäßigkeitskontrolle von Gemeinschaftsrechtsakten zuständig sind, obliegt die Überprüfung nationaler Akte den mitgliedstaatlichen Gerichten. Die Adressaten der vollstreckbaren Entscheidung müssen sich daher an den EuGH wenden, wenn sie sich gegen die Entscheidung als solche wehren wollen und an die nationalen Gerichte, wenn sie Einwendungen gegen die Durchführung der Vollstreckung haben.

Dogmatische Verankerung erfuhr dieser Grundsatz in Art. 230 EG auf der einen Seite und Art. 234 EG auf der anderen Seite, durch die ein umfassendes Rechtsschutzsystem geschaffen worden ist, innerhalb dessen den Gemeinschaftsgerichten die Überprüfung der Rechtmäßigkeit der Handlungen der Organe übertragen ist. In seinem Urteil vom 20.10.1987 in der Rs. *Foto-Frost* hat der EuGH daher für Recht erkannt, dass die nationalen Gerichte zwar die Gültigkeit einer Gemeinschaftshandlung prüfen und eventuell feststellen können, dass die Handlung in vollem Umfang gültig ist,[497] dass sie aber nicht befugt sind, selbst die Ungültigkeit solcher Handlungen festzustellen.[498] Die den Gemeinschaftsgerichten bei der Kontrolle von Handlungen der Gemeinschaftsorgane zustehende Rechtsprechungskompetenz definiert damit die äußere Grenze, der den nationalen Gerichten im Gemeinschaftsrecht zustehenden Prüfungsbefugnis.

62 f.

493 So *Klees*, Kartellverfahrensrecht, § 9 Rn. 80.

494 Vgl. zum Aspekt des „effet utile" bei der Auslegung von Gemeinschaftsrecht *Pernice/Mayer*, in: Grabitz/Hilf, Art. 220 EGV Rn. 46.

495 Vgl. zum Konflikt der Verfahrensziele im Nachprüfungsverfahren der Kommission bereits: Einleitung.

496 Vgl. A.III.2.b) aa).

497 EuGH, Urteil vom 22.10.1987, Rs. 314/85, Slg. 1987, 4199, 4230 Rn. 14 *Foto-Frost*.

498 EuGH, Urteil vom 22.10.1987, Rs. 314/85, Slg. 1987, 4199, 4232 Rn. 20 *Foto-Frost*.

Ein solches System paralleler Gerichtszuständigkeiten dient der Sicherung des öffentlichen Interesses an einer einheitlichen Anwendung des Gemeinschaftsrechts[499], das als ein verfassungsrechtliches Leitprinzip des Gemeinschaftsrechts die einheitliche Auslegung und Anwendung aller Normen des Gemeinschaftsrechts im gesamten Gemeinschaftsgebiet fordert und einander widersprechende Gerichtsentscheidungen verbietet.[500] Derartige Abweichungen oder Widersprüche sind mit dem für den Bestand der Rechtsordnung der EG unverzichtbaren Anspruch auf einheitliche Geltung des Gemeinschaftsrechts in allen Mitgliedstaaten unvereinbar, weil sie zu allgemeiner Konfusion über das geltende Gemeinschaftsrecht führen und Ursache von Wettbewerbsverzerrungen und Diskriminierungen von Angehörigen verschiedener Mitgliedstaaten sein können.[501]

Trotz abstrakt gezogener Grenzen zwischen den jeweiligen richterlichen Kontrollzuständigkeiten auf Grundlage von Art. 230, 234 EG hätte eine Übertragung dieser Grundsätze zunächst zur Folge, dass die in Art. 20 Abs. 8 Satz 1 VO 1/2003 ausdrücklich normierte Prüfungspflicht dem nationalen Ermittlungsrichter aberkannt würde.

Denn in Bezug auf die Kontrolle des eingriffslegitimierenden Verdachtsmoments unterscheidet sich eine derartige Prüfung nicht wesentlich von derjenigen, zu der die Gemeinschaftsgerichte aufgerufen sind, um die Nachprüfungsentscheidung selbst auf Willkürfreiheit zu überprüfen.[502] Die Nachprüfungen sollen es nämlich der Kommission ermöglichen, die Unterlagen zusammenzustellen, die erforderlich sind, um die Richtigkeit und die Tragweite einer bestimmten Sach- und Rechtslage zu überprüfen, für die die Kommission bereits über Erkenntnisse verfügt. Liegt bereits kein einfacher Verdacht i.S.v. Art. 20 Abs. 1 VO 1/2003 vor, wird eine dennoch erlassene Nachprüfungsentscheidung durch die Gemeinschaftsgerichte im Verfahren nach Art. 230 Abs. 4 EG i.V.m. Art. 231 EG für nichtig erklärt werden. Verneint somit der nationale Ermittlungsrichter das Vorliegen eines entsprechenden Verdachtsgrades unterwirft er rechtliche Gesichtspunkte der Kontrolle, die gleichermaßen auf Ebene der Gemeinschaftsgerichte der Prüfung unterliegen.[503]

---

499 Vgl. hierzu eingehend *Schroeder*, Gemeinschaftsrechtssystem, S. 426 ff. Auch nach Ansicht des EuGH „ist diese einheitliche Anwendung (des Gemeinschaftsrechts) ein Grunderfordernis der gemeinschaftlichen Rechtsordnung“; vgl. EuGH, Urteil vom 21.02.1991, verb. Rs C-143/88 und C-92/89, Slg. 1991, I-415, 542 Rn. 26 *Zuckerfabrik Süderdithmarschen*; EuGH, Urteil vom 05.03.1996, verb. Rs. C-46/93 und C-48/93, Slg. 1996, I-1029, 1145 Rn. 33 *Brasserie du pêcheur*; vgl. auch EuGH, Urteil vom 27.03.1980, Rs. 61/79, Slg. 1980, 1205, 1223 Rn. 15 *Denkavit*.

500 Vgl. bereits Erwägungsgrund Nr. 19 im Zwischenbericht der EU-Präsidentschaft vom 24.05.2002, Dokument 8383/1/02 vom 27.05.2002.

501 Vgl. *Borchardt*, Europäische Gerichtshof, Art. 234 Rn. 1; vgl. auch Schlussanträge von GA Mischo vom 20.09.2001 in EuGH, Urteil vom 22.10.2002, Rs. C-94/00, Slg. 2002, I-9015, 9028 Rn. 54 *Roquette Frères SA* unter ausdrücklichem Hinweis auf die Rechtsprechung des EuGH in der Rs. *Foto-Frost* (EuGH, Urteil vom 22.10.1987, Rs. 314/85, Slg. 1987, 4199).

502 Darauf weist bereits der EuGH hin; vgl. EuGH, Urteil vom 22.10.2002, Rs. C-94/00, Slg. 2002, I-9011, 9061 Rn. 55 *Roquette Frères SA*; vgl. auch *Dallmann*, Nachprüfung, S. 191.

503 Daran ändert sich auch nichts, wenn der EuGH betont, dass die „Ähnlichkeit der Natur der von den Gemeinschaftsgerichten und der von der zuständigen nationalen Stelle ausgeübten Kontrolle

Eine vergleichbare Konfliktlage besteht bei der Prüfung des Widersetzens i.S.v. Art. 20 Abs. 6 VO 1/2003. Der Beurteilung, ob ein Widersetzen vorliegt, ist die Frage immanent, ob eine Duldungspflicht dem Grunde nach besteht. Dies wäre nicht der Fall, wenn das Handeln der Ermittler außerhalb des Nachprüfungszwecks liegt oder das Verhalten des Betroffenen durch einen Rechtssatz gebilligt wird.[504] Die Kriterien, die einer derartigen richterlichen Prüfung zugrunde liegen, charakterisieren gleichermaßen den Wert und die Verwendungsfähigkeit der gewonnenen Beweise im weiteren Kartellverfahren. Denn grundsätzlich können verfahrensabschließende Entscheidungen der Kommission nicht auf Beweise gestützt werden, die unter Missachtung grundlegender Verfahrensregelungen und –rechte gewonnen wurden.[505] Die nationalen Gerichte würden demnach Aspekte prüfen, die gleichermaßen der Beurteilung durch die Gemeinschaftsgerichte unterworfen sind, wenn diese im Rahmen einer Nichtigkeitsklage gegen die *verfahrensabschließende* Entscheidung darüber zu urteilen haben, ob deren Rechtsfolge zulässigerweise auf diese Beweismittel gestützt werden kann. Bei dem Gesichtspunkt des Widersetzens i.S.v. Art. 20 Abs. 6 VO 1/2003 kommt der Kommission gegenüber den nationalen Gerichten damit ein Beurteilungsspielraum zu, der mitgliedstaatlicher Kontrolle entzogen ist. Die Willkürprüfung wäre daher auch in diesem Punkte ausgeschlossen.

Soll die ausdrücklich in Art. 20 Abs. 8 Satz 1 VO 1/2003 verankerte Prüfungspflicht des nationalen Gerichts nicht bedeutungslos werden, ist ein schonender Ausgleich zwischen den Kompetenzen der Gemeinschaftsgerichtsbarkeit und der nationalen Judikatur herzustellen, der beiden in Art. 20 Abs. 8 VO 1/2003 festgelegten Rechtsprechungskompetenzen Beachtung schenkt. Ein derartiger Ausgleich kann nur darin bestehen, die mitgliedstaatlichen Kompetenzen zu Lasten gemeinschaftsgerichtlicher Befugnisse zu erweitern; anderenfalls würde – wie vorstehend aufgezeigt - die in Art. 20 Abs. 8 Satz 1 VO 1/2003 normierte Prüfungskompetenz mitgliedstaatlicher Gerichte im Punkte der Willkürprüfung keine praktische Relevanz entfalten können.

Eine Erweiterung mitgliedstaatlicher Prüfungskompetenzen ist jedoch nur zulässig, sofern dies mit dem Grundsatz der einheitlichen Wirksamkeit des Gemeinschaftsrechts vereinbar ist, der den Kompetenzen der Gemeinschaftsgerichte aus Art. 230, 234 EG zugrunde liegt.

Dieser Grundsatz gilt nicht absolut. Trotz seiner Kennzeichnung als fundamentaler Grundsatz des Gemeinschaftsrechts kommt ihm nicht a priori Vorrang vor sämtlichen Gesichtspunkten zu, mit denen er in Konflikt geraten kann. Der Einheitlichkeitsgrundsatz ist mit widerstreitenden allgemeinen Rechtsgrundsätzen in Einklang zu bringen, d.h. das Gemeinschaftsrecht sieht seine Verwirklichung und Achtung nicht um jeden

---

jedoch nicht den Blick dafür verstellen (dürfe), dass diese Kontrollen unterschiedliche Gegenstände haben.“; vgl. EuGH, Urteil vom 22.10.2002, Rs. C-94/00, Slg. 2002, I-9011, 9061 f. Rn. 56 *Roquette Frères SA*; vgl. auch *Moosecker*, Schwerpunkte des Kartellrechts, 87, 90; *Nehl*, in: Behrens/Braun/Nowak, 73, 88.

504 Ein Widersetzen würde demnach nicht gegeben sein, wenn das Verhalten des Betroffenen darauf zielt, die Verfahrensgarantie des Legal Privilege geltend zu machen.

505 Vgl. zu den Beweisverwertungsverboten im europäischen Kartellverfahren A.III.2.c) bb) (1).

Preis gewährleistet.[506] Der für Prinzipien typische, relative Normcharakter des Einheitlichkeitsgebots zeigt sich bereits daran, dass der Vertrag selbst uneinheitliches Recht in Kauf nimmt. Mit den Richtlinien wurde in Art. 249 Abs. 3 EG eine Gemeinschaftshandlung kreiert, die uneinheitliches Recht in den Mitgliedstaaten akzeptiert, weil sie nur eine Angleichung von Recht anstreben.[507]

So ist die Notwendigkeit anerkannt, in Fällen *evidenter* Rechtswidrigkeit den nationalen Gerichten die Befugnis einzuräumen, Gemeinschaftsrecht unangewendet zu lassen. In diesen Fällen wird das Interesse der Gemeinschaft an der Respektierung seiner Normen als nachrangig bewertet.[508] Eine derartige Ausnahme ist in der Rechtsprechung des EuGH beispielsweise für den - mit einer präventiven Rechtskontrolle i.S.d. Richtervorbehalts vergleichbaren - Fall anerkannt, dass sich ein nationales Gericht beim Erlass einstweiliger Regelungen aufgrund von erheblichen Zweifeln über den Geltungsanspruch sekundären Gemeinschaftsrechts hinweg setzen will. Geht der nationale Richter im Eilverfahren von der *offensichtlichen* Ungültigkeit eines entscheidungserheblichen Rechtsaktes der Gemeinschaftsorgane aus, kann ein darauf beruhender nationaler Vollzugsakt - unter strengen Voraussetzungen[509] - nach der Rechtsprechung des EuGH ausgesetzt werden.[510]

Eine weitere vergleichbare Ausnahme gilt für den Fall, dass ein Vorabentscheidungsverfahren ausnahmsweise entbehrlich erscheint. Eines Vorabentscheidungsverfahrens bedarf es nach der aus dem französischen Verwaltungsrecht übernommenen „Acte-Clair"-Doktrin[511] nicht, wenn die richtige Anwendung des Gemeinschaftsrechts derart offenkundig ist, dass kein Raum für einen vernünftigen Zweifel an der Gültig- bzw. Ungültigkeit des einschlägigen Gemeinschaftsrechts besteht.[512] In diesen Fallge-

---

506 Vgl. *Nettesheim*, in: GS Grabitz, 447, 457 f.; *Lehr*, Einstweiliger Rechtsschutz, S. 245, 248.

507 Vgl. allgemein zur Umsetzung gemeinschaftsrechtlicher Richtlinien in nationales Recht *Ruffert*, in: Calliess/Ruffert, Art 249 EG-Vertrag Rn. 45 ff., 48 ff.

508 Vgl. *Lehr*, Einstweiliger Rechtsschutz, S. 369 ff.

509 Die vom EuGH entwickelten Voraussetzungen für die Aussetzung der Vollziehung im nationalen Recht bedingen neben (1) den erheblichen Zweifeln an der Rechtmäßigkeit eines Gemeinschaftsrechtsakts, (2) die Vorlage der Frage nach der Gültigkeit an den EuGH gemäß Art. 234 EG, (3) die Dringlichkeit der Entscheidung des nationalen Gerichts, (4) das Drohen eines schweren und nicht-wiedergutzumachenden Schadens für den Antragsteller und (5) die angemessene Berücksichtigung des Interesses der Gemeinschaft am effektiven Vollzug seiner Rechtsnormen; vgl. m.w.N. aus der Rechtsprechung *Borchardt*, Europäische Gerichtshof, Art. 234 Rn. 14.

510 Vgl. EuGH, Urteil vom 21.02.1991, verb. Rs C-143/88 und C-92/89, Slg. 1991, I-415, 540 ff. Rn. 14 ff. *Zuckerfabrik Süderdithmarschen*; EuGH, Urteil vom 09.11.1995, Rs. C-465/93, Slg. 1995, I-3761, 3787 ff. Rn. 19 ff. *Atlanta I*; EuGH, Urteil vom 26.11.1996, Rs. C-68/95, Slg. 1996, I-6065, 6101 ff. Rn. 46 ff. *T.Port*.

511 Vgl. zur „Acte-Clair"-Doktrin in Frankreich den auch in Deutschland Aufsehen erregenden Fall des Conseil d'Etat, Rs. 11604 vom 22.12.1978, EuGRZ 1979, 251, 251 f.

512 EuGH, Urteil vom 06.10.1982, Rs. 283/81, Slg. 1982, 3415, 3431 Rn. 21 *CILFIT*. In der deutschen Rechtspraxis wurde wiederholt auf Grundlage der acte-clair-Doktrin von einer Vorlage an den EuGH abgesehen; vgl. BVerfG, NJW 1988, 1456, 1457 f.; OLG Koblenz, GRUR 2005, 266, 267 f.; BGH, NJW 1986, 659, 660; BGH, NJW 1990, 982, 987 f.

staltungen ist die Gefahr, dass ein gemeinschaftsrechtlicher Normtext von verschiedenen mitgliedstaatlichen Gerichten divergierend interpretiert wird, minimal gering.

In Anwendung dieser Grundsätze muss zumindest in den Fällen, in denen das Fehlen eines Verdachtsmoments i.S.v. Art. 20 Abs. 1 VO 1/2003 bzw. eines „Widersetzens" gemäß Art. 20 Abs. 6 VO 1/2003 derart offensichtlich bzw. evident ist, dass daran kein vernünftiger Zweifel besteht, dem kontrollierenden nationalen Ermittlungsrichter die Kompetenz zu stehen, hierauf gestützt von einer Genehmigung der beantragten Zwangsmaßnahme abzusehen. Denn das Interesse der Gemeinschaft an der Respektierung seiner Normen endet, wenn eine *offensichtliche* Ungültigkeit eines entscheidungserheblichen Rechtsaktes der Gemeinschaftsorgane anzunehmen ist.

Die dabei potentiell bestehende Missbrauchsgefahr, dass nationale Gerichte vorschnell vom Vorliegen einer offensichtlichen Willkürlichkeit der beantragten Zwangsmaßnahme ausgehen werden, ist angesichts des Vertrauens, das den nationalen Gerichten durch die verstärkte Dezentralisierung der EG-Kartellrechtsanwendung entgegengebracht wird, als wenig realistisch zu bewerten. Im Gegensatz zur VO 17/62 legt die VO 1/2003 die Hauptlast bei der Durchsetzung des europäischen Kartellverbots i.S.v. Art. 81, 82 EG den Kartellbehörden und Gerichten der Mitgliedstaaten auf.[513] Das in Art. 6 VO 1/2003 zum Ausdruck kommende erhöhte Vertrauen des europäischen Kartellverfahrensrechts in die Entscheidungs- und Beweiswürdigungskompetenz der nationalstaatlichen Gerichtsbarkeit legt einen verantwortungsvollen Umgang mit den vorstehend eingeräumten Kompetenzen nahe.[514]

Ein offensichtlicher Verstoß bzw. ein „offenkundige(r) Irrtum"[515] der handelnden Behörden ist immer dann gegeben, wenn kein vernünftiger Zweifel an der Rechtswidrigkeit besteht.

Ein *vernünftiger* Zweifel ist gegeben, wenn – in Anlehnung an die Rechtsprechung zur „Acte-Clair"-Doktrin - auch für die Gerichte der übrigen Mitgliedstaaten und den Gerichtshof die gleiche Gewissheit bestünde.[516] Unter Zugrundelegung eines strengen Maßstabes setzt dies voraus, dass die innerstaatlichen Gerichte eine Prüfung vornehmen, ob der Sachverhalt in der Tat mehrere, für einen kundigen Juristen vernünftigerweise gleichermaßen mögliche Auslegungen zulässt. Nur wenn letzteres zu verneinen ist, kann ein vernünftiger Zweifel bejaht werden.

Im Zweifel wird auf eine fehlende Willkür zu schließen sein. Eine beantragte Zwangsmaßnahme wird bspw. als willkürlich i.S.v. Art. 20 Abs. 8 Satz 1 VO 1/2003 zu bezeichnen sein, wenn keinerlei Verdachtsmomente vorhanden sind; die Maßnahme somit erst der Ausforschung eines relevanten Sachverhalts dient. Im Gegensatz hierzu

---

513 Vgl. Einleitung.

514 Vgl. *Hamer*, EWS 2003, 415, 416; *Schwarze/Weitbrecht*, Kartellverfahrensrecht, § 4 Rn. 24, 27.

515 Vgl. Schlussanträge von GA Mischo vom 20.09.2001 in EuGH, Urteil vom 22.10.2002, Rs. C-94/00, Slg. 2002, I-9015, 9034 Rn. 85 *Roquette Frères SA*.

516 Vgl. EuGH, Urteil vom 06.10.1982, Rs. 283/81, Slg. 1982, 3415, 3430 Rn. 16 *CILFIT*. Vergleichbar für die Suspendierung mitgliedstaatlicher Umsetzungsakte von Gemeinschaftsrecht durch mitgliedstaatliche Gerichte EuGH, Urteil vom 21.02.1991, verb. Rs C-143/88 und C-92/89, Slg. 1991, I-415, 542 Rn. 26 *Zuckerfabrik Süderdithmarschen*.

wird eine beantragte Zwangsmaßnahme nicht am Maßstab der Willkür scheitern, wenn tatsächliche Anhaltspunkte für eine kartellrechtswidrige Verhaltensweise vorhanden sind. Es genügt hierfür eine gewisse, wenn auch noch geringe Wahrscheinlichkeit, bei der der Zweifel an der Richtigkeit des Verdachts noch überwiegen darf. Sie muss nur über die allgemeine theoretische Möglichkeit des Vorliegens von rechtswidrigen Verhaltensweisen hinausgehen. Auch dürftige und noch ungeprüfte Angaben, Gerüchte und einseitige Behauptungen können ausreichen, denn die Prüfung des Grades ihrer Wahrscheinlichkeit ist gerade das Ziel und kann deshalb nicht der Ausgangspunkt von Ermittlungen sein.[517]

Die Beispiele legen nahe, dass eine beantragte Zwangsmaßnahme nur im Extremfall unter Willküraspekten abgelehnt werden wird.

(cc) Bewertung

Die dermaßen umschriebene Prüfung des Willküraspektes wird in der Praxis nur in Ausnahmefällen dazu führen, dass einer beantragten Zwangsmaßnahme aus diesem Grunde die Genehmigung zu versagen ist.[518] Dies liegt insbesondere daran, dass an das Vorliegen eines Verdachts i.S.v. Art. 20 Abs. 1 VO 1/2003 keine zu hohen praktischen Anforderungen gestellt werden.

Auch der Aspekt des Widersetzens i.S.v. Art. 20 Abs. 6 VO 1/2003 wird wegen der in der Regel vorsorglichen Beantragung einer Zwangsmaßnahme vor Beginn der Nachprüfung nur geringe praktische Relevanz bei der richterlichen Kontrolle entfalten.

Denn im Zeitpunkt der Antragstellung vor dem Tag der Nachprüfung wird ein Unternehmen davon nichts wissen und noch viel weniger nach außen erkennbar schon beschlossen haben, der Nachprüfung zu widersprechen.

Zwar hat die Rechtsprechung des EuGH,[519] die gemäß Erwägungsgrund Nr. 27 Satz 1 VO 1/2003 unberührt bleibt, einschränkend festgestellt, dass die vorsorgliche Beantragung mitgliedstaatlicher Zwangsmaßnahmen nur zulässig ist, soweit es Gründe für die Annahme gibt, dass der Nachprüfung widersprochen und versucht werden könnte, Beweise zu verbergen und dem Zugriff zu entziehen. Wegen der Beweisvereitelungsgefahr wird der Kommission jedoch kaum auferlegt werden können, die Kooperationsbereitschaft des Betroffenen vorher in Erfahrung zu bringen.[520]

---

[517] Vgl. hierzu die entsprechenden Ausführungen zum Anfangsverdacht i.S.v. § 152 StPO bei *Beulke*, in: Löwe-Rosenberg, § 152 Rn. 21 ff.

[518] Vgl. *Kulka*, DB 1989, 2115, 2117 warnt daher davor, in die Überprüfung der Willkür durch das nationale Gericht zu hohe Erwartungen zu setzen; zustimmend *Engel/Freier*, EWS 1992, 361, 371. Gleichsam beantragten Deutschland, Dänemark, Frankreich, Luxemburg, die Niederlande und Finnland im Gesetzgebungsverfahren eine verstärkte Einbeziehung der einzelstaatlichen Gerichte; vgl. Zwischenbericht der EU-Präsidentschaft vom 24.05.2002, Dokument 8383/1/02 vom 27.05.2002, Art. 21a Abs. 3.

[519] EuGH, Urteil vom 22.10.2002, Rs. C-94/00, Slg. 2002, I-9011, 9066 Rn. 74 *Roquette Frères SA*; vgl. auch *Schütz*, in: Gemeinschaftskommentar, VO 1/2003, Art. 20 Rn. 8; *Klees*, Kartellverfahrensrecht, § 9 Rn. 71.

[520] Ebenso *Brei*, ZWeR 2004, 107, 117; *Sauter*, in: Dauses, H.I. § 3 Rn. 69.

Es wäre daher lebensfremd aus Mangel an Beweisen eine beantragte Zwangsmaßnahme an diesem Prüfungspunkt scheitern zu lassen.[521]

Die Reduzierung des richterlichen Prüfungsmaßstabes auf den Aspekt der Offensichtlichkeit bringt zwar die widerstreitenden Interessen in einer Weise in Einklang, die der Norm Handhabbarkeit und Rechtssicherheit vermittelt. Eine effektive Sicherung der betroffenen Rechtspositionen wird jedoch auf seltene Extremfälle beschränkt. Im Ergebnis ist der durch die Prüfung der Willkür vermittelte Rechtsschutz daher als gering einzustufen.[522]

(d) Verhältnismäßigkeit der beantragten Zwangsmaßnahme

Gleichermaßen wie bei der Prüfung der beantragten Maßnahme unter dem Gesichtspunkt der Willkür ist es dem nationalen Ermittlungsrichter bei der Kontrolle der Verhältnismäßigkeit nach Art. 20 Abs. 8 Satz 1 VO 1/2003 verwehrt, die „Notwendigkeit der Nachprüfung" in Abrede zu stellen. Die Darlegung des Umfangs der hieraus erwachsenden richterlichen Prüfungskompetenz wird dadurch erschwert, dass das Verhältnismäßigkeitsprinzip[523] auf gemeinschaftsrechtlicher Ebene einer allgemeinen Definition entbehrt.

Aufgabe wird es daher sein, den gemeinschaftsrechtlich determinierten Begriff der Verhältnismäßigkeit zu bestimmen (sogleich (aa) und (bb)). Auf Grundlage dessen ist in einem nächsten Prüfungsschritt die restriktive Regelung des Art. 20 Abs. 8 Satz 3 und 4 VO 1/2003 den einzelnen Kriterien der Verhältnismäßigkeitsprüfung zuzuordnen (darauffolgend (cc)). Abschließend gilt es den Rechtsschutzgehalt dieser Verhältnismäßigkeitsprüfung zu benennen (sodann (dd)).

(aa) Begriffliche Herleitung

Da der Grundsatz der Verhältnismäßigkeit ein eigenständiger gemeinschaftsrechtlicher Grundsatz ist, dessen Geltung nicht auf einer unmittelbaren Anwendung entsprechender nationaler Grundsätze beruht,[524] muss der Begriff der Verhältnismäßigkeit im Gemeinschaftsrecht und in den verschiedenen nationalen Rechtsordnungen nicht zwingend den gleichen Gehalt haben.[525] Die Begrifflichkeiten der mitgliedstaatlichen

---

521 Vgl. *Sauter*, in: Dauses, H.I. § 3 Rn. 69.

522 Ebenfalls kritisch *Scholz*, WuW 1990, 99, 104.

523 Im Gemeinschaftsrecht werden die aus dem deutschen Recht bekannten Begriffe des „Verhältnismäßigkeitsgrundsatzes" und des „Verhältnismäßigkeitsprinzips" deckungsgleich verwendet; *Emmerich-Fritsche*, Verhältnismäßigkeit, S. 96.

524 Als überholt ist daher die Ansicht des VG Frankfurt zu betrachten, demnach die Pflicht, eine Gemeinschaftsverordnung am Grundsatz der Verhältnismäßigkeit zu messen, aus dem in Deutschland geltenden Verhältnismäßigkeitsgrundsatz folge; vgl. EuGH, Urteil vom 17.12.1970, Rs. 11/70, Slg. 1970, 1125, 1128 *Internationale Handelsgesellschaft*. Einen nationalen Maßstab möchte ebenfalls das AG Bonn, NVwZ 2003, 688, 688 anlegen, das die Verhältnismäßigkeitsprüfung unter Bezugnahme auf die „Rechtsprechung des BVerfG" entwickelt.

525 Ebenso *Nehl*, Verwaltungsverfahren, S. 153 ff.; vgl. auch EuGH, Urteil vom 22.10.2002, Rs. C-94/00, Slg. 2002, I-9011, 9072 Rn. 99 *Roquette Frères SA*.

Rechtsordnungen können für das Gemeinschaftsrecht schon wegen der Verschiedenheiten der nationalen Rechtsordnungen nicht verbindlich sein.[526]

Für die Bestimmung des gemeinschaftsrechtlichen Bedeutungsgehalts der „Verhältnismäßigkeit“ in Art. 20 Abs. 8 Satz 1 VO 1/2003 ist – entsprechend der verfassungskonformen Auslegung im nationalen Recht – eine primärrechtskonforme Auslegung des Sekundärrechts geboten. Grundsätzlich ist jede Vorschrift des Gemeinschaftsrechts in ihrem Zusammenhang zu sehen und im Lichte des gesamten Gemeinschaftsrechts auszulegen.[527] Auf (mindestens)[528] primärrechtlicher Ebene ist der Grundsatz der Verhältnismäßigkeit als allgemeiner Rechtsgrundsatz des Gemeinschaftsrechts mit Verfassungsrang zur Begrenzung belastender Maßnahmen anerkannt.[529] Er bildet im Gemeinschaftsrecht ein eigenständiges Rechtmäßigkeitskriterium. So wird eine Maßnahme im Regelfall nicht an den Grundrechten, sondern am allgemeinen Grundsatz der Verhältnismäßigkeit gemessen.[530] Er bindet alle Gemeinschaftsorgane und findet auch gegenüber den Maßnahmen der Mitgliedstaaten Anwendung,[531] soweit diese – wie bei der Mitwirkung im EG-Kartellverfahren - gemeinschaftsrechtliche Interessen berühren.[532]

Die primärrechtliche Ausgestaltung des Verhältnismäßigkeitsgrundsatzes oblag dem EuGH, der das Gebot der Verhältnismäßigkeit als allgemeinen Grundsatz des Gemeinschaftsrechts, dessen Wahrung nach Art. 220 EG er zu sichern hat, in ständiger Rechtsprechung herausgearbeitet und verfestigt hat.[533] Der Prüfung des Verhältnismäßigkeitsgrundsatzes i.S.v. Art. 20 Abs. 8 Satz 1 VO 1/2003 durch den nationalen Er-

---

[526] Vgl. hierzu *Weiß*, Verteidigungsrechte, S. 8 f.

[527] Vgl. allgemein zu den Methoden der Auslegung des Gemeinschaftsrechts *Huber*, Integration, S. 157 ff.

[528] Nach *Koch*, Verhältnismäßigkeit, S. 195 f. m.w.N. ist der Verhältnismäßigkeitsgrundsatz nicht auf der Ebene des Primärrechts angesiedelt, sondern steht als „verfassungsrechtlicher“ Grundsatz noch über diesem.

[529] Vgl. *Pollak*, Verhältnismäßigkeitsprinzip, S. 39 ff.; *Schwarze*, Europäisches Verwaltungsrecht, S. 699 ff.; *Emmerich-Fritsche*, Verhältnismäßigkeit, S. 105 ff.; *Pache*, NVwZ 1999, 1033, 1035.

[530] Vgl. *Pache*, NVwZ 1999, 1033, 1036 f.; *Koch*, Verhältnismäßigkeit, S. 397; *Nehl*, Verwaltungsverfahren, S. 154 f.

[531] Vgl. zur Bindung der Mitgliedstaaten an die allgemeinen Rechtsgrundsätze des Gemeinschaftsrechts unten B.II. Speziell zur Bindung der Mitgliedstaaten an den gemeinschaftsrechtlichen Verhältnismäßigkeitsgrundsatz *Koch*, Verhältnismäßigkeit, S. 197 f.; *Pache*, NVwZ 1999, 1033, 1038; *Emmerich-Fritsche*, Verhältnismäßigkeit, S. 107; *Dallmann*, Nachprüfung, S. 138 ff., S. 141 f.; *Hirsch*, Verhältnismäßigkeitsprinzip, S. 20 f.

[532] Die Verpflichtung des Ermittlungsrichters den (gemeinschaftsrechtlichen) Grundsatz der Verhältnismäßigkeit im Rahmen der Mitwirkung nach Art. 20 Abs. 8 VO 1/2003 anzuwenden, ergibt sich – wie bei seiner Tätigkeit nach Art. 14 Abs. 6 VO 17/62 – bereits aus dem primären Gemeinschaftsrecht.

[533] Vgl. zum Streitstand der dogmatischen Begründungsmöglichkeiten des Verhältnismäßigkeitsgrundsatzes auf Gemeinschaftsebene *Emmerich-Fritsche*, Verhältnismäßigkeit, S. 107 ff.; *Pache*, NVwZ 1999, 1033, 1034 f.; *Pollak*, Verhältnismäßigkeitsprinzip, S. 36 ff.; *Heinsohn*, Verhältnismäßigkeit, S. 89 ff.; *Koch*, Verhältnismäßigkeit, S. 158 ff.; *Schwarze*, Europäisches Verwaltungsrecht, S. 692 ff.

mittlungsrichter liegen daher die Rechtmäßigkeitsmaßstäbe zugrunde, wie sie der Rechtsprechung des EuGH zu entnehmen sind.

(bb) Die Teilgrundsätze des Verhältnismäßigkeitsprinzips

Seit der Begriff der Verhältnismäßigkeit Eingang in die Rechtsprechung des EuGH gefunden hat,[534] ist in der Literatur umstritten, welches Verhältnismäßigkeitskonzept der EuGH zugrunde legt. Das Spektrum der vertretenen Konzepte zur Bewertung der Zweck-Mittel-Relation reicht in Anlehnung an die unterschiedlichen Rechtslagen in den Mitgliedstaaten[535] von einer bloßen Evidenzkontrolle[536] bis hin zum differenzierten deutschen Konzept, dessen dreistufiges Prüfschema in einem langjährigen Prozess durch Literatur und Rechtsprechung ausgeformt wurde.[537] Die Bestimmung des Inhalts des gemeinschaftsrechtlichen Verhältnismäßigkeitsgrundsatzes wird nicht nur dadurch erschwert, dass der EuGH keine einheitlichen, sondern stark variierende Verhältnismäßigkeitsdefinitionen verwendet,[538] sondern auch durch die oftmals von der Terminologie abweichende tatsächliche Prüfung.[539]

---

534 Erste Ansätze zur Anerkennung eines gemeinschaftsrechtlichen Verhältnismäßigkeitsgrundsatzes gehen bereits auf das Urteil des EuGH in der Rs. *Fédéchar* (EuGH, Urteil vom 16.07.1956, Rs. 8/55, Slg. 1955-1956, 311) zurück, demnach „einem allgemein anerkannten Rechtssatz zufolge (...) ein (...) Vorgehen der Hohen Behörde gegen ein unerlaubtes Verhalten von Unternehmen zu dem Ausmaß des letzteren in einem gewissen Verhältnis stehen" müsse. Als allgemein übergreifender Grundsatz zur Begrenzung belastender gemeinschaftsrechtlicher Maßnahmen wurde der Verhältnismäßigkeitsgrundsatz mit dem Urteil in der Rs. *Internationale Handelsgesellschaft* (EuGH, Urteil vom 17.12.1970, Rs. 11/70, Slg. 1970, 1125, 1139 f. Rn. 24) anerkannt; vgl. allgemein zur Anerkennung und Übernahme des Verhältnismäßigkeitsgrundsatzes in das Gemeinschaftsrecht *Pollak*, Verhältnismäßigkeitsprinzip, S. 34 f.; *Heinsohn*, Verhältnismäßigkeit, S. 77 ff.; *Schwarze*, Europäisches Verwaltungsrecht, S. 690 ff.

535 Vgl. hierzu die rechtsvergleichenden Ausführungen zum Grundsatz der Verhältnismäßigkeit in den europäischen Rechtsordnungen bei *Koch*, Verhältnismäßigkeit, S. 48 ff.; *Emmerich-Fritsche*, Verhältnismäßigkeit, S. 140 ff.; *Heinsohn*, Verhältnismäßigkeit, S. 130 ff., S. 183 ff.; *Schwarze*, Europäisches Verwaltungsrecht, S. 664 ff.

536 So das in Großbritannien verwandte Kriterium der „unreasonableness". Demnach darf eine Verwaltungsentscheidung nicht so unvernünftig sein, dass keine vernünftig denkende Person diese Entscheidung hätte treffen können. Auf diese Weise werden völlig absurde Verwaltungsentscheidungen von dem freien Ermessen der Behörden ausgeschlossen; vgl. auch m.w.N. aus der Rechtsprechung des EuGH *Pache*, NVwZ 1999, 1033, 1039 f. Allgemein zum Kontrollmaßstab der „unreasonableness"; vgl. *Koch*, Verhältnismäßigkeit, S. 79 ff.; *Heinsohn*, Verhältnismäßigkeit, S. 195 ff.; *Emmerich-Fritsche*, Verhältnismäßigkeit, S. 181 f. Zum Verhältnis der „unreasonableness" zum Kontrollmaßstab des Verhältnismäßigkeitsgrundsatzes; vgl. *Marauhn*, VerwArch 85 (1994), 52, 72 ff.

537 Vgl. hierzu auch den Überblick über die Vorschläge in der Literatur für die Präzisierung bzw. Ergänzung des „dreistufigen" Prüfungsrasters bei *Koch*, Verhältnismäßigkeit, S. 277 ff.

538 Vgl. für einen Überblick mit Beispielen *Schwarze*, Europäisches Verwaltungsrecht, S. 708 ff.; *Koch*, Verhältnismäßigkeit, S. 198 ff.; *Heinsohn*, Verhältnismäßigkeit, S. 77 ff., 83 ff., 105 ff.

539 Laut *Schwarze*, Europäisches Verwaltungsrecht, S. 832 ist dies - im Gegensatz zur mehr als ein Jahrhundert alten Tradition des deutschen Grundsatzes - auf die relativ kurze Verhältnismäßigkeitsjudikatur des EuGH von nicht mal vierzig Jahren zurückzuführen; kritisch hierzu *Koch*, Ver-

Zunächst hat der EuGH ganz darauf verzichtet, den Inhalt des Begriffs der Verhältnismäßigkeit näher zu konkretisieren.[540] Er prüfte zwar das Vorliegen „unverhältnismäßiger" Maßnahmen, erläuterte aber nicht, nach welchen Kriterien die Verhältnismäßigkeit zu ermitteln sei.[541] Auch in der aktuellen Rechtsprechung finden sich Urteile, in denen der Gerichtshof die „Verhältnismäßigkeit" einer Regelung prüft, ohne den Inhalt des Grundsatzes zu definieren.[542]

Andererseits entspricht es der Übung des EuGH den Verhältnismäßigkeitsgrundsatz im Sinne eines einzelnen Teilgrundsatzes zu kennzeichnen. Seit dem Urteil *Schroeder*[543] verwendet der Gerichtshof häufig die Formel, eine Maßnahme sei jedenfalls dann unverhältnismäßig, wenn sie beim Erlass „offensichtlich ungeeignet" zur Erreichung des angestrebten Ziels gewesen sei. In anderen Urteilen definiert der EuGH die Verhältnismäßigkeit im Sinne des Erforderlichkeitsgrundsatzes,[544] wobei er z.T. auch davon spricht, eine Maßnahme müsse „unverzichtbar"[545] oder „sachlich geboten"[546] sein.

In der Mehrzahl der Entscheidungen definiert der Gerichtshof die Verhältnismäßigkeit als zweistufigen Grundsatz,[547] wobei allerdings unterschiedliche Teilgrundsätze kombiniert werden. Danach verlangt der Grundsatz der Verhältnismäßigkeit, dass „die zur Erreichung des angestrebten Zwecks eingesetzten Mittel mit der Bedeutung dieses Zwecks zu vereinbaren sind, und in zweiter Linie, (dass) sie zu dessen Erreichung er-

---

hältnismäßigkeit, S. 200. *Emmerich-Fritsche*, Verhältnismäßigkeit, S. 197 gibt zu bedenken, dass die Richter und Generalanwälte des Gerichtshofs unterschiedlichen Rechtsordnungen entstammen.

540 Vgl. EuGH, Urteil vom 14.12.1962, verb. Rs. 5-11, 13-15/62, Slg. 1962, 917, 942 *Società Acciaierie San Michele*; EuGH, Urteil vom 19.03.1964, Rs. 18/63, Slg. 1964, 175, 204 *Schmitz.*

541 Vgl. EuGH, Urteil vom 19.03.1964, Rs. 18/63, Slg. 1964, 175, 204 *Schmitz.*

542 Vgl. EuGH, Urteil vom 11.01.2000, Rs. C-258/98, Slg. 2000, I-69, 147 Rn. 29 *Kreil*; EuGH, Urteil vom 05.10.1994, Rs. C-280/93, Slg. 1994, I-4973, 5068 Rn. 90 *Bananen.*

543 EuGH, Urteil vom 07.02.1973, Rs. 40/72, Slg. 1973, 125, 142 Rn. 14 *Schroeder*; ähnlich EuGH, Urteil vom 21.02.1979, Rs. 138/78, Slg. 1979, 713, 722 Rn. 7 *Stölting*; EuGH, Urteil vom 06.12.1984, Rs. 59/83, Slg. 1984, 4057, 4078 Rn. 17 *Biovilac.*

544 Vgl. EuGH, Urteil vom 20.09.1988, Rs. 302/86, Slg. 1988, 4607, 4630 Rn. 13 *Pfandflaschen*; EuGH, Urteil vom 23.11.1989, Rs. C-145/88, Slg. 1989, 3851, 3888 Rn. 12 *Torfaen Borough Council.*

545 EuGH, Beschluss vom 12.07.1996, Rs. C-180/96 R, Slg. 1996, I-3903, 3930 Rn. 73 *BSE.*

546 EuGH, Urteil vom 26.02.1991, Rs. C-154/89, Slg. 1991, I-659, 686 Rn. 14 *Fremdenführer.*

547 Vgl. EuGH, Urteil vom 23.02.1983, Rs. 66/82, Slg. 1983, 395, 404 Rn. 8 *Fromençais*; EuGH, Urteil vom 17.05.1984, Rs. 15/83, Slg. 1984, 2171, 2185 f. Rn. 25 *Denkavit*; EuGH, Urteil vom 24.09.1985, Rs. 181/84, Slg. 1985, 2889, 2903 Rn. 20 *Man Sugar*; EuGH, Urteil vom 01.10.1985, Rs. 125/83, Slg. 1985, 3039, 3051 Rn. 36 *OBEA*; EuGH, Urteil vom 09.07.1987, Rs. 182/85, Slg. 1987, 3159, 3184 f. Rn. 18 *Lütticke*; EuGH, Urteil vom 02.05.1990, Rs. C-357/88, Slg. 1990, I-1680, 1684 Rn. 14 *Hopermann*; EuGH, Urteil vom 27.06.1990, Rs. C-118/89, Slg. 1990, I-2637, 2656 f. Rn. 12 *Lingenfelser*; EuGH, Urteil vom 27.11.1991, Rs. C-119/90, Slg. 1991, I-5545, 5565 f. Rn. 12 f. *Italtrade*; EuGH, Urteil vom 21.01.1992, Rs. C-319/90, Slg. 1992, I-203, 218 *Pressler.*

forderlich sind"[548] bzw. dass die getroffenen Maßnahmen „geeignet und erforderlich sind, das verfolgte Ziel zu erreichen"[549]. Erst nach mehr als dreißig Jahren Verhältnismäßigkeitsrechtsprechung verwendete der EuGH erstmals die dreistufige Verhältnismäßigkeitsdefinition, wie sie aus dem deutschen Recht bekannt ist,[550] ohne sich allerdings dauerhaft darauf zu berufen.[551]

Der Blick auf die von den Gemeinschaftsgerichten verwendeten Definitionen des Verhältnismäßigkeitsbegriffs lässt keine klare Entwicklung hin auf einen einheitlichen Verhältnismäßigkeitsbegriff erkennen. Trotz der oftmals vom deutschen Verfassungsrecht inspirierten Terminologie[552] kann nicht von vornherein davon ausgegangen werden, dass die Elemente des Verhältnismäßigkeitsgrundsatzes im Gemeinschaftsrecht auch inhaltlich und in ihrer Kontrollwirkung mit den deutschen Kriterien deckungsgleich sind. Klarheit über den Inhalt des gemeinschaftsrechtlichen Verhältnismäßigkeitsgrundsatzes kann daher nur eine Untersuchung der in den Urteilen jeweils *tatsächlich* geprüften Teilgrundsätze geben.[553]

Das Kriterium der Geeignetheit

Das Rechtmäßigkeitskriterium der Eignung findet sich sowohl in der häufig gebrauchten Umschreibung der Verhältnismäßigkeit als „Eignung und Erforderlichkeit" als auch in der Formel, nach der der EuGH im Rahmen der Verhältnismäßigkeit die „offensichtliche Ungeeignetheit" einer Maßnahme zu kontrollieren habe.[554] Mit der Erwähnung des Eignungskriteriums korrespondiert auch eine dahingehende *tatsächliche* Prüfung.[555] Dabei kommt der Eignungsprüfung nicht nur bei der Prüfung der Eignung

---

548 EuGH, Urteil vom 23.02.1983, Rs. 66/82, Slg. 1983, 395, 404 Rn. 8 *Fromençais*.

549 Vgl. EuGH, Urteil vom 08.06.1989, Rs. 167/88, Slg. 1989, 1653, 1683 Rn. 20 *AGBP*; EuGH, Urteil vom 12.07.1990, Rs. C-155/89, Slg. 1990, I-3265, 3309 Rn. 34 *Philipp Brothers*; EuGH, Urteil vom 25.07.1991, Rs. C-288/89, Slg. 1991, I-4007, 4041 Rn. 14 *Stichting*; EuGH, Urteil vom 18.05.1993, Rs. C-126/91, Slg. 1993, I-2361, 2389 Rn. 15 *Yves Rocher*. Vgl. auch die Modifizierung dieser Rechtsprechung durch das Urteil *Rau* (EuGH, Urteil vom 11.03.1987, verb. Rs. 279, 280, 285 - 286/84, Slg. 1987, 1069, 1125 Rn. 34), wonach dem Grundsatz der Verhältnismäßigkeit entsprochen wird, wenn die gewählten Mittel zur Erreichung des angestrebten Zwecks geeignet sind und das Maß des hierzu Erforderlichen nicht übersteigen.

550 „Maßnahmen, durch die den Wirtschaftsteilnehmern (...) Belastungen auferlegt werden, (sind) nur rechtmäßig, wenn sie zur Erreichung der zulässigerweise (...) verfolgten Ziele geeignet und erforderlich sind. Dabei ist, wenn mehrere geeignete Maßnahmen zur Auswahl stehen, die am wenigsten belastende zu wählen; ferner müssen die auferlegten Belastungen in angemessenem Verhältnis zu den angestrebten Zielen stehen"; EuGH, Urteil vom 11.07.1989, Rs. 265/87, Slg. 1989, 2237, 2269 Rn. 21 *Schräder*; vgl. auch EuGH, Urteil vom 13.07.1989, Rs. 5/88, Slg. 1989, 2609, 2639 Rn. 18 *Wachauf*; EuGH, Urteil vom 18.09.1986, Rs. 116/82, Slg. 1986, 2519, 2543 Rn. 20 *Qualitätswein*.

551 Vgl. *Koch*, Verhältnismäßigkeit, S. 204.

552 So *Nehl*, Verwaltungsverfahren, S. 154.

553 So *Koch*, Verhältnismäßigkeit, S. 204; *Schwarze*, Europäisches Verwaltungsrecht, S. 830 f.

554 Vgl. *Koch*, Verhältnismäßigkeit, S. 205.

555 Vgl. *Heinsohn*, Verhältnismäßigkeit, S. 105 ff.; *Emmerich-Fritsche*, Verhältnismäßigkeit, S. 207

der fraglichen Maßnahme selbst, sondern auch im Rahmen der Erforderlichkeitsprüfung bei der Prüfung der Eignung von Alternativmaßnahmen besonderes Gewicht zu.[556] Nach Auffassung des EuGH ist eine Maßnahme „geeignet", wenn durch sie das angestrebte Ziel wirksam erreicht werden kann.[557]

Der Eignungstest verlangt ebenso wenig wie im deutschen Recht eine „optimale", sondern nur eine „minimale" Wirksamkeit. Ungeeignet ist demnach nur eine solche Maßnahme, die den Erfolg in keiner Weise fördern kann.[558] Die Wirksamkeit des Eignungskriteriums wird jedoch dadurch eingeschränkt, dass es sich bei der Entscheidung über die Eignung regelmäßig um eine Prognoseentscheidung handelt.[559] Die Beurteilung der Eignung erfordert beim Erlass einer Maßnahme zwingend eine Prognose über den voraussichtlichen Kausalverlauf und damit eine je nach betroffener Materie mehr oder weniger subjektive Wertung. Hinsichtlich der gerichtlichen Überprüfbarkeit von Prognoseentscheidungen ist der EuGH regelmäßig nicht bereit, Prognoseentscheidungen über den Maßstab der Offensichtlichkeit hinaus zu kontrollieren. Danach ist eine Maßnahme geeignet, wenn die Prognose, das Mittel würde zum Ziel führen, - ex ante[560] - vertretbar ist.[561]

Das Kriterium der Erforderlichkeit

Im Gegensatz zum Element der Geeignetheit dominiert die Prüfung der Erforderlichkeit bei der Mehrzahl der Fälle, in denen der Gerichtshof den Grundsatz der Verhältnismäßigkeit herangezogen hat.[562] Dabei betonte er etwa, dass gemeinschaftsrechtliche Maßnahmen nicht über das für die Kontrolle Erforderliche hinausgehen dürfen, oder dass die den Wirtschaftsteilnehmern auferlegten Belastungen das Maß nicht überschreiten dürfen, das unbedingt erforderlich ist, damit die Verwaltung die ihr gesteckten Ziele erreichen kann.[563]

Nach einer häufig verwendeten Definition gebietet es der Grundsatz der Verhältnismäßigkeit zu prüfen, ob eine Maßnahme „nicht die Grenzen dessen (überschreitet),

---

je m.w.N. zur EuGH-Rechtsprechung.

556 Vgl. *Heinsohn*, Verhältnismäßigkeit, S. 107; *Koch*, Verhältnismäßigkeit, S. 205 m.w.N.

557 Vgl. EuGH, Urteil vom 17.12.1970, Rs. 11/70, Slg. 1970, 1125, 1136 f. Rn. 9 ff. *Internationale Handelsgesellschaft*.

558 Vgl. *Emmerich-Fritsche*, Verhältnismäßigkeit, S. 208.

559 Vgl. *Hirschberg*, Verhältnismäßigkeit, S. 50.

560 Vgl. *Schwarze*, Europäisches Verwaltungsrecht, S. 833.

561 Vgl. *Emmerich-Fritsche*, Verhältnismäßigkeit, S. 208 ff.; *Koch*, Verhältnismäßigkeit, S. 207 f.; *Pollak*, Verhältnismäßigkeitsprinzip, S. 126. Das Eignungskriterium begründete daher nur in den wenigsten Fällen (vgl. bspw. EuGH, Urteil vom 14.07.1988, Rs. 407/85, Slg. 1988, 4233, 4279 Rn. 13 f. *Drei Glocken*) die Unverhältnismäßigkeit der untersuchten Handlung; vgl. auch *Heinsohn*, Verhältnismäßigkeit, S. 108; *Pollak*, Verhältnismäßigkeitsprinzip, S. 124; *Schwarze*, Europäisches Verwaltungsrecht, S. 833 f.; *Emmerich-Fritsche*, Verhältnismäßigkeit, S. 211.

562 Vgl. m.w.N. *Koch*, Verhältnismäßigkeit, S. 209; *Heinsohn*, Verhältnismäßigkeit, S. 113.

563 Vgl. m.w.N. aus der Rechtsprechung *Schwarze*, Europäisches Verwaltungsrecht, S. 834 f.; *Pollak*, Verhältnismäßigkeitsprinzip, S. 129 ff.

was zur Erreichung der mit der fraglichen Regelung zulässigerweise verfolgten Ziele geeignet und erforderlich ist. Dabei ist, wenn mehrere geeignete Maßnahmen zur Auswahl stehen, die am wenigsten belastende zu wählen."[564] Ebenso wie im deutschen Recht besagt das Merkmal der Erforderlichkeit, dass eine Maßnahme nur dann zulässig ist, wenn es keine milderen Mittel gibt, um das angestrebte Ziel zu erreichen. Unter mehreren möglichen (geeigneten) Instrumenten darf nur dasjenige gewählt werden, das die am wenigsten einschneidenden Folgen hervorruft.

Trotz der inhaltlichen Ähnlichkeiten des gemeinschaftsrechtlichen Teilgrundsatzes mit dem gleichnamigen deutschen Teilgrundsatz bleibt zu klären, in welchem Umfang der EuGH den Erforderlichkeitsgrundsatz tatsächlich zur Kontrolle heranzieht. Die Intensität der Verhältnismäßigkeitsprüfung und damit der Charakter der Verhältnismäßigkeitsprüfung variiert nach der Rechtsprechung des EuGH je nach untersuchtem Anwendungsgebiet. Anders als bei der Beurteilung der Verhältnismäßigkeit bei wirtschaftspolitischen Maßnahmen, wie der Ausgestaltung von Quotensystemen oder Schutzmaßnahmen, die durch eine Zurücknahme der Verhältnismäßigkeitskontrolle auf den Maßstab der „offensichtlichen Fehlerhaftigkeit" gekennzeichnet sind,[565] unterliegen alle Maßnahmen die in personale Grundrechte eingreifen einer strengen Verhältnismäßigkeitskontrolle.[566] Eingriffe in das Grundrecht auf Schutz der privaten Betätigung kontrolliert der Gerichtshof daher streng, ohne sich auf den Maßstab der „offensichtlichen Fehlerhaftigkeit" zurückzuziehen.[567]

Das Kriterium der Angemessenheit

Betrachtet man die von der Rechtsprechung des EuGH gegebenen Definitionen der Verhältnismäßigkeit, so fällt auf, dass die Angemessenheit darin lange Zeit nicht enthalten war und erst in den letzten Jahren gelegentlich als eigenständiges Prüfungskriterium genannt wurde.[568] Auch bei der Positivierung eines Ausschnitts des Verhältnismäßigkeitsgrundsatzes in Art. 5 Abs. 3 EG wurde darauf verzichtet, die Maßnahmen der Gemeinschaft an ein Angemessenheitserfordernis zu binden. Es wurde nur festgeschrieben, dass die Maßnahmen nicht das erforderliche Maß überschreiten dürfen.

---

564 Vgl. EuGH, Urteil vom 16.12.1999, Rs. C-101/98, Slg. 1999, I-8841, 8872 Rn. 30 m.w.N. *Union Deutsche Lebensmittelwerke*.

565 Vgl. EuGH, Urteil vom 24.10.1973, Rs. 5/73, Slg. 1973, 1091, 1112 Rn. 23 *Balkan-Import-Export*; EuGH, Urteil vom 11.03.1987, verb. Rs. 279, 280, 285-286/84, Slg. 1987, 1069, 1125 f. Rn. 34 *Rau*; vgl. auch *Emmerich-Fritsche*, Verhältnismäßigkeit, S. 235 ff.

566 Vgl. *Koch*, Verhältnismäßigkeit, S. 404 ff.; 529; *Schwab*, Verhältnismäßigkeit, S. 113.

567 Dies gilt allerdings nicht für den Bereich der nur sehr zurückhaltend überprüften Wirtschaftsgrundrechte (Berufs-, Eigentumsfreiheit); vgl. *Koch*, Verhältnismäßigkeit, S. 526 ff. m.w.N. aus der Rechtsprechung. Zum auch aus dem deutschen Recht bekannten Phänomen der je nach „personalem Bezug" gesteigerten Kontrolldichte im Rahmen der Verhältnismäßigkeitskontrolle *Degenhart*, Staatsrecht I, Rn. 402.

568 Vgl. hierzu *Koch*, Verhältnismäßigkeit, S. 221 f.

Auch in der Normierung der Verhältnismäßigkeit in Art. 52 Abs. 1 Satz 2 der Grundrechte-Charta ist das Kriterium der Angemessenheit nicht ausdrücklich erwähnt.[569]

Sofern die Angemessenheit, als Teilgrundsatz der Verhältnismäßigkeit, in der Rechtsprechung des EuGH und den Schlussanträgen der Generalanwälte explizit angesprochen wird, findet sie Ausdruck in den verwendeten Formulierungen wie „notwendiges und angemessenes Mittel", „krass unangemessene(s) Verhältnis"[570], „übermäßig streng"[571] bzw. in der Fragestellung, „ob die Mittel, die in der Bestimmung zur Erreichung des verfolgten Zwecks eingesetzt werden, der Bedeutung dieses Zwecks entsprechen"[572]. Daraus ergibt sich allerdings keine feststehende Regel, nach welcher ein Fall entschieden werden kann.

Andererseits verzichtet der EuGH vollständig auf eine Prüfung der Angemessenheit, vermischt diese mit derjenigen der Erforderlichkeit oder untersucht sie zurückhaltender als die Erforderlichkeit.[573] In der Rs. *Denkavit* erwähnt der Gerichtshof die Angemessenheit als Kriterium der Verhältnismäßigkeit.[574] Er nimmt aber anschließend als Begründung für die Verhältnismäßigkeit der Maßnahme keine Angemessenheitsprüfung vor, die eine Güterabwägung voraussetzte, sondern führt nur die Notwendigkeit der streitigen Bestimmungen aus.[575]

Unklarer wird die Situation, wenn der EuGH sich formal zur Prüfung der Angemessenheit bekennt, im weiteren jedoch auf eine Prüfung verzichtet. So stellte der EuGH in der Rs. *Schräder* zur Ermittlung der Verhältnismäßigkeit nicht nur auf deren Eignung und Erforderlichkeit ab, sondern forderte zusätzlich, dass „die auferlegten Belastungen in angemessenem Verhältnis zu den angestrebten Zielen stehen."[576]. Allerdings sucht man in den anschließenden Ausführungen des Gerichts vergeblich nach einer tatsächlichen Auseinandersetzung mit dem Verhältnis von Belastungen und Zielen.

Der dreistufigen Definition der Verhältnismäßigkeit folgte also keineswegs eine dreistufige Prüfung. Bis heute ist daher umstritten, ob der gemeinschaftsrechtliche Verhältnismäßigkeitsgrundsatz generell überhaupt eine „3. Prüfungsstufe" i.S.d. An-

---

569 Vgl. *Koch*, Verhältnismäßigkeit, S. 218.

570 Schlussanträge von GA Reischl vom 11.11.1982 in EuGH, Urteil vom 23.02.1983, Rs. 66/82, Slg. 1983, 407, 414 *Fromançais*.

571 EuGH, Urteil vom 20.02.1979, Rs. 122/78, Slg. 1979, 677, 685 Rn. 19/20 *Buitoni*.

572 EuGH, Urteil vom 27.06.1990, Rs. C-118/89, Slg. 1990 I-2637, 2656 f. Rn. 12 *Lingenfelser*; EuGH, Urteil 12.07.1990, Rs. C-155/89, Slg. 1990 I-3265, 3309 Rn. 34 *Phillip Brothers*; EuGH, Urteil vom 23.02.1983, Rs. 66/82, Slg. 1983, 395, 404 Rn. 8 *Fromançais*; EuGH, Urteil vom 01.10.1985, Rs. 125/83, Slg. 1985, 3039, 3051 Rn. 36 *OBEA*; EuGH, Urteil vom 18.11.1987, Rs. 137/85, Slg. 1987, 4587, 4608 f. Rn. 19 ff. *Maizena*.

573 Kritisch *Streinz*, Grundrechtsschutz, S. 417 f.

574 EuGH, Urteil vom 13.06.1978, Rs. 15/83, Slg. 1984, 2171, 2185 Rn. 25 *Denkavit*.

575 EuGH, Urteil vom 13.06.1978, Rs. 15/83, Slg. 1984, 2171, 2186 Rn. 27 ff. *Denkavit*.

576 EuGH, Urteil vom 11.07.1989, Rs. 265/87, Slg. 1989, 2237, 2269 Rn. 21 *Schräder*; vgl. auch EuGH, Rs. C-8/89, Slg. 1990, 2515, 2532 f. Rn. 10 *Zardi*; EuGH, Urteil vom 05.10.1994, Rs. C-280/93, Slg. 1994, I-4973, 5068 ff. Rn. 89 f. *Bananen*.

gemessenheit umfasst, bei der eine Maßnahme darauf hin analysiert wird, ob der mit ihr verbundene Schaden „außer Verhältnis" zum dadurch erzielten Nutzen steht.[577]

Nur eine Bestimmung der Sektoren, in denen der EuGH den Elementen der Angemessenheitsprüfung durchaus bei der Verhältnismäßigkeitsprüfung besonderes Gewicht verlieh, führt weiter. Hierbei ist die Frage der Angemessenheit bisher nicht nur im Sanktionsrecht von großer praktischer Bedeutung gewesen.[578] Seit Beginn der Grundrechtsprechung finden sich vereinzelte Hinweise auf eine gesonderte, nach der Erforderlichkeitsprüfung vorzunehmende Angemessenheitskontrolle.[579]

In Bezug auf kartellrechtliche Kontrollmaßnahmen formulierte der EuGH, dass diese „nicht außer Verhältnis zu den angestrebten Zielen"[580] stehen. Darüber hinaus widmete sich der EuGH in der Rs. *Roquette Frères* in Bezug auf die kartellrechtlichen Nachprüfungsbefugnisse ausführlich den Kriterien der Verhältnismäßigkeitsprüfung und definierte die bei der Angemessenheitsprüfung zu kontrollierenden Gesichtspunkte. Er akzeptiert für den Bereich der kartellrechtlichen Untersuchungsbefugnisse die Kontrolle der Angemessenheit, wenn er vorgibt, dass „die Kontrolle der Verhältnismäßigkeit der beabsichtigten Zwangsmaßnahmen gemessen am Gegenstand der Nachprüfung den Nachweis (erfordere), dass solche Maßnahmen nicht zu Nachteilen führen, die angesichts der mit der Nachprüfung verfolgten Ziele unverhältnismäßig und untragbar sind (...)."[581]

Die grundsätzliche Anerkennung einer Angemessenheitsprüfung beantwortet allerdings nicht, in welcher Weise die widerstreitenden Interessen in der Güterabwägung einander gegenüber gestellt werden. Allein das Erfordernis einer Güterabwägung als zusätzliches Korrektiv zur Verhinderung unbilliger Ergebnisse besagt noch nicht, in welchem Umfang der Gerichtshof dessen Wahrung tatsächlich überprüft. In Konkurrenz zueinander treten das deutsche und das französische Verhältnismäßigkeitskonzept. Im deutschen Recht versteht man unter der Angemessenheitsprüfung eine Abwägung zwischen *beeinträchtigtem subjektiven* Recht und gefördertem Allgemeininteresse.[582] Anders als im deutschen Abwägungskonzept stellen die Richter im Rahmen der französischen „contrôle de bilan"[583] nicht auf die Beeinträchtigung eines subjektiven

577 Vgl. m.w.N. zum Streitstand *Koch*, Verhältnismäßigkeit, S. 217 ff.

578 Vgl. zur Dominanz der Angemessenheitsprüfung im Sanktionsrecht *Koch*, Verhältnismäßigkeit, S. 219 ff.

579 Im Urteil *Hauer* verlangte der EuGH, das Neuanpflanzungsverbot für Weinreben dürfe „nicht einen im Hinblick auf den verfolgten Zweck unverhältnismäßigen, nicht tragbaren Eingriff in die Vorrechte des Eigentümers" darstellen; EuGH, Urteil vom 13.12.1979, Rs. 44/79, Slg. 1979, 3727, 3745 *Hauer*; *Heinsohn*, Verhältnismäßigkeit, S. 123 erblickt hierin eine „entscheidende Wende" zur Etablierung der Angemessenheitsprüfung; kritisch dazu *Koch*, Verhältnismäßigkeit, S. 222 Fn. 333.

580 EuGH, Urteil vom 14.12.1962, Rs. 5-11, 13-15/62, Slg. 1962, 917, 944 *Società Acciaierie San Michele*.

581 EuGH, Urteil vom 22.10.2002, Rs. C-94/00, Slg. 2002, I-9011, 9066 Rn. 76 *Roquette Frères SA*.

582 Vgl. *Stern*, Staatsrecht III/2, S. 782 ff.

583 Vgl. bspw. CE vom 08.07.1977, Rec. Leb. S. 317; CE vom 05.05.1976, Rec. Leb. S. 232.

Rechts ab. Die Abwägung wird ausschließlich in objektiver Weise vorgenommen, als Gegenüberstellung von (objektiven) Prinzipien. Die *subjektive, tatsächliche* Betroffenheit des Einzelnen wird im Rahmen der Angemessenheit nicht gewürdigt. Es wird typisierend auf das Grundrecht schlechthin, nicht aber auf die Situation des konkret von der Maßnahme Betroffenen abgestellt. D.h. der Richter sucht bei der Abwägung einen Ausgleich zwischen dem öffentlichen Interesse und der Beachtung der Grundrechte, indem er die Bedeutung der mit dem hoheitlichen Handeln verfolgten Interessen gegen den Wert der betroffenen Grundrechte abwägt. Der objektive Stellenwert der Grundrechte in der Wertehierarchie leitet sich aus der Art und Weise ab, wie der Gesetzgeber die Grundrechte geregelt und ausgestaltet hat.[584]

Die Rechtsprechung des EuGH ist in diesem Punkte ambivalent. In den Urteilen des EuGH kommt eine Abwägung von Allgemein- und Individualinteresse im Sinne einer dem deutschen Recht entsprechenden Gegenüberstellung wenig zum Ausdruck.[585] Der EuGH scheint dem im französischen Recht herrschenden objektiven Verständnis zuzuneigen.[586] Eine Berücksichtigung von Individualinteressen verweigert der EuGH jedenfalls dann, wenn er sich auf die Prüfung der offensichtlichen Ungeeignetheit beschränkt und die Schwere der Beeinträchtigung überhaupt nicht berücksichtigt.[587] Im Einzelfall kann aber nur die Analyse der bereichsspezifischen EuGH-Rechtsprechung nähere Aufklärung bringen.

Für den Prüfungskanon des nationalen Ermittlungsrichters bei der Mitwirkung im Kartellverfahren der Kommission sind die Ausführungen des EuGH in der Rs. *Roquette Frères* richtungsweisend. Wenn der EuGH im Urteil *Roquette Frères* von einem Eingriff spricht, der nicht „unverhältnismäßig und untragbar"[588] erscheinen dürfe, kann daraus abgeleitet werden, dass er nicht mehr nur, beeinflusst durch das französische Rechtsdenken, die Abwägung ausschließlich an objektiven Kriterien festmachen will, sondern der Angemessenheit durch das Wort „untragbar" die subjektive Dimension der Position des Betroffenen hinzufügt.[589] Diese Interpretation steht im Einklang mit der Anmerkung des EuGH, dass die einschränkenden Vorgaben den Ermittlungsrichter „weder daran hindern noch von seiner Verpflichtung entbinden, sich in jedem Einzelfall zu vergewissern, dass die beabsichtigte Zwangsmaßnahme nicht willkürlich

---

584 Vgl. m.w.N. *Emmerich-Fritsche*, Verhältnismäßigkeit, S. 167; *Koch*, Verhältnismäßigkeit, S. 227.

585 Vgl. bspw. EuGH, Urteil vom 17.12.1970, Rs. 11/70, Slg. 1970, 1125, 1139 f. Rn. 24 *Internationale Handelsgesellschaft*; vgl. auch EuGH, Urteil vom 18.03.1980, verb. Rs. 154, 205, 206, 226 - 228, 263 und 264/78 sowie 39, 31, 83 und 85/79, Slg. 1980, 907, 1001 Rn. 49 *Valsabbia*; EuGH, Urteil vom 24.10.1973, Rs. 5/73, Slg. 1973, 1091, 1111 f. Rn. 22 *Balkan-Import-Export*; vgl. aber Schlussanträge von GA Mischo vom 08.03.1990 in EuGH, Urteil vom 13.11.1990, Rs. C-331/88, Slg. 1990, I-4023, 4042, 4051 Rn. 42 *Fedesa*, der „die Verhältnismäßigkeit im engeren Sinn" als „Abwägung der Beeinträchtigungen der Individualrechte einerseits und der demgegenüber im Allgemeininteresse bewirkten Vorteile andererseits" versteht.

586 Vgl. *Emmerich-Fritsche*, Verhältnismäßigkeit, S. 216 f.

587 Vgl. zur Problematik des sog. „Abwägungsdefizits" *Emmerich-Fritsche*, Verhältnismäßigkeit, S. 215 ff.; *Koch*, Verhältnismäßigkeit, S. 226 ff., 401 ff.; *Schwab*, Verhältnismäßigkeit, S. 91 ff.

588 EuGH, Urteil vom 22.10.2002, Rs. C-94/00, Slg. 2002, I-9011, 9066 Rn. 76 *Roquette Frères SA*.

589 Ebenso *Nehl*, in: Behrens/Braun/Nowak, 73, 90.

oder, gemessen am Gegenstand der angeordneten Nachprüfung, nicht unverhältnismäßig ist (...)“[590]. Der EuGH verweist bei diesen Ausführungen auf die entsprechende Rechtsprechung des EGMR in den Urteilen *Funke* und *Camenzind*. In beiden Urteilen führte der EGMR eine an der individuellen Betroffenheit des Klägers orientierte subjektive Proportionalitätsprüfung durch. Der Gewichtung der Abwägung lag jeweils die individuelle Rechtsposition des Betroffenen zugrunde.[591]

Der EuGH macht sich diese Vorgehensweise in der Rs. *Roquette Frères* zu eigen. Er liegt hiermit auf einer Linie mit seinen Ausführungen im *Hoechst*-Urteil: Dort bezog der EuGH explizit die subjektive Rechtsposition der betroffenen Unternehmen ein: „Wenn somit Artikel 14 der Verordnung Nr. 17 der Kommission auch weitreichende Untersuchungsbefugnisse einräumt, so unterliegt die Ausübung dieser Befugnisse doch Bedingungen, die die Beachtung der Rechte der betroffenen Unternehmen gewährleisten sollen“.[592]

Zusammenfassung

Die inhaltliche Ausformung des gemeinschaftsrechtlichen Grundsatzes der Verhältnismäßigkeit - der Art. 20 Abs. 8 Satz 1 VO 1/2003 zugrunde liegt - trägt der Grundrechtsbezogenheit des Nachprüfungsverfahrens Rechnung und umfasst die Kriterien der Geeignetheit, Erforderlichkeit und Angemessenheit. Der EuGH ist generell bereit, bei Eingriffen in die personellen Rechte des Einzelnen einen strengen Verhältnismäßigkeitsmaßstab anzulegen.[593]

(cc) Einschränkung richterlicher Prüfungskompetenz i.S.v. Art. 20 Abs. 8 Satz 3 und 4 VO 1/2003

Die Kontrolle des dermaßen formulierten gemeinschaftsrechtlichen Verhältnismäßigkeitsbegriffs unterliegt im kartellrechtlichen Ermittlungsverfahren der Kommission den verfahrensbedingten Einschränkungen des Art. 20 Abs. 8 Satz 3 und 4 VO 1/2003.

In eine potentielle Konfliktlage zu der Untersagung, die spezifisch EG-rechtlichen Grundlagen des Verfahrens, in das sich die Nachprüfung einbindet, und der Nachprüfung selbst in Frage zu stellen, tritt Satz 2 des Art. 20 Abs. 8 VO 1/2003, der hervorhebt, dass bei der Prüfung der Verhältnismäßigkeit die Verdachtsgründe i.S.v. Art. 81 oder 82 EG, die Schwere der behaupteten Zuwiderhandlung und die Art der Beteiligung des betreffenden Unternehmens als Abwägungsgesichtspunkte heranzuziehen sind. Hierbei handelt es sich um Aspekte, die ebenfalls bei der Verhältnismäßigkeitsprüfung der Nachprüfungsentscheidung durch die Gemeinschaftsgerichte Beachtung finden.

---

590 EuGH, Urteil vom 22.10.2002, Rs. C-94/00, Slg. 2002, I-9011, 9060 Rn. 52 *Roquette Frères SA*.

591 EGMR, Urteil vom 16.12.1997, ÖJZ 1998, 797, 798 *Camenzind*; EGMR, Urteil vom 25.02.1993, ÖJZ 1993, 532, 533 *Funke*.

592 EuGH, Urteil vom 21.09.1989, verb. Rs. 46/87 und 227/88, Slg. 1989, 2859, 2927 Rn. 28 *Hoechst*.

593 Ebenso *Koch*, Verhältnismäßigkeit, S. 562.

Dass diese Betrachtungsweise nicht unbegründet ist, verdeutlicht eine (nichtamtliche) Bemerkung von *Mischo*, dessen Schlussanträge den Entscheidungen in den Rs. *Hoechst* und *Roquette Frères* zugrunde lagen.[594] In Bezug auf letztgenannte Rechtsprechung hebt er hervor, dass eine trennscharfe Begrenzung der jeweiligen Kontrollbefugnisse nicht möglich ist. Seiner Ansicht nach bedeutet eine für unverhältnismäßig befundene Zwangsmaßnahme im Ergebnis auch die Verneinung der Notwendigkeit der Nachprüfung.[595] Auch der EuGH scheint diese Problemlage in der Rs. *Roquette Frères*[596] zu erkennen, beschränkt sich aber darauf die unterschiedlichen Gegenstände der Kontrolle zu betonen, wenn er ausführt, dass „(d)ie Ähnlichkeit der Natur der von den Gemeinschaftsgerichten und der von der zuständigen nationalen Stelle ausgeübten Kontrolle (...) nicht den Blick dafür verstellen (darf), dass diese Kontrollen unterschiedliche Gegenstände haben."

Die dermaßen „interpretationsoffene"[597] Norm bedarf zu ihrer Fruchtbarmachung in der vorliegenden Untersuchung daher der näheren Auslegung. Denn nur eine klärende Darstellung der Verhältnismäßigkeitsprüfung i.S.v. Art. 20 Abs. 8 Satz 1 VO 1/2003 vermag einen Schluss auf den hierdurch vermittelten Rechtsschutzgehalt zu rechtfertigen.

Den dogmatischen Leitfaden bei der Interpretation des Art. 20 Abs. 8 Satz 1 VO 1/2003 bilden die Lehren, die dem System der parallelen Gerichtszuständigkeiten i.S.v. Art. 230, 234 EG zu entnehmen sind.[598]

In Anwendung dieser primärrechtlichen Grundsätze ist der nationale Ermittlungsrichter zunächst befugt, die beantragten Zwangsmaßnahmen darauf hin zu überprüfen, „ob solche Maßnahmen *geeignet* sind, die Durchführung der Nachprüfung sicherzustellen."[599] Aufgrund des Prognosecharakters dieser Beurteilung wird dies nur bei einer offensichtlichen Fehlbewertung abzulehnen sein. Ein derartiger Fall kann darin erblickt werden, dass im Rahmen der mitgliedstaatlichen Unterstützungsleistung eine Beschlagnahme i.S.v. § 98 Abs. 1 Satz 1 StPO beantragt wird, die grundsätzlich im Verfahren nach Art. 20 Abs. 2, 6 VO 1/2003 unzulässig ist.[600] Eine dahingehende Prü-

---

594 Schlussanträge von GA Mischo vom 21.02.1989 in EuGH, Urteil vom 21.09.1989, verb. Rs. 46/87 und 227/88, Slg. 1989, 2875 *Hoechst*; Schlussanträge von GA Mischo vom 20.09.2001 in EuGH, Urteil vom 22.10.2002, Rs. C-94/00, Slg. 2002, I-9015 *Roquette Frères SA*.

595 *Mischo*, ERA-Forum, Nr. 1/2004, 92, 99; zustimmend *Schnelle/Bartosch/Hübner*, EU-Kartellverfahrensrecht, S. 147 Fn. 429; vgl. auch *Feddersen*, EuZW 2003, 22, 23.

596 EuGH, Urteil vom 22.10.2002, Rs. C-94/00, Slg. 2002, I-9011, 9061 f. Rn. 55 f. *Roquette Frères SA*.

597 Vgl. *Nowak*, in: Behrens/Braun/Nowak, 23, 31. Bereits im Gesetzgebungsverfahren wurde von Deutschland und Dänemark eine Präzisierung der Prüfungsbefugnis angemahnt; vgl. Zwischenbericht der EU-Präsidentschaft vom 24.05.2002, Dokument 8383/1/02 vom 27.05.2002, Art. 20 Abs. 8.

598 Hierzu eingehend A.III.2.d) bb) (1) (c).

599 EuGH, Urteil vom 22.10.2002, Rs. C-94/00, Slg. 2002, I-9011, 9065 Rn. 71 *Roquette Frères SA* (Hervorhebung nur hier).

600 Vgl. A.III.2.b) aa) (1).

fungskompetenz des nationalen Ermittlungsrichters tritt nicht in Konflikt zu den in Art. 20 Abs. 8 Satz 3 und 4 VO 1/2003 konkretisierten Vorgaben des europäischen Rechts. Denn weder wird die Nachprüfungsentscheidung einer rechtlichen Kontrolle unterzogen, noch werden die dieser zugrundeliegenden Erwägungen analysiert. Es werden nur von mehreren *nationalen* Einzelmaßnahmen jene ausgeschieden, die zu ihrer Durchführung ungeeignet sind.[601]

Restriktive Wirkung zu Lasten des richterlichen Prüfungskanons entfaltet der Vorbehalt die Sach- und Rechtserwägungen der Kommission, die nur der Kontrolle des EuGH unterliegen, nicht durch eigene Beurteilungen zu ersetzen, zunächst bei der Prüfung der Erforderlichkeit der Zwangsmaßnahme. Grundsätzlich fordert die Prüfung der *Erforderlichkeit* der Zwangsmaßnahme nach den allgemeinen gemeinschaftsrechtlichen Vorgaben, unter mehreren möglichen (geeigneten) Maßnahmen, die zur Auswahl stehen, diejenige zu wählen, die die am wenigsten einschneidenden Folgen hervorruft, um das von der Verwaltung gesteckte Ziel zu erreichen.

Versteht man unter dem „von der Verwaltung gesteckten Ziel", das den Bezugspunkt der Erforderlichkeitsprüfung bildet, die *zwangsweise Vollstreckung* der in der Nachprüfungsentscheidung angeordneten Mitwirkungspflichten, ist der richterliche Prüfungsumfang eng begrenzt. Unter Beachtung der vom Richter nicht anzuzweifelnden Prämisse, dass es eines Zwangsmitteleinsatzes bedarf, unterliegt der richterlichen Prüfung die Frage, ob die nationale Behörde bei der *Zwangsmittel*auswahl ein milderes Zwangsmittel hätte wählen können, das der Nachprüfungsentscheidung gleichermaßen zur Durchsetzung verhilft.[602] Der richterlichen Begutachtung unterfällt daher lediglich die Frage nach dem „wie" und nicht dem „ob" der Zwangsmaßnahme, d.h. der bei der Kommission liegenden generellen Entscheidung unmittelbaren Zwang anzuwenden.[603] Ein Konflikt mit den Wertungen des Art. 230, 234 EG würde hierdurch nicht entstehen, da weder die Nachprüfungsentscheidung noch das Erfordernis der Zwangsanwendung als solcher in Frage gestellt wird.

Andererseits müsste im Zweifel einer rechtswidrigen Nachprüfungsentscheidung zur Durchsetzung verholfen werden,[604] womit der norminterne Widerspruch zwischen Art. 20 Abs. 8 Satz 1 VO 1/2003 und Art. 20 Abs. 8 Satz 3, 4 VO 1/2003 bestätigt aber gerade nicht aufgelöst wäre.[605]

---

601 Vgl. *Dallmann*, Nachprüfung, S. 153 f.

602 Eine derartige Prüfungskompetenz favorisiert in Bezug auf Art. 14 Abs. 6 VO 17/62 *Burrichter/Hauschild*, in: Immenga/Mestmäcker/EG-Wettbewerbsrecht, Art. 14 VO 17 Rn. 20.

603 Zustimmend *Pernice*, NJW 1990, 2409, 2418; ebenso *Dallmann*, Nachprüfung, S. 160 ff.

604 Vgl. zu der eingeschränkten Möglichkeit, ein Vorabentscheidungsersuchen nach Art. 234 EG zu stellen A.III.2.d) bb) (1) (f). Vgl. auch Schlussanträge von GA Mischo vom 20.09.2001 in EuGH, Urteil vom 22.10.2002, Rs. C-94/00, Slg. 2002, I-9015, 9029 Rn. 59 *Roquette Frères* SA, der die dahingehenden Zweifel des vorlegenden französischen Gerichts in der Rs. *Roquette Frères* mit Blick auf verfahrensrechtliche Bestimmungen in den Mitgliedstaaten als nachvollziehbar bewertet.

605 Ebenfalls zweifelnd Schlussanträge von GA Mischo vom 20.09.2001 in EuGH, Urteil vom 22.10.2002, Rs. C-94/00, Slg. 2002, I-9015, 9030 Rn. 62 *Roquette Frères SA*; *Jahn*, Durchsuchung, S. 258 f.

Gegen eine derartige Vorrangstellung der Ermittlungseffizienz im Rahmen der Erforderlichkeitsprüfung bzw. allgemein im Nachprüfungsverfahren der Kommission spricht indes, dass sich aus dem Regime der Verfahrensfehlerfolgen eine deutliche Respektierung des individualschützenden Verfahrensverständnisses im europäischen Kartellverfahren ableitet.[606] Denn grundsätzlich gilt im europäischen Kartellverfahren ein Beweisverwertungsverbot, das dann eingreift, wenn Tatsachen nach dem Maßstab des nachträglich ergangenen Urteils nicht hätten ermittelt werden dürfen.[607]

Andererseits dürfen die nationalen Gerichte die Frage nach dem Zwangsmitteleinsatz als solchem nicht ohne weiteres ihrer Einschätzung unterwerfen. Denn hiermit unterläge die Frage, ob es der beantragten Hilfeleistung in Form der mitgliedstaatlichen Zwangsmaßnahme bedarf, um Beweismittel aufzufinden, der richterlichen Kontrolle. Eine derartige Fragestellung wäre im Ergebnis zu verneinen, wenn bereits Mittel der freiwilligen Kooperation zu den gewünschten Ermittlungsresultaten führen. Hierdurch würde jedoch – unter Missachtung der Wertung des Art. 230, 234 EG - implizit die Verhältnismäßigkeit der Nachprüfungsentscheidung einer Bewertung unterworfen.[608] Denn die von den Gemeinschaftsgerichten vorzunehmende Verhältnismäßigkeitskontrolle der Nachprüfungsentscheidung gemäß Art. 230 Abs. 4 EG wird an dem Ziel der Beweismittelbeschaffung gemessen. Befriedigt bereits ein Auskunftsverlangen oder eine andere zwanglose Maßnahme wie ein Nachprüfungsauftrag[609] das Beweissicherungsinteresse der Kommission, ist die Nachprüfungsentscheidung von den Gemeinschaftsgerichten als unverhältnismäßig zu beurteilen. Gegenüber den nationalen Behörden und Gerichten obliegt der Kommission daher grundsätzlich ein Beurteilungsspielraum, ob ein Zwangsmitteleinsatz erforderlich ist.

Ein Ausgleich der widerstreitenden Interessen, der gleichermaßen den Aspekt der Rechtskontrolle durch das nationale Gericht als auch die effektive Wirksamkeit kartellrechtlicher Ermittlungen durch die Kommission miteinander vereinbart, besteht darin, zumindest in den Fällen, in denen die fehlende Erforderlichkeit der Zwangsmittelanwendung offensichtlich bzw. evident ist, dem nationalen Gericht die Möglichkeit zu eröffnen, hierauf gestützt eine beantragte Zwangsmaßnahme abzulehnen.[610] Hierun-

---

606 Vgl. allgemein zur Auslegung anhand des Regimes der Verfahrensfehlerfolgen *Nehl*, Verwaltungsverfahren, S. 195 f., 198 f.

607 Vgl. A.III.2.c) bb) (1).

608 Vgl. *Miersch*, in: Grabitz/Hilf, nach Art. 83 EGV, Art. 21 Rn. 18.

609 Ein zweistufiges Vorgehen der Kommission in dem Sinne, dass sie vor Erlass einer formellen Nachprüfungsentscheidung i.S.v. Art. 20 Abs. 4 VO 1/2003 zunächst einmal auf der Grundlage eines schriftlichen Prüfungsauftrages i.S.d. Art. 20 Abs. 3 VO 1/2003 ermitteln müsste, ist nach der bislang zu Art. 14 Abs. 6 VO 17/62 ergangenen und auf Art. 20 VO 1/2003 übertragenen Rechtsprechung trotz der erhöhten Eingriffsintensität einer Nachprüfungsentscheidung grundsätzlich nicht zwingend. Die Bindung der Kommission an den auch bei der Auswahl und Durchführung kartellverfahrensrechtlicher Ermittlungsbefugnisse und –formen prinzipiell zu beachtenden Verhältnismäßigkeitsgrundsatz bleibt davon jedoch unberührt; *Nowak/Pombo*, in: Loewenheim/Meessen/Riesenkampff, Art. 20 VerfVO Rn. 9.

610 Vgl. zur Befugnis nationaler Gerichte Gemeinschaftsrechtsakte im Falle evidenter Rechtswidrigkeit unangewendet zu lassen A.III.2.d) bb) (1) (c).

ter werden Fälle erfasst, bei denen keinerlei Hinweise auf ein Widersetzen des Nachprüfungsadressaten gegeben sind, bspw. weil dieser zweifelsfrei nach außen erkennbar seine Kooperationsbereitschaft mitgeteilt hat.

Vorteil eines dahingehenden Verständnisses ist die Achtung der im Wortlaut hervortretenden Verhältnismäßigkeitsprüfung anhand des Kriteriums der Erforderlichkeit. Andererseits findet die Effektivität des Verfahrens hinreichende Würdigung, wenn eine Maßnahme nur in solchen Fällen als nicht erforderlich verweigert werden kann, in denen die Wahrscheinlichkeit eines rechtswidrigen Vollzuges gleichsam evident ist. Hierdurch beschränkt sich die Untersuchung der Nachprüfungsentscheidung bzw. der dieser zugrundliegenden Rechts- und Sacherwägungen durch die nationalen Gerichte auf das unbedingt erforderliche Maß, um dieser Stelle die Ausübung der Beurteilung innerhalb der begrenzten Spanne zu ermöglichen, die für sie in Art. 20 Abs. 8 VO 1/2003 vorgesehen ist.[611]

Der *Angemessenheitsprüfung* unterliegt die Fragestellung, ob der mit der beantragten Zwangsmaßnahme verbundene Schaden nicht „außer Verhältnis" zu den angestrebten Zielen steht. Die Angemessenheitsprüfung setzt eine Güterabwägung zwischen der Schwere des Eingriffs und dem Gewicht und der Dringlichkeit der ihn rechtfertigenden Gründe im Einzelfall voraus. Hierbei ist auf das Ausmaß, in dem das grundrechtliche Schutzgut und das eingriffslegitimierende öffentliche Interesse konkret betroffen sind, und das Gewicht und die Bedeutung, die den betroffenen Sektoren dieser Güter, und zwar gerade im Verhältnis zueinander, zukommt, zu bewerten.

Der nationale Richter wäre demnach dazu verpflichtet, das Maß des durch die konkrete zwangsweise Vornahme der Nachprüfung hervorgerufenen Eingriffs in die grundrechtlich geschützte räumliche Privatsphäre ebenso wie das Interesse an der zwangsweisen Vornahme zu gewichten. Letzteres wird wiederum definiert durch die Bedeutung der Verfolgung eines Verstoßes gegen die Art. 81, 82 EG, die sich nach dem Umfang und der Intensität des wettbewerbswidrigen Verhaltens im Einzelfall bemisst. Je höher dieses ist, desto gewichtiger ist das öffentliche Interesse mittels der mitgliedstaatlichen Zwangsmittel den Nachprüfungserfolg zu erzielen.

Dieser Prüfungskanon würde jedoch voraussetzen, dass der nationale Ermittlungsrichter Sach- und Rechtserwägungen tätigt, die gleichermaßen in einem Verfahren nach Art. 230 Abs. 4 EG gegen die Nachprüfungsentscheidung von den Gemeinschaftsgerichten verlangt würden.[612] Denn die Angemessenheit der Nachprüfungsentscheidung als solcher bemisst sich ebenfalls an dem Ausmaß der individuellen Grundrechtsbetroffenheit und des öffentlichen Interesses an der Aufklärung der kartellrechtswidrigen Verhaltensweisen.

Gleichen sich demnach die anzustellenden Erwägungen ist ein Ausgleich der widerstreitenden Kompetenzen dergestalt erforderlich, dass eine Prüfung der Angemessen-

---

611 Vgl. den diesbezüglichen Hinweis der Europäischen Kommission in der Rs. *Roquette Frères*; wiedergegeben in den Schlussanträgen von GA Mischo vom 20.09.2001 in EuGH, Urteil vom 22.10.2002, Rs. C-94/00, Slg. 2002, I-9015, 9030 f. Rn. 66 *Roquette Frères SA*.

612 Vgl. Schlussanträge von GA Mischo vom 20.09.2001 in EuGH, Urteil vom 22.10.2002, Rs. C-94/00, Slg. 2002, I-9015, 9030 Rn. 65 *Roquette Frères SA*; *Dallmann*, Nachprüfung, S. 155 f.

heit der beantragten Zwangsmaßnahme zumindest in den Fällen als zulässig zu erachten ist, in denen die fehlende Angemessenheit der beantragten Zwangsmaßnahme bzw. der Nachprüfungsentscheidung offensichtlich ist.[613] Verdeutlicht wird dieses Erfordernis durch die Informationspflichten der Kommission, die einem Ausschluss der Angemessenheitsprüfung aus dem richterlichen Prüfungskanon entgegenstehen.[614] Das einzelstaatliche Gericht kann gemäß Art. 20 Abs. 8 Satz 2 VO 1/2003 die Kommission um ausführliche Erläuterungen zu den Punkten ersuchen, deren Kenntnis zur Prüfung der Angemessenheit der beabsichtigten Zwangsmaßnahmen erforderlich ist. In der Rs. *Roquette Frères* führte der EuGH diesbezüglich aus, „dass die Kommission das nationale Gericht, damit dieses in der Lage ist, die ihm obliegende Kontrolle der Verhältnismäßigkeit auszuüben, grundsätzlich über die wesentlichen Merkmale der behaupteten Zuwiderhandlung informieren muss, um ihm zu ermöglichen, deren Schwere zu beurteilen, indem sie den ihrer Ansicht nach relevanten Markt und die Natur der behaupteten Wettbewerbsbeschränkungen sowie das Ausmaß der vermuteten Verwicklung des betroffenen Unternehmens angibt."[615]

In der Rechtspraxis werden kaum Fälle anzutreffen sein, die eine offensichtliche Unangemessenheit der beantragten Zwangsmaßnahme darstellen. Denn der Angemessenheitsprüfung wesenseigen ist die komplexe Abwägung und Bewertung der widerstreitenden Interessen, die oftmals mehrere, für einen kundigen Juristen vernünftigerweise mögliche Lösungen zulassen. Die offensichtliche Unangemessenheit wird sich auf Fälle beschränken, die bereits unter die Willkürprüfung subsumiert wurden; d.h. eine beantragte Zwangsmaßnahme ist ohne vernünftigen Zweifel unangemessen, wenn bereits kein Verdacht i.S.v. Art. 81, 82 EG vorhanden ist, der das Nachprüfungsverfahren legitimiert oder ein Widersetzen i.S.v. Art. 20 Abs. 6 VO 1/2003 evident nicht gegeben ist.

(dd) Bewertung

Die Reduzierung der Verhältnismäßigkeitsprüfung auf den Aspekt der Offensichtlichkeit eröffnet dem nationalen Ermittlungsrichter einen in Maßen eigenen substantiellen Beurteilungsspielraum, der in der Praxis zur Verweigerung der richterlichen Genehmigung beantragter Zwangsmaßnahmen führen kann.

Gleichwohl gilt es zu berücksichtigen, dass bereits aufgrund der komplexen Abwägungsfragen im Rahmen der Angemessenheitsprüfung ein offensichtlicher Verstoß gegen das Gemeinschaftsrecht nur in seltenen Fällen anzunehmen sein wird. Der Ausgleich der widerstreitenden Interessen darf daher nicht darüber hinweg täuschen, dass die Verhältnismäßigkeitsprüfung i.S.v. Art. 20 Abs. 8 Satz 1 VO 1/2003 im Ergebnis nur ein geringes Maß an Rechtsschutzgewähr vermittelt. „(E)ine wichtige Rolle"[616] bei

---

613 Vgl. zur Unanwendbarkeit des allgemeinen Rechtsgrundsatzes auf einheitliche Anwendung des Gemeinschaftsrechts bei evidenter Rechtswidrigkeit von Gemeinschaftsrechtsakten A.III.2.d) bb) (1) (c) (bb).

614 Ebenso *Nehl*, in: Behrens/Braun/Nowak, 73, 91 f.

615 EuGH, Urteil vom 22.10.2002, Rs. C-94/00, Slg. 2002, I-9011, 9067 Rn. 81 *Roquette Frères SA*.

616 So die Bekanntmachung der Kommission über die Zusammenarbeit zwischen der Kommission

der Gewährung von Rechtsschutz zu Gunsten des Betroffenen kommt der Verhältnismäßigkeitsprüfung nicht zu.

Im Ergebnis ist der Kritik von *Moosecker*[617] zuzustimmen, dass es „widersprüchlich (ist), die nationalen Verfahrensgarantien und die Zuständigkeit des nationalen Richters zu beschwören, zugleich aber dem nationalen Richter die materielle Prüfungsbefugnis in einem zentralen Kriterium zu entziehen".[618]

(e) Informationsgrundlage

Praktische Wirksamkeit als Grundrechtssicherung erlangt der Richtervorbehalt nur, wenn ihm die für seine Prüfung erforderlichen Informationen durch die Kommission oder die mitgliedstaatliche Verfolgungsbehörde[619] mitgeteilt werden. Eine wesentliche Informationsgrundlage bildet die Nachprüfungsentscheidung der Kommission, die gemäß Art. 253 EG i.V.m. Art. 20 Abs. 4 Satz 2 VO 1/2003 zu begründen ist.[620]

In welcher Weise und in welchem Umfang die vorstehend entwickelte Prüfungskompetenz auf Grundlage dieser Informationslage praktische Geltung erlangen wird, gilt es im Folgenden zu untersuchen. Hierbei wird danach differenziert, welche Informationen im Einzelnen dem nationalen Ermittlungsrichter zur Verfügung stehen, um seinen Kontrollpflichten zu genügen.

Neben der inhaltlichen Ausgestaltung der Begründung ist für den richterlichen Prüfungsumfang wesentlich in welcher Form die Verfolgungsbehörde den Ermittlungsrichter über das Vorliegen der Eingriffsvoraussetzungen instruiert. Denn nur eine dahingehende Untersuchung gibt Aufschluss darüber, ob von einer *unabhängigen* richterlichen Prüfung ausgegangen werden kann.

Abschließend wird auf Grundlage der gewonnenen Erkenntnisse eine Beurteilung möglich sein, inwieweit die organisatorischen Rahmenbedingungen eine richterliche Prüfung i.S.v. Art. 20 Abs. 8 Satz 1 VO 1/2003 ermöglichen helfen.

(aa) Informationsumfang

Die von Seiten der Kommission gewährten Informationen bilden die Voraussetzung für die materielle Kontrolle der beantragten Zwangsmaßnahme unter die Kriterien der Willkürfreiheit und Verhältnismäßigkeit. Einzig die Prüfung der Echtheit der Ent-

---

und den Gerichten der EU-Mitgliedstaaten bei der Anwendung der Artikel 81 und 82 des Vertrags, ABl. (EU) 2004 Nr. C 101/59 Rn. 38.

617 *Moosecker*, Schwerpunkte des Kartellrechts, 87, 90.

618 Ebenso *Jahn*, Durchsuchung, S. 336; *Moosecker*, WuW 1989, 858, 860 f.; *BDI*, Stellungnahme 2001, S. 14.

619 *De Bronett*, EU-Kartellverfahrensrecht, Art. 21 Rn. 4 hält die Antragstellung durch die mitgliedstaatlichen Behörden für zweckmäßig.

620 Vgl. zur Abhängigkeit richterlicher Kontrolle von der administrativen Begründungspflicht EuGH, Urteil vom 21.11.1991, Rs. C-269/90, Slg. 1991, I-5469, 5499 Rn. 14 *Technische Universität München*; ähnlich EuG, Urteil vom 25.06.1998, verb. Rs. T-371 und 394/94, Slg. 1998, II-2405, 2448 Rn. 95 *British Airways*; vgl. auch *Nehl*, Verwaltungsverfahren, S. 391.

scheidung orientiert sich an formellen Gesichtspunkten, die keiner weiteren Begründung bedürfen.

Damit sich das zuständige Gericht davon überzeugen kann, dass die beantragten Zwangsmaßnahmen nicht *willkürlich* sind, hat die Kommission diesem Gericht Erläuterungen zu geben, in denen substantiiert dargelegt wird, dass sie in ihren Akten über ernsthafte Informationen und Hinweise verfügen,[621] die das Vorliegen eines Verdachts einer Zuwiderhandlung gegen Art. 81 oder 82 EG plausibel erscheinen lassen (Art. 20 Abs. 8 Satz 2).[622]

In Bezug auf die Kontrolle der *Verhältnismäßigkeit* ist die Kommission verpflichtet, dem zuständigen nationalen Gericht Erläuterungen über die wesentlichen Merkmale der behaupteten Zuwiderhandlung zu geben, um ihm zu ermöglichen, deren Schwere zu beurteilen, indem sie den ihrer Ansicht nach relevanten Markt und die Natur der behaupteten Wettbewerbsbeschränkungen sowie das Ausmaß der vermuteten Verwicklung des betroffenen Unternehmens angibt (vgl. Art. 20 Abs. 8 Satz 2).[623] Zudem hat die Kommission möglichst genau anzugeben, wonach gesucht wird, auf welche Punkte sich die Nachprüfung beziehen soll und welche Befugnisse die Kontrolleure der Gemeinschaft haben.[624]

Ist ein nationales Gericht der Auffassung, dass die von der Kommission gegebenen Informationen den Anforderungen des Art. 20 Abs. 8 Satz 2 VO 1/2003 widersprechen, so darf es sich nicht damit begnügen, den gestellten Antrag zurückzuweisen.[625] In einem solchen Fall müssen[626] die nationalen Gerichte und die Kommission gemäß der Pflicht zu loyaler Zusammenarbeit (Art. 10 EG)[627] zusammenwirken, um die bei der Durchführung der von der Kommission durch Entscheidung angeordneten Nach-

---

621 Informationen, die auf das Vorliegen von Wettbewerbsbeschränkungen hinweisen, ergeben sich aus Anfragen von Abgeordneten des Europäischen Parlaments, aus Beschwerden (vgl. Erwägungsgrund Nr. 5 VO 773/2004, der Beschwerden als „wesentliche Informationsquelle zur Aufdeckung von Zuwiderhandlungen gegen das Wettbewerbsrecht" bezeichnet) und Hinweisen von Opfern oder Interessenverbänden, infolge von Branchenuntersuchungen nach Art. 17 VO 1/2003 oder aus kommissionsinternen Auswertungen allgemein zugänglicher Quellen und aus Hinweisen bzw. informellen Kontakten mit nationalen Behörden; vgl. *Dannecker/Fischer-Fritsch*, Bußgeldpraxis, S. 41 f.; *Gumbel*, Grundrechte, S. 20; *Kreis*, RIW 1981, 281, 283.

622 Vgl. EuGH, Urteil vom 22.10.2002, Rs. C-94/00, Slg. 2002, I-9011, 9062 Rn. 61 *Roquette Frères SA*.

623 Vgl. EuGH, Urteil vom 22.10.2002, Rs. C-94/00, Slg. 2002, I-90119067 Rn. 81 *Roquette Frères SA*.; Schlussanträge von GA Mischo vom 20.09.2001 in EuGH, Urteil vom 22.10.2002, Rs. C-94/00, Slg. 2002, I-9015, 9031 Rn. 67 *Roquette Frères SA*.

624 Vgl. EuGH, Urteil vom 22.10.2002, Rs. C-94/00, Slg. 2002, I-9011, 9068 Rn. 83 m.w.N. *Roquette Frères SA*.

625 Vgl. EuGH, Urteil vom 22.10.2002, Rs. C-94/00, Slg. 2002, I-9011, 9070 Rn. 90 *Roquette Frères SA*.

626 Entgegen der Formulierung in Art. 20 Abs. 8 Satz 2 VO 1/2003 *kann* das mitgliedstaatliche Gericht nicht nur, sondern *muss* es Klarstellungen anfordern.

627 Vgl. EuGH, Urteil vom 22.10.2002, Rs. C-94/00, Slg. 2002, I-9011, 9054 Rn. 31 f. m.w.N. *Roquette Frères SA*.

prüfung aufgetretenen Schwierigkeiten zu überwinden.[628] Das zuständige nationale Gericht hat die Kommission oder die nationale Behörde, von der es auf das Ersuchen der Kommission hin befasst wurde, die ergänzenden Informationen anzufordern, die es ihm ermöglichen werden, die ihm obliegende Kontrolle auszuüben.[629] Die Kommission hat ihrerseits dafür zu sorgen, dass die vom zuständigen nationalen Gericht etwa angeforderten ergänzenden Informationen unverzüglich übermittelt werden.[630] Erst wenn dem Gericht solche Klarstellungen vorliegen oder wenn seine Anfrage von der Kommission nicht sachdienlich beantwortet wurde, darf das Gericht die Gewährung der beantragten Unterstützung ablehnen, sofern nicht die ihm zur Verfügung stehenden Informationen den Schluss zulassen, dass die beabsichtigten Zwangsmaßnahmen nicht willkürlich sind und dass sie, gemessen am Gegenstand der Nachprüfung, verhältnismäßig sind.[631]

Die von der Rechtsprechung formulierten Anforderungen an die Informationspflicht der Kommission, werden es dem nationalen Ermittlungsrichter gestatten, eine materiell-rechtliche Prüfung vorzunehmen.

(bb) Übermittlung der Informationen

Ungleich problematischer ist der Aspekt der Informationsübermittlung. Wenn die Kommission dafür zu sorgen hat, dass das nationale Gericht über alle erforderlichen Mittel verfügt, um die Kontrolle der beantragten Zwangsmaßnahme ausüben zu können,[632] umfasst dies allerdings - dem Wortlaut des Art. 20 Abs. 8 Satz 3 VO 1/2003

---

628 Vgl. EuGH, Urteil vom 22.10.2002, Rs. C-94/00, Slg. 2002, I-9011, 9070 Rn. 91 m.w.N. *Roquette Frères SA*.

629 Vgl. EuGH, Urteil vom 22.10.2002, Rs. C-94/00, Slg. 2002, I-9011, 9070 Rn. 92 *Roquette Frères SA*. Hierin ist eine Ausnahme des in Art. 20 Abs. 8 Satz 3 VO 1/2003 statuierten Verbots zu sehen, die Notwendigkeit der Nachprüfung in Frage zu stellen. Denn grundsätzlich gibt der nationale Richter durch die Anforderung zusätzlicher Informationen zu verstehen, dass er von der Notwendigkeit der Nachprüfung nicht überzeugt ist; vgl. Schlussanträge von GA Mischo vom 20.09.2001 in EuGH, Urteil vom 22.10.2002, Rs. C-94/00, Slg. 2002, I-9015, 9029 Rn. 56 *Roquette Frères SA*.

630 EuGH, Urteil vom 22.10.2002, Rs. C-94/00, Slg. 2002, I-9011, 9070 f. Rn. 93 *Roquette Frères SA*. Der Wortlaut des Art. 20 Abs. 8 Satz 2 VO 1/2003 spricht zwar nur davon, dass Informationen, die im Rahmen der Verhältnismäßigkeitsprüfung erforderlich sind, ersucht werden können. Dafür dass dergleichen auch im Rahmen der Willkürprüfung als zulässig zu erachten ist, spricht bereits das Interesse der Gemeinschaft an einem effektiven Vorgehen der Kommission, das andernfalls nicht gewahrt wäre. Denn wäre es dem nationalen Gericht verschlossen weitere Informationen anzufordern, müsste die beantragte Zwangsmaßnahme abgelehnt werden, was wiederum eine effektive Nachprüfung durch die Kommission vereitelt; i.E. zustimmend EuGH, Urteil vom 22.10.2002, Rs. C-94/00, Slg. 2002, I-9011, 9063 Rn. 62 *Roquette Frères SA*.

631 Vgl. EuGH, Urteil vom 22.10.2002, Rs. C-94/00, Slg. 2002, I-9011, 9071 Rn. 94 *Roquette Frères SA*; auch kritisch *Feddersen*, EuZW 2003, 22, 23.

632 So ausdrücklich EuGH, Urteil vom 21.09.1989, verb. Rs. 46/87 und 227/88, Slg. 1989, 2859, 2928 Rn. 34 f. *Hoechst*; EuGH, Urteil vom 22.10.2002, Rs. C-94/00, Slg. 2002, I-9011, 9056 Rn. 37 *Roquette Frères SA*.

folgend - nicht die Verpflichtung der Übermittlung der in den Akten der Kommission enthaltenen Informationen und Indizien, auf denen der Verdacht beruht.

Einen der Informationspflicht der Kommission korrespondierenden Informations*zugangs*anspruch mitgliedstaatlicher Gerichte, erkennt auch der EuGH nicht an.[633] Nach Überzeugung der Rechtsprechung[634] sei letzteres dadurch begründet, dass die physische Übermittlung der Verfahrensakten zeitliche Verzögerungen zur Folge haben werde, die der Effektivität des Verfahrens abträglich seien.[635] Zudem liege hierin die Gefahr begründet, dass die Identität der Quellen Dritten bekannt werden würde.[636] In Bezug auf die hieraus resultierenden Gefahren für den Informanten weist *GA Mischo*[637] auf die Rs. *Adams*[638] bzw. *Adams u.a.*[639] hin, in der die Mitteilung des Namens des Informanten, zu dessen Verhaftung und nachfolgender Verurteilung durch ein schweizerisches Strafgericht wegen wirtschaftlichen Nachrichtendienstes sowie zum Selbstmord seiner Ehefrau führte.

Zusammenfassend bedarf es für die Übermittlung von Informationen an das zuständige nationale Gericht daher keiner besonderen Form. Die für eine Kontrolle erforderlichen Informationen können sowohl aus der Nachprüfungsentscheidung selbst wie auch aus dem gemäß Art. 20 Abs. 6 VO 1/2003 an die nationalen Behörden gerichteten Ersuchen oder auch aus einer, und sei es mündlichen Antwort auf eine Frage des nationalen Gerichts hervorgehen.[640]

Zweifelhaft ist, ob auch in den Fällen, in denen der Übermittlung des Aktenmaterials weder zeitliche Gründe noch Aspekte der Geheimhaltung entgegenstehen, solche Einschränkungen anzunehmen sind.

Dagegen spricht, dass von der Kommission grundsätzlich kein unparteiisches Ermittlungsverfahren zu erwarten ist, welches es rechtfertigen könnte generell von einer Aktenvorlage abzusehen. Das europäische Kartellverfahren ist vielmehr durch eine

---

633 Vgl. EuGH, Urteil vom 22.10.2002, Rs. C-94/00, Slg. 2002, I-9011, 9063 Rn. 62 *Roquette Frères SA*; zustimmend *Brei*, ZWeR 2004, 107, 115 f.; kritisch *Toepel*, NStZ 2003, 631, 632 ff.; *Toepel*, Neue Kriminalpolitik 2004, 115, 115 ff.; vgl. auch den dahingehenden kritischen Einwand des Unternehmens Roquette, der dem Vorlageurteil des Cour de cassation zugrunde lag EuGH, Urteil vom 22.10.2002, Rs. C-94/00, Slg. 2002, I-9011, 9049 f. Rn. 16 *Roquette Frères SA*. Ebenfalls kritisch in Bezug auf sog. „second-hand Informationen" *Schwarze/Weitbrecht*, Kartellverfahrensrecht, § 4 Rn. 24; *Feddersen*, EuZW 2003, 22, 23.

634 Vgl. EuGH, Urteil vom 22.10.2002, Rs. C-94/00, Slg. 2002, I-9011, 9063 f. Rn. 66 *Roquette Frères SA*.

635 Ebenso Schlussanträge von GA Mischo vom 20.09.2001 in EuGH, Urteil vom 22.10.2002, Rs. C-94/00, Slg. 2002, I-9015, 9029 Rn. 57 *Roquette Frères SA*.

636 Vgl. EuGH, Urteil vom 22.10.2002, Rs. C-94/00, Slg. 2002, I-9011, 9063 Rn. 65 *Roquette Frères SA*.

637 Schlussanträge von GA Mischo vom 20.09.2001 in EuGH, Urteil vom 22.10.2002, Rs. C-94/00, Slg. 2002, I-9015, 9035 Rn. 92 *Roquette Frères SA*.

638 EuGH, Urteil vom 07.11.1985, Rs. 145/83 und 53/84, Slg. 1985, 3539 *Adams*.

639 EuGH, Urteil vom 11.03.1986, Rs. 294/84, Slg. 1986, 977 *Adams u.a.*

640 Vgl. EuGH, Urteil vom 22.10.2002, Rs. C-94/00, Slg. 2002, I-9011, 9072 Rn. 98 *Roquette Frères SA*.

fehlende Trennung von Ermittlungs- und Entscheidungskompetenzen der Kommission gekennzeichnet. Die Kommission ist gemäß Art. 4 VO 1/2003 nicht nur Ermittlungsbehörde, sondern stellt auch Zuwiderhandlungen gegen Art. 81 und 82 EG fest und gewährleistet durch die Verhängung von Geldbußen und Zwangsgeldern die Beachtung der in Art. 81 Abs. 1 EG und Art. 82 EG genannten Verbote (vgl. Art. 83 Abs. 2 lit. a) EG).[641] Dieses Zusammentreffen von behördlicher und quasi-richterlicher Gewalt verstößt zwar gegen keinen allgemeinen Grundsatz des Gemeinschaftsrechts.[642] Es begründet gleichwohl das Risiko, dass die Entscheidungen der Kommission am Makel der Befangenheit leiden.[643] Denn es entspricht psychologischer Erkenntnis,[644] dass das menschliche Handeln primär darauf ausgerichtet ist, Beweismittel aufzudecken, die den geschöpften Verdacht bestätigen als solchen die diesen widerlegen. Gründe dafür, dass die Ermittlungsbeamten im Nachprüfungsverfahren der Kommission von derartigen Tendenzen frei sind, sind nicht ersichtlich. Eine diesbezügliche Skepsis ist auch dem VO-Geber nicht fremd. Ein Indiz bildet die Beteiligung eines Anhörungsbeauftragten im Verfahren der Kommission, dem es obliegt vor einer Entscheidung i.S.v. Art. 27 Abs. 1 Satz 1 VO 1/2003 „die Anhörung in voller *Unabhängigkeit* (durchzuführen)“[645] (vgl. Art. 14 Abs. 1 VO 773/2004).

Angesichts der Grundrechtsrelevanz der Maßnahme ist daher eine grundrechtskonforme Auslegung des Art. 20 Abs. 8 Satz 3 VO 1/2003 in diesem Punkte angezeigt.[646] Die Verhältnismäßigkeit grundrechtlicher Beeinträchtigungen setzt voraus, dass *nur* in solchen Fällen von einer Aktenvorlage und –übermittlung an den nationalen Ermittlungsrichter abgesehen werden kann, in denen die höherrangigen Zwecke des Informantenschutzes bzw. eine Gefährdung der Erfüllung von Gemeinschaftsaufgaben in Betracht kommen.[647] Aber auch in diesen Fällen wird es der Kommission möglich sein, eine unterlassene Vorlage des Beweismaterials zu begründen, damit das mit der Kontrolle befasste nationale Gericht nicht unnötige Informationsgesuche an die Kom-

---

641 Diese starke Konzentration wird unter rechtsstaatlichen Gesichtspunkten kritisiert; vgl. nur *Wils*, Principles, Rn. 571 ff. m.w.N. Von deutscher Seite ist wiederholt vorgeschlagen worden, auf europäischer Ebene auf Grundlage einer Vertragsänderung eine unabhängige Kartellbehörde nach dem Vorbild des BKartA zu schaffen; vgl. hierzu die umfangreiche Studie von *Bartodziej*. Vgl. außerdem *Pühs*, Vollzug, S. 357 ff.; *Mestmäcker/Schweitzer*, EG-Wettbewerbsrecht, § 3 Rn. 58; *Gumbel*, Grundrechte, S. 273 f.; *Ehlermann*, EuZW 1994, 647, 650.

642 Vgl. EuG, Urteil vom 14.07.1998, Rs. T-348/94, Slg. 1998, II-1875, 1900 Rn. 56 *Enso Espanola*; EuG, Urteil vom 15.03.2000, Rs. T-25/95 u.a., Slg. 2000, II-491, 701 Rn. 718 *Cimenteries*; vgl. auch *Gumbel*, Grundrechte, S. 254 f.

643 Vgl. *Wils*, Principles, Rn. 588 m.w.N.

644 Vgl. *Wils*, Principles, Rn. 595 f. m.w.N. aus der psychoanalytischen Fachliteratur.

645 Hervorhebung nur hier.

646 Vgl. allgemein zur grundrechtskonformen Auslegung der Regelungen zum Nachprüfungsverfahren der Kommission *Nowak/Pombo*, in: Loewenheim/Meessen/Riesenkampff, Art. 21 VerfVO Rn. 4.

647 I.E. zustimmend Schlussanträge von GA Mischo vom 20.09.2001 in EuGH, Urteil vom 22.10.2002, Rs. C-94/00, Slg. 2002, I-9015, 9034 ff. Rn. 86, 93 *Roquette Frères SA*. Dies ist wiederum nicht der Fall, wenn die Informanten selbst die Presse eingeschaltet haben.

mission richtet.[648] Nicht zu den eine Aktenvorlage ausschließenden Gründen zählen dagegen bloße zeitliche Verzögerungen, die notwendigerweise mit der Aktenvorlage verbunden sind. Denn sollte bereits aus zeitlichen Gründen eine Übermittlung nicht in Betracht kommen, werden sich die Verfolgungsbehörden auf den Aspekt der Gefahr im Verzug berufen können, der Eingriffe in die räumliche Privatsphäre auch ohne richterliche Anordnung ausnahmsweise gestattet.[649]

Im Einklang steht diese Auslegung mit den Grundsätzen zur Aktenvorlage im Rahmen des gemeinschaftsrechtlichen Anhörungsrechts. Denn wenn man die fehlende Anhörung des Nachprüfungsadressaten vor Erlass der Nachprüfungsentscheidung als einen der Aspekte betrachtet, den eine präventive richterliche Kontrolle zu ersetzen hilft, so ist zu berücksichtigen, dass auch das dem Anhörungsrecht immanente Aktenvorlagerecht im Gemeinschaftsrecht nicht grenzenlos ist. So ist dahingehend anerkannt, dass eine Offenlegung der Quellen aus Gründen des Informantenschutzes nur unter besonderen Voraussetzungen zulässig ist.[650]

Im Ergebnis ist festzuhalten, dass die Kommission - von Fällen des Informantenschutzes abgesehen - verpflichtet ist, den nationalen Stellen das vorhandene Aktenmaterial zu übermitteln.[651]

(cc) Bewertung

Während die Anforderungen an die Begründung der begehrten Zwangsmaßnahme eine ausreichende Informationsgrundlage vermitteln, um die Aspekte der Willkür und Verhältnismäßigkeit beurteilen zu können, würde die präventive richterliche Kontrolle erheblich an Effektivität verlieren, wenn das in der Norm angelegte Regel-Ausnahme-Verhältnis in Bezug auf die Vorlage der Akten in der Praxis nicht durchsetzbar wäre. Die Auslegung des Art. 20 Abs. 8 Satz 3 VO 1/2003 hat ergeben, dass im Grundsatz eine Vorlage der Akten bei dem nationalen Ermittlungsrichter erfolgen muss. Ein Ausnahmefall ist nur anzunehmen, wenn besondere schützenswerte Informanteninteressen dem entgegenstehen. Letzteres wiederum wird in der Rechtspraxis vermehrt anzunehmen sein, wenn man bedenkt, dass die Kommission in gewissem Rahmen für die Einleitung einer Ermittlung auf Anregungen von Unternehmen oder förmliche Beschwerden[652] angewiesen ist, die unter Umständen nur dann wirksam vorgebracht werden können, wenn Anschuldigungen mit Unterlagen belegt werden, die einen Rückschluss auf die Person des Informanten ermöglichen.[653] Zweifelhaft erscheint da-

---

648 Vgl. *Lienemeyer/Waelbroeck*, CMLR 2003, 1494, 1488; *Vocke*, wistra 2004, 408, 411.

649 Vgl. A.III.2.d) aa) (1).

650 Vgl. *Weiß*, Verteidigungsrechte, S. 259 f.; *Kerse/Khan*, EC Antitrust Procedure, Rn. 4-043 ff.; *Gumbel*, Grundrechte, S. 203 ff.; *Klees*, Kartellverfahrensrecht, § 5 Rn. 54 ff.

651 Ebenso *Lienemeyer/Waelbroeck*, CMLR 2003, 1494, 1488 f.; *Vocke*, wistra 2004, 408, 411.

652 Vgl. Erwägungsgrund Nr. 5 VO 773/2004, der Beschwerden als „wesentliche Informationsquelle zur Aufdeckung von Zuwiderhandlungen gegen das Wettbewerbsrecht" bezeichnet.

653 Vgl. *Dannecker/Fischer-Fritsch*, Bußgeldpraxis, S. 43, wonach 50 % der von ihnen untersuchten Verfahren auf Beschwerden zurückgehen. *Grützner/Reimann/Wissel*, Kartellamtsermittlungen, Rn. 2 verweist auf 60-80 % im *nationalen* Verfahren.

her, ob die Aktenvorlagepflicht und damit zusammenhängend eine unabhängige richterliche Kontrolle in der Mehrzahl der Fälle praktisch umgesetzt werden kann.

(f) Vorabentscheidungsverfahren gemäß Art. 234 EG

Der mitgliedstaatliche Richtervorbehalt wirft zugleich die Frage nach einer präventiven Mitwirkung des EuGH im Verfahren nach Art. 20 Abs. 7 VO 1/2003 auf, die mittels Art. 234 EG herbeigeführt werden könnte. Sollte es den im Ermittlungsverfahren der Kommission eingebundenen nationalen Gerichten möglich sein, das Verfahren der Vorabentscheidung zu bestreiten, um die Rechtmäßigkeit der Nachprüfungsentscheidung bereits präventiv einer rechtlichen Kontrolle zu unterwerfen, dürfte der hierdurch vermittelte Rechtsschutz nicht unberücksichtigt bleiben.

Gemäß Art. 234 EG besteht für alle, d.h. auch für die nicht letztinstanzlichen Gerichte, eine zwingende Vorlagepflicht für die Fälle, in denen das Gericht von der Ungültigkeit eines Gemeinschaftsrechtsaktes[654] überzeugt ist und diesem deshalb die Anwendung versagen will. Denn eine autonome Gültigkeitsprüfung darf der nationale Richter grundsätzlich nicht vornehmen.[655]

In dem mit der präventiven Rechtskontrolle vergleichbaren Verfahren des einstweiligen Rechtsschutzes ist anerkannt, dass weder die Dringlichkeit noch die Vorläufigkeit des Verfahrens das Recht eines Gerichts zur Anrufung des EuGH in Frage stellen kann, sofern das Gemeinschaftsrecht Grundlage seiner Entscheidung ist.[656] Kommt demnach im Rahmen der richterlichen Kontrolle die Frage auf, ob die zugrundeliegende Kommissionsentscheidung ihrerseits verfahrensfehlerhaft zustande gekommen und daher rechtswidrig ist, haben die mitgliedstaatlichen Gerichte prinzipiell die Möglichkeit, eine Vorabentscheidung des EuGH einzuholen.[657]

Hiergegen kann *Bechtold/Bosch/Brinker/Hirsbrunner*[658] keineswegs unter Berufung auf die Regelung des Art. 21 Abs. 3 UAbs. 2 VO 1/2003, die wortgleich mit Art. 20 Abs. 8 Satz 3, 4 VO 1/2003 ist, einwenden, das Gericht dürfe die Rechtmäßigkeit der Kommissionsentscheidung nicht in Frage stellen. Das einzelstaatliche Gericht sei daher *nicht* befugt, den Gerichtshof selbst zur Prüfung der Rechtmäßigkeit der Entscheidung anzurufen. Dem ist zwar zuzugeben, dass das einzelstaatliche Gericht in dem Falle einer Vorlage i.S.v. Art. 234 EG zu verstehen geben würde, dass es von der Rechtmäßigkeit der Nachprüfungsentscheidung nicht überzeugt ist. Gleichwohl kann eine primärrechtlich begründete Pflicht nicht unter Berufung auf sekundärrechtliche Vorschriften relativiert werden.

---

654 Zu den vorlagefähigen Handlungen der Gemeinschaftsorgane gehören auch Entscheidungen der Kommission; vgl. *Borchardt*, Europäische Gerichtshof, Art. 234 Rn. 7.

655 Vgl. EuGH, Urteil vom 22.10.1987, Rs. 314/85, Slg. 1987, 4199, 4230 Rn. 13 ff. *Foto-Frost*.

656 Vgl. *Borchardt*, Europäische Gerichtshof, Art. 234 Rn. 24. Abzulehnen ist dementsprechend die Ansicht des OLG Frankfurt, NJW 1985, 2901 2903, das aus der Wesensart des Eilverfahrens auf eine Unzulässigkeit einer Vorlage schloss.

657 Vgl. *Nehl*, Verwaltungsverfahren, S. 425 f.; *Röhling*, EWiR 1989, 999, 1000.

658 *Bechtold/Bosch/Brinker/Hirsbrunner*, EG-Kartellrecht, Art. 21 VO 1/2003 Rn. 9.

Eine damit verbundene Rechtsschutzwirkung zu Gunsten der betroffenen Rechtspositionen wird jedoch nur eintreten können, wenn das nationale Gericht berechtigt ist, bis zur Entscheidung des Gemeinschaftsgerichts über die Vorlagefrage von der Genehmigung der einzelstaatlichen Zwangsmaßnahme abzusehen. Denn würde eine beantragte Zwangsmaßnahme trotz einer Vorlage an den EuGH angeordnet werden, wäre die grundsätzlich vorhandene Rechtsschutzwirkung eines Vorabentscheidungsverfahrens entwertet, da ein solches durchschnittlich 21,6 Monate[659] in Anspruch nimmt und damit weit nach Vornahme der Zwangsmaßnahme einen Erfolg haben würde.

Grundsätzlich bedeutet die Zulässigkeit eines Vorabentscheidungsverfahrens im Rahmen des Art. 20 Abs. 7, 8 VO 1/2003 keineswegs, dass es dem vorlegenden Gericht ohne weiteres gestattet wäre, mit der Genehmigung der mitgliedstaatlichen Zwangsmaßnahme bis zur Entscheidung über die Gültigkeit des Gemeinschaftsrechtsaktes durch die Gemeinschaftsgerichte abzuwarten. Denn eine Verzögerung der Genehmigung kann, sei es auch nur um einige Stunden, verheerende Folgen haben, wenn gleichlaufende Nachprüfungen in verschiedenen Mitgliedstaaten stattfinden sollen. In einem solchen Fall würde nämlich die Nachricht von Nachprüfungen, die in diesen anderen Mitgliedstaaten zum ursprünglich vorgesehenen Zeitpunkt durchgeführt werden, sehr schnell zu den Personen in dem Mitgliedstaat gelangen, in dem die Genehmigung zeitweilig blockiert ist, so dass diese alle Spuren der rechtswidrigen Absprache beseitigen könnten.[660]

Auch im Vorabentscheidungsverfahren ist der Geltungsvorrang des Gemeinschaftsrechts grundsätzlich zu beachten. Zugunsten des primärrechtlichen Grundsatzes der Verfahrenseffizienz ist daher eine Aussetzung der richterlichen Mitwirkungspflicht nach Art. 10 EG – entsprechend der Rechtsprechung der Gemeinschaftsgerichte zum vorläufigen Rechtsschutz[661] - nur in wenigen Ausnahmefällen anzunehmen. Das nationale Gericht darf die Genehmigung des nationalen Vollzugsakts nur dann im Verfahren nach Art. 234 EG vorläufig abwarten, sofern erhebliche Zweifel an der Gültigkeit der Nachprüfungsentscheidung bestehen, das Abwarten dringlich ist, weil dem Antragsteller anderenfalls ein schwerer und nicht-wiedergutzumachender Schaden droht und das Interesse der Gemeinschaft an einer effektiven Umsetzung des Gemeinschaftsrechts angemessen berücksichtigt wird.[662]

Nur unter diesen strengen Voraussetzungen hat das Interesse der Gemeinschaft an einer zeitnahen Vollziehung seiner Nachprüfungsentscheidung zurückzutreten. Das Vorabentscheidungsverfahren wird daher nur in seltenen Fällen dazu beitragen, die bedrohte Rechtsposition des Nachprüfungsadressaten zu schützen.

---

659 Vgl. Rechtsprechungsstatistik des Gerichtshofes (2000), S. 11; abrufbar unter: http://curia.europa.eu/en/instit/presentationfr/rapport/stat/st00cr.pdf (Stand: 15.07.2007).

660 Vgl. EuGH, Urteil vom 22.10.2002, Rs. C-94/00, Slg. 2002, I-9011, 9064 Rn. 67 *Roquette Frères SA*; Schlussanträge von GA Mischo vom 20.09.2001 in EuGH, Urteil vom 22.10.2002, Rs. C-94/00, Slg. 2002, I-9015, 9029 Rn. 57 *Roquette Frères SA*.

661 Vgl. A.III.2.d) bb) (1) (c) (bb).

662 Vgl. *Borchardt*, Europäische Gerichtshof, Art. 234 Rn. 14.

(g) *Ergebnis*

Die Statuierung eines nationalen Richtervorbehalts verdeutlicht im europäischen Kartellverfahren das Bestreben des VO-Gebers, den Betriebs- und Geschäftsräumen einen besonderen verfahrensrechtlichen Schutz angedeihen zu lassen. Aus Rücksicht auf primärrechtliche Grundsätze, speziell dem Gebot der einheitlichen Anwendung des Gemeinschaftsrechts bleibt dieser Schutz jedoch unvollkommen. Namentlich die materiellen Prüfungskompetenzen des nationalen Ermittlungsrichters sehen sich einer weitgehenden Einschränkung ausgesetzt. Denn der Nachprüfungsentscheidung, deren Kontrolle in den Kompetenzbereich der Gemeinschaftsgerichte fällt, liegen im Wesentlichen die Rechts- und Sacherwägungen zugrunde, die auch die Rechtmäßigkeit der mitgliedstaatlichen Unterstützungshandlung bestimmen. Um die in Art. 20 Abs. 8 Satz 1 VO 1/2003 vorgesehene Mitwirkung des nationalen Ermittlungsrichters nicht zu ignorieren, ist - in Anlehnung an den Grundsatz der einheitlichen Wirksamkeit des Gemeinschaftsrechts - zumindest in den Fällen, in denen die Rechtswidrigkeit der Nachprüfungsentscheidung offensichtlich bzw. evident ist, dem nationalen Gericht die Möglichkeit zu eröffnen, eine beantragte Zwangsmaßnahme aus Erwägungen abzulehnen, die gleichermaßen der Nachprüfungsentscheidung eigen sind. Die nach dem Wortlaut bestehende stringente Trennung zwischen einer Prüfung der Zwangsmaßnahme und der einer Nachprüfungsentscheidung besteht in dieser Klarheit daher nicht.

Eine präventive Entscheidungskontrolle seitens der Gemeinschaftsgerichte im Wege des Art. 234 EG bleibt zudem zwar grundsätzlich möglich. Eine damit verbundene Aussetzung des Verfahrens, die die Individualinteressen zu schützen vermag, ist hingegen ebenfalls auf die Fälle evidenter Rechtsverstöße gegen das Gemeinschaftsrecht beschränkt.

Die richterliche Mitwirkung im Vorfeld der Eingriffshandlungen nach Art. 20 Abs. 2, 6 VO 1/2003 kann daher nur in besonderen Ausnahmefällen dazu beitragen, rechtswidrige Eingriffe in die geschützte Sphäre des Nachprüfungsadressaten abzuwehren.[663]

(2) Mitgliedstaatlicher Richtervorbehalt im Lichte des allgemeinen Rechtsgrundsatzes effektiven Rechtsschutzes

Mit den Grundsätzen des Subsidiaritätsprinzips i.S.v. Art. 5 Abs. 2 EG ist ein Richtervorbehalt auf Ebene der mitgliedstaatlichen Gerichte vereinbar, sofern das Individualinteresse an effektiver Rechtsschutzgewähr durch eine Evidenzkontrolle, wie sie vorstehend entwickelt wurde, ausreichende Berücksichtigung erfährt. Nur wenn das Schutzgut - die Sphäre der privaten Betätigung - bereits dadurch in effektiver Weise vor rechtswidrigen Eingriffen geschützt wird, dass eine richterliche Präventivkontrolle eingeschränkt erfolgt, kommt ein Richtervorbehalt auf mitgliedstaatlicher Ebene in Betracht.

Sofern ein mitgliedstaatlicher Richtervorbehalt aufgrund seiner Einbindung in den gemeinschaftsrechtlichen Kontext diesen Ansprüchen nicht genügt, ist nach den

---

663 *Schwarze/Weitbrecht*, Kartellverfahrensrecht, § 4 Rn. 24 betrachten den nationalen Ermittlungsrichter daher auch als einen „Erfüllungsgehilfen der Kommission".

Grundsätzen des Subsidiaritätsprinzips ein Richtervorbehalt auf Ebene der Gemeinschaftsgerichte vorzusehen.[664] Ein Richtervorbehalt bei den Gemeinschaftsgerichten gewährt ein erhöhtes Maß an Rechtsschutz, da eine Genehmigung der zwangsweisen Vollstreckung in die geschützte Rechtssphäre nur nach einer umfassenden Kontrolle der Nachprüfungsentscheidung erfolgt.

Da eine umfassende richterliche Kontrolle der Nachprüfungsentscheidung und der beantragten Zwangsmaßnahme ein Höchstmaß an Rechtsschutz vermittelt, kommt eine eingeschränkte Prüfungskompetenz und ein damit verbundener abgeschwächter Rechtsschutz nur in Betracht, sofern das individuelle Rechtsschutzinteresse einen umfassenden Rechtsschutz nicht rechtfertigen kann.

Eine Begründung für die Zurücknahme der individualschützenden Rechtskontrolle auf den Maßstab der Evidenz ist gegeben, wenn das durch den Richtervorbehalt geschützte Rechtsgut weniger schutzbedürftig ist als andere vergleichbare Grundrechtspositionen. Als zu schützendes Rechtsgut wurde die Sphäre der privaten Betätigung bestimmt,[665] die in Abgrenzung zur räumlichen Privatsphäre Betriebs- und Geschäftsräumen Schutz gewährt. Eine verminderte Schutzbedürftigkeit dieses Rechtsguts wird unter verschiedenen Gesichtspunkten diskutiert, die im Folgenden zu analysieren sind.

Vorschnell wäre es, bereits aus der fehlenden grundrechtlichen Verankerung der Geschäftsräume im Grundrecht auf Privatsphäre eine Geringschätzung der betroffenen Interessen mit dem daraus resultierenden Erfordernis mangelnder Schutzwürdigkeit abzuleiten. Eine dahingehende Auffassung könnte den Worten GA *Cosmas* beigelegt werden, wenn er betont, dass der räumliche Schutz des Grundrechts auf Privatsphäre, „einen wichtigen Platz in dem Wertesystem einnimmt, das durch die Rechtsordnung der Gemeinschaft geschaffen wurde".[666] Eine derartige Einordnung hätte nur geringe indizielle Bedeutung. Die Schutzwürdigkeit einer Rechtsposition wird nicht bereits durch deren terminologische Einordnung als „Grundrecht" vorgegeben. Denn anders als aus dem deutschen Recht bekannt leitet die Rechtsprechung der Gemeinschaftsgerichte den Rechtsschutz nach Möglichkeit nicht aus materiellen Grundrechten ab, sondern entwickelt primär aus gemeinschaftsrechtlichen Verfahrensgarantien und Verteidigungsrechten, denen im europäischen Wettbewerbsrecht neben dem zur Geltung kommenden Verhältnismäßigkeitsgrundsatz individualschützende Bedeutung zukommt, auf eigenständig legitime Weise das Maß des im Einzelfall zu gewährenden Rechtsschutzes.[667]

Im Gemeinschaftsrecht spielt die Frage der Schutzbereichsdogmatik daher kaum eine praktische Rolle.[668] Vielmehr können die Gemeinschaftsgrundrechte durch Allge-

---

664 Vgl. A.III.2.d) bb) vor (1).

665 Vgl. A.III.2.a).

666 Schlussanträge von GA Cosmas vom 10.06.1999 in EuGH, Urteil vom 14.10.1999, Rs. C-223/98, Slg. 1999, I-7081, 7095 Rn. 38 *Adidas AG*.

667 Vgl. *Nowak*, in: Behrens/Braun/Nowak, 23, 33; *Nehl*, Verwaltungsverfahren, S. 169; *Hilf/Hörmann*, NJW 2003, 1, 7.

668 Die Gründe hierfür sieht *Pache*, NVwZ 1999, 1033, 1037 darin, dass verfahrensabschließende Kommissionsentscheidungen nur äußerst selten auf der Grundlage einer (wirt-

meinwohlbelange jeder Art eingeschränkt werden.[669] Wenn aber die Beschränkbarkeit eines Grundrechts im Ergebnis immer gleich beantwortet wird, wird ein Rechtsgut allein durch die gemeinschaftsverfassungsrechtlichen Verfahrensgarantien und Verteidigungsrechte konturiert.[670]

Der Zurückhaltung der Gemeinschaftsgerichte bei der Schutzbereichsbestimmung und –präzisierung der Gemeinschaftsgrundrechte steht daher eine ausdifferenzierte und dynamische Konstitutionalisierung gemeinschaftlicher Verfahrensgarantien gegenüber.[671] Besondere Relevanz bei der Konturierung des Schutzes der Rechte des Einzelnen kommt dem Verhältnismäßigkeitsgrundsatz zu.[672] So betonte der EuGH, dass „die Eingriffe der öffentlichen Gewalt in die Sphäre der privaten Betätigung jeder – natürlichen oder juristischen – Person"[673] unter einem Gesetzesvorbehalt[674] stünden und dem Grundsatz der Verhältnismäßigkeit genügen müssten. Der Verhältnismäßigkeitgrundsatz – als die im Gemeinschaftsrecht entscheidende Eingriffsschranke – gilt also unabhängig von der Einordnung eines Rechts als „Grundrecht".[675] Dies spiegelt auch das Fehlen einer entwickelten Normenhierarchie im Gemeinschaftsrecht wider. Da der Gerichtshof Grundrechtseingriffe nicht von strengeren Anforderungen als Ein-

---

schafts)grundrechtlichen Argumentation angefochten werden. Dies sei darauf zurückzuführen, dass zahlreiche wettbewerbsrechtliche Urteile auf Nichtigkeitsklagen natürlicher und juristischer Personen i.S.d. Art. 230 Abs. 4 EG beruhten, deren Zulässigkeit und Begründetheit von den Gemeinschaftsgerichten insbesondere dann unter weitgehender Ausblendung wirtschaftsgrundrechtlicher Zusammenhänge und Fragestellungen abgehandelt werden könnten, wenn es sich bei dem Kläger um den Adressaten verfahrensabschließender Kommissionsentscheidungen handele. Nach Art. 230 Abs. 4, 1. Alt. EG seien die Adressaten kartell- oder fusionsrechtlicher Unvereinbarkeits- oder Bußgeldentscheidungen nämlich bereits aufgrund ihrer Adressateneigenschaft klagebefugt, ohne dass es im Bereich der Zulässigkeitsstation auf eine denkbare Verletzung etwa des Gemeinschaftsgrundrechts ankommen würde. Auch die Begründetheit solcher Nichtigkeitsklagen setze keine Verletzung gemeinschaftlicher Wirtschaftsgrundrechte voraus. Vielmehr ließe sich die Begründetheit derartiger Nichtigkeitsklagen gemäß Art. 230 Abs. 2 EG bereits aus der Unzuständigkeit des jeweils handelnden EG-Organs, aus der Verletzung wesentlicher Formvorschriften, aus Ermessens-, Beurteilungs- oder Begründungsfehlern sowie aus der Verletzung des EG-Vertrags oder einer bei seiner Durchführung anzuwendenden Rechtsnorm herleiten; zustimmend *Nowak*, in: Behrens/Braun/Nowak, 23, 39.

669 Vgl. *Hilf/Hörmann*, NJW 2003, 1, 6; *Koch*, Verhältnismäßigkeit, S. 501.

670 Nicht weiterführend ist daher der Einwand von *Nehl*, in: Behrens/Braun/Nowak, 73, 90 f.; *Nowak/Pombo*, in: Loewenheim/Meessen/Riesenkampff, Art. 20 VerfVO Rn. 29 demnach „zu bedenken (sei), dass eine grundrechtliche Gewährleistung des Schutzes der Geschäftsräume zu einer Gewichtsverschiebung zugunsten der Betroffenen auch und vor allem bei der Abwägung im Rahmen der Verhältnismäßigkeitsprüfung führen würde." Die bloße Zuordnung zu einem spezifischen Schutzbereich trifft – anders als im deutschen Recht – keine Aussage über den hierdurch vermittelten Schutzstandard.

671 Vgl. *Nowak*, in: Behrens/Braun/Nowak, 23, 33 f.

672 Vgl. *Nowak*, in: Behrens/Braun/Nowak, 23, 33.

673 Vgl. EuGH, Urteil vom 21.09.1989, verb. Rs. 46/87 und 227/88, Slg. 1989, 2859, 2924 Rn. 19 *Hoechst*.

674 Vgl. hierzu näher *Pauly*, EuR 1998, 242, 255 f.

675 Vgl. *Koch*, Verhältnismäßigkeit, S. 407.

griffe in sonstige Interessen abhängig macht, ist es im Gemeinschaftsrecht unter Rechtsschutzaspekten unerheblich, ob die Verhältnismäßigkeitskontrolle im Rahmen eines Grundrechts durchgeführt wird oder nicht.[676]

Festzuhalten ist daher, dass sich der Schutzstandard eines betroffenen Rechtsgutes samt der hierdurch zum Ausdruck kommenden Bedeutung für die Rechtsordnung nicht durch die Zuordnung zum Schutzbereich eines speziellen Grundrechtes vermittelt, sondern erst durch die Ausgestaltung der konkreten Verfahrensgarantien und Verteidigungsrechte. Die Tatsache, dass der EuGH Geschäftsräume nicht als „Privatsphäre" ansieht, muss daher nicht zwangsläufig als Einschränkung der tatsächlichen Reichweite des Rechtsschutzes auf Gemeinschaftsebene interpretiert werden. Der Feststellung von *Rengeling*[677], der EuGH verankere den Schutz der Geschäftsräume nicht grundrechtlich, kann als solcher vorliegend keine entscheidende Aussagekraft beigemessen werden. Die Aussage nimmt Bezug auf die deutsche Grundrechtsdogmatik, deren Maßstab auf europäischer Ebene zur Klärung rechtlicher Fragestellungen untauglich ist.[678] Missverstanden werden darf daher auch nicht die Bemerkung *Kingreens*, die Gemeinschaftsgrundrechte erfüllten auf dem Gemeinschaftsgebiet dieselbe Funktion wie die nationalen auf dem nationalen Gebiet. Sie seien Ausdruck der gesellschaftlichen Wertordnung und begründeten vor allem Abwehrrechte des Bürgers gegen das Handeln der öffentlichen Gewalt.[679] Irrelevant erscheint es unter diesen Aspekten, den Schutz gewerblich genutzter Räumlichkeiten i.S.d. *Hoechst-* und *Roquette-*Rechtsprechung in Anlehnung an Art. 2 Abs. 1 GG als „allgemeine Handlungsfreiheit"[680] zu bezeichnen und hiermit zu vergleichen.[681] Es trifft vielmehr die Beobachtung von *Bellamy* zu, dass das gemeinschaftliche Rechtssystem common law-geprägt ist: „While continental lawyers tend to think in terms of substantive rights, common lawyers clearly focus on procedures, remedies and due process".[682]

Eine verminderte Schutzbedürftigkeit der betroffenen Rechtsposition wird des weiteren nicht durch die Annahme getragen, Betriebs- und Geschäftsräumen komme kraft ihrer Zweckbestimmung eine größere Offenheit „nach außen" zu, die einen geringeren Grad an Schutzbedürftigkeit nahe lege. Dass Räumlichkeiten i.S.v. Art. 20 Abs. 2 VO 1/2003 zur Aufnahme sozialer Kontakte bestimmt sind, d.h. der Inhaber sie in gewissem Umfang aus der privaten Intimsphäre entlässt, zu der die Wohnung im engeren Sinn gehört, kann nicht angenommen werden. Denn eine derartige Widmung ist, was „Geschäftsräume" anbelangt, im Tatsächlichen zu sehr an die Situation eines Ladens oder Kaufhauses orientiert, und passt nicht auf Konzernzentralen oder sonstige Büro-

676 Vgl. *Koch*, Verhältnismäßigkeit, S. 561.

677 Vgl. *Rengeling*, Grundrechtsschutz, S. 125.

678 Vgl. *Nehl*, Verwaltungsverfahren, S. 158; *Hirsch*, in: Europäischer Grundrechtsschutz, 9, 22 kritisiert den Blick durch das „Mikroskop deutscher Grundrechtssystematik".

679 Vgl. *Kingreen*, in: Calliess/Ruffert, EUV/EGV, 2. Auflage, Art. 6 EU-Vertrag Rn. 16.

680 Vgl. A.III.2.a).

681 Ebenfalls kritisch *Hilf/Hörmann*, NJW 2003, 1, 6; *Strasser*, Grundrechtsschutz, S. 65.

682 So der ehemalige englische Richter am EuG *Bellamy*; zitiert in: *Brinker*, in: Wirtschaftsverfassungsrechtliche Garantien, 177, 177.

gebäude in Unternehmen, bei denen eine vergleichbare „Widmung“ in aller Regel nicht besteht.[683]

Von Bedeutung ist vielmehr, dass die Tätigkeiten, die der Inhaber in diesen Räumen vornimmt, notwendig nach außen wirken und deshalb auch die Interessen anderer und die der Allgemeinheit berühren können.[684] Dann ist es folgerichtig, dass die mit dem Schutz dieser Interessen beauftragten Behörden in gewissem Rahmen diese Tätigkeiten auch an Ort und Stelle kontrollieren und zu diesem Zweck Eingriffe i.S.v. Art. 20 Abs. 2, 6 VO 1/2003 ausüben. Der Unternehmensinhaber hat wettbewerbsrechtliche Nachprüfungen in seinen Betriebsräumen daher eher zu dulden, als dies eine Privatperson in ihren Privaträumen müsste. Dieser zweckbestimmte Vorgang ist nicht eigentlich eine Störung des Hausfriedens. Seine Intensität bleibt daher auch hinter einem Eingriff in eine Privatwohnung zurück, die der natürlichen Person einen geschützten räumlichen Bereich gewährleisten soll, in den sie sich unter Ausschluss von Störungen von außen zurückziehen kann.[685]

Weist die Gemeinschaftsrechtsordnung Betriebs- und Geschäftsräumen eine geringere Schutzwürdigkeit als Privaträumen zu, erscheint die Wertung tragfähig, dass bereits eine Evidenzkontrolle durch die nationalen Gerichte ausreichend den individuellen Interessen auf effektiven Rechtsschutz Rechnung trägt.

cc) Ergebnis

Der vorstehend entwickelte allgemeine Rechtsgrundsatz des Gemeinschaftsrechts, demzufolge Nachprüfungen in Betriebs- und Geschäftsräumen einem Richtervorbehalt unterliegen, wird durch die Grundsätze des Subsidiaritätsprinzips i.S.v. Art. 5 Abs. 2 EG dahingehend ausgestaltet, dass ein Richtervorbehalt auf mitgliedstaatlicher Ebene und nicht bei den Gemeinschaftsgerichten zu installieren ist.

e) Konsequenzen für den rechtlichen Bestand des Art. 20 Abs. 6-8 VO 1/2003

Offen ist, welche Auswirkung ein aus dem Primärrecht folgender zwingender Richtervorbehalt bei den Mitgliedstaaten im Nachprüfungsverfahren der Kommission auf den rechtlichen Bestand der Art. 20 Abs. 6-8 VO 1/2003 hat. Ein Verstoß dieser sekundärrechtlichen Regelung gegen den vorstehend entwickelten allgemeinen Rechtsgrundsatz des Primärrechts und die daraus resultierende Nichtigkeit der Norm ist gegeben, wenn die Möglichkeit einer primärrechtskonformen Auslegung ausscheidet.

Im Rahmen der primärrechtskonformen Auslegung ist zu prüfen, ob der sekundärrechtlichen Regelung ein Sinngehalt beigelegt werden kann, der ein primärrechtswidriges Ergebnis vermeiden hilft.[686] Eine primärrechtskonforme Auslegung findet dort ihre Grenzen, wo sie mit dem Wortlaut und dem klar erkennbaren Willen des VO-

683 Vgl. *Gumbel*, Grundrechte, S. 101.

684 Vgl. *Lenz/Mölls*, WuW 1991, 771, 779.

685 Zutreffend *Dallmann*, Nachprüfung, S. 135.

686 Vgl. allgemein zur primärrechtskonformen Auslegung sekundären Gemeinschaftsrechts *Pernice/Mayer*, in: Grabitz/Hilf, Art. 220 EGV Rn. 49.

Gebers in Widerspruch treten würde; im Wege der Auslegung darf einer nach Wortlaut und Sinn eindeutigen Norm nicht ein entgegengesetzter Sinn verliehen, der normative Gehalt der auszulegenden Norm nicht grundlegend neu bestimmt werden. Anderenfalls schlägt die Achtung des VO-Gebers, die durch die primärrechtskonforme Auslegung gesichert werden soll, unversehens in eine Bevormundung des VO-Gebers durch die norminterpretierende Instanz um. Es würde nicht mehr geprüft, was der VO-Geber geregelt *hat*, sondern was er *hätte* regeln können.

Gerade dies würde jedoch geschehen, wenn man in Art. 20 Abs. 6-8 VO 1/2003 einen verbindlichen Richtervorbehalt auf mitgliedstaatlicher Ebene hineinlesen würde. Der VO-Geber hat explizit zum Ausdruck gebracht, dass nur in solchen Fällen ein mitgliedstaatlicher Richtervorbehalt Berücksichtigung finden darf, sofern dies nach einzelstaatlichem Recht vorgesehen ist (vgl. Art. 20 Abs. 7 Satz 1 VO 1/2003). Unterstrichen wird diese gesetzgeberische Grundsatzentscheidung durch Art. 21 Abs. 3 Satz 1 VO 1/2003, der bei Nachprüfungen in anderen Räumlichkeiten einen zwingenden Richtervorbehalt statuiert. Sollte ein vorbehaltloser mitgliedstaatlicher Richtervorbehalt auch im Verfahren nach Art. 20 Abs. 2, 6 VO 1/2003 mit dem Willen des VO-Gebers in Einklang stehen, wäre es naheliegend gewesen, Art. 20 Abs. 7 Satz 1 VO 1/2003 in Anlehnung an Art. 21 Abs. 3 Satz 1 VO 1/2003 zu formulieren. Dass der VO-Geber hiervon absah, lässt seinen ausdrücklichen Willen erkennen, keinen vorbehaltlosen Richtervorbehalt zu akzeptieren. Eine primärrechtskonforme Auslegung, die einen derartigen Richtervorbehalt vorsehen würde, wäre hiermit nicht in Einklang zu bringen und würde die gesetzgeberische Wertung missachten.

Scheidet eine primärrechtskonforme Auslegung aus, ist ein Primärrechtsverstoß des Art. 20 Abs. 6-8 VO 1/2003 mit der daraus resultierenden Nichtigkeit dieser Norm zu konstatieren.

Eine vollumfängliche Nichtigkeit des Art. 20 VO 1/2003 ist hingegen nicht erforderlich. Es liegt ein Fall der Teilnichtigkeit vor. Als teilnichtig ist ein Rechtsakt aufzufassen, wenn er aus mehreren, voneinander abtrennbaren Bestimmungen besteht und nur einige der Bestimmungen nichtig sind. Eine Gesamtnichtigkeit liegt in diesen Fällen erst dann vor, wenn sich die nichtigen Teile des Rechtsakts nicht von den anderen (rechtmäßigen) Teilen abtrennen lassen. D.h. sind die rechtswidrigen Teile mit dem Ganzen des Rechtsakts derart verbunden, dass der angegriffene Rechtsakt ohne diese Teile keine sinnvollen Rechtswirkungen mehr hervorbringen könnte, sein „Kern“ verändert würde, so ist der Rechtsakt vollständig als nichtig anzusehen.[687]

Vorliegend sind die Abs. 1-5 des Art. 20 VO 1/2003 von denen des Abs. 6-8 abgrenzbar. Es bleibt der Kommission belassen, auf Grundlage von Art. 20 Abs. 1-5 VO 1/2003 per Nachprüfungsentscheidung eine Nachprüfung in Betriebs- und Geschäftsräumen anzuordnen. Diese Regelung hat einen von Art. 20 Abs. 6-8 VO 1/2003 abgrenzbaren sinnvollen Anwendungsbereich, der es als übermäßig erscheinen ließe, die gesamte Norm für nichtig zu erklären. Art. 20 Abs. 1-5 VO 1/2003 stellt die Nachprüfung unter den Vorbehalt der *freiwilligen* Kooperation durch den Nachprüfungsadres-

687 Vgl. zur Teilnichtigkeit gemeinschaftsrechtlicher Rechtsakte eingehend *Booß*, in: Grabitz/Hilf, Art. 231 EGV Rn. 8.

saten. Die Durchsetzung und Vollstreckung der Nachprüfungsentscheidung kann bei einem entgegenstehenden Willen des Nachprüfungsadressaten auf Grundlage dieser Norm nicht erfolgen. Mitgliedstaatlicher Zwang kann im Nachprüfungsverfahren der Kommission nicht angewendet werden, solange nicht ausreichender Rechtsschutz gewahrt ist. Hierfür bedürfte es einer VO-Novelle, die einen vorbehaltlosen Richtervorbehalt bei den mitgliedstaatlichen Gerichten in Art. 20 VO 1/2003 statuiert.

Die Nichtigkeit der Norm tritt jedoch nicht ipso iure ein. Es bedarf vielmehr einer Nichtigerklärung durch die Gemeinschaftsgerichte (vgl. Art. 231 EG), die im Verfahren nach Art. 230 EG bzw. Art. 234 EG auszusprechen ist. Zu beachten ist dabei, dass die Gemeinschaftsgerichte kraft ihrer Bindung an das Primärrecht den allgemeinen Rechtsgrundsätzen des Gemeinschaftsrechts unterliegen. Ein allgemeiner Rechtsgrundsatz, der eine richterliche Präventivkontrolle im Nachprüfungsverfahren der Kommission vorsieht, zwingt die Gemeinschaftsgerichte aufgrund ihrer Rechtsbindung daher dazu, Art. 20 Abs. 6-8 VO 1/2003 für nichtig zu erklären. Das Urteil hat allgemeine Wirkung („erga omnes") und beseitigt die betreffende Norm mit ex-tunc-Wirkung, d.h. die Rechtslage ist so zu beurteilen, als ob der Rechtsakt de iure niemals erlassen worden wäre.

3. Privaträume

Aus der Ablehnung eines Richtervorbehalts bei den Gemeinschaftsgerichten im Rahmen einer Nachprüfung nach Art. 20 Abs. 2, 6 VO 1/2003 folgt indes nicht, dass ein solcher auch bei Art. 21 Abs. 1, 4 VO 1/2003 grundsätzlich entbehrlich ist. Es bedarf einer eigenständigen Untersuchung, ob das Gemeinschaftsrecht im Nachprüfungsverfahren nach Art. 21 Abs. 1, 4 VO 1/2003 das Erfordernis eines primärrechtlichen Richtervorbehalts auf Gemeinschaftsebene statuiert. Den gemeinschaftsrechtlichen Gradmesser bildet der allgemeine Rechtsgrundsatz auf effektive Rechtsschutzgewähr, dem grundsätzliche Garantien zu entnehmen sind, denen das gemeinschaftsrechtliche Rechtsschutzsystem und damit der gemeinschaftsrechtliche Rechtsschutzstandard entsprechen muss.[688]

Ein Richtervorbehalt bei den Gemeinschaftsgerichten setzt - als eine Form *präventiver* Rechtsschutzgewähr - deren „Dringlichkeit" im unter A.III.1. dargelegten Sinne voraus.

a) Rechtlich geschütztes Interesse des Nachprüfungsadressaten

Zunächst erfordert dies, dass ein rechtlich geschütztes Interesse des Nachprüfungsadressaten in Betracht kommt, das durch die Ermittlungsbefugnisse nach Art. 21 Abs. 1, 4 VO 1/2003 potentiell beeinträchtigt wird. Denn der allgemeine Rechtsgrundsatz auf effektive Rechtsschutzgewähr kann eine Stärkung präventiven Rechtsschutzes im Verfahren nach Art. 21 Abs. 1, 4 VO 1/2003 nur fordern, wenn eine subjektive Rechtsposition des Nachprüfungsadressaten besteht, die es effektiv zu schützen gilt.

---

[688] Hierzu eingehend A.III.1.

In Ergänzung zur bisherigen Rechtslage unter Art. 14 VO 17/62[689] erlaubt Art. 21 Abs. 1, 4 VO 1/2003 die Durchführung von Nachprüfungen auch in anderen Räumlichkeiten als Geschäftsräumen, auf anderen als Betriebsgrundstücken und in anderen als betrieblichen Transportmitteln. Ausdrücklich zulässig ist danach die Nachprüfung in Wohnungen von Vertretern, Mitgliedern der Aufsichts- und Leitungsorgane und Mitarbeitern des Unternehmens. Gleiches gilt für Nachprüfungen auf deren Privatgrundstücken und in deren Privatfahrzeugen.

Ungeachtet des Streits um den grundrechtlichen Schutz von Betriebs- und Geschäftsräumen[690] unterliegen zu privaten Zwecken genutzte Räumlichkeiten dem räumlichen Schutz des Grundrechts auf Privatsphäre,[691] der in den Worten *GA Cosmas* „einen wichtigen Platz in dem Wertesystem einnimmt, das durch die Rechtsordnung der Gemeinschaft geschaffen wurde".[692]

Nach der Rechtsprechung des EuGH ist das in Art. 8 EMRK verankerte Recht auf Privatleben ein von der Gemeinschaftsrechtsordnung geschütztes Grundrecht.[693] Dem

---

689 Unter dem Regelungsregime der VO 17/62 wurde bisweilen belastendes Material bewusst in Räumen aufbewahrt, die einem Zugriff der Kommission entzogen waren; vgl. Erwägungsgrund Nr. 26 Satz 1 VO 1/2003; vgl. auch Europäische Kommission, Memo/02/268 vom 26.11.2002, S. 4. Die praktische Relevanz von Nachprüfungen in Privaträumen verdeutlicht die *SAS/Maersk*-Entscheidung der Kommission (Entscheidung der Kommission, ABl. (EG) 2001 Nr. L 265/15). In dem der Entscheidung zugrundeliegenden Sachverhalt wussten die an der Kartellabsprachen beteiligten Parteien, dass ihr Verhalten gegen Artikel 81 des Vertrages verstößt, und trafen Maßnahmen um zu verhindern, dass der Kommission der vollständige Umfang ihrer Vereinbarungen bekannt würde. So ist den Notizen zur internen Sitzung von Maersk Air vom 07.10.1998 zu entnehmen, dass ein Mitarbeiter von Maersk Air äußerte, „dass sämtliche Unterlagen zu Preisabsprachen, Marktaufteilungsvereinbarungen und dergleichen vor Arbeitsschluss heute vernichtet werden müssen. Alles Notwendige muss mit nach Hause genommen werden. Desgleichen muss jegliches kontroverses Material auf dem PC gelöscht werden." Des weiteren ist dem Protokoll der Sitzung der Projektmanagergruppe vom 26.06.1998, an der SAS-Mitarbeiter und Maersk-Air-Mitarbeiter teilnahmen zu entnehmen, dass über belastende Unterlagen, „absolute Vertraulichkeit zu wahren und keine Unterlagen im Büro aufzubewahren" seien (vgl. die Nachweise in der Entscheidung der Kommission, ABl. (EG) 2001 Nr. L 265/15 Rn. 89). Erst aufgrund der in den Privaträumen verwahrten Unterlagen, die der Kommission von einem Maersk-Air-Mitarbeiter ausgehändigt wurden, vermochte die Kommission „sich ein Bild vom tatsächlichen Verlauf der Verhandlungen und dem genauen Umfang der Vereinbarung zu machen." Im Gegensatz dazu dienten die von *SAS* erteilten Auskünfte lediglich der Bestätigung dessen, was die Kommission bereits wusste (vgl. die Nachweise in der Entscheidung der Kommission, ABl. (EG) 2001 Nr. L 265/15 Rn. 123).

690 Vgl. A.III.2.a).

691 Vgl. EuGH, Urteil vom 26.06.1980, Rs. 136/79, Slg. 1980, 2033, 2056 f. Rn. 17 ff. *National Panasonic*; EuGH, Urteil vom 08.04.1992, Rs. C-62/90, Slg. 1992, I-2575, 2609 Rn. 23 *Kommission/Deutschland*; EuGH, Urteil vom 05.10.1994, Rs. C-404/92 P, Slg. 1994, I-4737, 4789 f. Rn. 17 *Aidstest*; vgl. allgemein *Schorkopf*, in: Ehlers, § 15 Rn. 21 ff.; *Nowak/Pombo*, in: Loewenheim/Meessen/Riesenkampff, Art. 20 VerfVO Rn. 23.

692 Schlussanträge von GA Cosmas vom 10.06.1999 in EuGH, Urteil vom 14.10.1999, Rs. C-223/98, Slg. 1999, I-7081, 7095 Rn. 38 *Adidas AG*.

693 EuGH, Urteil vom 21.09.1989, verb. Rs. 46/87 und 227/88, Slg. 1989, 2859, 2924 Rn. 17 *Hoechst*. Begrüßend *Wetter*, Grundrechtscharta, S. 162; *Rengeling*, Grundrechtsschutz, S. 121;

Schutz unterliegen umfassend die einzelnen Teilbereiche der persönlichen Lebenssphäre.[694]

Besteht demnach mit dem räumlichen Schutz der Privatsphäre eine individuelle Rechtsposition, die es im Verfahren nach Art. 21 Abs. 1, 4 VO 1/2003 effektiv zu schützen gilt, ist in Anlehnung an die Ausführungen unter A.III.1. zu prüfen, ob die durch eine zwangsweise Vornahme einer Nachprüfung betroffene Rechtsposition nicht anders als durch einen Richtervorbehalt bei den Gemeinschaftsgerichten in effektiver Weise vor rechtswidrigen Eingriffen geschützt werden kann. Hierfür sind zunächst die mit dem Eingriff verbundenen Nachteile für die Rechtsposition des Betroffenen zu bestimmen, um im Anschluss die bereits vorhandenen gemeinschaftsrechtlichen Verfahrensregelungen und –garantien zu analysieren. Nur wenn die Befugnisse i.S.v. Art. 21 Abs. 1, 4 VO 1/2003 in schwerer (A.III.3.b)) und nicht-wiedergutzumachender (A.III.3.c)) Weise in die geschützte Rechtssphäre eindringen, besteht ein individuelles Interesse des Nachprüfungsadressaten auf erhöhten Rechtsschutz. Dieses Interesse ist abschließend mit den öffentlichen Interessen abzuwägen, die einem verstärkten präventiven Rechtsschutz entgegenstehen (A.III.3.d)). Überwiegt bei der Abwägung das individuelle Interesse auf erhöhten (präventiven) Rechtsschutz, ist eine Nachprüfung in Privaträumen nur unter dem Vorbehalt zulässig, dass ein Richtervorbehalt bei den Gemeinschaftsgerichten rechtliche Anerkennung findet.

b) Schwere der grundrechtlichen Beeinträchtigung

Das individuelle Interesse des Nachprüfungsadressaten an erhöhtem Rechtsschutz erfordert zunächst, dass die drohenden Beeinträchtigungen der grundrechtlich gesicherten Rechtsposition als schwerwiegend zu bezeichnen sind. Denn nur dann kommt nach dem unter A.III.1. Dargelegten ein rechtlich relevantes Individualinteresse in Betracht, das eine Forderung nach erhöhtem Rechtsschutz legitimiert.

Die „Schwere" des im Nachprüfungsverfahren nach Art. 21 Abs. 1, 4 VO 1/2003 drohenden Schadens setzt zunächst voraus, dass eine Beeinträchtigung der Rechtsposition des Betroffenen festgestellt werden kann. In einem ersten Schritt sind daher die rechtlichen und tatsächlichen Beeinträchtigungen der individuellen Rechtsposition zu ermitteln, die konkret in diesem Verfahren drohen (sogleich aa)). Darauffolgend ist der Frage nachzugehen, ob die dargestellten Beeinträchtigungen das Kriterium der „Schwere" erfüllen (sodann bb)).

Ress/Ukrow, EuZW 1990, 499, 502. Der EuGH bezog sich auf den Grundsatz der Unverletzlichkeit der Wohnung bereits in den sechziger Jahren, als es in einigen Verfahren um den Umfang der Kontrollbefugnis der Beamten der Hohen Behörde nach Art. 86 EGKS-Vertrag ging. Er äußerte beiläufig, dass Eingriffe, die die individuelle Freiheitssphäre des einzelnen beeinträchtigen, gegen den Grundsatz der Unverletzlichkeit der Wohnung verstoßen könnten; so EuGH, Urteil vom 14.12.1962, verb. Rs. 5-11 und 13-15/62, Slg. 1962, 917, 944 *Società Acciaierie San Michele*; vgl. auch EuGH, Urteil vom 05.10.1994, Rs. C-404/92 P, Slg. 1994, I-4737, 4789 f. Rn. 17 *Aidstest* mit Hinweis auf Urteil vom 08.04.1992, Rs. C-62/90, Slg. 1992, I-2575, 2609 Rn. 23 *Kommission/Deutschland*.

694 Vgl. *Crones*, Grundrechtlicher Schutz, S. 125 f.

Die grundrechtlichen Beeinträchtigungen werden durch den Umfang und die Intensität der Nachprüfungsbefugnisse i.S.v. Art. 21 Abs. 1, 4 VO 1/2003 bestimmt.

aa) Rechtliche und tatsächliche Beeinträchtigungen der Rechtsposition des Nachprüfungsadressaten

Erörtert werden muss daher, welche Befugnisse sich aus dem Erlass einer Nachprüfungsentscheidung i.S.v. Art. 21 Abs. 1, 4 VO 1/2003 ergeben und in welchem Maße sie in die betroffene Rechtsposition eingreifen.

Im Vergleich zu Art. 20 Abs. 2, 6 VO 1/2003 erweitert Art. 21 Abs. 1, 4 VO 1/2003 die Prüfungsbefugnisse in räumlicher, nicht in qualitativer Hinsicht; insoweit schränkt er diese ein. Anders als bei Art. 20 Abs. 3 VO 1/2003 können Ermittlungen in Privaträumen nur durch Entscheidung und nicht durch einen einfachen Prüfungsauftrag angeordnet werden (Art. 21 Abs. 1 VO 1/2003). Welche Nachprüfungsbefugnisse den Kommissionsbediensteten bzw. ihren Begleitpersonen zustehen, regelt Art. 21 Abs. 4 Satz 1 VO 1/2003 durch einen Verweis auf die in Art. 20 Abs. 2 lit. a), lit. b) und lit. c) VO 1/2003 genannten Nachprüfungsbefugnisse.

Damit haben die Bediensteten der Kommission bei Nachprüfungen in anderen Räumlichkeiten ein Betretungsrecht sowie ein Prüfungsrecht hinsichtlich der dort vorgefundenen Bücher und sonstigen Geschäftsunterlagen, einschließlich des Rechts, daraus Kopien zu fertigen oder zu erlangen.[695] Ein Durchsuchungsrecht ergibt sich daraus weder für die Kommission noch für die mitwirkenden nationalen Stellen;[696] auch im Verfahren des Art. 21 VO 1/2003 bilden die Nachprüfungsrechte eine Ermittlungsbefugnis sui generis.[697]

Private Dokumente sind auch in diesem Verfahren den Nachprüfungsbefugnissen der Ermittler entzogen. Von der Verweisung des Art. 21 Abs. 4 Satz 1 VO 1/2003 werden zudem das Versiegelungsrecht gemäß Art. 20 Abs. 2 lit. d) VO 1/2003 und das Recht zur Einholung mündlicher Erklärungen nach Art. 20 Abs. 2 lit. e) VO 1/2003 nicht erfasst.

Art. 21 VO 1/2003 enthält keine *ausdrücklich* geregelte Duldungspflicht des Adressaten der Entscheidung entsprechend Art. 20 Abs. 4 VO 1/2003. Im Falle der Verweigerung ist weder ein Buß- noch ein Zwangsgeld vorgesehen. Dennoch ist der Adressat als zur Duldung verpflichtet anzusehen. Dies folgt nicht nur daraus, dass Art. 21 Abs. 3 VO 1/2003 von Zwangsmaßnahmen spricht, sondern auch aus der Möglichkeit des Einsatzes unmittelbaren Zwangs im Fall des Widersetzens.[698] Aufgrund von letzterem ist die behördliche Einwirkung auf die Entscheidung des Betroffenen zur Kooperation ebenso stark wie im Falle des Art. 20 Abs. 2, 6 VO 1/2003.

---

695 Vgl. A.III.2.b) aa) (1).

696 Vgl. A.III.2.b) aa) (2) + (3).

697 Vgl. A.III.2.b) aa) (4).

698 Vgl. *Miersch*, in: Grabitz/Hilf, nach Art. 83 EGV, Art. 21 Rn. 21; *Kerse/Khan*, EC Antitrust Procedure, Rn. 3-068.

Soweit es um die Unterstützung der Kommission und die Pflicht zur Amtshilfe geht, gelten gemäß Art. 21 Abs. 4 Satz 2 VO 1/2003 die Abs. 5, 6 des Art. 20 VO 1/2003 entsprechend.

bb) Bewertung

Die vorstehenden Eingriffsbefugnisse sind einer wertenden Betrachtung zu unterziehen, ob sie in schwerwiegender Weise die geschützte Rechtssphäre belasten. Die Beeinträchtigung ist dabei „schwer", wenn sie bei Würdigung und Bewertung der tatsächlichen Umstände des Einzelfalles „nicht unerheblich" ist.[699]

In der praktischen Anwendung beeinträchtigen die Nachprüfungsbefugnisse i.S.v. Art. 21 Abs. 1, 4 VO 1/2003 bereits aufgrund des Betretungsrechts und der hiermit verbundenen Präsenz der Ermittler in den Räumen des Betroffenen, die Privatsphäre in diesen Räumlichkeiten nachhaltig. Denn ein persönlicher Geheimbereich, der dem Einzelnen zum Zwecke der Persönlichkeitsentwicklung als ein freier Raum vor der Öffentlichkeit zugewiesen ist, wird in diesen Fällen in weiten Teilen des Wohnbereichs nicht aufrechterhalten werden können. Unter diesem Gesichtspunkt erscheint bereits mit dem gewaltsamen Eindringen in eine Wohnung eine besonders intensive Beeinträchtigung der räumlichen Lebenssphäre des Betroffenen gegeben zu sein, die durch das anschließende Prüfungsrecht weiter intensiviert wird. Gleichermaßen wie eine Nachprüfung i.S.v. Art. 20 Abs. 2, 6 VO 1/2003 erscheint die Wertung tragfähig, dass eine Nachprüfung i.S.v. Art. 21 Abs. 1, 4 VO 1/2003 einen der schwerwiegendsten Rechtseingriffe darstellt, den die Rechtsordnung der öffentlichen Gewalt gestattet.

c) Gefahr eines nicht-wiedergutzumachenden Schadens

Ein Individualinteresse auf erhöhten, d.h. effektiven Rechtsschutz setzt neben der Schwere des drohenden Schadens voraus, dass ein solcher in nicht-wiedergutzumachender Weise eintritt. Nur dann existiert ein ausreichendes Individualinteresse, das geeignet ist, mit öffentlichen Interessen in Widerstreit zu treten.[700]

Ein Schaden ist nicht-wiedergutzumachen, wenn die durch den Eingriff bewirkten Nachteile für die geschützte Rechtsposition anhand der bereits vorhandenen Rechtsschutzinstrumente nicht vollständig abgewehrt werden können.[701]

Nachfolgend ist daher die Relevanz der Verfahrensrechte und –garantien im Nachprüfungsverfahren der Kommission nach Art. 21 Abs. 1, 4 VO 1/2003 zu untersuchen.

In Beziehung zueinander sind dabei die drohenden Nachteile des Nachprüfungsadressaten mit den ausgleichenden Wirkungen des bestehenden Rechtsschutzsystems zu setzen, um abschließend die Feststellung treffen zu können, ob die durch die Nachprüfungsbefugnisse hervorgerufenen Beeinträchtigungen rückgängig zu machen sind;

---

699 Vgl. A.III.2.b) bb).

700 Vgl. A.III.2.c) vor aa).

701 Vgl. A.III.2.c) vor aa).

mithin effektiver Rechtsschutz gesichert ist.[702] Rechtliche Grenzen für die Ermittlungsbefugnisse der Kommission ergeben sich nicht nur aus den Verträgen und dem einschlägigen Sekundärrecht, sondern insbesondere auch aus allgemeinen Rechtsgrundsätzen, die der EuGH konkretisiert hat.

Im Verhältnis zu Art. 20 VO 1/2003 unterliegt Art. 21 VO 1/2003 grundsätzlich eigenen verfahrensrechtlichen Vorgaben; denn Art. 21 VO 1/2003 ist kein bloß unselbständiger Annex zu den Untersuchungen gemäß Art. 20 VO 1/2003.[703]

Konkret leitet sich der im Nachprüfungsverfahren nach Art. 21 Abs. 1, 4 VO 1/2003 vermittelte Rechtsschutz aus vier verschiedenen Bezugspunkten her. Zu unterscheiden gilt es zwischen dem mitgliedstaatlichen Richtervorbehalt i.S.v. Art. 21 Abs. 3 VO 1/2003 und dem Vorabentscheidungsverfahren nach Art. 234 EG (nachfolgend bb)), den bereits im Verfahren nach Art. 20 Abs. 2, 6 VO 1/2003 zu achtenden Verfahrensrechten (sodann cc)). Einleitend wird darüber hinaus das Tatbestandsmerkmal des „begründeten“ Verdachts i.S.v. Art. 21 Abs. 1 VO 1/2003 erläutert, das materiellen Verfahrensschutz vermittelt (sogleich aa)).

aa) Begründeter Verdacht i.S.v. Art. 21 Abs. 1 VO 1/2003

Abweichend von Art. 20 Abs. 2, 6 VO 1/2003 ist das legitimierende Verdachtsmoment in Art. 21 Abs. 1, 4 VO 1/2003 nicht nur auf das Vorliegen einer Gesetzesverletzung durch das Unternehmen bezogen. Für eine Nachprüfung i.S.v. Art. 21 Abs. 1, 4 VO 1/2003 ist der begründete Verdacht erforderlich, dass sich dort Bücher und sonstige Geschäftsunterlagen befinden, die als Beweismittel für einen schweren Verstoß gegen Art. 81 oder Art. 82 EG von Bedeutung sein können.

Der Rechtsschutzgehalt, der dem Erfordernis eines begründeten Verdachts i.S.v. Art. 21 Abs. 1 VO 1/2003 zuzumessen ist, ist abhängig davon, auf welche Fallgestaltungen er das Nachprüfungsverfahren beschränkt.

Je strenger die Anforderungen sind, die an das Vorliegen eines begründeten Verdachts zu stellen sind, desto seltener werden Nachprüfungen in Privaträumen rechtmäßigerweise erfolgen können.

Um eine Wertung treffen zu können, in welchen Fallgestaltungen dieses Verdachtsmoment einen Eingriff in die geschützte Rechtssphäre verwehrt, sind die Komponenten zu analysieren, die den Verdachtsbegriff in Art. 21 Abs. 1 VO 1/2003 kennzeichnen.

---

702 Vgl. A.III.2.c) vor aa).

703 Erst im Laufe des Reformprozesses wurde zwischen diesen beiden Nachprüfungsarten entsprechend deutlich unterschieden. In dem Verordnungsvorschlag war seinerzeit das Betretungsrecht für Privatwohnungen lediglich als weitere Befugnis im Rahmen von Nachprüfungen bei Unternehmen aufgeführt worden; vgl. Art. 20 Abs. 2 lit. b) VO-E (Europäische Kommission, Vorschlag für eine Verordnung des Rates zur Durchführung der in den Artikeln 81 und 82 EG-Vertrag niedergelegten Wettbewerbsregeln und zur Änderung der Verordnungen (EWG) Nr. 2988/74, (EWG) Nr. 4056/86 und (EWG) Nr. 3975/87, ABl. (EG) 2000 Nr. C 365 E/284). Entsprechend titulierte die Europäische Kommission in ihrem Memo/02/268 vom 26.11.2002, (S. 4) Nachprüfungen in Geschäftsräumen als „main inspection“.

Differenziert wird hierbei zwischen der Begrifflichkeit des „schweren Verstoßes“, zu dessen Aufdeckung eine Nachprüfung i.S.v. Art. 21 Abs. 1, 4 VO 1/2003 nur erfolgen darf, und dem Umfang der konkreten Tatsachen, die die Kommission darzulegen hat, um diesen Verdacht als „begründet“ erscheinen zu lassen.

(1) „Schwerer Verstoß gegen Art. 81 EG oder Art. 82 EG“

Wann von dem Vorliegen eines schweren Verstoßes gegen Art. 81 EG oder Art. 82 EG ausgegangen werden kann, ist zweifelhaft. Folgte man *Kerse/Khan*[704] würde ein schwerer Verstoß gegen die gemeinschaftsrechtlichen Wettbewerbsregeln immer dann gegeben sein, wenn Beweismittel in Privaträumen aufbewahrt werden. Denn in diesen Fällen handele es sich typischerweise um Kartelle, „die nahezu unweigerlich sehr schwere Verstöße begründen“. Es sei daher unwahrscheinlich, dass die Kommission Art. 21 VO 1/2003 in anderen als den „schwersten Fällen” zur Anwendung bringen werde. Dass eine derartige Vermutung nicht haltbar ist, wird bereits dadurch deutlich, dass Unternehmensverantwortliche auch bei minderschweren bzw. leichten Kartellverstößen motiviert sein werden, belastendes Material aus dem Zugriffsbereich der Kommission zu entfernen. Denn die Höhe der Bebußung derartiger Verstöße nach Art. 23 VO 1/2003 ist an dem Zweck ausgerichtet, eine abschreckende Wirkung zu vermitteln, um der Begehung weiterer Zuwiderhandlungen vorzubeugen.[705]

Ferner verbietet es sich einen *schweren* Verstoß jedenfalls dann anzunehmen, wenn eine Nachprüfung gemäß Art. 20 Abs. 2, 6 VO 1/2003 dadurch vereitelt wird, dass belastendes Beweismaterial in Privaträumen verwahrt wird. Hierbei würde in keiner Weise darauf Bezug genommen, in welchem Maße die Regelungen der Art. 81 und 82 EG verletzt wurden. Zudem vermittelt dieser Gedanke keinen verwertbaren Gradmesser in den Fällen, in denen zuvor keine Nachprüfung nach Art. 20 Abs. 2, 6 VO 1/2003 erfolgte.

Für eine in jedem Einzelfall handhabbare Begriffsbestimmung können die „Leitlinien für das Verfahren zur Festsetzung von Geldbußen, die gemäß Artikel 15 Absatz 2 der Verordnung Nr. 17 und gemäß Artikel 65 Absatz 5 EGKS-Vertrag festgesetzt werden“[706] hilfsweise hinzugezogen werden. Die Geldbußen-Leitlinien unterscheiden „minder schwere“, „schwere“ und „besonders schwere“ Fälle. Gliederungspunkt 1.A. (2.SpStr.) dieser Leitlinien geht von „schweren Verstößen“ aus bei horizontalen oder vertikalen Beschränkungen, die – im Vergleich zu minder schweren Verstößen – „jedoch entschlossener angewandt werden, deren Auswirkungen auf den Markt umfassender sind und die in einem größeren Teil des Gemeinsamen Marktes zum Tragen kommen können.“

---

704 Vgl. *Kerse/Khan*, EC Antitrust Procedure, Rn. 3-065.

705 Vgl. zu den Zwecken der Bußgeldsanktion *Bechtold/Bosch/Brinker/Hirsbrunner*, EG-Kartellrecht, Art. 23 VO 1/2003 Rn. 8; *Klees*, Kartellverfahrensrecht, § 10 Rn. 3; *Schwarze*, EuZW 2003, 261, 265, 267.

706 ABl. (EG) 1998 Nr. C 9/3 ff.

Im Einklang stünde diese Praxis mit dem Zweck der Leitlinie, dem Verwaltungshandeln der Kommission Transparenz zu vermitteln.[707] *Hellmann*[708] kritisiert zwar dahingehend, dass es der Kommission jederzeit freistehe ihre Verwaltungspraxis aufzugeben oder zu modifizieren. Unbeachtet bliebe bei diesem Standpunkt jedoch, dass das Ermessen der Kommission durch die reichhaltige Entscheidungspraxis der Kommission[709] und der Gemeinschaftsgerichte[710] begrenzt[711] und dadurch ein ausreichendes Maß an Rechtssicherheit[712] gegeben ist.[713] Gegen die Hinzuziehung der Leitlinien sprechen auch keine kompetenzrechtlichen Bedenken, die daraus erwachsen können, dass die VO als ein Rechtsakt des *Rates* durch Leitlinien der *Kommission* interpretiert wird.[714] Dem Rat als dem Gemeinschaftsgesetzgeber i.S.v. Art. 83 EG und Art. 229 EG wird nicht die Befugnis in Abrede gestellt, die Tatbestandsvoraussetzungen des Art. 21 VO 1/2003 vorherzubestimmen. Die Verabschiedung der VO 1/2003 erfolgte in Kenntnis der durch die Kommission vorgenommenen Schwerekategorien. Durch die Aufnahme des in den Leitlinien definierten Begriffs in den Verordnungstext hat der Rat diesen in seinen gesetzgeberischen Willen aufgenommen und zueigen gemacht.[715] Die Hinzuziehung der Leitlinien zur Interpretation der VO 1/2003 steht daher im Einklang mit den legislativen Befugnissen des Rates.

---

707 Vgl. hierzu *Klees*, Kartellverfahrensrecht, § 10 Rn. 56.

708 *Hellmann*, WuW 2002, 944, 948 in Bezug auf den eigentlichen Anwendungsbereich der Leitlinien bei der Bußgeldbemessung.

709 Vgl. A.III.3.c) aa) (1).

710 Vgl. EuG, Urteil vom 30.09.2003, Rs. T-203/01, Slg. 2003, II-4071, 4179 Rn. 293 *Michelin*; EuGH, Urteil vom 07.06.1983, verb. Rs. 100-103/80, Slg. 1983, 1825, 1911 Rn. 129 *Musique Diffusion Française*; EuG, Urteil vom 14.05.1998, Rs. T-352/94, Slg. 1998, II-1989, Rn. 421 *Mo och Domsjö*.

711 Vgl. zum Gedanken der Selbstbindung der Verwaltung im Gemeinschaftsrecht EuG, Urteil vom 14.05.1998, Rs. T-347/94, Slg. 1998, II-1751, 1856 Rn. 352 *Mayr-Melnhof Kartongesellschaft*; EuG, Urteil vom 09.07.2003, Rs. T-224/00, Slg. 2003, II-2597, 2669 Rn. 182 *Archer Daniels Midland Company*; EuG, Urteil vom 13.01.2004, Rs. T-67/01, Slg. II-49, 121 Rn. 187 *JCB Service*; vgl. auch *Schweda*, WuW 2004, 1133, 1135 f.

712 Vgl. zum Grundsatz der Rechtssicherheit im Gemeinschaftsrecht EuGH, Urteil vom 16.06.1993, Rs. C-325/91, Slg. 1993, I-3283, 3311 Rn. 26 *Frankreich/Kommission*; EuGH, Urteil vom 22.03.1961, verb. Rs 42 und 49/59, Slg. 1961, 107, 172 *SNUPAT*; vgl. ebenfalls *Soltész/Steinle/Bielesz*, EuZW 2003, 202, 204; *Haibach*, NVwZ 1998, 456, 459.

713 *Nowak/Pombo*, in: Loewenheim/Meessen/Riesenkampff, Art. 21 VerfVO Rn. 9; *Vocke*, wistra 2004, 408, 409; in Bezug auf die Bußgeldbemessung kritisch *Klusmann*, WuW 2001, 820, 823; *Korthals/Bangard*, BB 1998, 1013, 1015; *Soltész/Steinle/Bielesz*, EuZW 2003, 202, 209 f. Eine Abweichung von der ständigen Verwaltungspraxis ist ausnahmsweise nur in atypischen Ausnahmefällen aus sachgerechten Gründen zulässig. Der Sonderfallvorbehalt folgt aus dem der Verankerung des Instituts der Selbstbindung der Verwaltung im Gleichheitssatz. Weicht die Kommission im Einzelfall ab, so muss sie allerdings hinreichend begründen, worin die Atypik des Sachverhalts liegt; vgl. *Schweda*, WuW 2004, 1133, 1138 f.

714 In Bezug auf die Bußgeldbemessung kritisch *Korthals/Bangard*, BB 1998, 1013, 1015; *Hellmann*, WuW 2002, 944, 947 f.

715 Vgl. *Vocke*, wistra 2004, 408, 409.

Ein schwerer Verstoß i.S.v. Art. 21 Abs. 1 VO 1/2003 ist daher mit einem schweren Verstoß i.S. der Leitlinie gleichzusetzen. Im Ergebnis wird mit der Hinzuziehung der Leitlinien zur Begriffsbestimmung eine Nachprüfung nur in den wenigsten Fällen am Merkmal der Schwere des Verstoßes scheitern. Denn in der bisherigen Kommissionspraxis wurden die meisten Fälle als schwer[716] oder besonders schwer[717] eingestuft.[718] Ein minder schwerer Verstoß wurde bislang nur in wenigen Einzelfällen[719] angenommen. Dies wiederum steht im Einklang mit dem hohen öffentlichen Interesse an der Aufklärung von Kartellrechtsverstößen, dem durch eine zu restriktive Handhabung der Eingriffsvoraussetzungen nicht entsprochen würde.[720]

(2) Tatsachengrundlage

Ist der Verdacht eines schweren Verstoßes gegen Art. 81 EG oder Art. 82 EG in der Rechtspraxis im Regelfall gegeben, kommt dem begründeten Verdacht i.S.v. Art. 21 Abs. 1 VO 1/2003 eine eigenständige verfahrensrechtliche Bedeutung nur dann zu, wenn an die Begründung des Verdachts erhöhte Anforderungen zu stellen sind.

Ein Verdacht i.S.v. Art. 21 Abs. 1 VO 1/2003 ist begründet, wenn er auf konkreten Tatsachen beruht. Fraglich ist, in welchem Umfang die dem Verdacht zugrundeliegenden Tatsachen seitens der Kommission dargelegt werden müssen.

Die Voraussetzung für das Bestehen eines *begründeten* Verdachts ist weder in Art. 21 VO 1/2003 noch in der VO 773/2004 näher konkretisiert worden. Stattdessen hat sich der VO-Geber zum Zwecke der Vermeidung einer auf der Grundlage eines unbegründeten Verdachts stattfindenden Nachprüfung für eine prozessuale Absicherung dieser Voraussetzung entschieden, in dem er der Kommission in Art. 21 Abs. 3 UAbs. 1 Satz 3 VO 1/2003 aufgegeben hat, das für die Erteilung einer vorherigen Genehmigung zuständige Gericht von der begründeten Wahrscheinlichkeit zu überzeugen.[721]

An die Annahme eines begründeten Verdachts bzw. einer begründeten Wahrscheinlichkeit sind wegen der Grundrechtsrelevanz erhöhte Anforderungen zu stellen. Inso-

---

716 Vgl. Kommission, ABl. (EG) 2002 Nr. L 257/1 Rn. 241 *Mercedes-Benz*; Kommission, ABl. (EG) 2000 Nr. L 39/1 Rn. 136 ff. *FEG/TU*; Kommission, ABl. (EG) 2002 Nr. L 61/32 Rn. 84 ff. *La Poste*; Kommission, ABl. (EG) 2002 Nr. L 143/1 Rn. 354 ff. *Michelin*.

717 Vgl. Kommission, ABl. (EU) 2003 Nr. L 209/12 Rn. 165 *Viandes bovines francaises*; Kommission, ABl. (EU) 2003 Nr. L 153/1 Rn. 273 *Zinkphosphat*; Kommission, ABl. (EG) 2001 Nr. L 262/14 Rn. 107 *Volkswagen*; Kommission, ABl. (EU) 2003 Nr. L 255/1 Rn. 270 ff. *Methionin*; Kommission, ABl. (EG) 2002 Nr. L 69/1 Rn. 248 ff. *JCB*; Kommission, ABl. (EU) 2003 Nr. L 255/33 Rn. 374 *Nintendo*; Kommission, ABl. (EG) 2000 Nr. L 30/1 Rn. 118 *Virgin/British Airways*.

718 Vgl. auch die Übersicht zu schweren und besonders schweren Verstößen bei *Kindhäuser*, in: FK, Art. 81 EG-Vertrag Bußgeldrechtliche Folgen Rn. 124 f.

719 Vgl. Kommission, ABl. (EG) 2001 Nr. L 54/1 Rn. 131 *Nathan-Bricolux*; Kommission, ABl. (EG) 2000 Nr. L 5/55 Rn. 125 *Worldcup 98*; Kommission, ABl. (EG) 2001 Nr. L 331/40 Rn. 192 f. *Deutsche Post AG*.

720 Vgl. *Vocke*, wistra 2004, 408, 409.

721 Vgl. *Nowak/Pombo*, in: Loewenheim/Meessen/Riesenkampff, Art. 21 VerfVO Rn. 8.

weit reicht die mögliche Erfahrungstatsache nicht aus, dass relevante Beweismaterialien in Privaträumen aufbewahrt werden.[722]

Die Anforderungen können jedoch nicht derart weitreichend sein, dass man einen Verdacht i.S.v. Art. 21 Abs. 1 VO 1/2003 nur dann als begründet betrachtet, wenn die Kommission nachweisen kann, dass eine Nachprüfung in den Betriebs- und Geschäftsräumen nach Art. 20 Abs. 2, 6 VO 1/2003 zuvor fehlgeschlagen ist. Hierdurch würde man ein Stufenverhältnis zwischen Art. 20 und 21 VO 1/2003 annehmen, dass mit dem Nachprüfungszweck nicht in Einklang zu bringen ist. Denn würde man der Kommission auftragen sich stets vorab auf der Grundlage des Art. 20 Abs. 2, 6 VO 1/2003 davon zu überzeugen, dass sich keine Beweismittel (mehr) in den Räumlichkeiten des Unternehmens befinden, würde man den Überraschungseffekt der Nachprüfungen vereiteln und die potentielle Erfolglosigkeit der auf der Grundlage des Art. 21 Abs. 1, 4 VO 1/2003 durchzuführenden Nachprüfungen provozieren.[723] Ein Verdacht ist daher im Interesse der praktischen Wirksamkeit des Nachprüfungsverfahrens unabhängig davon begründet, ob die Kommission darlegen kann, dass eine Nachprüfung i.S.v. Art. 20 Abs. 2, 6 VO 1/2003 zuvor fehlgeschlagen ist.

Ausreichend ist vielmehr, dass der Auffindungsverdacht überhaupt durch konkrete Umstände belegbar ist. In Anlehnung an den Begriff des Anfangsverdachts i.S.v. § 152 Abs. 2 StPO wird es als ausreichend zu erachten sein, dass konkrete Tatsachen bestehen, die auf relevante Beweismittel in den Privaträumen hinweisen. Keineswegs muss der Verdacht in einer Weise substantiiert werden, die es als hinreichend oder gar dringend wahrscheinlich erscheinen lässt, dass die Unterlagen in den privaten Räumlichkeiten zu finden sein werden. Einzig bloße Vermutungen rechtfertigen es nicht, um in einen „begründeten Verdacht" zu münden und eine Nachprüfung i.S.v. Art. 21 Abs. 1, 4 VO 1/2003 zu rechtfertigen. Eine solche konkrete Tatsache kann im Rahmen einer Nachprüfung in Geschäftsräumen gewonnen werden oder den Einlassungen eines Informanten zu entnehmen sein.[724]

Dass der jeweilige Hinweis durch weitere Quellen rückbestätigt wird, so dass eine höhere Gewähr für die Richtigkeit des Verdachts besteht, kann allerdings nicht gefordert werden. Denn Ziel einer Nachprüfung i.S.v. Art. 21 Abs. 1, 4 VO 1/2003 ist es, Beweismittel erst aufzufinden. Zudem agieren Kartellmitglieder im Regelfall konspirativ, so dass eine weiterreichende Begründungspflicht aus Mangel an auffindbaren Hinweisen zur praktischen Undurchführbarkeit des Nachprüfungsverfahrens i.S.v. Art. 21 Abs. 1, 4 VO 1/2003 führen würde. Trotz der Grundrechtsrelevanz der Maßnahme sind angesichts des frühen Ermittlungsstadiums daher nur sehr geringe Anforderungen an die Substantiierung der Verdachtsgründe zu stellen.

Unterstrichen wird diese Betrachtungsweise durch eine vergleichende Betrachtung der englischen Wortlautfassung des Art. 21 Abs. 1 VO 1/2003, die eine Nachprüfung in Privaträumen von einer „reasonable suspicion" abhängig macht. Anders als die

---

[722] Vgl. *Bechtold/Bosch/Brinker/Hirsbrunner*, EG-Kartellrecht, Art. 21 VO 1/2003 Rn. 2; *Friedmann*, Rechtsstaatliche Grundsätze, S. 19.

[723] Ebenso *Nowak/Pombo*, in: Loewenheim/Meessen/Riesenkampff, Art. 21 VerfVO Rn. 21.

[724] Vgl. *Miersch*, in: Grabitz/Hilf, nach Art. 83 EGV, Art. 21 Rn. 5.

Formulierung des „begründeten Verdachts" im deutschen Recht bildet die „reasonable suspicion" im englischen Recht eine gebräuchliche Begrifflichkeit. Sie kennzeichnet den geringsten Verdachtsgrad im britischen Strafverfahrensrecht, der die Anwendung einzelner polizeilicher Ermittlungsmaßnahmen mit Zwangscharakter legitimiert. So setzt die Befugnis, eine Person oder ein Fahrzeug anzuhalten und zu durchsuchen „reasonable suspicion that he will find stolen or prohibited articles" voraus (vgl. Sec. 1 (3) Police and Criminal Evidence Act 1984). Die Begriffe reasonable suspicion werden im Gesetz nicht ausdrücklich in allgemeiner Form definiert. Für den vernünftigen Verdacht, den Sec. 1 (3) Police and Criminal Evidence Act 1984 voraussetzt, gibt der Code of Practice A § 1.6 f. jedoch folgende Erklärung: "Whether reasonable grounds for suspicion exist will depend on the circumstances in each case but there must be some objective basis for it. (...) Reasonable suspicion can never be supported on the basis of personal factors alone. Nor may it be founded on the basis of stereotyped images of certain persons or groups as more likely to be committing offences."

Von den einen Verdacht begründenden Umständen werden daher bloße Vermutungen und Gerüchte ausgeschieden. Ein Verdacht ist im englischen Recht niemals „vernünftig", wenn Personen bspw. nur wegen ihrer Zugehörigkeit zu einer ethnischen Minderheit angehalten und durchsucht werden. Stets bedarf es einer auf objektiven Gründen beruhenden Anfangsverdächtigung im Einzelfall. Andererseits erfährt ein Verdacht bereits eine ausreichende Objektivierung in vorstehend genanntem Falle, wenn eine Person der Beschreibung eines Verdächtigen ähnelt oder wenn eine Person bei Zusammentreffen mit Polizeibeamten flüchtet.[725]

Die Beispiele belegen, dass ein Verdacht als vernünftig bezeichnet werden kann, sofern überhaupt objektive Gründe für ihn vorliegen. Überträgt man diese Auslegung auf Art. 21 Abs. 1 VO 1/2003 werden auch bei Zugrundelegung des englischen Begriffsverständnisses nur sehr geringe Anforderungen an die Substantiierung des Verdachts zu stellen sein.

Zusammenfassend ist festzuhalten, dass das Verdachtsmoment i.S.v. Art. 21 Abs. 1 VO 1/2003 bei Vorliegen *eines* Hinweises über beweiserhebliche Geschäftsunterlagen in Privaträumen in der Regel gegeben sein wird. Die kartellbehördliche Ermittlungstätigkeit wird daher im Regelfall nicht am Kriterium des begründeten Verdachts scheitern. Der Rechtsschutzgehalt, der dem materiellrechtlichen Erfordernis eines begründeten Verdachts i.S.v. Art. 21 Abs. 1 VO 1/2003 zuzumessen ist, ist im Ergebnis als gering zu bewerten.

bb) Mitgliedstaatlicher Richtervorbehalt i.S.v. Art. 21 Abs. 3 VO 1/2003

Einen besonderen Verfahrensschutz sieht Art. 21 Abs. 3 VO 1/2003 vor, indem „(e)ine gemäß Absatz 1 getroffene Entscheidung (...) nur mit der vorherigen Genehmigung des einzelstaatlichen Gerichts des betreffenden Mitgliedstaats vollzogen werden" darf.

Einer Berücksichtigung des mitgliedstaatlichen Richtervorbehalts bei der Bestimmung des Rechtsschutzstandards im Verfahren nach Art. 21 Abs. 1, 4 VO 1/2003 ste-

---

[725] Vgl. eingehend zum Begriff der „reasonable suspicion" *Bevan/Lidstone*, Investigation, S. 4 ff.

hen keine Bedenken unter dem Gesichtspunkt der einheitlichen Wirksamkeit des Gemeinschaftsrechts entgegen. Anders als im Verfahren nach Art. 20 Abs. 2, 6 VO 1/2003 ist die präventive richterliche Kontrolle bei Nachprüfungen in Privaträumen zwingend und selbst dann vorgesehen, wenn das nationale Recht eine derartige Kontrolle nicht vorsieht.[726] Die verfahrensrechtliche Vorgabe des Art. 21 Abs. 3 VO 1/2003 wirkt demnach gleichermaßen und einheitlich in allen Mitgliedstaaten. Der hierdurch vermittelte Rechtsschutz wird daher im Rahmen der folgenden Untersuchung in die Bewertung einfließen.[727]

Die dabei auszuübende richterliche Kontrolltätigkeit folgt - ebenso wie Art. 20 Abs. 8 VO 1/2003 - in enger Auslegung den im *Hoechst*- und *Roquette*-Urteil formulierten Vorgaben des EuGH.[728] Die richterliche Kontrolltätigkeit beschränkt sich gemäß Art. 21 Abs. 3 UAbs. 1 Satz 2 VO 1/2003 auf die Prüfung der „Echtheit der Entscheidung der Kommission und dass die beabsichtigten Zwangsmaßnahmen weder willkürlich noch unverhältnismäßig sind". „Das einzelstaatliche Gericht darf jedoch (...) (nicht) die Notwendigkeit der Nachprüfung in Frage stellen" (vgl. Art. 21 Abs. 3 UAbs. 2 Satz 1 VO 1/2003). „Die Prüfung der Rechtmäßigkeit der Kommissionsentscheidung ist dem Gerichtshof vorbehalten" (vgl. Art. 21 Abs. 3 UAbs. 2 Satz 2 VO 1/2003). Zur Entscheidungsfindung kann „(d)as einzelstaatliche Gericht die Kommission unmittelbar oder über die Wettbewerbsbehörde des betreffenden Mitgliedstaats um ausführliche Erläuterungen zu den Punkten ersuchen, deren Kenntnis zur Prüfung der Verhältnismäßigkeit der beabsichtigten Zwangsmaßnahme erforderlich ist" (Art. 21 Abs. 3 UAbs. 1 Satz 3 VO 1/2003). „Das einzelstaatliche Gericht darf jedoch (...) (nicht) die Übermittlung der in den Akten der Kommission enthaltenen Informationen verlangen" (Art. 21 Abs. 3 UAbs. 2 Satz 1 VO 1/2003).

Das Maß an Rechtsschutz, das die präventive richterliche Kontrolle i.S.v. Art. 21 Abs. 3 VO 1/2003 vermittelt, ist im Wege der Auslegung des gemeinschaftsrechtlichen Prüfungskanons zu entwickeln.[729] Gleichermaßen wie beim Richtervorbehalt nach Art. 20 Abs. 8 VO 1/2003 entscheidet die Art und das Ausmaß der gerichtlichen Kontrolle darüber, welcher Wert ihr beizumessen ist.

---

[726] Vgl. *Riley*, ECLR 2003, 604, 609.

[727] Vgl. zur Bedeutung einheitlicher Maßstäbe bei der Bestimmung gemeinschaftsrechtlicher Grundsätze bereits A.III.2.c) aa) (1).

[728] Vgl. Erwägungsgrund Nr. 27 Satz 1 VO 1/2003; EuGH, Urteil vom 22.10.2002, Rs. C-94/00, Slg. 2002, I-9011, 9057 Rn. 39 *Roquette Frères SA*; EuGH, Urteil vom 21.09.1989, verb. Rs. 46/87 und 227/88, Slg. 1989, 2859, 2928 Rn. 35 *Hoechst*. Der Regelung des Art. 21 Abs. 3 VO 1/2003 kommt daher lediglich eine klarstellende Funktion zu, da nicht ausgeschlossen ist, dass manche Richter dazu neigen, auf gemeinschaftliche Ermittlungsmaßnahmen einzelstaatliche Maßstäbe anzuwenden.

[729] Prüfungsverschärfende und –mildernde Regelungen in den Mitgliedstaaten können bei der Bestimmung des Rechtsschutzmaßstabes keine Berücksichtigung finden; vgl. A.III.2.d) bb) (1) vor (a).

Die Darstellung konzentriert sich hierbei auf die Frage, ob der materiellrechtliche Prüfungsspielraum bei der Verhältnismäßigkeits- und Willkürprüfung mit den Aussagen zur entsprechenden Prüfung im Rahmen des Art. 20 Abs. 8 VO 1/2003 übereinstimmt.

In Bezug auf die übrigen Aspekte, die den durch einen Richtervorbehalt vermittelten Rechtsschutzstandard definieren, wird auf die Ausführungen zu Art. 20 Abs. 8 VO 1/2003 verwiesen. Eine richterliche Anordnung ergeht demnach nur, wenn der Richter von den eingriffsbegründenden Tatsachen vollständig überzeugt ist. Eine Glaubhaftmachung genügt nicht.[730] Weiter bedingt die Prüfung der Echtheit der Entscheidung eine formellrechtliche Kontrolle, die den Grundsätzen entspricht, die zu Art. 20 Abs. 8 Satz 1 VO 1/2003 entwickelt wurden.[731] Die richterliche Überzeugungsbildung erfolgt - entgegen dem Gesetzeswortlaut des Art. 20 Abs. 8 Satz 3 VO 1/2003 und Art. 21 Abs. 3 UAbs. 2 Satz 1 VO 1/2003 – im Regelfall anhand der Kommissionsakten, die dem mitgliedstaatlichen Gericht zu übermitteln sind.[732] Nur sofern öffentliche Geheimhaltungsinteressen einer Aktenvorlage entgegenstehen, wird die Kommission eine mündliche Übermittlung der relevanten Informationen rechtmäßigerweise vornehmen können.[733] Kaum praktische Wirkung entfaltet darüber hinaus das Vorabentscheidungsverfahren nach Art. 234 EG, das unabhängig davon, ob eine Nachprüfung in Geschäfts- oder Privaträumen erfolgt, strengen primärrechtlichen Vorgaben unterliegt, die die rechtsschutzsichernde Funktion des Vorabentscheidungsverfahrens auf Ausnahmefälle reduzieren.[734]

Gemäß Art. 20 Abs. 8 VO 1/2003 ist die materiellrechtliche Prüfungskompetenz des mitgliedstaatlichen Gerichts bei Nachprüfungen in Betriebs- und Geschäftsräumen auf den Maßstab der Evidenz reduziert; d.h. nur die Genehmigung von offensichtlich unverhältnismäßigen[735] oder offensichtlich willkürlichen[736] Zwangsmaßnahmen darf abgelehnt werden.

Eine über das Kriterium der Offensichtlichkeit hinausgehende materiellrechtliche Prüfung der beantragten Zwangsmaßnahme nach Art. 21 Abs. 3 VO 1/2003 wird durch deren Wortlaut nahegelegt, der die richterlichen Prüfungskompetenzen differenzierter als in Art. 20 Abs. 8 VO 1/2003 dargelegt. In Bezug auf die materiellrechtliche Prüfung der Verhältnismäßigkeit und Willkür hebt er in Art. 21 Abs. 3 UAbs. 1 Satz 2 VO 1/2003 explizit hervor, dass diese „insbesondere an der Schwere der zur Last gelegten

---

730 Vgl. A.III.2.d) bb) (1) (a).

731 Vgl. A.III.2.d) bb) (1) (b).

732 Nach dem Wortlaut des Art. 21 Abs. 3 UAbs. 1 Satz 3 VO 1/2003 kann das Gericht Erläuterungen nur zu Punkten der Verhältnismäßigkeit anfordern. Die Prüfung der Willkürfreiheit ist zwar nicht ausdrücklich genannt, wird aber ebenfalls gemeint sein, da eine sachliche Rechtfertigung für einen auf den Gesichtspunkt der Verhältnismäßigkeit beschränkten Informationsverschaffungsanspruch nicht ersichtlich ist; vgl. *Miersch*, in: Grabitz/Hilf, nach Art. 83 EGV, Art. 21 Rn. 18.

733 Vgl. A.III.2.d) bb) (1) (e) (bb).

734 Vgl. A.III.2.d) bb) (1) (f).

735 Vgl. A.III.2.d) bb) (1) (d) (cc).

736 Vgl. A.III.2.d) bb) (1) (c) (bb).

Zuwiderhandlung, der Wichtigkeit des gesuchten Beweismaterials, der Beteiligung des betreffenden Unternehmens und der begründeten Wahrscheinlichkeit, dass Bücher und Geschäftsunterlagen, die sich auf den Gegenstand der Nachprüfung beziehen, in den Räumlichkeiten aufbewahrt werden, für die die Genehmigung beantragt wird, (gemessen werden)."

Der Aussagegehalt dieser Tatsache wird jedoch durch das Urteil des EuGH in der Rs. *Roquette Frères* relativiert. Dort hebt der EuGH in Bezug auf eine Nachprüfung in *Betriebs- und Geschäftsräumen* hervor, dass die „nationale Stelle bei der Kontrolle der Verhältnismäßigkeit einer solchen Maßnahme Gesichtspunkte wie die Schwere der behaupteten Zuwiderhandlung, die Natur der Verwicklung des betroffenen Unternehmens oder die Bedeutung dessen, wonach gesucht wird, nicht unberücksichtigt lassen" darf.[737] Der Formulierung des EuGH kommt daher eine Vorbildfunktion für die entsprechende Textpassage in Art. 21 VO 1/2003 zu. Andererseits ist Art. 20 Abs. 8 VO 1/2003 im Lichte dieser Rechtsprechung auszulegen. Die im Vergleich zum Wortlaut des Art. 21 VO 1/2003 bestehenden Unterschiede in der Ausformulierung des Art. 20 VO 1/2003 werden im Wege der Auslegung angeglichen, so dass die terminologischen Unterschiede nur scheinbarer Natur sind.[738]

Eine im Vergleich zu Art. 20 Abs. 8 VO 1/2003 intensivierte Prüfungsbefugnis könnte aus dem Ergebnis resultieren, dass Privaträume in den Verfassungen der Mitgliedstaaten oftmals einen höheren grundrechtlichen Schutz genießen als Betriebs- und Geschäftsräume.[739] Ungeachtet der Tatsache, dass auch Betriebs- und Geschäftsräume als schützenswerte grundrechtliche Sphäre im Gemeinschaftsrecht anerkannt sind,[740] unterliegt auch der grundrechtliche Schutz der räumlichen Privatsphäre der Einschränkung durch widerstreitende öffentliche Interessen. Die Prüfungsbefugnis i.S.v. Art. 21 Abs. 3 UAbs. 1 VO 1/2003, die zu Gunsten der individuellen Interessen auf Grundrechtsschutz eintritt, konkurriert mit dem Erfordernis der einheitlichen Anwendung des Gemeinschaftsrechts, wie Art. 21 Abs. 3 UAbs. 2 VO 1/2003 verdeutlicht.

D.h. auch im Rahmen des Art. 21 Abs. 3 VO 1/2003 ist es im Grundsatz dem nationalen Gericht verboten, Gemeinschaftsrechtsakte, hier in Gestalt der Nachprüfungsentscheidung, in Abrede zu stellen.

Eine Ausnahme ist nur anerkannt, sofern die Rechtswidrigkeit des Sekundärrechtsaktes gleichsam evident ist.[741] Art. 21 Abs. 3 VO 1/2003 ist daher denselben primärrechtlichen Einschränkungen unterworfen wie Art. 20 Abs. 8 VO 1/2003. Eine erweiterte Prüfungsbefugnis muss sich diesen Prämissen beugen und findet in ihnen ihre Grenzen.

---

737 EuGH, Urteil vom 22.10.2002, Rs. C-94/00, Slg. 2002, I-9011, 9067 Rn. 79 *Roquette Frères SA*.

738 Ebenso *Kerse/Khan*, EC Antitrust Procedure, Rn. 3-066.

739 Vgl. hierzu eingehend A.II.3.

740 Vgl. A.III.2.a).

741 Vgl. A.III.2.d) bb) (1) (c) (bb).

Selbst wenn dem Art. 21 Abs. 3 VO 1/2003 eine weitergehende Prüfungsbefugnis zugemessen werden sollte, bestünde hierfür aufgrund des primärrechtlichen Einheitlichkeitsgrundsatzes kein Raum. Zwar ist es de lege ferenda denkbar, den mitgliedstaatlichen Gerichten eine weitergehende Prüfungsbefugnis zuzusprechen. De lege lata findet dies jedoch keine Verankerung im Primärrecht. Auch wird nicht zu erwarten sein, dass die zukünftige Rechtsprechung der Gemeinschaftsgerichte die Prüfungsbefugnis im Verfahren nach Art. 21 Abs. 3 VO 1/2003 erweitern wird. Denn damit würde eine weitere Einschränkung des allgemeinen Rechtsgrundsatzes auf einheitliche Anwendung des Gemeinschaftsrechts einhergehen, was angesichts seiner Charakterisierung als „bedeutendes Verfassungsprinzip" des Gemeinschaftsrechts nicht zu erwarten ist. Bereits die im Rahmen der Rechtsprechung anerkannten Ausnahmen werden nur unter strengen Voraussetzungen anerkannt und finden eine geringe rechtspraktische Umsetzung.[742]

Hierzu steht es nicht in Widerspruch, dass Nachprüfungen in Geschäftsräumen und solche in Privaträumen im Gesetzgebungsverfahren in einem Artikel vereint waren (vgl. Art. 20 Abs. 2 lit. a), b) VO-E) und explizit aus dem Grunde getrennt wurden, um den Ausnahmecharakter einer Nachprüfung in Privaträumen zu unterstreichen.[743] Dieser Ausnahmecharakter hat angesichts der vorstehend genannten primärrechtlichen Vorgaben keine Auswirkung auf den richterlichen Prüfungsumfang i.S.v. Art. 21 Abs. 3 VO 1/2003. Ausdruck dieses Ausnahmecharakters ist vielmehr – neben der zwingenden richterlichen Kontrolle - die Statuierung eines zusätzlichen Eingriffsmerkmals in Gestalt des *begründeten* Verdachts (vgl. Art. 21 Abs. 1 VO 1/2003).[744] Zudem wurde eine über den Verordnungsentwurf hinausgehende Einschränkung der Ermittlungsbefugnisse in den Verordnungstext integriert. So ist eine Versiegelungsbefugnis als auch ein Auskunftsrecht bei Nachprüfungen in Privaträumen nicht vorgesehen.[745]

Eine vertiefte mitgliedstaatliche Rechtsmäßigkeitsprüfung der Nachprüfungsentscheidung leitet sich darüber hinaus nicht aus dem im Verfahren nach Art. 21 Abs. 3 VO 1/2003 vorgegebenen Prüfungszeitpunkt ab. Bei Nachprüfungen in Privaträumen bedarf - nach der h.L.[746] - bereits das Verfahren bis zum widersetzenden Verhalten des Nachprüfungsadressaten einer richterlichen Genehmigung. Im Unterschied hierzu besteht gemäß Art. 20 Abs. 6, 7 VO 1/2003 erst bei Überwindung von Widerstand ein derartiges Erfordernis. Für den richterlichen Prüfungskanon i.S.v. Art. 21 Abs. 3 VO 1/2003 ergeben sich daraus jedoch keine Konsequenzen. Unter rechtspraktischen Ge-

---

742 Vgl. A.III.2.d) bb) (1) (c) (cc).

743 Die Kommission soll mit anderen Worten nicht mit „Kanonen auf Spatzen schießen dürfen"; so *Sauter*, in: Dauses, H.I. § 3 Rn. 75.

744 In der Rechtspraxis ist dem „begründeten Verdacht" i.S.v. Art. 21 Abs 1 VO 1/2003 allerdings nur eine geringe Rechtsschutzwirkung beizumessen; vgl. A.III.3.c) aa).

745 Anders noch Art. 20 Abs. 2 lit. e), f) VO-E.

746 Vgl. *Schütz*, in: Gemeinschaftskommentar, VO 1/2003, Artikel 21 Rn. 3; *Sauter*, in: Dauses, H.I. § 3 Rn. 77, 79; *Miersch*, in: Grabitz/Hilf, nach Art. 83 EGV, Art. 21 Rn. 15; *Friedmann*, Rechtsstaatliche Grundsätze, S. 155; *Hertogen*, CJEL, 10 (2003) 137, 149.

sichtspunkten ist hieraus nicht der Schluss zu ziehen, dass bereits das innerstaatliche Gericht die Rechtmäßigkeit der Nachprüfung selbst überprüfen müsste. Eine Wechselbeziehung zwischen dem Prüfungszeitpunkt und den Prüfungskriterien findet keine normative Grundlage in der VO 1/2003. Unabhängig vom Prüfungszeitpunkt bestimmt sich die Prüfungsintensität des Ermittlungsrichters nach Art. 21 Abs. 3 UAbs. 1 Satz 2 VO 1/2003. Hiernach prüft das Gericht die Echtheit der Nachprüfungsentscheidung der Kommission und dass die beabsichtigten Zwangsmaßnahmen weder willkürlich noch unverhältnismäßig sind. Die Prüfung der Nachprüfungsentscheidung obliegt gemäß Art. 21 Abs. 3 UAbs. 2 VO 1/2003 den Gemeinschaftsgerichten.[747]

Im Ergebnis unterliegt die richterliche Kontrolle damit denselben primärrechtlichen Einschränkungen wie eine solche nach Art. 20 Abs. 8 VO 1/2003. Eine materiellrechtliche Prüfungsbefugnis in Bezug auf die Aspekte der Verhältnismäßigkeit und Willkür kann auch bei Nachprüfungen in Privaträumen nicht über eine Evidenzkontrolle hinausreichen.

Der stets zu beachtende Richtervorbehalt bei Nachprüfungen in Privaträumen wird daher – ebenso wie der Richtervorbehalt in Art. 20 Abs. 8 VO 1/2003 - nur in seltenen Einzelfällen einen Beitrag zum Rechtsschutz leisten können.

cc) Allgemeine Verfahrensrechte und –garantien

Neben dem Erfordernis eines „begründeten" Verdachts i.S.v. Art. 21 Abs. 1 VO 1/2003, dem mitgliedstaatlichen Richtervorbehalt i.S.v. Art. 21 Abs. 3 VO 1/2003 und dem damit verbundenen Vorabentscheidungsverfahren nach Art. 234 EG leitet sich der Rechtsschutzstandard zu Gunsten des von einer Nachprüfung Betroffenen aus den allgemeinen Verfahrensrechten und –garantien her, die auch im Verfahren des Art. 20 Abs. 2, 6 VO 1/2003 insbesondere in Form allgemeiner Rechtsgrundsätze Berücksichtigung finden. Sie werden im Folgenden im Überblick dargestellt. Es wird hierbei danach unterschieden, ob sie in Bezug auf den Rechtseingriff eine präventive oder repressive Schutzfunktion ausüben.[748]

---

[747] Praktische Konsequenz dieses Normverständnisses ist das Erfordernis einer zweifachen richterlichen Genehmigung. Zunächst obliegt dem nationalen Richter die Kontrolle der Echtheit der Nachprüfungsentscheidung. Erst, wenn ein widersetzendes Verhalten des Nachprüfungsadressaten festgestellt werden sollte, wäre die zur Überwindung des Widerstandes erforderliche mitgliedstaatliche Zwangsmaßnahme auf ihre Verhältnismäßigkeit und Willkürfreiheit hin zu überprüfen. Die hiermit angedeutete zeitliche Zäsur der richterlichen Mitwirkung ist allerdings rein theoretischer Natur, da es die Beweisvereitelungsgefahr in der Rechtspraxis ausschließt, erst die Kooperationsbereitschaft des Betroffenen in Erfahrung zu bringen. In der Regel wird das nationale Gericht demnach auch bereits bei der Genehmigung der Nachprüfungsbefugnisse i.S.v. Art. 21 Abs. 1, 4 Satz 1 VO 1/2003 die Zulässigkeit (eventuell erforderlicher) mitgliedstaatlicher Zwangsmaßnahmen prüfen müssen.

[748] Vgl. zu dieser Differenzierung bereits A.III.2.c).

(1) Präventiver Rechtsschutz

(a) Anwaltlicher Beistand

Eine erhöhte Gewähr an Rechtsstaatlichkeit des Verfahrens könnte durch die anwaltliche Aufsicht der Nachprüfungsvornahme hergestellt werden, die die Interessen des Nachprüfungsadressaten vor Ort sichert und damit die Gefahr eines rechtswidrigen Vorgehens der Ermittlungsbeamten reduziert. Grundsätzlich besteht ebenso wie bei einer Nachprüfung i.S.v. Art. 20 Abs. 2, 6 VO 1/2003 auch im Verfahren nach Art. 21 Abs. 1, 4 VO 1/2003 die primärrechtliche Befugnis, zur Sicherung der betroffenen Rechtspositionen, einen anwaltlichen Beistand hinzuzuziehen.[749]

Der Anwesenheit eines Anwalts während der Nachprüfungen der Kommission wird allerdings aus faktischen Gründen oftmals nicht der rechtsschutzsichernde Effekt beigemessen werden können, der ihm potentiell eigen ist. Denn auch bei Nachprüfungen gemäß Art. 21 Abs. 1, 4 VO 1/2003 besteht kein Anspruch darauf, das Eintreffen des Anwalts abzuwarten. Denn gleichermaßen wie bei Nachprüfungen in Unternehmen besteht bei unangekündigten Nachprüfungen in Privaträumen die nicht auszuschließende Gefahr, dass der Adressat der Nachprüfungsentscheidung oder Dritte motiviert sein werden, unmittelbar nach Zustellung der Nachprüfungsentscheidung Beweismittel zu unterdrücken.

(b) Legal Privilege

Auch in Fällen fehlenden anwaltlichen Beistands steht es den Betroffenen frei, auf die Einhaltung der Schranken der weitreichenden Nachprüfungsbefugnisse zu drängen. Eine diesbezügliche Einschränkung erfährt die Nachprüfungsbefugnis der Kommission durch das - als allgemeinen Rechtsgrundsatz des Gemeinschaftsrechts verankerte - Verbot, auf den vertraulichen Schriftverkehr zwischen Anwalt und Nachprüfungsadressat zuzugreifen. Unter den als „Legal Privilege" thematisierten Vertraulichkeitsschutz fallen solche Schriftstücke, die im Rahmen und im Interesse des Rechts des Mandanten auf Verteidigung mit einem unabhängigen, d.h. nicht unternehmensinternen Rechtsanwalt geführt worden sind.[750]

(c) Begründung der Nachprüfungsentscheidung

Aus Gründen der Verfahrensfairness wird die Geltendmachung des vorstehenden Rechts durch die Pflicht zur Begründung der Nachprüfungsentscheidungen gemäß Art. 21 Abs. 2 Satz 1 VO 1/2003 i.V.m. Art. 253 EG gewährleistet.[751]

---

[749] Der primärrechtliche Ursprung dieses Rechts bedingt zugleich, dass die Ausführungen unter A.III.2.c) aa) (5) auch im Verfahren nach Art. 21 Abs. 1, 4 VO 1/2003 Gültigkeit besitzen.

[750] Vgl. zum „Legal Privilege" bereits eingehend die Ausführungen unter A.III.2.c) aa) (6), die aufgrund des primärrechtlichen Ursprungs dieses Rechtsgrundsatzes auch im Verfahren nach Art. 21 Abs. 1, 4 VO 1/2003 zu berücksichtigen sind.

[751] Vgl. zum Begründungszweck bereits A.III.2.c) aa) (7). Sowohl im Verfahren nach Art. 20 Abs. 2, 6 VO 1/2003 als auch i.S.v. Art. 21 Abs. 1, 4 VO 1/2003 liegen den Begründungsanforderungen

(d) Einstweiliger Rechtsschutz

Keine praktische Bedeutung kommt hingegen der Gewähr einstweiligen Rechtsschutzes i.S.v. Art. 242 Satz 2 EG, Art. 243 EG zu. Das Fehlen einer frühzeitigen Benachrichtigung des Nachprüfungsadressaten von der bevorstehenden Ermittlungsmaßnahme, verhindert das zeitgerechte Einreichen eines Antrags auf einstweiligen Rechtsschutz. Denn die Bearbeitung eines im unmittelbaren Anschluss an die Zustellung der Nachprüfungsentscheidung formulierten Antrags wird in der Regel längere Zeit in Anspruch nehmen als die Nachprüfung selbst.[752]

(e) Anhörung

Das Fehlen einstweiligen Rechtsschutzes wird darüber hinaus nicht durch eine Anhörung des Betroffenen kompensiert, die grundsätzlich einen wesentlichen Beitrag zur Effizienz und Transparenz eines Verwaltungsverfahrens sowie zur Sachrichtigkeit einer Verwaltungsentscheidung zu leisten vermag.[753] Denn eine Anhörung des Nachprüfungsadressaten, die kausal dafür sein könnte, die exekutive Willensbildung zu seinen Gunsten zu beeinflussen, findet im Nachprüfungsverfahren des Art. 21 Abs. 1, 4 VO 1/2003 ebenfalls nicht statt.

Die sekundärrechtlichen Regelungen des Art. 27 Abs. 1 Satz 1 VO 1/2003 i.V.m. Art. 10 ff. VO 773/2004, die das Anhörungsverfahren der Kommission festlegen, sehen eine Anhörung vor einem Entscheidungserlass i.S.v. Art. 21 Abs. 1, 4 VO 1/2003 nicht vor. Die Anhörung der mitgliedstaatlichen Behörde nach Art. 21 Abs. 2 Satz 2 VO 1/2003 ersetzt überdies nicht, die fehlende Anhörung des Nachprüfungsadressaten. Denn ebenso wie in Bezug auf Art. 20 Abs. 4 Satz 3 VO 1/2003 ist die Kommission nicht an die Stellungnahme der mitgliedstaatlichen Wettbewerbsbehörde gebunden. Einer Ableitung eines Anspruchs auf rechtliches Gehör aus dem Primärrecht steht wiederum das ebenfalls primärrechtliche Gebot des effektiven Wettbewerbsschutzes entgegen, das bei der Gewährung eines primärrechtlichen Anhörungsanspruchs vereitelt würde.[754]

(f) Selbstkontrollmechanismen der Kommission

Ebenso wie im Verfahren nach Art. 20 Abs. 2, 6 VO 1/2003 ist das Fehlen effektiven Präventivrechtsschutzes nicht angesichts etwaiger Selbstkontrollmechanismen der Kommission entbehrlich.[755] Auch eine Nachprüfung gemäß Art. 21 Abs. 1, 4 VO 1/2003 ist wie das gesamte kartellrechtliche Ermittlungsverfahren kommissionsintern bei der Generaldirektion für Wettbewerb konzentriert.

---

jeweils die Zielsetzungen des Art. 253 EG zugrunde.

[752] Vgl. hierzu eingehend A.III.2.c) aa) (2).

[753] Vgl. *Nehl*, in: Nowak/Cremer, 135, 143 f.

[754] Vgl. A.III.2.c) aa) (4).

[755] Vgl. hierzu eingehend A.III.2.c) aa) (3).

(2) Repressiver Rechtsschutz

(a) Rechtsschutz durch die Gerichtsbarkeit der Gemeinschaft und der Mitgliedstaaten

Ein zentrales Merkmal repressiver Rechtsschutzgewähr besteht in der Befugnis, die Gerichte der Gemeinschaften und der Mitgliedstaaten anzurufen. Nachprüfungsentscheidungen der Kommission i.S.v. Art. 21 Abs. 1 VO 1/2003 unterliegen als Rechtsakte der Gemeinschaft der Anfechtungsmöglichkeit i.S.v. Art. 230 Abs. 4 EG vor dem EuG.[756] Aus einer angefochtenen Nachprüfungsentscheidung folgt zugleich ein Verwertungsverbot der auf ihrer Grundlage gewonnenen Informationen.[757]

Die Vollstreckung einer Nachprüfungsentscheidung durch die zuständige mitgliedstaatliche Verwaltung ist hingegen einer nationalen richterlichen Rechtmäßigkeitskontrolle unterworfen, in deren Rahmen Auslegungsfragen des Gemeinschaftsrechts in Kooperation mit dem EuGH nach Art. 234 EG zu klären sind. Eine für rechtswidrig befundene Vollzugsmaßnahme hat hierbei im Regelfall zugleich ein Beweisverwertungsverbot zur Folge.[758]

(b) Verwertungsbeschränkung (Art. 28 Abs. 1 VO 1/2003) und Amtsverschwiegenheit (Art. 28 Abs. 2 VO 1/2003)

Gemäß Art. 28 Abs. 1 VO 1/2003 darf die Verwertung der erlangten Informationen – mit Ausnahme der Befugnisse nach Art. 12 und 15 VO 1/2003 - nur zu dem Zweck erfolgen, zu dem sie eingeholt wurden.

Zweck i.S.d. Art. 28 Abs. 1 VO 1/2003 ist gleich bedeutend mit dem in der Nachprüfungsentscheidung anzugebenden konkreten Zweck der Ermittlung. Es ist unzulässig, die Kenntnisse zur Feststellung von Zuwiderhandlungen gegen Art. 81 und 82 EG zu verwerten, die durch den Nachprüfungszweck nicht gedeckt sind.[759]

Gleichwohl ist das System der in Art. 28 Abs. 1 VO 1/2003 angelegten Verwertungsverbote untauglich in jedem Fall eine Verwertung zu Lasten des Betroffenen zu vermeiden.[760] Denn sofern das Handeln der Kommission rechtswidrig ist, wird die

---

[756] Eine Anfechtung der Nachprüfungsentscheidung gemäß Art. 230 Abs. 4 EG steht der natürlichen Person, in deren Privatsphäre eingegriffen wird, auch dann zu, wenn nicht sie, sondern das Unternehmen als Adressat der Nachprüfungsentscheidung angesehen wird (vgl. zum diesbezüglichen Streitstand *Nowak/Pombo*, in: Loewenheim/Meessen/Riesenkampff, Art. 21 VerfVO Rn. 20 i.V.m. Rn. 11 m.w.N.; vgl. ebenso *de Bronett*, EU-Kartellverfahrensrecht, Artikel 21 Rn. 2). In diesem Fall wären die von Nachprüfungen i.S.v. Art. 21 Abs. 1, 4 VO 1/2003 direkt betroffenen Personen zwar als Drittbetroffene zu qualifizieren; auf Grund der in diesen Fällen zweifellos zu bejahenden „unmittelbaren und individuellen Betroffenheit" i.S. des Art. 230 Abs. 4 EG wäre aber deren Klagebefugnis nicht in Frage gestellt.

[757] Vgl. A.III.2.c) bb) (1).

[758] Vgl. A.III.2.c) bb) (1).

[759] Vgl. hierzu A.III.2.c) bb) (3).

[760] Vgl. *Dallmann*, Nachprüfung, S. 133.

Kenntnisnahme der Ermittler vom Inhalt der geprüften Unterlagen faktisch nicht mehr ungeschehen zu machen sein.[761]

Gleichermaßen wie im Verfahren nach Art. 20 Abs. 2, 6 VO 1/2003 schützt Art. 28 Abs. 2 VO 1/2003 vor der Preisgabe von Informationen, die bei einer Nachprüfung nach Art. 21 Abs. 1, 4 VO 1/2003 zur Kenntnis der Beteiligten Kommissionsbediensteten und mitgliedstaatlichen Beamten gelangten.[762]

(c) Schadensersatzpflicht

Die Gefahr geldwerter Schäden, die mit einer Nachprüfung einhergeht, wird durch die Möglichkeit eines Schadensersatzanspruchs i.S.v. Art. 288 Abs. 2 EG bzw. nach nationalem Recht ausgeglichen.[763] Schwerer als ein auf diesem Wege kompensierbarer materieller Schaden an den geprüften Räumlichkeiten und Gegenständen wiegt allerdings die - finanziell nicht ausgleichbare - Beeinträchtigung des öffentlichen Ansehens, das bei einer Nachprüfung in Privaträumen grundsätzlich stärker betroffen ist als bei einer Nachprüfung in Geschäftsräumen.

(3) Bewertung

Die stets im kartellrechtlichen Ermittlungsverfahren zu achtenden Verfahrensrechte und –garantien sind repressiv ausgerichtet. Der hierdurch vermittelte Individualrechtsschutz zugunsten der betroffenen Rechtsposition vermag im Grundsatz erst im Anschluss an einen Rechtseingriff zu wirken. Ein umfassender Schutz wird hierdurch zudem nicht gewährleistet. So ist der Nachprüfungsadressat der Gefahr ausgesetzt, dass das strenge Beweisverwertungsverbot aus faktischen Gründen umgangen werden kann. Zudem ist die Gefahr finanzieller Einbußen, die mit einem Ansehensverlust in der Öffentlichkeit verbunden sind, vom Nachprüfungsadressaten zu tragen.

dd) Ergebnis

Trotz der stets zu beachtenden präventiven Hinzuziehung eines mitgliedstaatlichen Gerichts im Verfahren nach Art. 21 Abs. 1, 4 VO 1/2003 und des verschärften materiellen Verfahrensschutzes i.S. eines „begründeten Verdachts“ ist die verfahrensrechtliche Konzeption weiterhin auf eine repressive Rechtsschutzgewähr ausgerichtet. Von seltenen Ausnahmefällen abgesehen ist der Eingriff in die räumliche Privatsphäre daher zunächst hinzunehmen.

Ebenso wie im Verfahren nach Art. 20 Abs. 2, 6 VO 1/2003 gewährleisten die repressiven Rechtsschutzinstrumente nur unvollkommenen Schutz. Im Ergebnis besteht daher im Falle eines rechtswidrigen Vorgehens der Untersuchungsbehörden auch bei Nachprüfungen in „anderen“ Räumlichkeiten die Gefahr eines nicht-wiedergutzumachenden Schadens.

---

[761] Vgl. A.III.2.c) bb) (3).

[762] Vgl. hierzu A.III.2.c) bb) (2).

[763] Vgl. A.III.2.c) bb) (4).

d) *Abwägung der widerstreitenden Interessen*

Der Umstand, dass im Verfahren nach Art. 21 Abs. 1, 4 VO 1/2003 ein schwerer und nicht-wiedergutzumachender Schaden zu Lasten der betroffenen Grundrechtsposition droht, bedingt als solcher nicht, dass das Rechtsschutzsystem des Art. 21 Abs. 1, 4 VO 1/2003 mit den Anforderungen effektiver Rechtsschutzgewähr in Widerspruch steht. Die Gemeinschaftsrechtsordnung nimmt schwere und nicht-wiedergutzumachende Schäden an ihren Rechtsgütern hin, wenn deren Verletzung durch ein widerstreitendes öffentliches Interesse aufgewogen wird.

In Anlehnung an die Regelungen des einstweiligen Rechtsschutzes gemäß Art. 242 Satz 2, Art. 243 EG begründet das Eindringen in schwerer und nicht-wiedergutzumachender Weise in die geschützte Rechtssphäre des Betroffenen daher erst dann einen Richtervorbehalt bei den Gemeinschaftsgerichten, wenn bei Abwägung der widerstreitenden individuellen und öffentlichen Belange die Individualinteressen gegenüber den öffentlichen Interessen obsiegen; ihr erhöhter Schutz daher dringlich ist.[764]

Im Rahmen der Abwägung ist das Interesse des Nachprüfungsadressaten an einer präventiven Rechtskontrolle zur Vermeidung des zuvor festgestellten schweren und nicht-wiedergutzumachenden Schadens den eventuell schweren und nicht-wiedergutzumachenden Nachteilen gegenüberzustellen, die dem – im weiteren näher zu bestimmenden - öffentlichen Interesse bei Einführung einer verbindlichen richterlichen Vorabkontrolle drohen.[765]

Die Abwägung ist in Bezug auf zwei Fragestellungen durchzuführen, deren Beantwortung Aufschluss darüber geben wird, ob ein allgemeiner Rechtsgrundsatz des Gemeinschaftsrechts anzuerkennen ist, der einen Richtervorbehalt bei den Gemeinschaftsgerichten statuiert.

Ein Richtervorbehalt bei den Gemeinschaftsgerichten, der dem Primärrecht immanent ist, setzt zunächst voraus, dass ein Richtervorbehalt grundsätzlich erforderlich ist, um die Befugnisse nach Art. 21 Abs. 1, 4 VO 1/2003 mit den Anforderungen an eine effektive Rechtsschutzgewähr zu harmonisieren (sogleich aa)). Dem Umstand, dass Art. 21 VO 1/2003 in Abs. 3 einen sekundärrechtlichen Richtervorbehalt bei den Mitgliedstaaten vorsieht, kann im Rahmen der folgenden Abwägung nur eine indizielle Bedeutung zugemessen werden. Denn einer sekundärrechtlichen Norm können keine Aussagen für die Auslegung und Entwicklung des Primärrechts entnommen werden. Sollte ein primärrechtliches Erfordernis nach einem Richtervorbehalt im Verfahren des Art. 21 Abs. 1, 4 VO 1/2003 abzulehnen sein, würde der Richtervorbehalt in Art. 21 Abs. 3 VO 1/2003 als rechtspolitische Wertentscheidung des VO-Gebers erscheinen, die aus primärrechtlicher Sicht keineswegs zwingend ist.

---

764 Vgl. hierzu A.III.2.d) vor aa).

765 Vgl. hierzu A.III.2.d) vor aa).

Sofern das primärrechtliche Erfordernis besteht, einen Richtervorbehalt vorzusehen, ist im Anschluss der Frage nachzugehen, ob die präventive richterliche Kontrolle durch die Gemeinschaftsgerichte oder die Gerichte der Mitgliedstaaten erfolgen muss (sodann bb)).

aa) Erfordernis präventiver richterlicher Einschaltung im Verfahren nach Art. 21 Abs. 1, 4 VO 1/2003

Der allgemeine Rechtsgrundsatz effektiven Rechtsschutzes fordert die Gewähr präventiven Rechtsschutzes in Gestalt eines Richtervorbehalts, wenn ein solcher unumgänglich ist, um die Individualinteressen zu wahren. Dem Interesse des Nachprüfungsadressaten, namentlich der drohenden Beeinträchtigung seiner Rechtssphäre ohne Gewähr präventiven Rechtsschutzes, ist das Interesse der Gemeinschaftsorgane an der effizienten sofortigen Vollziehung der Nachprüfungsentscheidung gegenüberzustellen und mit diesem abzuwägen.

(1) Interessengewichtung

Durchzuführen ist eine Gewichtung der widerstreitenden Interessen, wie sie sich im Nachprüfungsverfahren des Art. 21 Abs. 1, 4 VO 1/2003 gegenüberstehen. Ein Überwiegen des öffentlichen Interesses an der effizienten sofortigen Vollziehung der Nachprüfungsentscheidung kommt nur in Betracht, wenn die Gemeinschaftsorgane bei einer präventiven richterlichen Kontrolle ihrerseits vor Schwierigkeiten bei der Wahrnehmung der ihnen überantworteten Aufgaben gestellt würden. Denn zugunsten des Individualinteresses an lückenloser Rechtsschutzgewähr streitet die stetige Gefahr eines schweren und nicht-wiedergutzumachenden Schadens. Wird das öffentliche Interesse bei der Statuierung eines Richtervorbehalts nicht in Abrede gestellt, sind unter dem Gesichtspunkt der Verhältnismäßigkeit des Eingriffs keine Gründe dafür ersichtlich, den Nachprüfungsadressaten der Gefahr eines schweren und nicht-wiedergutzumachenden Schadens auszusetzen.[766]

Eine Beeinträchtigung öffentlicher Interessen kommt nur in Betracht, wenn die richterliche Einschaltung im Vorfeld der Nachprüfungen den Nachprüfungszweck gefährdet. Gleichermaßen wie im Verfahren nach Art. 20 Abs. 2, 6 VO 1/2003 erscheint eine derartige Gefährdungslage jedoch als wenig realistisch. Denn der Überraschungseffekt einer Nachprüfung bleibt gewahrt, wenn es einer präventiven richterlichen Kontrolle bedarf. Denn auch im Falle des Art. 21 Abs. 1, 4 VO 1/2003 erfährt der Nachprüfungsadressat erst mit Vorlage der richterlichen Anordnung von der bevorstehenden Ermittlungsmaßnahme. Dass darüber hinaus die Verletzung der Geheimhaltungspflichten durch das zuständige Gericht im Vorfeld der Ermittlungen zu befürchten ist, wird auch im Verfahren nach Art. 21 Abs. 1, 4 VO 1/2003 als lebensfremd einzustufen sein.

Sind die individuellen Interessen daher nicht zugunsten einer drohenden Beeinträchtigung öffentlicher Interessen einzuschränken, stehen keine Gründe entgegen,

---

[766] Vgl. bereits A.III.2.d) aa) (1).

verschärfte Anforderungen an den Rechtsschutz im Nachprüfungsverfahren nach Art. 21 Abs. 1, 4 VO 1/2003 zu stellen. Gleichermaßen wie im Verfahren nach Art. 20 Abs. 2, 6 VO 1/2003 ist ein zwingender Richtervorbehalt in Gestalt eines allgemeinen Rechtsgrundsatzes des Gemeinschaftsrechts bei Nachprüfungen in Privaträumen als erforderlich anzusehen. In entsprechender Anwendung der Grundsätze zu Art. 20 Abs. 2, 6 VO 1/2003 bleiben die Fälle der Gefahr im Verzug hiervon allerdings ausgenommen.[767]

(2) Richtervorbehalt und Art. 307 EG, Art. 10 EG

Unterstrichen wird das vorstehende Abwägungsergebnis, sofern hierdurch eine Verletzung völkerrechtlicher Pflichten der am Verfahren der Kommission gemäß Art. 21 Abs. 4 Satz 2 i.V.m. Art. 20 Abs. 6 VO 1/2003 beteiligten Mitgliedstaaten vermieden wird. Rechtliche Relevanz entfaltet dieser Gesichtspunkt bei der Bestimmung allgemeiner Rechtsgrundsätze im Gemeinschaftsrecht über die Regelung des Art. 307 EG i.V.m. Art. 10 EG. Den Gemeinschaftsorganen obliegt gegenüber den Mitgliedstaaten eine Rücksichtnahme- und Loyalitätspflicht, keine gemeinschaftsrechtlichen Pflichten einzufordern, die die Mitgliedstaaten zu einem Bruch völkerrechtlicher Verpflichtungen drängen würde.[768]

Grundsätzlich entbindet der gemeinschaftsrechtliche Kontext, in dem die Mitwirkung der Mitgliedstaaten steht, diese nicht von einer Verantwortung gegenüber der EMRK.[769] Eine Individualbeschwerde gemäß Art. 34 EMRK, die das mitgliedstaatliche Wirken im Rahmen des Art. 21 VO 1/2003 als unvereinbar mit Art. 8 EMRK rügt, wird in jedem Falle dann Erfolg haben, wenn der Schutz von Konventionsrechten unter den Umständen des gegebenen Falles als „offenkundig ungenügend" anzusehen ist.[770] Primär ist hierbei entscheidend, inwieweit der durch das zwangsweise Eindringen der mitgliedstaatlichen Behörden hervorgerufene Eingriff in das von Art. 8 Abs. 1 EMRK geschützte Recht auf Schutz der räumlichen Privatsphäre als „notwendig" i.S.v. Art. 8 Abs. 2 EMRK zu betrachten ist, um den mit ihm verfolgten legitimen Zweck der Wirtschaftssicherung zu erreichen.

Besondere Berücksichtigung kommt dabei den verfahrensrechtlichen Sicherungen zu, die vor rechtswidrigen Eingriffen schützen sollen.[771] Dabei stellt sich die Frage, ob die zwangsweise Ausübung der Nachprüfungsbefugnisse durch die mitgliedstaatlichen Behörden dem Erfordernis eines Richtervorbehalts unterliegen muss. Ein Erst-Recht-Schluss aus der in Bezug auf Geschäftsräume aus Art. 8 EMRK abgeleiteten Aussage, dass die zwangsweise Durchsetzung einer Nachprüfungsentscheidung durch die Mitgliedstaaten einen Richtervorbehalt erfordert, ist aufgrund der im Hinblick auf Art. 20 Abs. 2, 6 VO 1/2003 unterschiedlichen Eingriffsvoraussetzungen und Verfahrensrech-

767 Vgl. A.III.2.d) aa) (1).

768 Vgl. A.III.2.d) aa) (2) vor (a).

769 Vgl. A.III.2.d) aa) (2) (a).

770 Vgl. hierzu eingehend A.III.2.d) aa) (2) (b) (bb).

771 Vgl. A.III.2.d) aa) (2) (b) (aa).

te nicht möglich. Es bedarf erneut der Bewertung anhand der Rechtsprechung des EGMR, die der Regelung des Art. 8 Abs. 2 EMRK weitergehende Kontur verleiht.

In den der Rs. *Funke*[772] und der Rs. *Cremieux*[773] zugrundeliegenden Sachverhalten durchsuchten französische Zollbehörden die Wohnung der Betroffenen. Hierbei hatten die Zollbehörden sehr weite Ermächtigungen; insbesondere waren sie ausschließlich zuständig, die Zweckmäßigkeit, die Zahl und das Ausmaß von Augenscheinen zu beurteilen. Einer präventiven richterlichen Kontrolle unterlagen sie hierbei nicht. Das Zusammentreffen dieser Befugnisse mit dem Fehlen eines Richtervorbehalts wurde vom EGMR als „zu lax und voller Schlupflöcher" bewertet, um die Rechte des Betroffenen vor rechtswidrigen Eingriffen zu schützen.[774] Der EGMR betonte, dass die Ausnahmen, die Art. 8 Abs. 2 EMRK vorsieht, *eng* interpretiert werden müssen und ihre Notwendigkeit in einem bestimmten Fall *überzeugend* sein muss.[775] Andererseits stand das Fehlen einer präventiven richterlichen Kontrolle in der Rs. *Camenzind*[776] einer Eingriffsrechtfertigung i.S.v. Art. 8 Abs. 2 EMRK nicht entgegen. In dem diesem Verfahren zugrundeliegenden Sachverhalt boten anderweitige umfangreiche Verfahrensvorkehrungen wie die Hinzuziehung eines Anwalts und eines unabhängigen Beobachters sowie die Beschränkung der Durchsuchung auf bestimmte elektronische Gegenstände einen ausreichenden Schutz zugunsten des Betroffenen.

In Anbetracht dieser Entscheidungen wird Art. 8 EMRK das mitgliedstaatliche Handeln i.S.d. Art. 21 Abs. 1, 4 VO 1/2003 einer vorhergehenden Kontrolle durch einen Richter unterwerfen. Denn ebenso wie in der Rs. *Funke* bzw. *Cremieux* wäre der von einem Eingriff Betroffene im Falle des fehlenden Richtervorbehalts schutzlos darin, die negativen Eingriffsfolgen vollständig abzuwehren. Die Schwere des Eingriffs stünde dabei dem des Art. 20 Abs. 2, 6 VO 1/2003 in nichts nach.[777] Zudem entfaltet der in Bezug auf Art. 21 Abs. 1, 4 VO 1/2003 statuierte materielle Verfahrensschutz in Form des begründeten Verdachts i.S.v. Art. 21 Abs. 1 VO 1/2003 kaum praktische Wirksamkeit,[778] weshalb eine Gleichsetzung mit den in der Rs. *Camenzind* getroffenen Aussagen nicht gerechtfertigt werden kann. Im Ergebnis stünde die mitgliedstaatliche Mitwirkung im Nachprüfungsverfahren der Kommission nach Art. 21 Abs. 1, 4 VO 1/2003 im Widerspruch zu den Aussagen des Art. 8 Abs. 2 EMRK, soweit kein Richtervorbehalt zur Gewähr adäquaten Rechtsschutzes vorgesehen ist.

Aus der fehlenden Vereinbarkeit des Art. 21 Abs. 1, 4 VO 1/2003 mit der Regelung des Art. 8 EMRK folgt ein Völkerrechtsverstoß der im Verfahren der Kommission mitwirkenden Mitgliedstaaten jedoch nur, sofern der auf gemeinschaftsrechtlicher E-

---

772 EGMR, Urteil vom 25.02.1993, ÖJZ 1993, 532, 532 *Funke*.

773 EGMR, Urteil vom 25.02.1993, ÖJZ 1993, 534, 534 *Crémieux*.

774 EGMR, Urteil vom 25.02.1993, ÖJZ 1993, 532, 533 *Funke*; EGMR, Urteil vom 25.02.1993, ÖJZ 1993, 534, 535 *Crémieux*.

775 EGMR, Urteil vom 25.02.1993, ÖJZ 1993, 532, 533 *Funke*; EGMR, Urteil vom 25.02.1993, ÖJZ 1993, 534, 535 *Crémieux*.

776 Vgl. hierzu bereits A.III.2.d) aa) (2) (b) (aa).

777 Vgl. A.III.3.b) bb).

778 Vgl. A.III.3.c) aa).

bene gewährte Schutz als „offensichtlich ungenügend" zu bezeichnen ist. Ein offensichtlich ungenügender Schutz ist gegeben, wenn sich eine Beschwerde gegen ein mitgliedstaatliches Handeln i.S.v. Art. 21 Abs. 4 Satz 2 i.V.m. Art. 20 Abs. 6 VO 1/2003 vor dem EGMR als „klar begründet" erweist. Eine dahingehende Klarheit besteht, wenn bei der Begründetheit einer Beschwerde zur Lösung der zentralen rechtlichen Zweifelsfragen Rückgriff auf die bereits bestehende Rechtsprechung des EGMR genommen werden kann.[779] Letzteres ist – wie vorstehend aufgezeigt – der Fall, bilden doch die Urteile in der Rs. *Funke*, *Cremieux* und *Camenzind* die Grundlagen für die Beurteilung der vorliegend relevanten Rechtsfragen.

Eine Individualbeschwerde i.S.v. Art. 34 EMRK des Nachprüfungsadressaten gegen das mitgliedstaatliche Handeln i.S.v. Art. 21 Abs. 4 Satz 2 i.V.m. Art. 20 Abs. 6 VO 1/2003 wäre demnach nicht nur zulässig, sondern aufgrund des offensichtlich ungenügenden Schutzes von Art. 8 EMRK auch im konkreten Fall begründet.

Im Ergebnis erfordert die Erfüllung mitgliedstaatlicher Pflichten i.S.v. Art. 21 Abs. 4 Satz 2 VO 1/2003 daher zugleich eine Verletzung völkerrechtlicher Verpflichtungen nach Art. 8 EMRK, für die sich der Mitgliedstaat vor dem EGMR zu verantworten hat. Die völkerrechtliche Verantwortlichkeit der Mitgliedstaaten im Nachprüfungsverfahren der Kommission aktualisiert damit den Vorbehalt des Art. 307 EG i.V.m. Art. 10 EG, demzufolge die Kommission einen Mitgliedstaat nicht in den Völkerrechtsbruch drängen darf, wenn es um die Erfüllung gemeinschaftsrechtlicher Pflichten geht.

Unter Beachtung eines primärrechtlichen Richtervorbehalts wird die mitgliedstaatliche Beteiligung am Nachprüfungsverfahren der Kommission mit den völkerrechtlichen Verpflichtungen des Art. 8 EMRK im Einklang stehen.

Das momentane Nachprüfungsverfahren, das sekundärrechtlich einen zwingenden Richtervorbehalt vorsieht, stimmt daher in diesem Punkte mit den Anforderungen des Art. 307 EG i.V.m. Art. 10 EG überein.

bb) Sachliche Zuständigkeit der Gemeinschaftsgerichtsbarkeit im Lichte des Subsidiaritätsprinzips

Ein allgemeiner Rechtsgrundsatz, der einen Richtervorbehalt im Nachprüfungsverfahren der Kommission nach Art. 21 Abs. 1, 4 VO 1/2003 vorsieht, kann einen solchen sowohl bei den Gemeinschaftsgerichten als auch den Gerichten der Mitgliedstaaten fordern. Im Grundsatz ist dem Subsidiaritätsprinzip des Art. 5 Abs. 2 EG die Aussage zu entnehmen, dass die mitgliedstaatlichen Gerichte mit der Gewähr präventiven Rechtsschutzes zu betrauen sind, sofern hierdurch den rechtsstaatlichen Anforderungen an die Ausgestaltung des primärrechtlichen Richtervorbehalts entsprochen wird.[780] Ein Richtervorbehalt auf Ebene der Gemeinschaftsgerichte kommt nur in Betracht, sofern ein mitgliedstaatlicher Richtervorbehalt den an ihn gestellten gemeinschaftsrechtlichen Anforderungen zum Schutze der räumlichen Privatsphäre nicht gerecht werden kann.

---

779 Vgl. A.III.2.d) aa) (2) (b) (bb).

780 Vgl. A.III.2.d) bb) vor (1).

Das Maß an Rechtsschutz, das einem mitgliedstaatlichen Richtervorbehalt beizumessen ist, ist exemplarisch anhand der Einbindung des mitgliedstaatlichen Richters in das Nachprüfungsverfahren der Kommission nach Art. 21 Abs. 3 VO 1/2003 zu benennen. In Anlehnung an die aus Art. 21 Abs. 3 UAbs. 1 Satz 2 VO 1/2003 zu entnehmende Prüfungsreihenfolge in der Praxis beruht die rechtsschutzsichernde Funktion der richterlichen Vorabkontrolle auf einer Prüfung der Echtheit der Nachprüfungsentscheidung, der Willkürfreiheit und Verhältnismäßigkeit der beantragten Zwangsmaßnahme sowie auf der Informationsgrundlage, anhand derer die materielle Rechtskontrolle erfolgt. Im übrigen ist eine Einbeziehung der Gemeinschaftsgerichte in den mitgliedstaatlichen Kontrollvorgang im Wege des Art. 234 EG zu berücksichtigen.

Aufgrund der Bindung der mitgliedstaatlichen Gerichte an primärrechtliche Grundsätze, speziell dem Gebot der einheitlichen Anwendung des Gemeinschaftsrechts, bleibt der hierdurch vermittelte Rechtsschutz jedoch unvollkommen. Im Gegensatz zu einer Kontrollkompetenz der Gemeinschaftsgerichte ist die Nachprüfungsentscheidung im Grundsatz von einer Prüfungsbefugnis nicht umfasst; d.h. der das mitgliedstaatliche Handeln determinierende Gemeinschaftsakt entfaltet - unabhängig von seiner Rechtmäßigkeit - eine Bindungswirkung auch gegenüber der mitgliedstaatlichen Judikative. Wie bereits unter A.III.3.c)bb) dargelegt, unterliegt die richterliche Kontrolle i.S.v. Art. 21 Abs. 3 UAbs. 1 Satz 2 VO 1/2003 damit vergleichbaren primärrechtlichen Einschränkungen wie im Verfahren nach Art. 20 Abs. 7, 8 VO 1/2003. Eine materiellrechtliche Prüfungsbefugnis in Bezug auf die Aspekte der Verhältnismäßigkeit und Willkür kann auch bei Nachprüfungen in Privaträumen, trotz der grundsätzlichen Pflicht der Kommission ihre Akten und Beweise dem prüfenden Gericht vorzulegen, nicht über eine Evidenzkontrolle hinausreichen. Zudem wird die Möglichkeit eines Verfahrens nach Art. 234 EG dadurch entwertet, dass eine rechtsschutzsichernde Aussetzung des Verfahrens auf seltene Einzelfälle beschränkt bleibt.

Der Richtervorbehalt bei Nachprüfungen in Privaträumen wird demgemäss – ebenso wie der Richtervorbehalt in Art. 20 Abs. 7, 8 VO 1/2003[781] - nur in seltenen Einzelfällen dazu beitragen, rechtswidrige Eingriffe in die geschützte Sphäre des Nachprüfungsadressaten abzuwehren.

(1) Interessengewichtung

Ob im Angesicht dieser Prämissen das Individualinteresse auf eine effektive Präventivkontrolle gleichwohl ausreichende Berücksichtigung durch einen mitgliedstaatlichen Richtervorbehalt erfährt, wird im Weiteren zu untersuchen sein.

Die Beschränkung der individualschützenden Rechtskontrolle wäre annehmbar, wenn Gesichtspunkte ersichtlich wären, die das durch den Richtervorbehalt geschützte Rechtsgut der räumlichen Privatsphäre als gegenüber Eingriffen der öffentlichen Gewalt vermindert schutzbedürftig erscheinen ließen. Denn nur dann ist es hinnehmbar, dass das nach umfassendem Schutz strebende individuelle Rechtsgut der Gefahr eines schweren und nicht-wiedergutzumachenden Schadens ausgesetzt wird.

---

781 Vgl. A.III.2.d) bb) (1).

Anders als bei Eingriffen in Betriebs- und Geschäftsräumen, kann eine eingeschränkte richterliche Präventivkontrolle bei Privaträumen nicht mit dem besonderen sozialen Bezug der in ihnen ausgeübten Tätigkeiten begründet werden.[782] Denn die Tätigkeiten, die in Privaträumen vorgenommen werden, berühren nicht in besonderem Maße die Interessen anderer und der Allgemeinheit. Im Gegenteil, die Privatwohnung gewährleistet dem Nachprüfungsadressaten einen geschützten räumlichen Bereich, in den er sich unter Ausschluss von Störungen von außen zurückziehen kann. Das Recht auf den persönlichen Geheimbereich ist Ausdruck der Überzeugung, dass sich der einzelne nur dann zu einer Persönlichkeit entwickeln kann, wenn ihm hierfür ein freier Raum vor der Gemeinschaft und dem Staat gewährleistet wird. Auch im Gemeinschaftsrecht ist die aus dem deutschen Recht stammende Charakterisierung der Wohnung als einem „elementaren Lebensraum"[783] für die freie Persönlichkeitsentfaltung anerkannt. Darauf deutet nicht nur die Äußerung *GA Cosmas* hin, demnach der räumliche Schutz des Grundrechts auf Privatsphäre „einen wichtigen Platz in dem Wertesystem einnimmt, das durch die Rechtsordnung der Gemeinschaft geschaffen wurde"[784], sondern auch die Tatsache, dass die Unverletzlichkeit von Privaträumen ausdrücklich im Verfassungsentwurf der EU enthalten ist[785].

Sind anderweitige Aspekte nicht ersichtlich, die den Schutz der räumlichen Privatsphäre im kartellrechtlichen Nachprüfungsverfahren als einschränkbar erscheinen lassen, wird ein Richtervorbehalt auf mitgliedstaatlicher Ebene aufgrund seiner gemeinschaftsrechtlichen Beschränkungen keinen Rechtsschutz gewährleisten können, der den Anforderungen des allgemeinen Rechtsgrundsatzes auf effektive Rechtsschutzgewähr ausreichend Rechnung trägt. Ein allgemeiner Rechtsgrundsatz, der einen Richtervorbehalt im Nachprüfungsverfahren des Art. 21 Abs. 1, 4 VO 1/2003 vorsieht, wird diesen daher auf Ebene der Gemeinschaftsgerichte statuieren.

Die Zuständigkeit für den Erlass der gerichtlichen Genehmigung obliegt im Rahmen der Gemeinschaftsgerichtsbarkeit dem EuGH.[786] In Art. 220 EG wird dem Gerichtshof die Wahrung des Rechts bei der Auslegung und Anwendung der Verträge zugewiesen. Obwohl das Gemeinschaftsrecht die Verfahrensarten vor dem EuGH im Einzelnen benennt, besteht Einigkeit darüber, dass die in Art. 220 EG normierte Aufgabe des Gerichtshofs in einem umfassenden Sinn zu verstehen ist.[787] Es spricht daher nichts gegen eine Ausdehnung der bisher regelmäßig nachträglich ausgeübten Kontrolle auf eine vorbeugende Rechtmäßigkeitsüberprüfung, solange der EuGH damit seiner in Art. 220 EG festgelegten Aufgabe nachkommt, was hier der Fall wäre.[788]

---

782 Vgl. A.III.2.d) bb) (2).

783 BVerfGE 42, 212, 219 m.w.N.

784 Schlussanträge von GA Cosmas vom 10.06.1999 in EuGH, Urteil vom 14.10.1999, Rs. C-223/98, EuGH, Slg. 1999, I-7081, 7095 Rn. 38 *Adidas AG*.

785 Vgl. Art. II-67 VVE.

786 Das hierbei anzuwendende Verfahrensrecht ist mangels vorhandener spezieller Verfahrensregeln im Primär- und Sekundärrecht durch die Legislative der Gemeinschaft zu schaffen.

787 Vgl. *Pernice/Mayer*, in: Grabitz/Hilf, Art. 220 EGV Rn. 17 ff. m.w.N.

788 Vgl. *Jahn*, Durchsuchung, S. 339.

Ferner steht dies im Einklang mit Art. 46 lit. d) EU, der dem EuGH die Kompetenz überträgt, die Einhaltung der Grundrechte in Bezug auf die EU zu kontrollieren. Eine Zuständigkeit des EuG kommt nach der bestehenden Rechtslage indes nicht in Betracht. In Art. 3 Abs. 1 lit. c) des Beschlusses des Rates vom 24.10.1988[789] wird zwar die Zuständigkeit des EuG für Wettbewerbssachen begründet, jedoch bleibt diese auf Klagen beschränkt.[790]

(2) Richtervorbehalt und Art. 307 EG, Art. 10 EG

Die fehlende primärrechtliche Akzeptanz eines eingeschränkten Richtervorbehalts i.S.v. Art. 21 Abs. 3 VO 1/2003 soll im Folgenden anhand der Regelung des Art. 307 EG, Art. 10 EG bekräftigt werden. Den Gemeinschaftsorganen obliegt gegenüber den Mitgliedstaaten eine Rücksichtnahme- und Loyalitätspflicht derart, dass keine gemeinschaftsrechtlichen Pflichten eingefordert werden, die einen Völkerrechtsbruch der Mitgliedstaaten bedingen. Ein mitgliedstaatlicher Völkerrechtsbruch ist anzunehmen, wenn eine Individualbeschwerde gegen das mitgliedstaatliche Handeln im europäischen Kartellverfahren gemäß Art. 34 EMRK erfolgreich ist, die in der eingeschränkten Prüfungskompetenz des mitgliedstaatlichen Ermittlungsrichters nach Art. 21 Abs. 3 VO 1/2003 einen „offenkundig ungenügenden" Schutz des Art. 8 EMRK erblickt.[791]

In der Rs. *Keslassy*[792] hob der EGMR hervor, dass die strengen Regeln, denen die Ausfertigung der richterlichen Anordnung im konkreten Fall unterworfen war, einen wesentlichen Beitrag dafür leistete, um eine Eingriffsrechtfertigung i.S.v. Art. 8 Abs. 2 EMRK zu gewährleisten. In diesem Zusammenhang unterstrich er, dass die Annahme eines die Durchsuchung rechtfertigenden Verdachtsgrundes auf einer *eigenständigen*[793] Würdigung *aller* Beweise durch den Ermittlungsrichter beruhte.

In dem dieser Rechtssache zugrundeliegenden Sachverhalt durchsuchten französische Zollbehörden auf Grundlage einer richterlichen Anordnung die Privatwohnung des Betroffenen. Sie unterlagen dabei weitgehenden verfahrensrechtlichen Sicherungen zu Gunsten der beeinträchtigten Rechtsposition. So war neben der Anordnung auch die Durchführung der Durchsuchung der Aufsicht durch einen Richter unterworfen. Dieser wurde hierbei durch einen qualifizierten Polizeibeamten unterstützt, der für die Einhaltung der Verfahrensrechte des Betroffenen Sorge zu tragen hatte. Die richterliche Anordnung war darüber hinaus detailliert und mit richterlichen Genehmigungsvorbehalten u.a. für den Fall versehen, dass eine Durchsuchung weiterer Gebäude und Räumlichkeiten angezeigt gewesen wäre. Zudem machte er zur Auflage, dass jegliche Schwierigkeiten bei der Vollziehung der richterlichen Anordnung zu seiner Kenntnis gebracht werden mussten. Die richterliche Mitwirkung bildete daher eine

---

789 Beschluss des Rates zur Errichtung eines Gerichts erster Instanz der Europäischen Gemeinschaften; ABl. (EG) 1988 Nr. L 319/1.

790 Vgl. *Jahn*, Durchsuchung, S. 352.

791 Vgl. die entsprechenden Ausführungen unter A.III.2.d) aa) (2).

792 EGMR, Urteil vom 08.01.2002, Appl. Nr. 51578/99 *Keslassy*.

793 „... in his view..."; EGMR, Urteil vom 08.01.2002, Appl. Nr. 51578/99 *Keslassy*.

zentrale Rolle im Untersuchungsverfahren der französischen Zollbehörden. Trotz anderweitiger präventiv wirkender Sicherungsmittel legte der EGMR in der Rs. *Keslassy* ein besonderes Gewicht auf eine wirksame und effektive richterliche Kontrolle.

In Übereinstimmung mit dem der Rs. *Keslassy* zugrundeliegenden Sachverhalt steht es den nationalen Ermittlungsrichtern im gemeinschaftsrechtlichen Kontext im Grundsatz zu, die den Verdacht begründenden Beweise eigenständig zu würdigen.[794] Dabei darf nicht unberücksichtigt bleiben, dass auf Grundlage der vorgelegten Kommissionsakten nur eine eingeschränkte richterliche Kontrolle am Maßstab der Evidenz gestattet ist. Die richterliche Mitwirkung erlangt - anders als in der Rs. *Keslassy* - keine zentrale Rolle bei der Rechtsschutzgewähr. Zudem unterliegt eine zwangsweise vorgenommene Nachprüfung im Gemeinschaftsrecht nicht der Obhut eines neutralen Beobachters, die in Maßen einen Ausgleich für die nur eingeschränkte richterliche Kontrolle bieten könnte.

Unter diesen Gesichtspunkten wird eine Einschränkung richterlicher Tätigkeit in Bezug auf Art. 21 Abs. 3 VO 1/2003 in einem Verfahren, das ansonsten kaum praktisch wirksame Rechtsschutzinstrumente vorsieht, die präventiv wirken, im Lichte der EMRK nicht hinnehmbar sein. Die Wertung erscheint daher tragfähig, dass die Einschränkungen des Prüfungsmaßstabes in Art. 21 Abs. 3 UAbs. 2 VO 1/2003 den Inhalten des Art. 8 Abs. 2 EMRK widersprechen.[795] Die mitgliedstaatliche Mitwirkung im Verfahren nach Art. 21 Abs. 1, 4 Satz 2 VO 1/2003 mündet daher in einem Verstoß gegen Art. 8 Abs. 1 EMRK. Der diesem Verstoß zugrundeliegende mangelhafte Schutzstandard ist überdies „offenkundig ungenügend“[796] und verhilft daher einer Individualbeschwerde vor dem EGMR zum Erfolg. Denn es kann - wie vorstehend aufgezeigt - zur Bestimmung des im Einzelfall anwendbaren Schutzstandards auf eine in wesentlichen Punkten bestehende Rechtsprechung zurückgegriffen werden, ohne dass vollkommen neuartige Auslegungsfragen aufgeworfen werden.

Die Verantwortung der EU-Mitgliedstaaten vor dem EGMR für ihr Handeln im gemeinschaftsrechtlichen Kontext legt der Kommission nach Art. 307, 10 EG die Verpflichtung auf, die völkerrechtlichen Bindungen der Mitgliedstaaten zu achten. Ein Unterstützungsersuchen nach Art. 21 Abs. 4 Satz 2 i.V.m. Art. 20 Abs. 6 VO 1/2003 muss daher unterbleiben, will die Kommission nicht einen mitgliedstaatlichen Völkerrechtsbruch herbeiführen. Erst bei Respektierung der aus dem allgemeinen Rechtsgrundsatz effektiven Rechtsschutzes fließenden Forderung nach erhöhter verfahrensrechtlicher Sicherung in Form eines mit weitreichenden Prüfungsbefugnissen versehenen Richtervorbehalts wird es der Kommission nach Art. 307, 10 EG gestattet sein, mitgliedstaatliche Stellen um die zwangsweise Vollziehung einer Nachprüfungsentscheidung zu ersuchen.

---

794 Vgl. zum Akteneinsichtsrecht der Ermittlungsrichter im Verfahren nach Art. 21 VO 1/2003 A.III.3.c) bb).

795 Vgl. *Riley*, ICLQ 51 (2002), 55, 77; ebenfalls kritisch *Kerse/Khan*, EC Antitrust Procedure, Rn. 3-067; *Ameye*, ECLR 2004, 332, 341; a.A. ohne weitere Begründung *Hertogen*, CJEL 10 (2003), 137, 152.

796 Vgl. zur Auslegung dieser Rechtsbegriffe A.III.2.d) aa) (2) (b) (bb).

cc) Ergebnis

Entgegen einem Nachprüfungsverfahren in Betriebs- und Geschäftsräumen erfordert ein solches in Privaträumen das besondere Rechtsschutzinstrument eines Richtervorbehalts beim EuGH, um den Ansprüchen einer effektiven Rechtsschutzgewähr zu entsprechen. Die präventive Einschaltung mitgliedstaatlicher Gerichte ist demgegenüber unzureichend. Sie kann nicht den besonderen Schutz gewährleisten, den Privaträume auf Gemeinschaftsebene genießen. Eine Bestätigung erfährt dieses Ergebnis durch die Rechtslage der EMRK, der die Mitgliedstaaten auch im gemeinschaftsrechtlichen Kontext Beachtung schenken müssen. Nur eine beim EuGH installierte Vorabkontrolle bewahrt die zur Amtshilfe verpflichteten Mitgliedstaaten vor einem völkerrechtlichen Vertragsbruch der EMRK.

e) Konsequenzen für den rechtlichen Bestand des Art. 21 Abs. 3, 4 Satz 2 VO 1/2003

Die Existenz eines allgemeinen Rechtsgrundsatzes des Gemeinschaftsrechts, demzufolge Nachprüfungen in Privaträumen einem Richtervorbehalt bei den Gemeinschaftsgerichten unterliegen, wirft die Frage auf, in welcher Weise hierdurch der rechtliche Bestand des Art. 21 Abs. 3, 4 Satz 2 VO 1/2003 berührt wird, der bei der zwangsweisen Vollziehung einer Nachprüfungsentscheidung eine richterliche Genehmigung durch Gerichte der Mitgliedstaaten vorschreibt.

Ein Verstoß der sekundärrechtlichen Regelung des Art. 21 Abs. 3, 4 Satz 2 VO 1/2003 gegen den vorstehend entwickelten primärrechtlichen Grundsatz würde ihre Nichtigkeit zur Folge haben, sofern eine primärrechtskonforme Auslegung dieser Regelung ausscheidet. Die Grenzen einer primärrechtskonformen Auslegung werden durch den Wortlaut der Norm und den Willen des VO-Gebers, dem im Wege der Auslegung kein entgegengesetzter Sinn verliehen werden darf, definiert.[797]

Letzteres würde jedoch geschehen, wenn man das Erfordernis eines Richtervorbehalts bei den Gemeinschaftsgerichten in die legislativen Wertungen und Zielsetzungen einzubinden versucht, wie sie Art. 21 Abs. 3, 4 Satz 2 VO 1/2003 zugrunde liegen. Denn dem VO-Geber stand es im Rahmen der Reform des europäischen Kartellverfahrensrechts[798] offen, einen Richtervorbehalt auf Ebene der Gemeinschaftsgerichte vorzusehen. So hatte die Kommission zu Beginn des Reformprozesses ein Weißbuch über die Modernisierung der Regeln zur Anwendung der Art. 81 und 82 EG veröffentlicht, in dem sie in Bezug auf die Reform der Nachprüfungsbefugnisse ausdrücklich die Statuierung eines Richtervorbehalts auf Gemeinschaftsebene vorschlug.[799] Dass der VO-Geber diesen Aspekt nicht mit in den Wortlaut des Art. 21 VO 1/2003 aufnahm, sich vielmehr für einen Richtervorbehalt auf *mitgliedstaatlicher* Ebene entschied, lässt darauf schließen, dass der VO-Geber einen Richtervorbehalt bei den Gemeinschaftsge-

---

[797] Vgl. zur primärrechtskonformen Auslegung sekundären Gemeinschaftsrechts A.III.2.e).

[798] Vgl. allgemein zur Reform des europäischen Kartellverfahrensrechts: Einleitung.

[799] Weißbuch über die Modernisierung der Regeln zur Anwendung der Artikel 81 und 82 EG-Vertrag, ABl. (EG) 1999 Nr. C 132/111.

richten nicht als erforderlich erachtete. Diese legislative Bewertung gilt es zu respektieren, auch wenn hiermit zugleich ausgesagt wird, dass eine primärrechtskonforme Auslegung am entgegenstehenden Willen des VO-Gebers scheitert.

Mangelt es an der Möglichkeit einer primärrechtskonformen Auslegung des Art. 21 Abs. 3, 4 Satz 2 VO 1/2003 ist seine Primärrechtswidrigkeit und damit seine Nichtigkeit festzustellen. Die Nichtigkeit tritt hierbei nicht ipso iure ein, sondern bedarf der besonderen Feststellung durch die Gemeinschaftsgerichte (vgl. Art. 231 EG), zu der sie infolge ihrer Bindung an die allgemeinen Rechtsgrundsätze des Primärrechts im Rahmen eines Verfahrens nach Art. 230 EG, Art. 234 EG verpflichtet sein werden.[800]

Die Vorschrift des Art. 21 Abs. 1, 2, 4 Satz 1 VO 1/2003, die der Kommission Nachprüfungen in Privaträumen gestattet, sofern der Nachprüfungsadressat diese billigt, bleibt hiervon unberührt. Diese Norm enthält einen von Art. 21 Abs. 3, 4 Satz 2 VO 1/2003 trennbaren, eigenständigen Regelungsgehalt, der einer Nichtigkeit aller in Art. 21 VO 1/2003 enthaltenen Regelungen entgegensteht.[801]

IV. Zusammenfassung

Im Nachprüfungsverfahren der Kommission wird den betroffenen Grundrechtspositionen kein effektiver Rechtsschutz gewährt. Nicht nur Nachprüfungen in Privaträumen, sondern auch solche in Betriebs- und Geschäftsräumen bieten unzureichenden Schutz gegen rechtswidrige Eingriffe der öffentlichen Gewalt.

Betriebs- und Geschäftsräume unterliegen im Gemeinschaftsrecht einem besonderen grundrechtlichen Schutz. Kartellrechtliche Nachprüfungen i.S.v. Art. 20 Abs. 2, 6 VO 1/2003 bedürfen zwingend einer richterlichen Genehmigung, um im Einklang mit den höheren Grundsätzen der Gemeinschaftsrechtsordnung zu stehen. Aus Gründen eines effektiven Rechtsschutzes ist ein allgemeiner Rechtsgrundsatz des Primärrechts anzuerkennen, der das Nachprüfungsverfahren der Kommission in Betriebs- und Geschäftsräumen unter einen Richtervorbehalt auf mitgliedstaatlicher Ebene stellt. Nur in Fällen der Gefahr im Verzuge sieht die Gemeinschaftsrechtsordnung von dieser Verfahrenssicherung ab.

Um diesen Prinzipien zu entsprechen, ist die jetzige Ausgestaltung des Art. 20 Abs. 6 i.V.m. Abs. 7, 8 VO 1/2003 durch die Gemeinschaftsgerichtsbarkeit als primärrechtswidrig zu verwerfen. Eine primärrechtskonforme Auslegung kommt nicht in Betracht.

Art. 20 Abs. 7 VO 1/2003 müsste bei gleichbleibender Formulierung des Art. 20 Abs. 6, 8 VO 1/2003 in novellierter Form wie folgt lauten:

„(7) Die Unterstützung nach Absatz 6 setzt eine Genehmigung durch ein Gericht des Mitgliedstaats voraus. Die Genehmigung kann auch vorsorglich beantragt werden. In Fällen der Gefahr im Verzug bedarf es einer solchen Genehmigung nicht."

---

800 Vgl. A.III.2.e).

801 Vgl. zur Teilnichtigkeit gemeinschaftsrechtlicher Regelungen A.III.2.e).

Diese Rechtslage korrespondiert mit den in den mitgliedstaatlichen Verfassungen, der EMRK und der Grundrechte-Charta entwickelten Grundsätzen. Sie fügt sich in eine im europäischen Raum bestehende Rechtstradition ein.

Für das Individualinteresse an erhöhtem (präventivem) Rechtsschutz im Nachprüfungsverfahren der Kommission streitet zunächst die besondere Schwere der grundrechtlichen Beeinträchtigung. Das Zusammenspiel der Befugnisse i.S.v. Art. 20 Abs. 2, 6 VO 1/2003 vermittelt zwar keine Durchsuchungsbefugnis. Dennoch sind die Befugnisse sehr weitreichend und lassen die Nachprüfung in Betriebs- und Geschäftsräumen als einen der weitestgehenden hoheitlichen Rechtseingriffe erscheinen.

Die durch die Nachprüfungsbefugnisse nach Art. 20 Abs. 2, 6 VO 1/2003 heraufbeschworenen Nachteile für die geschützte Rechtsposition werden anhand der bereits vorhandenen Rechtsschutzinstrumente zudem nur unvollständig abgewehrt. Der Individualrechtsschutz gegen die Nachprüfungsbefugnisse i.S.v. Art. 20 Abs. 2, 6 VO 1/2003 ist darauf ausgerichtet, grundsätzlich nach Abschluss der jeweiligen Nachprüfungsmaßnahmen zu wirken. Er verfolgt den Zweck, die aus dem Eingriff resultierenden unmittelbaren und mittelbaren Folgen auszugleichen. Diesem Ziel wird jedoch nur unvollkommen entsprochen. Es besteht die grundsätzliche Gefahr, dass ein durch eine rechtswidrige Untersuchungsmaßnahme verursachter Schaden eintritt, der nicht rehabilitierbar ist.

Die durch die zwangsweise Vornahme der Nachprüfung entstehenden Nachteile können ferner nicht aus Gründen übergeordneter öffentlicher Interessen hingenommen werden. Insbesondere rechtfertigt es das Interesse der Gemeinschaft an der effektiven Verfolgung kartellrechtswidriger Verhaltensweisen nicht, von der Einführung einer zwingenden richterlichen Vorabkontrolle abzusehen. Ein Richtervorbehalt tangiert den Nachprüfungszweck nicht. Der Kommission ist es trotz einer frühzeitigen richterlichen Beteiligung im Verfahren unbenommen, überraschende Nachprüfungen vorzunehmen.

Unter Berücksichtigung des Subsidiaritätsprinzips nach Art. 5 Abs. 2 EG sind die mitgliedstaatlichen Gerichte bei Nachprüfungen in Betriebs- und Geschäftsräumen mit der Gewähr präventiven Rechtsschutzes zu betrauen. Eines Richtervorbehalts bei den Gemeinschaftsgerichten bedarf es im Verfahren nach Art. 20 Abs. 2, 6 VO 1/2003 nicht, um ein ausreichendes Maß an Rechtsschutz zu sichern. Zwar sind die materiellen Prüfungskompetenzen des nationalen Ermittlungsrichters weitgehenden Einschränkungen ausgesetzt. Namentlich die Nachprüfungsentscheidung der Kommission ist einer mitgliedstaatlichen Kontrolle entzogen. Zudem dürfen auch die der Nachprüfungsentscheidung zugrundeliegenden Rechts- und Sacherwägungen, die zugleich die Rechtmäßigkeit der mitgliedstaatlichen Unterstützungshandlung bestimmen, im Grundsatz nicht durch mitgliedstaatliche Gerichte in Frage gestellt werden. Nur wenn die Rechtswidrigkeit der Nachprüfungsentscheidung offensichtlich bzw. evident ist, darf eine beantragte Zwangsmaßnahme aus Erwägungen abgelehnt werden, die auch einer Rechtmäßigkeitsprüfung der Nachprüfungsentscheidung zugrunde liegen.

Dem individuellen Interesse an erhöhtem Rechtsschutz widerspricht dies nicht. Denn die Tätigkeiten, die in Betriebs- und Geschäftsräumen ausgeübt werden, haben einen erhöhten Öffentlichkeitsbezug und berühren die Belange der Allgemeinheit. Sie erscheinen weniger schutzwürdig gegenüber öffentlichen Eingriffen als Räume, die privaten Wohnzwecken gewidmet sind. Hieraus folgt, dass dem individuellen Rechtsschutzinteresse durch eine Evidenzkontrolle bei den mitgliedstaatlichen Gerichten in ausreichendem Maße Rechnung getragen wird.

Gleichermaßen wie Art. 20 VO 1/2003 wird auch Art. 21 VO 1/2003 den Grundrechtsanforderungen nicht gerecht.

Zu privaten Zwecken genutzte Räumlichkeiten unterliegen dem räumlichen Schutz des Grundrechts auf Privatsphäre. Effektiven Rechtsschutz erfährt diese Rechtsposition bei Nachprüfungen i.S.v. Art. 21 Abs. 1, 4 VO 1/2003 nur, wenn die als allgemeiner Rechtsgrundsatz des Primärrechts entwickelte Forderung Gehör findet, dass einzig ein Richtervorbehalt beim EuGH ein grundrechtskonformes Nachprüfungsverfahren in Privaträumen gewährleistet. Eine Ausnahme gilt hiervon nur bei Gefahr im Verzuge.

Art. 21 Abs. 3, 4 Satz 2 VO 1/2003 ist daher als primärrechtswidrig anzusehen. De lege ferenda müsste Art. 21 Abs. 3 VO 1/2003 bei gleichbleibender Formulierung des Art. 21 Abs. 4 Satz 2 VO 1/2003 wie folgt verfasst werden:

„(3) Eine gemäß Absatz 1 getroffene Entscheidung kann nur mit der vorherigen Genehmigung des EuGH vollzogen werden. Die Genehmigung kann auch vorsorglich beantragt werden. In Fällen der Gefahr im Verzug bedarf es einer solchen Genehmigung nicht."

Die Nachprüfungsbefugnisse des Art. 21 VO 1/2003 tangieren in schwerwiegender Weise den räumlichen Schutz des Grundrechts auf Privatsphäre. Zwar sind die Kommissionsbefugnisse im Vergleich zu denen des Art. 20 Abs. 2, 6 VO 1/2003 eingeschränkt. Jedoch führt bereits das gewalttätige Eindringen in die geschützte Sphäre dazu, dass diese weitreichend beeinträchtigt wird. Ebenso wie eine Nachprüfung i.S.v. Art. 20 Abs. 2, 6 VO 1/2003 bildet sie einen der schwerwiegendsten Rechtseingriffe, den die Rechtsordnung gestattet.

Dabei sind die verfahrensrechtlichen Sicherungen im Kern repressiv ausgerichtet und nicht in der Lage umfassenden Rechtsschutz zu gewähren. Insbesondere kommt dem in Art. 21 Abs. 3 VO 1/2003 verankerten zwingenden Richtervorbehalt bei den mitgliedstaatlichen Gerichten aufgrund der gemeinschaftsrechtlichen Einschränkungen nur eine geringe rechtsschutzsichernde Wirkung zu. Im Ergebnis besteht im Falle eines rechtswidrigen Vorgehens der Untersuchungsbehörden auch bei Nachprüfungen in „anderen" Räumlichkeiten die Gefahr eines nicht-wiedergutzumachenden Schadens.

Entgegen einem Nachprüfungsverfahren in Betriebs- und Geschäftsräumen ist die präventive Einschaltung mitgliedstaatlicher Gerichte unzureichend, um den Ansprüchen einer effektiven Rechtsschutzgewähr zu entsprechen. Eingriffe in Privaträumen erfordern das besondere Rechtsschutzinstrument eines Richtervorbehalts bei den Gemeinschaftsgerichten. Eine Bestätigung erfährt dieses Ergebnis durch die Rechtslage der EMRK, der die Mitgliedstaaten auch im gemeinschaftsrechtlichen Kontext Beachtung schenken müssen. Nur eine bei den Gemeinschaftsgerichten installierte Vorabkontrolle bewahrt die zur Amtshilfe verpflichteten Mitgliedstaaten vor einer Verletzung der EMRK.

B. Der deutsche Ermittlungsrichter im europäischen Kartellverfahren

Die Kollision der Art. 20 und Art. 21 VO 1/2003 mit europäischem Primärrecht bewirkt nicht deren Nichtigkeit ipso iure. Der Normanwendungsbefehl besteht fort, bis die Gemeinschaftsgerichte von ihrer Verwerfungskompetenz Gebrauch machen. Der nationale Ermittlungsrichter ist daher zunächst zur Mitwirkung im europäischen Kartellverfahren verpflichtet wie es in Art. 20 Abs. 7, 8 und Art. 21 Abs. 3 VO 1/2003 vorgesehen ist.

Aus Sicht des mitgliedstaatlichen Richters stellen sich dabei – neben den vorstehenden primärrechtlichen Erwägungen – praxisorientierte Fragestellungen, die zwingend einer Beantwortung bedürfen, um eine sachgerechte Umsetzung der Mitwirkungspflichten im europäischen Kartellverfahren zu gewährleisten.

Den Ausgangspunkt bildet die Frage, ob der nationale Ermittlungsrichter bei der Prüfung der beantragten Zwangsmaßnahme auf Prüfungskompetenzen zurückgreifen kann, die denen entsprechen, die ihm aus dem nationalen Recht vertraut sind. Die Beantwortung dieser Fragestellung setzt voraus, dass Klarheit über den im nationalen Verfahren anwendbaren richterlichen Prüfungsspielraum besteht. Beispielhaft wird hierbei auf das deutsche Recht Bezug genommen. Aufgabe wird es sein, den in dem § 105 Abs. 1 Satz 1 StPO, § 46 Abs. 1 OWiG niedergelegten Kontrollmodus zu ermitteln, und mit den im europarechtlichen Zusammenhang zugestandenen Prüfungsbefugnissen zu vergleichen (B.III.).

Diese Untersuchung erlaubt die Schlussfolgerung, ob der VO-Geber bei der Ausgestaltung des Nachprüfungsverfahrens im Punkte der ermittlungsrichterlichen Kompetenzen auf die deutsche Rechtslage Rücksicht genommen hat.

Der Vergleich zwischen einer richterlichen Prüfung in einem rein nationalen Verfahren und einer solchen bei Mitwirkung im europäischen Kontext setzt voraus, dass der deutsche Ermittlungsrichter an einer Nachprüfung der Kommission mitwirken muss. Zweifelhaft ist dies in Bezug auf eine Nachprüfung in Betriebs- und Geschäftsräumen. Denn gemäß Art. 20 Abs. 7 Satz 1 VO 1/2003 ist ein nationaler Richtervorbehalt nur vorgesehen, wenn das nationale Verfahrensrecht einen solchen fordert. Eine derartige Notwendigkeit begegnet Zweifeln aufgrund der fehlenden Befugnis, alle mit einer Durchsuchungsanordnung verbundenen Eingriffsrechte im gemeinschaftsrechtlichen Kontext auszuüben. Denn zwar steht den mitgliedstaatlichen Behörden die Befugnis zu, unmittelbaren Zwang gegenüber dem Nachprüfungsadressaten anzuwenden; es mangelt jedoch an der Berechtigung die geschützte Rechtssphäre einer Ausforschung zu unterwerfen und damit an einem die Durchsuchungsbefugnis nach deutschem Recht kennzeichnenden Element.[802] In einem ersten Prüfungsschritt ist daher zu untersuchen, ob die ermittlungsrichterliche Kontrolle des Art. 20 Abs. 7, 8 VO 1/2003 in Deutschland praktische Geltung erlangt (B.I.).

---

[802] Vgl. A.III.2.b) aa) (3).

Ein Vergleich der richterlichen Prüfungskompetenzen setzt weiter voraus, dass Klarheit über die Normen herrscht, die die jeweilige Prüfungsbefugnis definieren. Hierbei bestehen Bedenken, ob die Prüfungskompetenzen im europäischen Kartellverfahren abschließend den sekundärrechtlichen Regelungen zu entnehmen sind oder ob darüber hinaus auch nationale Normen anwendbar bleiben (B.II.).

Weicht die richterliche Prüfungskompetenz im europäischen Kartellverfahren zu Ungunsten von der mitgliedstaatlichen Rechtsordnung ab, stellt sich abschließend die Frage, ob der Nachprüfungsadressat grundrechtlichen Rechtsschutz durch die nationale Verfassungsgerichtsbarkeit erfährt, wenn die Unvereinbarkeit des eingeschränkten Richtervorbehalts mit den Vorgaben der mitgliedstaatlichen Verfassung gerügt wird (B.IV.).

I. Der Richtervorbehalt des Art. 13 Abs. 2 GG im Verfahren nach Art. 20 Abs. 2, 6 VO 1/2003

Diese Fragestellung setzt voraus, dass eine Durchsuchungsanordnung im Rahmen der deutschen Amtshilfeleistung nach Art. 20 Abs. 6 VO 1/2003 notwendig ist. Ein derartiges Erfordernis begegnet Zweifeln aufgrund der fehlenden Befugnis alle mit einer solchen Anordnung verbundenen Eingriffsrechte im gemeinschaftsrechtlichen Kontext auszuüben. Denn zwar steht den mitgliedstaatlichen Behörden die Befugnis zu, unmittelbaren Zwang gegenüber dem Nachprüfungsadressaten anzuwenden; es mangelt jedoch an der Berechtigung die geschützte Rechtssphäre einer Ausforschung zu unterwerfen und damit an einem die Durchsuchungsbefugnis nach deutschem Recht kennzeichnenden Element.[803]

Von der Frage, ob eine Durchsuchungsbefugnis besteht, ist daher das Problem zu trennen, ob für ein Vorgehen des BKartA im Rahmen des Art. 20 Abs. 2, 4 Satz 1 i.V.m. Abs. 6 VO 1/2003 trotz der beschränkten Handlungsmöglichkeiten i.S.d. „Erforderlichen" eine Durchsuchungsanordnung im deutschen Recht erforderlich ist.

Das GWB schweigt zu dieser Frage. Gemäß § 50 Abs. 3 Satz 2 GWB gelten zwar „die bei der Anwendung dieses Gesetzes maßgeblichen Verfahrensvorschriften" auch im Verfahren nach Art. 20 Abs. 6 VO 1/2003. Diese Verweisung führt jedoch nicht weiter. Die von der Verweisung umfassten § 105 Abs. 1 Satz 1 StPO, § 46 Abs. 1 OWiG knüpfen das Erfordernis eines Richtervorbehalts ebenfalls an den Begriff der „Durchsuchung". Ob auch andersartige Eingriffe unter § 105 Abs. 1 Satz 1 StPO zu subsumieren sind, findet im Gesetzeswortlaut keine ausdrückliche Erwähnung.

Eine Beantwortung dieser Fragestellung kann nur unter Heranziehung der verfassungsrechtlichen Grundsätze, die dem Institut des Richtervorbehalts zugrunde liegen, geleistet werden. Demnach ist eine Durchsuchungsanordnung i.S.v. § 105 Abs. 1 Satz 1 StPO nur erforderlich, wenn das Handeln der Mitgliedstaaten i.S.v. Art. 20 Abs. 6 VO 1/2003 unter Art. 13 Abs. 2 GG subsumiert werden kann. Sollte dies ausgeschlossen sein, wäre Art. 13 Abs. 7 GG zu beachten. Denn ließe sich das zwangsweise Vorgehen i.S.v. Art. 20 Abs. 2, 6 VO 1/2003 nur als behördliches Betretungs- und Besich-

803 Vgl. A.III.2.b) aa) (3).

tigungsrecht qualifizieren, würde es unter die „Eingriffe und Beschränkungen im übrigen“ fallen und müsste den materiellen Zweckvorgaben i.S.v. Art. 13 Abs. 7 GG genügen; eines Richtervorbehalts bedürfte es dann nicht.

Art. 13 Abs. 7 GG kommt insoweit eine Auffangfunktion zu und erfasst alle Eingriffe in den Schutzbereich des Abs. 1, die nicht unter Art. 13 Abs. 2 GG fallen oder als elektronische Überwachungsmaßnahmen i.S.v. Art. 13 Abs. 3-5 GG aufgefasst werden.[804]

Keineswegs ausgeschlossen ist die Anwendbarkeit des Richtervorbehalts i.S.v. Art. 13 Abs. 2 GG bereits aufgrund der fehlenden Befugnis der amtshilfeleistenden Behörden zur Ausforschung der von einer Nachprüfung betroffenen Räumlichkeiten. Denn Art. 13 Abs. 2 GG legt mit dem Begriff der Durchsuchung ein qualitatives Eingriffshöchstmaß zugrunde, das bei materiellem Verständnis eine Obergrenzfunktion besitzt. D.h. im Wege eines Erst-Recht-Schlusses ist auch Raum für schwächere Eingriffe, die nicht ohne weiteres mit den „Eingriffen und Beschränkungen im übrigen“ des Art. 13 Abs. 7 GG gleichzusetzen sind.[805] Solche Abschwächungen ergeben sich durch Reduktionen auf der Seite der Eingriffsschwere; bspw. durch Ankündigung des Eingriffs oder einem nur limitierten Zugriff auf die geschützten Räumlichkeiten.[806]

Es entspricht dem Verhältnismäßigkeitsprinzip, dass entsprechend dem Ausmaß dieser Abschwächungen auch die Maximalkompensation in Gestalt eines Richtervorbehalts zugunsten einer späteren *repressiven* Richterkontrolle fallen kann.[807] Die exakte Grenzziehung zwischen einer Handlungsweise, die Art. 13 Abs. 2 GG unterfällt und einer solchen, die dies nicht mehr rechtfertigt, ist allerdings weder dem Gesetz noch der Rechtsprechung in allgemeingültiger Form zu entnehmen. Entscheidend sind die jeweiligen Umstände des Einzelfalls.

Erst eine Besinnung auf die Funktion und den Zweck der präventiven richterlichen Einschaltung im deutschen Verfassungsrecht vermittelt einen festen dogmatischen Leitfaden, anhand dessen die jeweiligen Einzelfallumstände zu messen sind. Ein Richtervorbehalt wird demnach im Rahmen des mitgliedstaatlichen Handelns nach Art. 20 Abs. 2, 6 VO 1/2003 benötigt, wenn der Telos des Art. 13 Abs. 2 GG einen solchen fordert. Anders gewendet erscheint ein Richtervorbehalt in den Fällen entbehrlich, in denen die besondere Zielsetzung einer richterlichen Präventivkontrolle unberührt bleibt.

Bevor die Nachprüfungsbefugnisse unter den Telos des Art. 13 Abs. 2 GG subsumiert werden können, ist hierfür in einem ersten Schritt die (umstrittene) verfassungsrechtliche Zweckbestimmung des Richtervorbehalts in Art. 13 Abs. 2 GG allgemein zu definieren (B.I.1.).

---

804 Vgl. *Gornig*, in: v. Mangoldt/Klein/Starck, GG I, Art. 13 Abs. 7 Rn. 57, 148; *Voßkuhle*, DVBl 1994, 611, 615.

805 Vgl. *Kühne*, in: Sachs, Art. 13 Rn. 25 f.

806 Vgl. *Kühne*, in: Sachs, Art. 13 Rn. 26.

807 Vgl. *Kühne*, in: Sachs, Art. 13 Rn. 26, 33.

Erst im Anschluss kann auf Grundlage der gewonnenen Erkenntnisse die Frage beantwortet werden, ob es einer präventiven richterlichen Kontrolle im Amtshilfeverfahren nach Art. 20 Abs. 2, 6 VO 1/2003 bedarf (B.I.2.).

1. Funktion und Zielsetzung der richterlichen Präventivkontrolle i.S.v. Art. 13 Abs. 2 GG

Unbestritten[808] ist, dass die Einschaltung der Justiz dem Schutz derjenigen dienen soll, gegen welche sich die Zwangsmaßnahmen richten oder die von ihnen betroffen sein können.[809] Da jedoch deren Schutz durch die Rechtsprechung ohnehin in Art. 19 Abs. 4 GG garantiert ist – wenn auch nicht vorher, sondern regelmäßig erst im Nachhinein -, ist weniger die Tatsache richterlicher Mitwirkung als solche als vielmehr ihr Zeitpunkt – eben im Vorhinein –, dessen Zweck erklärungsbedürftig ist.[810]

Bei Zugrundelegung der vertretenen Ansichten ist wie folgt zu differenzieren.[811]

a) Besondere Schwere des Grundrechtseingriffs

Angelehnt an die Richtervorbehalte der Art. 104 Abs. 2, 3 GG führen Stimmen in Literatur und Rspr.[812] den Sinn vorheriger richterlicher Mitwirkung auf die besondere Schwere des Grundrechtseingriffs zurück. Er erhebt damit die Ranghöhe des Schutzgutes, das von einer Zwangsmaßnahme betroffen wird, zum Kriterium der Kompetenzzuweisung.[813] Bestimmte staatliche Maßnahmen stellen hiernach derart schwerwiegende Grundrechtseingriffe dar, dass sie nicht einmal vorübergehend ohne richterliche Nachprüfung hingenommen werden müssten.

Für Freiheitsentziehungen i.S.v. Art. 104 GG ist diese Begründung gewiss zutreffend. Doch kann sie nicht unbesehen verallgemeinert werden. Schon auf die Richtervorbehalte aus Art. 13 GG ist sie kaum übertragbar. Im Rahmen des Art. 13 GG unterliegen nur Maßnahmen der Informationsgewinnung Richtervorbehalten, nicht hingegen andere, schwerer wiegende Eingriffe wie die Räumung oder Entziehung von Wohnräumen.[814] Der Erklärungsansatz zu den Richtervorbehalten der Art. 104 Abs. 2,

---

808 Vgl. *Lin*, Rechtsschutz, S. 246 f. m.w.N.; *Gusy*, GA 2003, 672, 672.

809 Angesichts des Umstandes, dass Anträge auf den Erlass eines Durchsuchungsbefehls in der Praxis nur selten abgelehnt werden, bestehen berechtigte Zweifel, ob der Richtervorbehalt seiner Funktion als prozedurale Grundrechtssicherung gerecht wird; insoweit kritisch *Krehl*, NStZ 2003, 461, 461.

810 So *Gusy*, GA 2003, 672, 672 f.; zustimmend *Lin*, Rechtsschutz, S. 246.

811 Vertiefende Darstellungen finden sich bei *Nelles*, Ausnahmekompetenzen, S. 45 ff.; *Aschmann*, Richtervorbehalt, S. 130 ff.; *Rabe von Kühlewein*, Richtervorbehalt, S. 410 ff.; *Bachmann*, Rechtsschutz, S. 69 ff.; *Lin*, Rechtsschutz, S. 216 ff.; *Gusy*, GA 2003, 672, 672 ff.

812 Vgl. BVerfGE 51, 97, 107, 110; BVerfGE 103, 142, 151; *Gentz*, Wohnung, S. 135 f.; *Schäfer*, in: Löwe-Rosenberg, § 105 Rn. 12.

813 Vgl. *Welp*, Zwangsbefugnisse, S. 16.

814 Dazu *Amelung*, ZZP 88 (1975), 74, 78 f.; allgemein zu vergleichbaren Wertungswidersprüchen *Nelles*, Ausnahmekompetenzen, S. 46 ff.; *Aschmann*, Richtervorbehalt, S. 131 ff.; *Ostendorf/Brüning*, JuS 2001, 1063, 1064.

3 GG ist auf die Vorbehalte zu Art. 13 GG daher nicht ohne Modifikation zu übertragen. Die Schwere des Grundrechtseingriffs *allein* erklärt das Erfordernis vorheriger richterlicher Mitwirkung nicht vollständig.[815] Das besagt allerdings nicht, dass der Eingriffscharakter der Maßnahme nicht *auch* Grund für den Richtervorbehalt i.S.v. Art. 13 Abs. 2 GG sein kann und ist.

b) Rechtsschutz des Betroffenen durch rechtsstaatliche Garantie

Eine funktionalere Betrachtungsweise stellt die prozessualen Besonderheiten derjenigen Maßnahmen, welche richterlicher Mitwirkung bedürfen, in den Vordergrund. Richtervorbehalte entsprächen den besonderen Rechtsschutzinteressen des Bürgers, der von einem Grundrechtseingriff betroffen wird, indem sie die Unmöglichkeit rechtzeitigen Rechtsschutzes kompensierten.[816]

aa) Gewaltenteilung

Nach *Lisken*[817] bezweckt der Richtervorbehalt eine Hemmung exekutiver Eingriffsmacht durch die Statuierung einer Kontrollkompetenz durch ein weisungsunabhängiges Staatsorgan, den Richter. Hierdurch werde die teilweise Unbestimmtheit der jeweiligen Eingriffsvoraussetzungen ausgeglichen. Besondere Bedeutung spiele dabei die richterliche Unabhängigkeit, die die Entscheidung aus dem eigentlichen exekutiven, zumeist weisungsgebundenen Entscheidungsprozeß heraus löse und den Richter so zu einer eigenständigen Entscheidungsinstanz werden ließe.[818]

Nelles[819] führt diesen Erklärungsansatz auf ein deutliches Misstrauen gegenüber Polizei und Staatsanwaltschaft zurück. Seien diese Bedenken gegenüber den Verfolgungsbehörden in ihrer Schärfe zwar nicht mehr angebracht, so rechtfertige sich eine auf die funktionsbedingte Arbeitsweise der Verfolgungsbehörde abstellende skeptische Betrachtung weiterhin, die *v. Kries*[820] bereits im Jahre 1892 wie folgt zusammenfasste: „Eine unparteiische Prüfung kann von der Staatsanwaltschaft und der Polizei nicht erwartet werden. Denn da ihnen die Ermittlung der Verbrechen und Vergehen obliegt, diese aber durch Zwangsmittel wesentlich erleichtert, vielleicht allein ermöglicht wird, so sind sie darin interessiert, dieselben zur Anwendung zu bringen."

---

815 Ebenso *Nelles*, Ausnahmekompetenzen, S. 46 ff.; *Gusy*, GA 2003, 672, 673; *Ostendorf/Brüning*, JuS 2001, 1063, 1065.

816 Vgl. *Aschmann*, Richtervorbehalt, S. 133 ff.; *Gusy*, GA 2003, 672, 673 f.; kritisch untersucht *Prechtel*, Ermittlungsrichter, S. 176 ff., ob die richterliche Mitwirkung die Rechtmäßigkeit in höherem Maße tatsächlich gewährleistet.

817 *Lisken*, ZRP 1990, 15, 17; *Lisken*, DRiZ 1979, 277, 277; *Lisken*, NJW 1982, 1268, 1268; *Lisken/Mokros*, NVwZ 1991, 609, 610; zustimmend *Huber*, in: Mangoldt/Klein/Starck, Art. 19 Rn. 470.

818 Kritisch *Rabe von Kühlewein*, Richtervorbehalt, S. 414 ff.

819 Vgl. *Nelles*, Ausnahmekompetenzen, S. 48.

820 Vgl. *v. Kries*, Strafprozeßrecht, S. 282.

Gegen den Gewaltenteilungsaspekt spricht bereits, dass dieser rein objektivrechtliche Ansatz nicht in der Lage ist, den subjektiv-schützenden Charakter der Richtervorbehalte angemessen zu verarbeiten. Die verfassungsrechtlichen Richtervorbehalte nehmen regelmäßig am abwehrrechtlichen Charakter des jeweiligen Grundrechts teil.[821] Damit sind auch sie subjektiv-schützende Normen.[822] Entsprechendes gilt für die einfachgesetzlichen Regelungen, auch sie wurden geschaffen, um das Individuum zu schützen.[823] Eingriffskompetenzen beschränken sich des Weiteren nicht auf das Kartellverfahren und sind auch im Bereich des Sicherheits- und Polizeirechts normiert; unterliegen hierbei jedoch nicht grundsätzlich einem Richtervorbehalt.[824] Die von Seiten der Exekutive drohende Missbrauchsgefahr erklärt daher nicht, dass gerade dieser Aspekt, den Gesetzgeber veranlasst habe, die Notwendigkeit vorheriger richterlicher Anordnung zu normieren. Der Gesetzgeber vertraute vielmehr auf die Bindung der Verwaltung an Recht und Gesetz (Art. 20 Abs. 3 GG). Die Erklärung, warum im Gegensatz zur Eingriffsverwaltung im übrigen Grundrechtseingriffe der Staatsanwaltschaft der vorgängigen Anordnung des Richters bedürfen, kann daher nicht einzig mit der spezifischen Aufgabenstellung als Verfolgungsbehörde erklärt werden.[825]

bb) Prozessuale Ermessenskontrolle

Eng verbunden mit dem Aspekt der Gewaltenteilung ist ein weiterer Begründungsansatz, der auf die strukturelle Eigenart der Eingriffsermächtigungen abstellt. Die Anwendung strafprozessualer Zwangsmaßnahmen im Ermittlungsverfahren ist in das Ermessen der Verfolgungsbehörden gestellt. Im Ermittlungsverfahren „müssen" Zwangsmaßnahmen nicht ergriffen, sondern „können" (vgl. § 102 StPO) angeordnet werden.

Die vorherige Kontrolle strafprozessualer Eingriffsmaßnahmen durch einen zur Neutralität verpflichteten Richter biete hiernach eine größere Gewähr für eine optimal ausgewogene Entscheidung des Einzelfalls. Gerade die Teilung hoheitlicher Befugnisse sei Garant für die Objektivierung wertungsabhängiger Entscheidungen.[826]

Dieser Aspekt kann jedoch nicht darüber hinweg täuschen, dass vergleichbare Eingriffsermächtigungen im Polizei- und Ordnungsrecht[827] - abgesehen von den dem Vorbehalt des Art. 13 und 104 GG unterfallenden Eingriffen - entsprechende Sicherungen vermissen lassen. Ausgeschlossen ist hiermit wiederum nicht, dass die Ausgestaltung der strafprozessualen Ermächtigungen als Ermessensnormen mit ein Grund für den Richtervorbehalt gewesen ist.

821 Vgl. *Stern*, Staatsrecht III/2, S. 1796 f.

822 Vgl. BVerfGE 10, 302, 329 f.; *Rabe von Kühlewein*, GA 2002, 637, 640.

823 Vgl. *Rabe von Kühlewein*, Richtervorbehalt, S. 413 f.

824 Bspw. §§ 9 ff. PolG NW; § 24 OBG NW i.V.m. PolG NW.

825 Vgl. *Nelles*, Ausnahmekompetenzen, S. 49.

826 Vgl. *Nelles*, Ausnahmekompetenzen, S. 50; BVerfG, NJW 1963, 1597, 1598.

827 Vgl. *Nelles*, Ausnahmekompetenzen, S. 50.

cc) Überraschungswirkung strafprozessualer Grundrechtseingriffe

Eine besondere Eigenart strafprozessualer Grundrechtseingriffe wird, im Gegensatz zu sonstigen belastenden Hoheitsakten auf dem Gebiet des öffentlichen Rechts, ihrer Überraschungswirkung zugeschrieben. Strafprozessuale Grundrechtseingriffe dienen der Aufklärung von Straftaten und der Sicherung von Beweismitteln. In der Regel ist diese Zielsetzung nur dann zu erreichen, wenn der Betroffene nicht zuvor von den gegen ihn geplanten Maßnahmen Kenntnis erlangt.[828] Dies liegt daran, dass es im Ermittlungsverfahren um die Überprüfung eines Verdachtes geht und verhindert werden muss, dass der Verdächtige gewarnt wird. Gemäß § 152 StPO handelt die Verfolgungsbehörde aufgrund eines Anfangsverdachts, der es nur nach den kriminalistischen Erfahrungen als möglich erscheinen lassen muss, dass eine verfolgbare Straftat vorliegt.[829] Die durch die Verfolgungsbehörde vorgenommene Überprüfung und die daraus resultierende Gefahr der Erhärtung des Verdachtes gehen notwendig zu Lasten des Verdächtigen, so dass jeder Verdächtige ein Interesse daran hat, die gegen ihn erhobenen Vorwürfe zu entkräften bzw. deren Nachweis zu verhindern.[830] Die Gefahr ist daher ermittlungsimmanent, dass ein Verdächtiger bei Kenntnis über bevorstehende Ermittlungsmaßnahmen Beweismittel beiseite schafft oder die Umstände der verfolgten Tat zu verdunkeln sucht, um hierdurch den Ermittlungserfolg zu vereiteln.

Das Ermittlungsverfahren ist somit durch eine Kollision der Individualrechte und –interessen des Betroffenen mit dem öffentlichen Interesse an möglichst vollständiger Wahrheitsermittlung gekennzeichnet.[831] Die Kollision dieser Interessen ist im Ermittlungsverfahren derart gelöst, dass bei Grundrechtseingriffen die Bedürfnisse effektiver Strafverfolgung den Vorrang erhalten, indem auf die vorherige Gewährung rechtlichen Gehörs verzichtet und dem Betroffenen die Möglichkeit genommen wird, vor Vollzug der betreffenden Maßnahme einen Rechtsbehelf einzulegen, der den faktischen Vollzug der Maßnahme verhindert.[832] Grundrechtseingriffe dürfen also überraschend nicht nur angeordnet, sondern auch vollzogen werden.[833]

Aus dieser einseitigen Privilegierung verfahrensrechtlicher Erfordernisse erwächst das Erfordernis nach einem Richtervorbehalt, der einen Ausgleich zu Gunsten des Betroffenen dergestalt herstellt, dass auch die Interessen des Betroffenen trotz fehlender Anhörung und effektivem Rechtsschutz angemessene Beachtung finden. Denn wenn

---

828 Vgl. BVerfGE 7, 95, 98; *Amelung*, Rechtsschutz, S. 13; *Nelles*, Ausnahmekompetenzen, S. 51; *Aschmann*, Richtervorbehalt, S. 135.

829 Vgl. *Beulke*, in: Löwe-Rosenberg, § 152 Rn. 23 ff. m.w.N.

830 Vgl. *Aschmann*, Richtervorbehalte, S. 135. Die StPO trägt diesem Grundsatz Rechnung, indem niemand selbst durch eigenes Handeln an seiner Strafverfolgung mitwirken muss. Vielmehr kann ein Recht auf aktive Verteidigung geltend gemacht werden; vgl. bspw. §§ 137 ff. StPO.

831 Vgl. *Nelles*, Ausnahmekompetenzen, S. 51.

832 Vgl. *Nelles*, Ausnahmekompetenzen, S. 52; *Bachmann*, Rechtsschutz, S. 72.

833 Zur Übertragbarkeit dieser Wertung auf Eingriffe in Grundrechte (unverdächtiger) anderer Personen i.S.v. § 103 StPO; vgl. *Nelles*, Ausnahmekompetenzen, S. 52 f.; eine Abgrenzung zwischen dem „Verdächtigen“ i.S.v. § 102 StPO und der „anderen Person“ i.S.v. § 103 StPO nimmt *Warda*, Durchsuchung, S. 123 ff. vor.

der Betroffene nicht die Möglichkeit hat, die einseitig gewonnene Entscheidungsgrundlage der ermittelnden Stelle zu korrigieren, würde der Grundrechtsschutz noch weiter eingeschränkt, wenn die Entscheidung und deren Vollstreckung dem Staatsanwalt als Ankläger oblägen.[834] Bestätigung erfährt dieses Ergebnis durch die vorstehend bereits erörterten Aspekte der Ermessensermächtigung und der Schwere des Grundrechtseingriffs.

c) Ergebnis

Die Notwendigkeit, einseitige Sachverhaltsdarstellungen des am Ermittlungsergebnis interessierten Exekutivorgans berichtigend auszulegen, um die Schutzinteressen des Betroffenen angemessen zu gewichten, muss daher als Grund für die *vorherige* Einschaltung des Richters angesehen werden, denn nur dieser kann durch Entscheidung aus unparteilicher Sicht das Defizit präventiven Grundrechtsschutzes bei schwerwiegenden Grundrechtseingriffen angemessen ausgleichen.

2. Art. 13 Abs. 2 GG und das europäische Kartellverfahren

Bei Zugrundelegung dieses Normverständnisses bedarf es auch im Verfahren nach Art. 20 Abs. 6 VO 1/2003 i.V.m. § 50 Abs. 3 Satz 2 GWB eines Richtervorbehalts i.S.v. Art. 13 Abs. 2 GG. Denn gleichermaßen wie im rein nationalen Verfahren besteht auf Seiten des BKartA ein organimmanentes Interesse an Sachaufklärung, das zudem einem Begehren der Kommission Rechnung trägt, der ebenfalls nur der Status einer eingeschränkten Unparteilichkeit zugemessen werden kann.[835]

Umso dringender erscheint ein Richtervorbehalt im Verfahren der Kommission als die Schwere der drohenden grundrechtlichen Beeinträchtigung einer solchen i.S.v. Art. 13 GG i.V.m. § 102 StPO vergleichbar ist. Denn die rechtlichen und tatsächlichen Beeinträchtigungen, denen die betroffene Rechtsposition im Verfahren nach Art. 20 Abs. 2, 6 VO 1/2003 unterworfen ist, sind – wie unter A.III.2.b) bb) darlegt - nicht lediglich geringfügig. Sie beruhen gleichermaßen auf einem unangekündigten Erscheinen der Ermittlungsbeamten und bedingen ein weitreichendes Eindringen in die geschützten Räumlichkeiten. Daneben sind die rechtsschutzsichernden Instrumente im Verfahren nach Art. 20 Abs. 2, 6 VO 1/2003 unvollkommen ausgeprägt und gewähren nur einen lückenhaften Rechtsschutz.[836]

Im Ergebnis bedarf es daher auch dann einer richterlichen Durchsuchungsanordnung i.S.v. Art. 13 Abs. 2 GG, wenn ein vollumfängliches Durchsuchungsrecht aus gemeinschaftsrechtlichen Gründen nicht zugestanden werden kann.[837]

---

834 Vgl. *Nelles*, Ausnahmekompetenzen, S. 53; kritisch *Ostendorf/Brüning*, JuS 2001, 1063, 1064.

835 Vgl. hierzu bereits A.III.2.d) bb) (1) (e) (bb).

836 Vgl. A.III.2.c).

837 Ebenso – allerdings ohne eingehende Begründung - *de Bronett*, EU-Kartellverfahrensrecht, Art. 20 Rn. 12; *Schwarze/Weitbrecht*, Kartellverfahrensrecht, § 4 Rn. 21, § 5 Rn. 18; *Weiß*, Verteidigungsrechte, S. 136 f.

II. Rechtliche Grundlagen ermittlungsrichterlicher Tätigkeit in Deutschland

Führt die Kommission unter Zuhilfenahme mitgliedstaatlicher Stellen ein Nachprüfungsverfahren in Deutschland durch, so unterliegt die mitgliedstaatliche Amtshilfe einem Richtervorbehalt. Offen ist dabei, welche Rechtsnormen die richterlichen Prüfungskompetenzen, mithin das „Wie" und nicht das „Ob" der richterlichen Einschaltung, bestimmen. Nur eine Beantwortung dieser Frage erlaubt es, die Kompetenzen eines deutschen Ermittlungsrichters im europäischen Kartellverfahren mit denen im rein nationalen Verfahren zu vergleichen.

Während im nationalen Kartellverfahren der Prüfungskanon den §§ 105 Abs. 1 Satz 1, 162 Abs. 3 StPO, § 46 Abs. 1 OWiG zu entnehmen ist, sind die am Kartellverfahren der Kommission beteiligten Ermittlungsrichter aufgrund der unmittelbaren Anwendbarkeit europäischen Rechts in den Mitgliedstaaten sowohl Träger von Rechten und Pflichten des nationalen als auch des europäischen Rechtskreises. Hieraus ergibt sich die Konsequenz, dass das ermittlungsrichterliche Handeln neben dem nationalen Recht auch im europäischen Recht nach Art. 20 Abs. 8, Art. 21 Abs. 3 VO 1/2003 eine vertiefende normative Ausgestaltung erfahren hat. Zu untersuchen ist, ob den europarechtlichen Normen dabei bereits eine *abschließende* Festlegung des richterlichen Prüfungskanons im europäischen Kartellverfahren zu entnehmen ist; mithin ein Rückgriff auf die nationalen Regelungen der §§ 105 Abs. 1 Satz 1, 162 Abs. 3 StPO, § 46 Abs. 1 OWiG auch in den Bereichen ausgeschlossen ist, die nicht vom europäischen Sekundärrecht vorgegeben sind.

Unter dem bisherigen Regelungsregime der VO 17/62 bestand kein Anlass in derartige Überlegungen einzutreten. Verfahrensnormen, die regelnd auf die Mitwirkung des Ermittlungsrichters einwirkten, waren nicht in der VO 17/62 enthalten. Art. 14 Abs. 6 Satz 1 VO 17/62 verpflichtete die Mitgliedstaaten lediglich „den beauftragten Bediensteten der Kommission die erforderliche Unterstützung (zu gewähren), damit diese ihre Nachprüfungen durchführen können". Art. 14 Abs. 6 Satz 2 VO 17/62 unterwarf die Einzelheiten behördlicher und richterlicher Mitwirkung der Mitgliedstaaten dem Regelungsvorbehalt des nationalen Rechts.

Aufgrund der nunmehr in Art. 20 Abs. 7, Abs. 8 VO 1/2003 und Art. 21 Abs. 3 VO 1/2003 enthaltenen detaillierten Verfahrensregelungen zur Einbindung des nationalen Ermittlungsrichters in das Verfahren der Vollstreckungshilfe und des fehlenden mitgliedstaatlichen Regelungsvorbehalts im Wortlaut der Normen liegt der Schluss nahe, dass der europäische Verordnungsgeber keine verfahrensrechtliche Kontinuität zwischen der VO 17/62 und VO 1/2003 verfolgte, um die ermittlungsrichterlichen Prüfungskompetenzen ausüben und bestimmen zu können.

Unterstützt wird diese These durch die Wahl der sprachlichen Formulierung in Art. 22 Abs. 1 Satz 1, Abs. 2 UAbs. 1 Satz 2 VO 1/2003. Während Art. 20 Abs. 7, Abs. 8 VO 1/2003 und Art. 21 Abs. 3 VO 1/2003 nur auf die Genehmigung des einzelstaatlichen Gerichts verweisen und hinsichtlich des anwendbaren Verfahrensrechts eine dahingehende Klarheit vermissen lassen, ordnet der Wortlaut des Art. 22 Abs. 1 Satz 1, Abs. 2 UAbs. 1 Satz 2 VO 1/2003 ausdrücklich an, „nach Maßgabe des innerstaatlichen Rechts“ bzw. „nach Maßgabe ihrer innerstaatlichen Rechtsvorschriften“ zu handeln.

Dieses Ergebnis stünde jedoch im Widerspruch zum verfahrensrechtlichen Grundkonzept der VO 1/2003, das die historisch gewachsenen Gefüge des jeweiligen nationalen Verwaltungs- und Prozessrechts grundsätzlich respektiert, wenn nationale Instanzen dazu berufen sind, unterstützend im Verfahren der Kommission mitzuwirken oder eigenständig und vollumfänglich das materielle EG-Kartellrecht anzuwenden (vgl. Art. 5 Satz 1, Art. 6 VO 1/2003).[838] Nur solche Fragen sind nach Erwägungsgrund Nr. 34 Satz 3 VO 1/2003 auf Gemeinschaftsebene zu regeln, von denen das ordnungsgemäße Funktionieren des europäischen Kartellverfahrens unmittelbar abhängt.[839] Abgesehen von punktuellen Regelungen[840] enthält die VO 1/2003 daher keinerlei Vorschriften für das nationale Verfahrensrecht der Behörden.[841] Die daraus resultierenden Unterschiedlichkeiten in der Rechtsdurchsetzung werden hingenommen.[842]

Die Instrumentalisierung des nationalen Ermittlungsrichters bewirkt somit bis zu einem gewissen Grade eine Instrumentalisierung des nationalen Verfahrensrechts, d.h. dass dieses in gemeinschaftsbezogenen Sachverhalten zwar grundsätzlich anwendbar ist, unter den Umständen aber eine spezifisch gemeinschaftsrechtliche Ausrichtung erfährt.[843] Der europarechtliche Kontext der Mitwirkung bleibt daher bei der Anwen-

---

838 Vgl. Erwägungsgrund Nr. 5 Satz 4; Nr. 8 Satz 5, 6, 7; Nr. 9 Satz 2; Nr. 35 Satz 3 VO 1/2003; vgl. auch Art. 35 VO 1/2003. Die VO 1/2003 setzt auf eine - im Gegensatz zur VO 17/62 - verstärkte Dezentralisierung der EG-Kartellrechtsanwendung, um es der Kommission zu ermöglichen, sich auf Fälle von paradigmatischer Bedeutung, die Verfolgung von gemeinschaftsweiten Kartellen, die Formulierung der Wettbewerbspolitik und die Koordinierung der Durchsetzung des Wettbewerbsrechts zu konzentrieren; vgl. *Schwarze/Weitbrecht*, Kartellverfahrensrecht, § 1 Rn. 6 ff.; *Braun*, in: Behrens/Braun/Nowak, 167, 174 ff.; *Schweda*, WuW 2004, 1134; *Klees*, Kartellverfahrensrecht, § 1 Rn. 26 ff.; *Mestmäcker*, EuZW 1999, 523, 528 f.; *Weitbrecht*, EuZW 2003, 69, 70; *Schwenn*, RIW 2000, 179, 181 f.; *Schütz*, WuW 2000, 686, 691 ff. Die Hauptlast bei der Durchsetzung des europäischen Kartellverbots wird daher auf die Kartellbehörden und Gerichte der Mitgliedstaaten verlagert; vgl. *Schweda*, WuW 2004, 1133, 1134.

839 *Schwarze*, Europäisches Verwaltungsrecht, S. 464 f. weist allgemein darauf hin, dass die grundsätzliche Anwendbarkeit mitgliedstaatlicher Verfahrensvorschriften zu einer unterschiedlichen und uneinheitlichen Anwendung des materiellen Gemeinschaftsrechts in den Mitgliedstaaten führen kann, der dem Geltungsanspruch des Gemeinschaftsrechts einen von Mitgliedstaat zu Mitgliedstaat unterschiedlich breiten Raum lässt. Die demgemäss uneinheitliche Verwirklichung gemeinschaftsrechtlicher Vorgaben liefe dem Grundsatz der einheitlichen und gleichmäßigen Anwendung des Gemeinschaftsrechts prinzipiell zuwider.

840 Die VO 1/2003 greift durch die Regelung der Beweislast (Art. 2), die Bestimmung des anzuwendenden materiellen Rechts (Art. 3), die Aufzählung der Entscheidungsarten, die den nationalen Behörden zur Verfügung stehen (Art. 5), und die Verpflichtung zur Zusammenarbeit mit der Kommission (Art. 11 ff.) in diese Verfahren ein; *de Bronett*, EU-Kartellverfahrensrecht, Vorbemerkung Rn. 2, Art. 5 Rn. 3; *Klees*, Kartellverfahrensrecht, § 7 Rn. 56.

841 Vgl. hierzu eingehend *Schwarze/Weitbrecht*, Kartellverfahrensrecht, § 8 Rn. 1 ff.; *Dannecker*, wistra 2004, 361, 365.

842 Vgl. *Schwarze/Weitbrecht*, Kartellverfahrensrecht, § 8 Rn. 2.

843 Vgl. auch *Jokisch*, Strafverfahren, S. 127.

dung des nationalen Verfahrensrechts keineswegs unberücksichtigt. Im Urteil vom 21.09.1983 hat der EuGH seine dahingehende Rechtsprechung wie folgt zusammengefasst: „Im Einklang mit den allgemeinen Grundsätzen, auf denen das institutionelle System der Gemeinschaft beruht und die die Beziehungen zwischen der Gemeinschaft beherrschen, ist es gemäß Art. 5 EWGV (heute Art. 10 EG) Sache der Mitgliedstaaten, in ihrem Hoheitsgebiet für die Durchführung der Gemeinschaftsregelungen (...) zu sorgen. *Soweit*[844] das Gemeinschaftsrecht einschließlich der allgemeinen gemeinschaftsrechtlichen Grundsätze hierfür keine gemeinsamen Vorschriften enthält, gehen die nationalen Behörden bei dieser Durchführung der Gemeinschaftsregelungen nach den formellen und materiellen Bestimmungen ihres nationalen Rechts vor.“[845] Das nationale Vollzugsrecht ist demnach anzuwenden, wenn das Gemeinschaftsrecht keine seinen Vollzug ermöglichenden gemeinsamen Vorschriften beinhaltet.

In Übereinstimmung mit dieser Rechtsprechung und dem in Art. 10 EG niedergelegten Subsidiaritäts- und Verhältnismäßigkeitsprinzip[846] geht die VO 1/2003 nicht über das zur Erreichung ihres Ziels - einer wirksamen Anwendung der Wettbewerbsregeln der Gemeinschaft - Erforderliche hinaus.[847] Das Maß des im europäischen Kartellverfahren „Erforderlichen“ legte die Rechtsprechung des EuGH in den Rs. *Hoechst*[848] und *Roquette Frères*[849] fest, die in Bezug auf Art. 14 Abs. 6 VO 17/62 erging und der Kodifikation der Art. 20 Abs. 7, Abs. 8 VO 1/2003 und Art. 21 Abs. 3 VO 1/2003 als Vorbild diente.[850] Der EuGH bestätigte und präzisierte hiermit den auch für das Gebiet des europäischen Kartellverfahrens geltenden Grundsatz der institutionellen und verfahrensmäßigen Autonomie der Mitgliedstaaten.[851] Neben den se-

---

844 Hervorhebung nur hier.

845 So EuGH, Urteil vom 21.09.1983, verb. Rs. 205-215/82, Slg. 1983, 2633, 2665 Rn. 17 *Deutscher Milchkontor*; vgl. beispielhaft zur ständigen Rechtsprechung EuGH, Urteil vom 24.03.1988, Rs. 104/86, Slg. 1988, 1799, 1815 Rn. 6 *Kommission/Italien*; EuGH, Urteil vom 02.02.1989, Rs. 94/87, Slg. 1989, 175, 192 Rn. 12 *Kommission/Deutschland*; EuGH, Urteil vom 21.03.1990, Rs. C-142-87, Slg. 1990, I-959, 1018 f. Rn. 58 *Kommission/Belgien*; EuGH, Urteil vom 20.09.1990, Rs. C-5/89, Slg. 1990, I-3437, 3456 Rn. 12 *Kommission/Deutschland*. Vgl. hierzu ferner *Kerse/Khan*, EC Antitrust Procedure, Rn. 1-065; *Streinz*, in: Handbuch Staatsrecht, Bd. VII, § 182 Rn. 23; *Rengeling/Middeke/Gellermann*, Rechtsschutz, § 34 Rn. 28.

846 Vgl. allgemein *Huber*, Integration, § 16 Rn. 19 ff. m.w.N.

847 Eine ausnahmsweise besonders schwer in die Verfahrensautonomie der Mitgliedstaaten eingreifende Norm ist Art. 21 Abs. 3 VO 1/2003. Aus Art. 21 Abs. 3 VO 1/2003 folgt eine Pflicht zu einer beschränkten Harmonisierung des nationalen Gerichtsverfahrensrechts im Interesse des gemeinschaftlichen Grundrechtsschutzes, soweit es um die Genehmigung des zwangsweisen Vollzugs von Nachprüfungsentscheidungen der Kommission in Bezug auf Privatwohnungen geht. Die nationalen Rechtsordnungen müssen eine entsprechende gerichtliche Zuständigkeit begründen, sofern eine solche für kartellverfahrensrechtliche Nachprüfungen nicht ohnehin schon – wie z.B. in Deutschland – vorgesehen ist; vgl. *Nehl*, in: Behrens/Braun/Nowak, 73, 97.

848 EuGH, Urteil vom 21.09.1989, verb. Rs. 46/87 und 227/88, Slg. 1989, 2859 *Hoechst*.

849 EuGH, Urteil vom 22.10.2002, Rs. C-94/00, Slg. 2002, I-9011 *Roquette Frères SA*.

850 Vgl. auch Erwägungsgrund Nr. 27 VO 1/2003, der auf die lediglich klarstellende Funktion der Vorschrift hinweist.

851 Vgl. hierzu allgemein *Huber*, Integration, S. 363 ff.; *Klösters*, Kompetenzen, S. 12 ff.; *Iglesias*,

kundärrechtlichen Einschränkungen der VO 1/2003 gehören zu den europarechtlichen Grundsätzen, die auf die Durchführung des Verfahrens Anwendung finden, auch die allgemeinen Rechtsgrundsätze des Gemeinschaftsrechts. Namentlich in Gestalt der europäischen Grundrechte[852] müssen sie vom nationalen Ermittlungsrichter bei der Mitwirkung im Kartellverfahren der Kommission beachtet werden.[853]

Das nationale Verfahrensrecht bildet daher auch im europäischen Kartellverfahren die heranzuziehende Rechtsquelle. Innerhalb der Grenzen des Gemeinschaftsrechts bleibt es grundsätzlich der Festlegung durch den nationalen Gesetzgeber vorbehalten, das Verfahren zu bestimmen, in dem das von der Kommission gewünschte Verhalten erzwungen bzw. das Ziel der Nachprüfungen verwirklicht wird.

Das deutsche Wettbewerbsrecht verweist dementsprechend gemäß § 50 Abs. 3 Satz 2 GWB auch bei Mitwirkung im europäischen Kartellverfahren auf „die bei der Anwendung (des GWB) maßgeblichen Verfahrensvorschriften".[854] Da es sich bei § 50 Abs. 3 Satz 2 GWB um eine Rechtsgrundverweisung handelt, gelten alle Grenzen des deutschen Verfahrensrechts.[855] Beantragt das BKartA, als ausschließlich zuständige Wettbewerbsbehörde i.S.v. § 50 Abs. 3 Satz 1 GWB, eine Durchsuchungsanordnung,[856] so entsprechen die normativen Vorgaben der richterlichen Prüfungskompetenz - abgesehen von den europarechtlichen Modifikationen - denen des nationalen Verfahrens.[857] Hierbei steht es im mitgliedstaatlichen Ermessen, ob sie die ermittlungsrichterlichen Befugnisse entweder auf § 59 Abs. 4 Satz 1 GWB (Verwaltungsverfahren) oder § 105 Abs. 1 Satz 1 StPO, § 46 Abs. 1 OWiG (Bußgeldverfahren) stützt.[858] Unterschiede in der Prüfungsintensität werden aufgrund der verfassungs-

---

EuGRZ 1997, 289, 289 ff.

852 Seit der Entscheidung *Stauder* (EuGH, Urteil vom 12.11.1969, Rs. 29/69, Slg. 1969, 419, 420 ff.) hat der EuGH die Wahrung der Grundrechte als einen allgemeinen Grundsatz des Gemeinschaftsrecht anerkannt.

853 Grundsätzlich ist das Handeln nationaler Instanzen zwar an den Grundrechten der nationalen Verfassung zu messen. Die Gemeinschaftsgrundrechte binden hingegen nur die Gemeinschaftsorgane. Anderes gilt jedoch, soweit nationale Instanzen in Umsetzung des Gemeinschaftsrechts handeln; vgl. hierzu *Peters*, EMRK, S. 31; *Bleckmann/Pieper*, in: Dauses, B.I Rn. 149; *Ruffert*, EuGRZ 1995, 518, 518 ff.; *Langenfeld/Zimmermann*, ZaöRV 52,1 (1992) 259, 299 ff.; *Nowak*, in: Behrens/Braun/Nowak, 23, 24 f.; *Britz*, NVwZ 2004, 173, 174 f.; *Schilling*, EuGRZ 2000, 3, 33 ff.; *Kingreen/Störmer*, EuR 1998, 263, 278 ff.; *Cremer*, NVwZ 2003, 1452, 1453 f.; vgl. auch Art. 51 EU- Grundrechte-Charta. Eine vertiefende rechtsdogmatische Herleitung einer Bindungswirkung der Mitgliedstaaten mit ihren nationalen Stellen an die Gemeinschaftsgrundrechte bietet *Jones*, Bindung, § 5.

854 Das Fehlen einer derartigen Regelung würde einen Verstoß gegen die aus Art. 10 EG resultierende allgemeine Unterstützungsverpflichtung darstellen; vgl. *Streinz*, in: Handbuch Staatsrecht, Bd. VII, § 182 Rn. 18.

855 Vgl. *Schneider*, in: Langen/Bunte, § 50 Rn. 11; *Bracher*, in: FK, § 50 GWB Rn. 24 f.

856 Eine Durchsuchungsanordnung ist unabhängig davon zu beantragen, ob auch alle damit verbundenen Befugnisse im Nachprüfungsverfahren ausgeübt werden dürfen; vgl. B.I.

857 Vgl. *Klaue*, in: Immenga/Mestmäcker-GWB, § 50 Rn. 18; *Bracher*, in: FK, § 50 GWB Rn. 24 ff.; *Schneider*, in: Langen/Bunte, § 50 Rn. 11.

858 Der Verweis in § 50 Abs. 3 Satz 2 GWB lässt unbeantwortet, wonach die Wahl der in Betracht

rechtlichen Determinierung i.S.v. Art. 13 Abs. 2 GG und der gleichermaßen zu berücksichtigenden europarechtlichen Modifizierungen nicht auftreten. Es spielt somit für die vorliegend zu untersuchende Fragestellung keine Rolle, dass das EG-Recht selbst keine dem deutschen Recht entsprechende Unterscheidung trifft.[859]

---

kommenden nationalen Ermächtigungsgrundlagen vollzogen wird. Eine dem deutschen Recht entsprechende Anknüpfung an das von der Kommission gewählte Regelungsinstrument ist ausgeschlossen. Zwar differenziert auch das europäische Kartellrecht hinsichtlich der von der Kommission zu verhängenden verfahrensabschließenden Entscheidung. Anders als das GWB unterscheidet die VO 1/2003 jedoch nicht zwischen den Verfahren in Bußgeld- und Verwaltungssachen. Als Bezugspunkt für die das richterliche Handeln legitimierende GWB/OWiG-Regelung kommt nach *Bracher*, in: FK, § 50 GWB Rn. 24 das von der Kommission verfolgte Verfahrensziel in Betracht. Bei einem auf Erlass einer Geldbußenentscheidung gerichteten Kommissionsverfahren würde demnach die Regelung des §§ 105 Abs. 1 Satz 1 StPO, 46 Abs. 1 OWiG den Ermittlungsrichter legitimieren; bei einem auf eine Verwaltungsentscheidung ausgerichteten Verfahren wäre dies § 59 Abs. 4 Satz 1 GWB. Unklar bleibt hierbei jedoch, inwieweit zum Zeitpunkt der ermittlungsrichterlichen Einschaltung, der sog. Ermittlungsphase, bereits eine dahingehende eindeutige Zielsetzung der Kommission ermittelt werden kann. Denn grundsätzlich dient die Ermittlungsphase dazu, der Kommission die erforderlichen Kenntnisse hinsichtlich eines konkreten Sachverhalts zu verschaffen, um auf dieser Grundlage darüber entscheiden zu können, ob sie einer Beschwerde stattgeben kann oder sie zurückweisen muss bzw. ob von Amts wegen ein Verfahren einzuleiten ist. Steht somit die Tatsachenaufklärung im Blickpunkt der Ermittlungsphase, gewinnt das von der Kommission verfolgte Verfahrensziel erst in der sog. Entscheidungsphase rechtliche Bedeutung. In dieser Phase des Verfahrens gewährt Art. 27 Abs. 1 Satz 1 VO 1/2003 i.V.m. Art. 10 ff. VO 773/2004 den Adressaten einer Entscheidung gemäß Art. 7, 8, 23 oder 24 Abs. 2 VO 1/2003 vor deren Erlass einen Anspruch auf Anhörung. Die Kommission stützt ihre Entscheidung nur auf Beschwerdepunkte, zu denen sich die beteiligten Unternehmen äußern konnten (vgl. Art. 27 Abs. 1 Satz 2 VO 1/2003 i.V.m. Art. 11 Abs. 2 VO 773/2004). Zu den mitteilungsrelevanten Beschwerdepunkten zählt auch die von der Kommission ins Auge gefasste anzuwendende Rechtsfolge. Eine derartige Festlegung ist wiederum in der Ermittlungsphase nicht zwingend erforderlich. Im Gegenteil, die Mitteilung der Beschwerdepunkte gemäß Art. 10 Abs. 1 VO 773/2004 ist nur nach vorheriger Verfahrenseinleitung zulässig (vgl. Art. 2 Abs. 1 Hs. 2 VO 773/2004). Gemäß Art. 2 Abs. 1 Hs. 1 VO 773/2004 kann die Kommission zwar jederzeit die Einleitung eines Verfahrens zum Erlass einer Entscheidung gemäß Kapitel III der VO 1/2003 beschließen. Grundsätzlich ist die Einleitung eines Verfahrens nach Art. 2 Abs. 3 VO 773/2004 jedoch nicht erforderlich, um von den in Kapitel V der VO 1/2003 genannten Ermittlungsbefugnissen Gebrauch zu machen. Denn regelmäßig soll durch ihren Einsatz überhaupt erst über die Notwendigkeit einer Verfahrenseinleitung entschieden werden. Zudem legen die mit einer Verfahrenseinleitung verbundenen Konsequenzen für die mitgliedstaatlichen Wettbewerbsbehörden und Gerichte i.S.v. Art. 11 Abs. 6 VO 1/2003 bzw. Art. 16 Abs. 1 Satz 2 VO 1/2003 den Schluss nahe, dass die in Art. 2 Abs. 3 VO 773/2004 genannte Klarstellung den Regelfall im Verfahren der Kommission darstellen wird. Im Ergebnis wird es den nationalen Stellen damit überlassen bleiben müssen, im jeweiligen Einzelfall die Auswahl der nationalen Regelungen nach freiem Ermessen zu treffen. Ebenfalls kritisch *Bechtold/Bosch/Brinker/Hirsbrunner*, EG-Kartellrecht, Art. 21 VO 1/2003 Rn. 10.

[859] Vgl. *Klees*, Kartellverfahrensrecht, § 10 Rn. 8; *Gillmeister*, Ermittlungsrechte, S. 125; *Rohlfing*, Untersuchungsverfahren, S. 27; *Bechtold*, EuR 1991, 41, 42; *Lenz/Mölls*, WuW 1991, 771, 771 Fn. 1; vgl. auch *Mestmäcker/Schweitzer*, EG-Wettbewerbsrecht, § 19 Rn. 3; *Hermanns*, Ermittlungsbefugnisse, S. 122 f.; *Schmidt*, Wettbewerbspolitik, S. 249.

III. Richterliche Prüfungskompetenzen im europäischen und deutschen Kartellverfahren

Nachdem die rechtlichen Grundlagen der richterlichen Kontrolle sowohl für das nationale als auch europarechtlich determinierte Verfahren ermittelt sind, ist deren Ausgestaltung im einzelnen zu untersuchen und miteinander in Vergleich zu setzen.

Zentrale Bedeutung kommt in beiden Fällen der Regelung des § 162 Abs. 3 StPO zu. Mit § 162 Abs. 3 StPO wird dem nationalen Ermittlungsrichter einerseits eine Prüfungspflicht auferlegt, andererseits zum Ausdruck gebracht, dass er außerhalb der Reichweite dieser Bestimmung zu einer Prüfung nicht berechtigt ist und einen Antrag nicht aus Gründen ablehnen darf, die nicht unter Absatz 3 fallen. Eine eingehende Präzisierung der konkreten Grenzen richterlicher Prüfungspflicht leistet die Bestimmung allerdings nicht. Deren Ausgestaltung ist daher unter Beachtung der verfassungsrechtlichen Grundsätze des Art. 13 Abs. 2 GG auszulegen.

Im direkten Anschluss an das jeweils im nationalen Verfahren zu prüfende Merkmal wird die Frage zu beantworten sein, ob eine dahingehende Prüfungsbefugnis auch im europarechtlichen Kontext unter den Vorgaben der Art. 20 Abs. 8 Satz 3, 4 und Art. 21 Abs. 3 UAbs. 2 VO 1/2003 gegeben ist. Bei letzterem konzentriert sich die Darstellung darauf, die allgemeinen und speziellen europarechtlichen Regelungen in die nationale Prüfungssystematik einzuordnen und Kollisionen[860] zwischen nationalem und Gemeinschaftsrecht aufzudecken.

Auf die Untersuchung der materiellen Prüfungspunkte folgt eine vergleichende Betrachtung der Anforderungen an die richterliche Überzeugungsbildung, die in hohem Maße die Effektivität der richterlichen Prüfungskompetenz bestimmt.

1. Rechtmäßigkeit des Antrags

Von der in § 162 Abs. 3 StPO auf die „beantragte Handlung“ bezogenen Rechtmäßigkeit ist die Rechtmäßigkeit des Antrages selbst zu unterscheiden.[861] Der Antrag der Verfolgungsbehörde muss zunächst als solcher rechtmäßig sein, wenn er den Amtsrichter soll veranlassen können, sich mit seinem Inhalt zu befassen; also die von ihm

---

860 Unterschieden wird zwischen einer direkten und indirekten Kollision von nationalem und Gemeinschaftsrecht. Eine *direkte* Kollision ist gegeben, wenn eine Gemeinschaftsnorm und eine nationale Norm desselben geregelten Sachgebiets sich inhaltlich widersprechen. Charakteristisch für diese Konstellation ist, dass der Rechtsanwender sich in einer Situation wiederfindet, in der er zwischen unterschiedlichen rechtlichen Regelungsalternativen auswählen muss, wobei eine dem nationalen Recht, die andere dem Gemeinschaftsrecht entstammt; hierzu näher *Satzger*, Europäisierung, S. 483. Unter einer *indirekten* Kollision wird dahingegen der Fall gefasst, dass eine nicht ausdrücklich eingeschränkte Norm des nationalen Rechts bei ihrer Anwendung die einheitliche und ganzheitliche Geltung unmittelbar anwendbaren Gemeinschaftsrechts einschränken würde; vgl. *Rengeling/Middeke/Gellermann*, Rechtsschutz, § 34 Rn. 27.

861 Vgl. LG Coburg, MDR 1953, 120, 120; LG Freiburg, NStZ 1993, 146, 146 f.; LG Offenburg, NStZ 1993, 506, 506; *Meyer-Goßner*, in: Löwe-Rosenberg, 23. Aufl., § 162 Rn. 25, 30; anders *Rieß*, in: Löwe-Rosenberg, § 162 Rn. 38; *Wache*, in: KK-StPO, § 162 Rn. 15, die die Zulässigkeit des Antrags im Rahmen von § 162 Abs. 3 StPO prüfen.

verlangte richterliche Untersuchungshandlung darauf hin zu überprüfen, ob sie in dieser prozessualen Lage nach den Spielregeln des Verfahrens vorgenommen werden darf. Nur den letzteren Fall bezeichnet § 162 Abs. 3 StPO als die „gesetzliche Zulässigkeit" der richterlichen Untersuchungshandlung.[862] Dabei beinhaltet die Prüfungskompetenz aus § 162 Abs. 3 StPO in notwendiger Weise jedoch auch die Befugnis, die Rechtmäßigkeit des Antrages zu prüfen.

a) Zuständigkeit der Verfolgungsbehörde und des Ermittlungsrichters

In die allgemeine und stets anzustellende richterliche Prüfung ist die Frage einzubeziehen, ob die antragstellende Verfolgungsbehörde für das von ihr betriebene Verfahren generell zuständig ist.[863] Darüber hinaus hat der angerufene Richter zu untersuchen, ob er sachlich, örtlich und funktionell berechtigt ist, den Antrag zu prüfen.[864]

Diese Prüfungsgesichtspunkte kollidieren weder direkt noch indirekt mit den Vorgaben des Gemeinschaftsrechts. Hierbei handelt es sich um Fragen der internen Verwaltungs- und Gerichtsorganisation; mithin Gesichtspunkte, die weder der Nachprüfungsentscheidung eigen sind, noch der einheitlichen und ganzheitlichen Geltung des europäischen Kartellverfahrensrechts grundsätzlich entgegenstehen. In Bezug auf letzteres könnte zwar angeführt werden, dass jedes von den im Gemeinschaftsrecht genannten Prüfungspunkten hinausreichende nationale Prüfungsmerkmal die Gefahr in sich birgt, zu einer Verzögerung der Anordnung und damit des europäischen Kartellverfahrens zu führen. Durch die Hinzuziehung eines nationalen Richtervorbehalts in seiner Ausgestaltung durch das nationale Verfahrensrecht hat der VO-Geber jedoch zum Ausdruck gebracht, dass seine Tätigkeit gerade nicht einer einheitlichen Geltung des Gemeinschaftsrechts im Wege steht. Der Fall einer indirekten Kollision zwischen nationalem und Gemeinschaftsrecht ist daher bei der ermittlungsrichterlichen Tätigkeit kaum denkbar.

b) Beantragte Untersuchungshandlung

Ebenfalls unproblematisch ist die Prüfung des Antrags darauf, ob er auf die Vornahme einer „richterlichen Untersuchungshandlung" gerichtet ist (§ 162 Abs. 1 Satz 1 StPO). Die beantragte Untersuchungshandlung muss der Art nach in einer gesetzlichen Norm vorgesehen (vgl. §§ 102, 103 StPO) und der Zuständigkeit bzw. Kompetenz des Ermittlungsrichters zugewiesen sein (vgl. § 105 Abs. 1 Satz 1 StPO, § 46 Abs. 1 OWiG). Die richterliche Prüfung erschöpft sich an dieser Stelle daher darin, ob die beantragte Handlung gesetzlich vorgesehen und der präventiven Kontrolle durch den Ermittlungsrichter unterworfen ist.

---

862 Vgl. *Eb. Schmidt*, Strafprozeßordnung, § 162 Rn. 4.

863 Vgl. LG Düsseldorf, NStZ 1985, 377, 378; *Rabe von Kühlewein*, GA 2002, 637, 645; *Rieß*, NStZ 1991, 513, 515; beachte zu abweichenden Stimmen im älteren Schrifttum *Meyer-Goßner*, in: Löwe-Rosenberg, 23. Aufl., § 162 Rn. 26; *Schorn*, Strafrichter, S. 9.

864 Vgl. *Schorn*, Strafrichter, S. 8; *Gössel*, Strafverfahrensrecht, § 3 II d 2, S. 49; *Krehl*, in: HK-StPO, § 162 Rn. 4; *Achenbach*, in: AK-StPO, § 162 Rn. 19; *Rabe von Kühlewein*, GA 2002, 637, 645.

Eine derartige Prüfung wird auch im europarechtlichen Kontext vorzunehmen sein. Denn mit ihr werden nur solche Maßnahmen ausgeschieden, die dem Auswahlermessen der mitgliedstaatlichen Behörden nicht unterfallen können. Dieses Ermessen ist darauf beschränkt unter den im nationalen Recht *normierten* Instrumenten ein solches zu wählen, das der Nachprüfungsentscheidung zur Vollziehung verhilft. Die grundsätzlich der Kommission obliegende Entscheidung, eine Nachprüfung durchzuführen, wird hierdurch in keiner Weise berührt.

c) *Anfangsverdacht*

Der Antrag der Verfolgungsbehörde ist in jedem Falle unzulässig, wenn im konkreten Fall jede Verfolgungsbefugnis, also jede Befugnis der Verfolgungsbehörde überhaupt fehlt, Ermittlungen vorzunehmen. Wesentliches Merkmal der Antragsprüfung bildet dabei das Vorliegen eines Anfangsverdachts (§ 152 Abs. 2 StPO i.V.m. § 46 Abs. 1 OWiG).

aa) Adressat der Prüfungspflicht

In jeder Lage des Bußgeldverfahrens ist von Amts wegen zu prüfen, ob diese Verfahrensvoraussetzung vorliegt.[865] Offen ist jedoch, wer - der Ermittlungsrichter oder die Verfolgungsbehörde – Adressat dieser Prüfungspflicht ist.

Naheliegend erscheint es auf die jeweilige Verfahrensherrschaft abzustellen und die Prüfungskompetenz im Ermittlungsverfahren allein der Verfolgungsbehörde einzuräumen. Denn die Verantwortungsverteilung des Ermittlungsverfahrens ist dergestalt, dass die Zulässigkeit des Ermittlungsverfahrens als Ganzes grundsätzlich dem Verantwortungsbereich der Kartellbehörde[866] zugerechnet wird. Die Kartellbehörde hat dabei dieselben Rechte und Pflichten wie die Staatsanwaltschaft bei der Verfolgung von Straftaten (§ 46 Abs. 2 OWiG).[867] Sie ist Herrin des Ermittlungsverfahrens.[868] Der Ermittlungsrichter wird dabei gemäß § 162 Abs. 1 Satz 1 StPO nur in Einzelfällen auf Antrag der Kartellbehörde zu deren Unterstützung tätig.

Demgegenüber obliegt die Verantwortung für die einzelnen von der Verfolgungsbehörde beantragten Untersuchungshandlungen dem Ermittlungsrichter. Er überprüft

---

865 Vgl. *Wache*, in: KK-OWiG, Vor § 53 Rn. 57.

866 Gemäß § 35 Abs. 1 OWiG i.V.m. § 36 Abs. 1 Nr. 1 OWiG, § 81 Abs. 4 Nr. 1 GWB ist für die Verfolgung und Ahndung von Kartellordnungswidrigkeiten nach § 81 Abs. 1 GWB die Kartellbehörde i.S.v. § 48 GWB zuständig. Das Gesetz nimmt damit Bezug auf die Verteilung der Kompetenzen zwischen dem Bundeskartellamt und den Landeskartellbehörden nach dem Wirkungsprinzip i.S.v. § 48 Abs. 2 GWB.

867 Vorschriften der StPO, die sich auf richterliche Handlungen beziehen, sind deshalb auf Handlungen der Kartellbehörde nicht – auch nicht entsprechend – anwendbar. Nur aufgrund einer besonderen Zuweisungsregelung können der Kartellbehörde Befugnisse zustehen, die im Strafverfahren der Richter hat; vgl. z.B. §§ 60, 87 Abs. 1, 88 Abs. 1 OWiG; vgl. hierzu *Rosenkötter*, Ordnungswidrigkeiten, Rn. 232.

868 Vgl. *Nelles*, Ausnahmekompetenzen, S. 31; *Nehm*, in: FS Meyer-Goßner, 277, 278; *Gössel*, GA 1980, 325, 344; *Schneider*, Jura 1999, 62, 64.

nicht etwa eine vorherige eigenständige behördliche Anordnung auf ihre Rechtmäßigkeit,[869] sondern trifft eine eigene konstitutive Entscheidung hinsichtlich der Eingriffsmaßnahme.[870] Durch den Richtervorbehalt wird der Exekutive somit die Entscheidung über den Eingriff ganz genommen und auf den Richter übertragen.[871]

Der Ermittlungsrichter unterliegt dabei der Bindung an Recht und Gesetz (vgl. Art. 20 Abs. 3 GG). Die richterlichen Untersuchungshandlungen sind jedoch nur dann als rechtlich zulässig anzusehen, wenn das Ermittlungsverfahren ordnungsgemäß eingeleitet worden ist. Die Verfahrensvoraussetzungen sind daher zwingend vorab durch den Ermittlungsrichter zu prüfen, um eine rechtmäßige Anordnung der beantragten Untersuchungshandlung treffen zu können.[872] In eigener Zuständigkeit[873] kann die Kartellbehörde nur tätig werden, wenn Gefahr im Verzug vorliegt.[874] Angesichts des Ausnahmecharakters der exekutiven Eilzuständigkeit und der Kontrollfunktion des Richtervorbehalts ist das Merkmal „Gefahr im Verzug" eng auszulegen.[875] In der Praxis wird die Verfolgungsbehörde von der Eilkompetenz in der Regel nur dann Gebrauch machen, wenn sich am Tag der Durchsuchung vor Ort ergibt, dass bspw. die Anschrift des Unternehmens nicht korrekt war oder dass es noch weitere Niederlassungen gibt, auf die sich die Durchsuchungsanordnung nicht bezieht.[876]

---

869 So noch die überholte Überprüfungstheorie; vgl. *Storz*, DÖV 1954, 330, 330 f.

870 Vgl. *Rabe von Kühlewein*, GA 2002, 637, 643.

871 Vgl. BVerfGE 57, 346, 356; BVerfGE 83, 24, 33; *Lin*, Rechtsschutz, S. 245; *Boetticher/Landau*, in: FS BGH, 555, 559; anders *Rabe von Kühlewein*, GA 2002, 637, 641 m.w.N., der eine *Gesamtverantwortung* von Ermittlungsrichter und Verfolgungsbehörde für den Eingriff annimmt (sog. Vier-Augen-Prinzip).

872 I.E. zustimmend LG Krefeld, MDR 1968, 68, 68; *Krehl*, in: HK-StPO, § 162 Rn. 4 f.; *Wohlers*, in: SK-StPO, § 162 Rn. 32; *Pfeiffer*, StPO, § 162 Rn. 5; *Achenbach*, in: AK-StPO, § 162 Rn. 16; *Nehm*, in: FS Meyer-Goßner, 277, 285 f., 288 f.; vgl. ebenso OLG Düsseldorf (Ermittlungsrichter), MDR 1991, 78, 78; BGH (Ermittlungsrichter), NStZ 1989, 333, 333 f. (hinsichtlich § 119 Abs. 4 StPO a.F., § 148 Abs. 2 StPO).

873 Die Kartellbehörde handelt bei Eilanordnungen nicht in „Vertretung" des Richters; vgl. zum Streitstand *Schnarr*, NStZ 1991, 209, 211 ff.; *Nelles*, Ausnahmekompetenzen, S. 72 f.

874 Vgl. § 46 Abs. 2 OWiG i.V.m. §§ 98 Abs. 1, 105 Abs. 1 StPO. Praktische Bedeutung hat die eigene Anordnungskompetenz der Kartellbehörde nicht; vgl. Stellungnahme des *Präsidenten des Bundeskartellamts* vom 8.10.1981, WuW 1983, 283, 284; zustimmend *Rengier*, NStZ 1981, 372, 373. Die praktische Irrelevanz der Eilkompetenz i.S.v. § 105 Abs. 1 StPO wird auch auf Ebene der Landeskartellbehörden sichtbar. Bei den im Zeitraum 1995- 2004 durchgeführten Durchsuchungen bspw. durch die Landeskartellbehörden von *Sachsen* und *Bayern* wurde in *keinem* Fall von einer Eilkompetenz Gebrauch gemacht (Quelle: Befragung der Landeskartellbehörden durch den *Verfasser*). Anders im strafrechtlichen Ermittlungsverfahren, in dem entgegen der gesetzlichen Konzeption die Eilanordnung durch Staatsanwaltschaft und Hilfsbeamte dominiert; vgl. *Rieß*, in: FS Rebmann, 381, 390; abweichend wiederum bei Anordnungen i.S.v. § 100b StPO, bei denen die Praxis die gesetzliche Verteilung akzeptiert; vgl. hierzu die aktuellen empirischen Untersuchungen von *Backes/Gusy*, Telefonüberwachung, S. 53 ff.; *Albrecht/Dorsch/Krüpe*, Rechtswirklichkeit, S. 22 ff., 40.

875 Vgl BVerfGE 103, 142, 153.

876 Nach Auskunft des Bundeskartellamtes gegenüber dem *Verfasser* wird auch in diesen Fällen zunächst versucht, noch telefonisch einen richterlichen Beschluss zu erlangen.

Andererseits hätte dieses Ergebnis zur Folge, dass der Ermittlungsrichter im Falle einer ihm zugestandenen Prüfungspflicht an Stelle der Verfolgungsbehörde die Verfahrensherrschaft übernimmt und die, der Verfolgungsbehörde vorbehaltene Entscheidung über die Durchführung und den Abschluss des Ermittlungsverfahrens trifft. Zwar würde durch die Ablehnung eines Antrages deren Verfahrensherrschaft im Grundsatz unangetastet bleiben; im Einzelfall könnte das Ermittlungsverfahren mangels weiterer Aufklärung hingegen faktisch beendet werden.

Der Gesetzgeber hat diese Gefahr jedoch einkalkuliert, indem er dem Ermittlungsrichter bei einer Reihe von Vorschriften die Befugnis eingeräumt hat, den Tatverdacht als eine Tatbestandsvoraussetzung zu prüfen (vgl. § 102 StPO, § 103 StPO).[877]

bb) Prüfungsumfang bei exekutiven Beurteilungsspielräumen

Offen bleibt dabei, in welchem Umfang dieser Aspekt der richterlichen Kontrolle unterliegt. Es stellt sich das Problem, dass das Vorliegen eines Anfangsverdachts in besonderem Maße von einer Prognose abhängig ist. Die Annahme eines Anfangsverdachts stellt dabei keine Ermessensentscheidung dar, sondern beruht auf einem - auf der Tatbestandsseite angesiedelten - unbestimmten normativen Rechtsbegriff.[878] Unklar ist hierbei, inwieweit die rechtliche Bindung der Verwaltung einer vollständigen Kontrolle durch den Ermittlungsrichter unterliegt.

Die Auseinandersetzung um die gerichtliche Überprüfung exekutiver Beurteilungsspielräume findet ihren Ausgangspunkt im Verwaltungsrecht; sie hat dort eine lange und wechselvolle Geschichte.[879] Für den verwaltungsgerichtlichen Rechtsschutz ist anerkannt, dass aus der Rechtsweggarantie des Art. 19 Abs. 4 GG das Gebot wirksamen und effektiven Rechtsschutzes folgt und die Gerichte dazu verpflichtet sind, Verwaltungsentscheidungen sowohl in tatsächlicher als auch in rechtlicher Hinsicht vollständig zu überprüfen.[880] Auch unbestimmte Rechtsbegriffe unterliegen im Verwaltungsrecht daher grundsätzlich einer vollständigen richterlichen Kontrolle.[881] Diese Lehren sind auf den präventiven Rechtsschutz in Gestalt des Richtervorbehalts übertragbar. Denn auch der Richtervorbehalt ist in Art. 19 Abs. 4 GG dogmatisch verankert.[882]

Art. 19 Abs. 4 GG fordert jedoch keine durchgängige Letztentscheidungskompetenz der Gerichte und schließt Beurteilungsspielräume der Verwaltung nicht von vornher-

---

877 Vgl. *Prechtel*, Ermittlungsrichter, S. 274.

878 Vgl. BGH, NJW 1970, 1543, 1543; OLG Düsseldorf (Ermittlungsrichter), NStZ 1990, 145, 145 f.; *Beulke*, in: Löwe-Rosenberg, § 152 Rn. 28 m.w.N.; *Sailer*, NJW 1977, 1138.

879 Vgl. zur Entwicklung *Redeker/v. Oertzen*, VwGO, § 114 Rn. 14 f. m.w.N.

880 Vgl. BVerfGE 64, 261, 279; BVerfGE 84, 34, 49; BVerfGE 84, 59, 77; *Pieroth/Kemm*, JuS 1995, 780, 780 m.w.N.

881 Vgl. BVerfGE 64, 261, 279; BVerfGE 84, 34, 50; BVerwGE 81, 12, 17; BVerwGE 88, 35, 37.

882 Vgl. *Hilger*, JR 1990, 485, 485; *Hilger*, in: FS Salger, 319, 327 f.; *Hilger*, in: GS Meyer, 209, 213 ff.; *Amelung*, ZZP 88 (1975), 74, 80; *Asbrock*, ZRP 1998, 17, 17.

ein aus.[883] Der Bereich der vom Ermittlungsrichter nicht vollständig nachprüfbaren Entscheidungsmacht der Exekutive ist rechtsstaatlich allerdings nur in engen Grenzen und ausnahmsweise hinnehmbar.[884] Beurteilungsspielräume der Verwaltung und eine damit korrespondierende geringere gerichtliche Kontrolldichte gibt es demnach dort, wo aus dem materiellen Recht eine Ermächtigung der Verwaltung für eine letztverbindliche Entscheidung zu entnehmen ist.[885] Der Richter unterläuft seine Bindung an das Gesetz, wenn er ohne normative Ermächtigung denjenigen Spielräume zugesteht, die das einschlägige Gesetz bereits vor ihm konkretisiert haben.[886] Lässt sich also eine entsprechende Ermächtigung nicht nachweisen, so ist nach dem Grundsatz vollständiger gerichtlicher Kontrolle zu verfahren.

Vor diesem Hintergrund fragt sich nun, ob § 152 Abs. 2 StPO i.V.m. § 46 Abs. 1 OWiG den Verfolgungsbehörden hinsichtlich des Anfangsverdachts eine Einschätzungsprärogative einräumt. Geht man vom Wortlaut der Vorschrift aus, so spricht die Formulierung, dass „zureichende tatsächliche Anhaltspunkte" auf das Vorliegen einer Kartellordnungswidrigkeit hindeuten müssen, weder für noch gegen einen überprüfbaren Beurteilungsspielraum.

Im Rahmen der teleologischen Interpretation ist auf die zur Legitimation von Beurteilungsspielräumen in der Rechtsprechung herangezogenen Argumentationstopoi einzugehen. In Erwägung zu ziehen ist die Fallgruppe der nur begrenzt überprüfbaren Prognoseentscheidungen, die sich einer rational oder empirisch eindeutigen Feststellbarkeit entziehen.[887] Die Bejahung eines Anfangsverdachts seitens der Verfolgungsbehörde setzt eine dahingehende Prognoseentscheidung voraus.[888] Dabei handelt es sich um ein Wahrscheinlichkeitsurteil bzw. eine Schlussfolgerung, welche aus dem zugrunde liegenden Sachverhalt in Richtung auf einen bestimmten Verdacht oder Verdachtsgrad zu ziehen ist.[889] Dieser Umstand schließt die gerichtliche Überprüfbarkeit jedoch nicht von vornherein aus. Prognostische Entscheidungen sind Teile der Unbestimmtheit von Gesetzesbegriffen. Wie diese Unbestimmtheit für sich genommen die gerichtliche Prüfung nicht einschränkt, so vermag es auch der Prognosegehalt nicht.[890]

---

883 Vgl. BVerfGE 61, 82, 111; BVerfGE 84, 34, 50; BVerfGE 88, 40, 56.

884 Vgl. BVerfGE 57, 250, 288 f.

885 Allgemein zur sog. normativen Ermächtigungslehre *Schmidt-Aßmann*, in: Maunz/Dürig, Art. 19 Abs. 4 Rn. 185 ff.; vgl. auch *Störmer*, ZStW 106 (1996), 494, 498.

886 Vgl. *Störmer*, ZStW 106 (1996), 494, 507. Mit der im objektiven Verfassungsrecht verankerten Pflicht der Gerichte zur Gesetzeskonkretisierung korrespondiert ein subjektiv-öffentliches Recht des von einer Ermittlungsmaßnahme Betroffenen auf umfassende richterliche Prüfung (Art. 2 Abs. 1 GG i.V.m. Art. 20 Abs. 3 GG, Art. 97 Abs. 1 GG); vgl. *Störmer*, ZStW 106 (1996), 494, 508 m.w.N.

887 Vgl. BVerwGE 75, 275, 276 f.

888 Vgl. *Störmer*, ZStW 106 (1996), 494, 510.

889 Vgl. *Schmidt-Aßmann*, in: Maunz/Dürig, Art. 19 Abs. 4 Rn. 198; *Schlothauer*, StraFo 1998, 402, 405.

890 Vgl. BVerfGE 88, 40, 60; *Pieroth/Kemm*, JuS 1995, 780, 783.

Eine andere Wertung könnte dahingegen auf den Umstand gestützt werden, dass bei der Feststellung, ob zureichende tatsächliche Anhaltspunkte i.S.v. § 152 Abs. 2 StPO vorliegen, eine Einzelfallabwägung anhand aller für die Entscheidung wesentlichen be- und entlastenden Umstände zu treffen ist. Deren Ergebnis hängt maßgeblich davon ab, welche Umstände die Verfolgungsbehörde für wesentlich hält und welches Gewicht den in die Abwägung einfließenden Sachverhaltselementen in ihrem Verhältnis zueinander beigemessen wird. Diese die Gesamtschau prägenden Akzentuierungen beruhen regelmäßig auf subjektiven, möglicherweise nicht näher verifizierbaren Wertungen des Abwägenden, wobei verschiedene Betrachter durchaus zu unterschiedlichen Lösungen gelangen können.[891]

Zunächst folgt aus der Notwendigkeit von Wertungen für sich genommen allerdings kein Ausschluss der richterlichen Kontrolle.[892] Denn das Verdachtsurteil beruht auf näher verifizierbaren subjektiven Wertungen. Die Regeln, mit deren Hilfe aus den – im Hinblick auf einen Tatnachweis – unvollständigen Tatsachen auf die Wahrscheinlichkeit einer Tatbegehung geschlossen wird, stellen sich als kriminalistische Erfahrungssätze[893] dar, die ihrerseits einer Überprüfung zugänglich sind.[894]

Als teleologisches Rechtfertigungselement für eine reduzierte Kontrolldichte kommt auch der Aspekt der „Komplexität der fachlichen Bewertung" nicht in Betracht.[895] Demgemäss können unbestimmte Rechtsbegriffe wegen hoher Komplexität oder besonderer Dynamik der geregelten Materie so vage und ihre Konkretisierung so schwierig sein, dass die gerichtliche Kontrolle an ihre Funktionsgrenzen stößt. Fehlt dem zuständigen Ermittlungsrichter im Einzelfall die erforderliche Fachkenntnis hinsichtlich der dem Wahrscheinlichkeitsurteil zugrunde liegenden kriminalistischen Erfahrungssätze, hat er sich diese durch die Einschaltung von Sachverständigen zu verschaffen.[896] Der Ermittlungsrichter erreicht dabei keineswegs seine Funktionsgrenzen.

---

891 Vgl. BGH, NJW 1970, 1543, 1544; BGH, NJW 1989, 96, 97; BVerfG (Vorprüfungsausschuß), NJW 1984, 1451, 1452; *Prechtel*, Ermittlungsrichter, S. 276.

892 Vgl. *Störmer*, ZStW 106 (1996), 494, 515.

893 Vgl. allgemein zu Denkgesetzen und Erfahrungsregeln sowie deren Bedeutung für die Rechtsanwendung *Meurer*, in: FS E. Wolf, 483, 483 ff.

894 Vgl. BVerwGE 87, 23, 26 f.; *Sachs*, in: Stelkens/Bonk/Sachs, § 40 Rn. 149; *Kühne*, NJW 1979, 617, 621; *Störmer*, ZStW 106 (1996), 494, 515.

895 Hierzu BVerfGE 84, 34, 50; *Störmer*, StV 1995, 653, 657.

896 Dass dieser Fall in der Praxis durchaus keine Ausnahme bildet, verdeutlicht die Einsetzung von im Strafrecht unerfahrenen Richtern im Eildienst (Vertretungen, Wochenenden). Darüber hinaus sehen sich selbst erfahrene Ermittlungsrichter oftmals überfordert, wenn es um spezifische Sachverhalte bspw. im Wirtschaftsrecht geht; vgl. hierzu *Kühne*, Strafprozeßrecht, Rn. 410; *Asbrock*, ZRP 1998, 17, 19; *Geppert*, DRiZ 1992, 405, 410; *Müller*, AnwBl. 1992, 349, 351; *Rabe von Kühlewein*, Richtervorbehalt, S. 428; vgl. auch *Satzger*, NJW 2004 (Beilage), 17, 21 f., der – de lege ferenda – Vorschläge für eine Stärkung des Ermittlungsrichters unterbreitet.

Den Verfolgungsbehörden ist somit in § 152 Abs. 2 StPO i.V.m. § 46 Abs. 1 OWiG *keine* Letztentscheidungsbefugnis eingeräumt.[897] Das Vorliegen eines Anfangsverdachts unterliegt vollständiger richterlicher Kontrolle.

cc) Prüfungsbefugnis im Nachprüfungsverfahren der Kommission

Die nationale Prüfungskompetenz steht bei der Prüfung des Anfangsverdachts in direkter Kollision zu den Vorgaben des Art. 20 Abs. 8 und Art. 21 Abs. 3 VO 1/2003. Denn mit der Prüfung des Anfangsverdachts wird zugleich mittelbar die – vom EuGH zu prüfende - Frage beantwortet, ob die Nachprüfungsentscheidung auf ausreichenden Verdachtsgründen beruht. Nur bei einem offensichtlichen Fehlen der erforderlichen Verdachtsgründe steht dem nationalen Ermittlungsrichter im Nachprüfungsverfahren der Kommission eine Befugnis zur Verweigerung der beantragten Zwangsmaßnahme mit Verweis auf den fehlenden Verdacht zu.[898] Der europarechtliche Kontext führt daher zu einer weitgehenden Einschränkung der Verdachtsprüfung i.S.v. § 105 Abs. 1 Satz 1 StPO, § 162 Abs. 3 StPO i.V.m. § 46 Abs. 1 OWiG.

d) Verfahrenshindernisse

Das Vorliegen von Verfahrenshindernissen[899] wird grundsätzlich allein nach rechtlichen Kriterien beurteilt, weshalb dem Ermittlungsrichter eine umfassende Prüfungsbefugnis zusteht.[900]

---

897 Zustimmend OLG Düsseldorf (Ermittlungsrichter), NStZ 1990, 145, 145 f.; *Wolter*, in: SK-StPO, Vor § 151 Rn. 8; *Wache*, in: KK-StPO, § 162 Rn. 19; *Rieß*, in: Löwe-Rosenberg, § 162 Rn. 44 f.; *Achenbach*, in: AK-StPO, § 162 Rn. 16; *Eb. Schmidt*, Strafprozeßordnung, § 162 Rn. 7; *Kronecker*, GA 29 (1881), 317, 320; *Nehm*, in: FS Meyer-Goßner, 277, 288; *Winter*, NJW 1962, 1853, 1853; *Geppert*, DRiZ 1992, 405, 409; a.A. BGH, NStZ 2003, 215, 216; BGH, NJW 1995, 1974, 1975 (hinsichtlich StPO § 100a); BGH, NJW 1970, 1543, 1544; BGH, NJW 1989, 96, 97; BGH, NStZ 1988, 510, 511; *Prechtel*, Ermittlungsrichter, S. 276, wonach § 152 Abs. 2 StPO den Verfolgungsbehörden einen nicht überprüfbaren Beurteilungsspielraum einräume. Die Einschätzung der Verfolgungsbehörde sei daher nicht auf ihre „Richtigkeit", sondern allein daraufhin zu überprüfen, ob sie vertretbar sei. Dies dürfe nur verneint werden, wenn die Annahme des Anfangsverdachts in tatsächlicher Hinsicht willkürlich ist. Dagegen *Störmer*, StV 1995, 653, 658 („juristische Teilkapitulation").

898 Vgl. A.III.2.d) bb) (1) (c) bzw. A.III.3.c) bb).

899 Die Verfahrenshindernisse sind zahlreich, unsystematisch und unübersichtlich; vgl. nur *Wache*, in: KK-OWiG, Vor § 53 Rn. 47 ff.; *Göhler*, OWiG, Vor § 59 Rn. 37 ff.

900 Zustimmend *Wolter*, in: SK-StPO, Vor § 151 Rn. 8; *Prechtel*, Ermittlungsrichter, S. 276; OLG Düsseldorf (Ermittlungsrichter), NStZ 1990, 145, 145 f.; *Kronecker*, GA 29 (1881), 317, 320; *Wache*, in: KK-StPO, § 162 Rn. 19; *Rieß*, in: Löwe-Rosenberg, § 162 Rn. 44 f.; *Nehm*, in: FS Meyer-Goßner, 277, 288; *Winter*, NJW 1962, 1853, 1853; *Eb. Schmidt*, Strafprozeßordnung, § 162 Rn. 7; *Geppert*, DRiZ 1992, 405, 409; *Achenbach*, in: AK-StPO, § 162 Rn. 16.

Als zu prüfende Gesichtspunkte kommen insbesondere die rechtskräftige Entscheidung über die Tat im Bußgeld- oder Strafverfahren[901] und die Verfolgungsverjährung[902] in Betracht.

Übertragen auf die Mitwirkung des nationalen Ermittlungsrichters im Verfahren nach Art. 20 Abs. 7, 8 und 21 Abs. 3 VO 1/2003 gewinnt dieser Prüfungspunkt Relevanz bei der Frage, ob das von der Kommission aufzudeckende Verhalten des Betroffenen bereits Gegenstand einer abschließenden Kommissionsentscheidung war bzw. ob die Verfolgung der Zuwiderhandlung verjährt ist. Denn auch im Gemeinschaftsrecht gilt zum einen der Grundsatz des ne-bis-in-idem[903]; zum anderen das Verbot, verjährte Zuwiderhandlungen zu verfolgen (Art. 25 VO 1/2003). Eine Nachprüfungsentscheidung wäre aufgrund dessen durch den EuGH zu verwerfen.

Legt der nationale Ermittlungsrichter derartige Gesichtspunkte der Prüfung der beantragten Zwangsmaßnahme zugrunde, präjudiziert er eine von der Gemeinschaftsgerichtsbarkeit zu treffende Entscheidung. Er tritt daher in direkte Kollision zu den Vorgaben des Art. 20 Abs. 8 und Art. 21 Abs. 3 VO 1/2003. Aus diesem Grunde scheidet eine derartige Prüfung durch ein Gericht der Mitgliedstaaten aus.[904]

2. Rechtmäßigkeit der beantragten Untersuchungshandlung

Bestehen hinsichtlich der Rechtmäßigkeit des Antrags keine Bedenken, prüft der Ermittlungsrichter gemäß § 162 Abs. 3 StPO „ob die beantragte Handlung nach den Umständen des Falles gesetzlich zulässig ist". Über den Inhalt des Begriffs der „gesetzlichen Zulässigkeit" besteht jedoch keine vollständige Klarheit.[905] Ein entsprechender Wortlaut findet sich an keiner anderen Stelle in der StPO.

a) *Tatbestandsmäßige Voraussetzungen*

Unstrittig ist, dass der Ermittlungsrichter eine Rechtmäßigkeitsprüfung vorzunehmen hat. Der Passus der „gesetzlichen Zulässigkeit" wird daher überwiegend auch i.S.v. „rechtlicher Zulässigkeit" verstanden.[906] Der Ermittlungsrichter hat aufgrund des ihm

---

901 Vgl. § 44 OWiG. Das Verbot der doppelten Ahndung gilt auch für die Verhängung von Geldbußen gegen Unternehmen nach § 30 OWiG. Auf die Verfolgung ein und derselben Tat nach nationalem und europäischem Kartellrecht findet das Verbot der doppelten Ahndung hingegen keine Anwendung; vgl. hierzu BGHSt 24, 54, 54 ff.

902 Vgl. § 31 ff. OWiG. Die Verjährung der von der natürlichen Person begangenen Ordnungswidrigkeit begründet – abgesehen von der Ausnahmevorschrift des § 33 Abs. 1 Satz 2 OWiG – ein Verfolgungshindernis auch für die selbständige Festsetzung der Unternehmensbuße nach § 30 OWiG.

903 Vgl. *Klees*, Kartellverfahrensrecht, § 10 Rn. 63 ff. m.w.N.

904 Hiermit unbeantwortet ist gleichwohl die Frage, ob das Vorliegen etwaiger Verfahrenshindernisse nicht im Rahmen einer Verhältnismäßigkeitsprüfung Beachtung zukommen kann; vgl. hierzu sogleich B.III.2.c).

905 Nach *Koch*, NJW 1968, 1316, 1316 f. legt die „barocke Worthäufung" im Wortlaut der Norm eine „Tautologie" nahe.

906 Vgl. *Prechtel*, Ermittlungsrichter, S. 257 m.w.N.

vorliegenden Materials den konkreten Sachverhalt unter die tatbestandsmäßigen Voraussetzungen der §§ 102,[907] 103 StPO[908] i.V.m. § 46 Abs. 1 OWiG zu subsumieren.[909]

Zu den tatbestandsmäßigen Voraussetzungen zählt in diesen Fällen auch ein einfacher (§ 102 StPO) bzw. qualifizierter Tatverdacht (§ 103 StPO), dessen Vorhandensein der Ermittlungsrichter in rechtlicher und tatsächlicher Hinsicht zu prüfen berechtigt ist.[910] An die Rechtsansicht der Verfolgungsbehörde ist der Ermittlungsrichter hierbei nicht gebunden. Es handelt sich gerade nicht um einen der richterlichen Überprüfung entzogenen exekutiven Beurteilungsspielraum. Bei der dahingehenden Auslegung der §§ 102, 103 StPO kommt neben den im Rahmen der Auslegung des § 152 Abs. 2 StPO i.V.m. § 46 Abs. 1 OWiG herangezogenen teleologischen Aspekten, auf die verwiesen werden kann,[911] der Grundrechtsrelevanz der zu überprüfenden Maßnahme besondere Bedeutung zu. Das *BVerfG* bezieht in neuerer Judikatur die Rechtsstellung des betroffenen Bürgers mit in die Betrachtung ein.[912] Je größer die Grundrechtsbezogenheit und je intensiver der Grundrechtseingriff, desto höhere Anforderungen sind an die Ermächtigung eines Beurteilungsspielraums zu stellen. Dabei stellt sich jede Durchsuchung i.S.v. §§ 102, 103 StPO als schwerwiegender Eingriff in das Grundrecht aus Art. 13 Abs. 1 GG dar.[913]

Schließlich nennen §§ 102, 103 Abs. 1 Satz 1 StPO, § 46 Abs. 1 OWiG mit dem Auffinden von Beweismitteln bzw. der Verfolgung von Spuren einer Straftat und der

---

907 Die Frage, ob eine Durchsuchung bei einer juristischen Person den Voraussetzungen des § 102 StPO oder den (strengeren) Anforderungen des § 103 StPO gerecht werden muss, bedarf vorliegend keiner eingehenden Erörterung. In beiden Fällen prüft der Ermittlungsrichter den Sachverhalt in rechtlicher und tatsächlicher Hinsicht; vgl. zum Streitstand *Hermanns*, Ermittlungsbefugnisse, S. 25 ff.; *Gillmeister*, Ermittlungsrechte, S. 53 ff. m.w.N.; *Krekeler/Schütz*, wistra 1995, 296, 297.

908 Weitere Vorschriften gelten Modalitäten der Durchsuchung (§§ 104, 105 Abs. 2 und 3, 106, 107 Satz 1, 110 StPO).

909 Vgl. BVerfGE 9, 89, 97; BVerfGE 57, 346, 356; *Hofmann*, in: Schmidt-Bleibtreu/Klein, Art. 13 Rn. 17; *Rabe von Kühlewein*, GA 2002, 637, 645. Die Prüfungskompetenz ist demzufolge maßnahmespezifisch unterschiedlich; vgl. *Rieß*, NStZ 1991, 513, 514.

910 In der kartellrechtlichen Praxis stellt die Konkretisierung des Tatverdachts ein Hauptproblem dar. Da Kartellordnungswidrigkeiten mit nur wenigen Ausnahmen keine „handgreiflichen", nach außen als unrechtmäßig abgehobenen Taten mit eindeutig kriminellen „Spuren" darstellen, in diesem Bereich vielmehr fließende Übergänge zu normalem und erlaubtem Unternehmensverhalten typisch sind, ist der Verdacht vor Auffindung schriftlicher Beweismitteln ganz regelmäßig unsicher und vor allem auch je nach dem in Frage stehenden Markt unterschiedlich; vgl. *Dannecker/Biermann*, in: Immenga/Mestmäcker-GWB, Vor § 81 Rn. 174.

911 Vgl. B.III.1.c) bb).

912 Vgl. BVerfGE 83, 130, 148; BVerfGE 84, 34, 54 f.; BVerfGE 84, 59, 79; BVerfGE 88, 40, 59; zustimmend *Pieroth/Kemm*, JuS 1995, 780, 782; kritisch dagegen *Schmidt-Aßmann/Groß*, NVwZ 1993, 617, 618.

913 Vgl. BVerfGE 42, 212, 219 f.; BVerfGE 51, 97, 110; BVerfGE 96, 27, 40; BVerfGE 103, 142, 150 f.; BVerfG, NJW 2005, 275, 276; BVerfG, NStZ 1999, 414, 414; *Papier*, in: Maunz/Dürig, Art. 13 Rn. 25; *Kruis/Wehowsky*, NJW 1999, 682, 682.

Beschlagnahme bestimmter Gegenstände[914] einen bestimmten Zweck, dem die Durchsuchung entsprechen muss. Bei § 102 StPO genügt eine allgemeine Vermutung.[915] Er unterliegt hierbei den zur Verdachtsprüfung entwickelten Grundsätzen.[916] Strengere Anforderungen gelten im Rahmen des § 103 Abs. 1 Satz 1 StPO. Um den schwerwiegenden Eingriff in die grundrechtlich geschützte Privatsphäre zu rechtfertigen, müssen *Tatsachen* vorliegen, aus denen zu schließen ist, dass die gesuchte Spur oder *bestimmte* Sache sich auch in den zu durchsuchenden Räumen befindet. Der Schluss muss nicht zwingend, aber – nach richterlicher Prüfung - vertretbar sein.[917]

Unterliegt die Prüfung des Tatverdachts und die des jeweiligen Durchsuchungszwecks den Grundsätzen der Prüfung des Anfangsverdachts, so resultiert hieraus eine weitgehende Einschränkung des richterlichen Prüfungsumfangs bei Mitwirkung im Nachprüfungsverfahren der Kommission. Aufgrund einer direkten Kollision mit den Bestimmungen der Art. 20, 21 VO 1/2003 erschöpft sich die richterliche Kontrolle des Tatverdachts und Durchsuchungszwecks auf deren offensichtliches Fehlen.[918]

b) Zweckmäßigkeit

Bereits im Verfahren nach §§ 105 Abs. 1 Satz 1 StPO, 162 Abs. 3 StPO, 46 Abs. 1 OWiG ist unklar, ob dem Ermittlungsrichter neben der Prüfung der Rechtmäßigkeit der Untersuchungshandlung auch ein Prüfungsrecht hinsichtlich der Zweckmäßigkeit der beantragten Maßnahme zusteht. Hat der Gesetzgeber dem Richter mit der Kompetenz zur Anordnung von Grundrechtseingriffen nach der StPO etwa auch die Kompetenz übertragen, seine eigenen Zweckmäßigkeitserwägungen zum Maßstab seiner Entscheidung zu machen und die Entscheidung der beantragenden Behörde in diesem Punkte durch seine eigene zu substituieren?

Zunächst stellt sich die Frage, was unter Zweckmäßigkeit in diesem Sinne zu verstehen ist. Die Suche nach einer Begriffsbestimmung wird dadurch erschwert, dass es jeweils von den Umständen des Einzelfalles abhängt, was als zweckmäßig anzusehen ist.[919] Gesetzliche Anhaltspunkte, die weitergehende Klarheit verschaffen, finden sich nicht. So erwähnt § 78 Abs. 1 Satz 1 SGG zwar die Zweckmäßigkeit, ohne jedoch eine Begriffsbestimmung anzubieten. Bezüglich § 68 Abs. 1 Satz 1 VwGO betont die *Rechtsprechung*[920] stets, dass die Zweckwidrigkeit zur Begründetheit eines Wider-

---

914 §§ 102, 103 StPO formulieren den Durchsuchungszweck unterschiedlich. Ein sachlicher Unterschied ist damit nicht verbunden; vgl. hierzu eingehend *Schäfer*, in: Löwe/Rosenberg, § 102 Rn. 21, § 103 Rn. 9.

915 Bei hinreichend konkretem Tatverdacht wird die Auffindungsvermutung in aller Regel vorliegen.

916 *Schäfer*, in: Löwe-Rosenberg, § 103 Rn. 14 bezeichnet die Auffindungsvermutung daher auch als „Auffindungsverdacht".

917 Vgl. BGHSt 28, 57, 59; *Schäfer*, in: Löwe/Rosenberg, § 103 Rn. 14 m.w.N.; *Sommermeyer*, Jura 1992, 449, 451.

918 Vgl. B.III.1.c) a.E.

919 Vgl. *Clausen*, in: Knack, § 10 Rn. 7.

920 BVerwGE 13, 195, 198; BVerwG, DÖV 1969, 142, 143; OVG Münster, NVwZ-RR 1993, 289, 289.

spruchs führen kann. Einer Konkretisierung dieses Begriffes bleibt sie allerdings schuldig.

Festzustellen ist demgegenüber, dass die Zweckmäßigkeit fast ausnahmslos mit außerrechtlichen, Kriterien verknüpft wird. Es werden soziale, ökonomische und verwaltungspolitische Gesichtspunkte, aber auch Begriffe wie Unwirtschaftlichkeit oder sachnähere Alternativen genannt.[921] Maßgeblich für die Zweckmäßigkeit einer Entscheidung sind demnach einerseits Ausmaß, Schnelligkeit und Sicherheit, mit denen der Gesetzeszweck erreicht werden soll und andererseits der erforderliche Verwaltungsaufwand, ferner etwaige positive oder negative Nebenfolgen.[922] Mitunter wird eine Verbindung zwischen der Zweckmäßigkeit und dem verwandten Begriff der Effizienz hergestellt[923].

Aufgrund der mangelnden begrifflichen Sorgfalt soll die richterliche Prüfung der Zweckmäßigkeit der beantragten Maßnahme mit Hilfe folgender Frage verdeutlicht werden: Steht es dem Ermittlungsrichter zu, eine Durchsuchungsanordnung allein deshalb abzulehnen, weil er zunächst andere Ermittlungen für sinnvoller erachtet?

Eine dahingehende Prüfungsbefugnis wäre im Rahmen des § 162 Abs. 3 StPO eröffnet, wenn die Anordnung der Zwangsmaßnahme als eine im richterlichen Ermessen stehende Entscheidung charakterisiert werden könnte. Durch eine Ermessensentscheidung wäre dem Ermittlungsrichter die Entscheidungsfreiheit eingeräumt, zwischen mehreren rechtlich zulässigen Entscheidungen aus Zweckmäßigkeitsgründen zu wählen. Das richterliche Ermessen könnte durch Anträge der Verfolgungsbehörde nicht beschränkt werden, so dass dem Ermittlungsrichter auch die selbständige Entscheidung über Notwendigkeit und Zweckmäßigkeit der beabsichtigten Maßnahme obliege.

Nelles[924] stellt dies betreffend fest, dass ein Axiom des Inhalts, dass dem Richter für jegliche Entscheidungsfindung uneingeschränktes und unbeschränkbares Ermessen zustehe, nicht existiert. Anders als die unklare Wortfassung des § 105 Abs. 1 Satz 1 StPO („dürfen“) spricht die gesetzgeberische Übung gegen eine Ermessensermächtigung zu Gunsten des Ermittlungsrichters.[925] In den Fällen, in denen der Gesetzgeber dem Richter ein Ermessen eingeräumt hat, wird dies im Gesetzestext in der Regel ausdrücklich klargestellt.[926]

Ein Widerspruch mit der in Art. 97 Abs. 1 GG verankerten Unabhängigkeit des Richters liegt hierin nicht. Denn die richterliche Unabhängigkeit entfaltet sich nur im gesetzlich vorgegebenen Rahmen.[927]

---

921 Vgl. *Klüsener*, NVwZ 2002, 816, 817 m.w.N.; vgl. auch *Mölter*, Zweckmäßigkeit, S. 2.

922 Vgl. *Aschmann*, Richtervorbehalt, S. 68.

923 Vgl. *Klüsener*, NVwZ 2002, 816, 817 m.w.N.

924 *Nelles*, Ausnahmekompetenzen, S. 42.

925 Vgl. *Prechtel*, Ermittlungsrichter, S. 201 f.

926 Vgl. bspw. §§ 61, 79 Abs. 1 Satz 1; 116a Abs. 2; 118 Abs. 1; 149 Abs. 3; 241a Abs. 2 StPO („Ermessen“).

927 Vgl. Art. 97 Abs. 1 GG „dem Gesetze unterworfen“.

Nichts anderes ergibt sich daraus, dass der Ermittlungsrichter den gesamten, dem Antrag zugrunde liegenden Vorgang in eigener Verantwortung zu prüfen hat.[928] Die Verantwortlichkeit des Ermittlungsrichters nach § 162 Abs. 3 StPO beschränkt sich allein auf den im Gesetz determinierten Umfang. Über die Berücksichtigung von Zweckmäßigkeitsgesichtspunkten sagt dies freilich nichts aus. Die Frage ist schließlich gerade, ob dem Richter die Kompetenz zu selbständiger Ermessensentscheidung gesetzlich zugestanden wird.[929] Die Existenz richterlichen Ermessen im Rahmen des § 162 Abs. 3 StPO ist hiernach abzulehnen.

Dem entspricht die Aufgaben- und Verantwortungsverteilung im bußgeldrechtlichen Ermittlungsverfahren. Die Sachleitungsbefugnis der Verfolgungsbehörde im Ermittlungsverfahren ist inhaltlich durch Wahlfreiheit gekennzeichnet. Ihr steht es frei, zu welchem zulässigen, zur Erreichung des Verfahrenszwecks tauglichen Mittel sie greifen will. Wahlfreiheit zwischen mehreren rechtlich zulässigen Handlungsvarianten ist wiederum der Kern dessen, was die Verwaltungsrechtslehre als echtes Ermessen definiert. Dieses „volitive“[930] Verhaltensermessen als charakteristisches Merkmal verfolgungsbehördlicher Tätigkeit wird in erster Linie nach Zweckmäßigkeitserwägungen ausgeübt. Außer dass der Einsatz des gewählten Mittels rechtlich zulässig sein muss, unterliegt das Ermessen der Verfolgungsbehörde hierbei keinen weiteren gesetzlichen Direktiven. Demgemäss zeichnet sich auch die behördliche Mitwirkung an den dem Richter vorbehaltenen Anordnungen dadurch aus, dass sie das Urteil der Verfolgungsbehörde über die ermittlungstaktische Notwendigkeit, Zweckmäßigkeit, Tauglichkeit und Angemessenheit der beabsichtigten Maßnahme beinhaltet.[931]

Zwar ist *Nelles*[932] zuzugeben, dass die richterliche Anordnungskompetenz als solche bereits einen Einbruch in die verfolgungsbehördliche Verfahrenshoheit im Ermittlungsverfahren bedeutet. Dessen ungeachtet würde eine Erweiterung der richterlichen Prüfungskompetenz zu einer weitgehenden Aushöhlung der Verfahrensherrschaft der Verfolgungsbehörde führen und die gesetzgeberische Aufgaben- und Verantwortungsverteilung unterlaufen.[933]

Im Einklang hiermit steht die Tatsache, dass der Ermittlungsrichter unabhängig und eigenverantwortlich die Ermittlungsmaßnahmen überprüfen muss. Er trägt die Verantwortung des Rechtseingriffs. Freilich ist der Grad der ihm zufallenden Verantwortung seinem rechtlichen Können angepasst. Er kann nur in dem Maße verantwortlich sein, als die Maßnahme ihm zurechenbar ist. Bezieht sich der Prüfungsumfang des § 162 Abs. 3 StPO nur auf die Rechtmäßigkeit der Maßnahme, trägt er auch nur für diesen Aspekt die Verantwortung.

---

928 Vgl. B.III.1.c) aa).

929 Vgl. *Nelles*, Ausnahmekompetenzen, S. 41 f.; *Prechtel*, Ermittlungsrichter, S. 203.

930 So *Nelles*, Ausnahmekompetenzen, S. 38 f. (Hervorhebung im Original)

931 Vgl. *Nelles*, Ausnahmekompetenzen, S. 38.

932 Vgl. *Nelles*, Ausnahmekompetenzen, S. 40.

933 Vgl. *Rabe von Kühlewein*, Richtervorbehalt, S. 426.

Andererseits könnten Zweckmäßigkeitsüberlegungen als Bestandteil einer Ermessensausübung einer rechtlichen Überprüfung zugänglich sein, da das Ermessen in einer dem Zweck der Ermächtigung entsprechenden Weise auszuüben ist (vgl. § 40 VwVfG).[934] Zu bedenken gilt jedoch, dass die StPO, anders als bspw. § 114 Satz 1 VwGO, eine dahingehende richterliche Prüfungskompetenz nicht explizit nennt. Es verbietet sich daher die im verwaltungsgerichtlichen Verfahren entwickelten Grundsätze unbesehen auf das Kartellverfahren zu übertragen.

Unterstrichen wird diese Schlussfolgerung durch einen aus §§ 172 ff. StPO zu ziehenden Umkehrschluss. Nach Ansicht von *Graalmann-Scheerer*[935] ist das Oberlandesgericht im Klageerzwingungsverfahren berechtigt, die Staatsanwaltschaft zur Vornahme von Ermittlungen zu verpflichten und auf die Sachleitungsbefugnis Einfluss zu nehmen. Im Ermittlungsverfahren kommt diesen Regelungen hingegen keine Bedeutung zu. Hieraus kann die gesetzgeberische Wertung entnommen werden, dass im Ermittlungsverfahren die Gestaltungsfreiheit der Verfolgungsbehörde und deren Zweckmäßigkeitserwägungen grundsätzlich nicht gerichtlich tangiert werden sollen.[936]

Zudem besitzt der Ermittlungsrichter aufgrund seiner Ferne zum tatsächlichen Geschehen und seiner institutionellen Unabhängigkeit von der Verfolgungsbehörde in der Regel nicht die Möglichkeit, über die taktische Zweckmäßigkeit fundiert zu entscheiden.[937] In der Praxis käme es daher nicht zu einer substanziellen Verbesserung des Instituts des Richtervorbehalts. Der Richtervorbehalt garantiert dem Betroffenen die Rechtmäßigkeit und Ermessensfehlerfreiheit der Maßnahme, auch ohne dass er eigene Ermessenserwägungen hinsichtlich ihrer ermittlungstaktischen Opportunität anstellen müsste. Dies gilt um so mehr, als der Ermittlungsrichter auch bei eingeschränktem Prüfungsrecht berechtigt ist, die Eingriffsintensität der Maßnahme zu begrenzen, indem er mit der Anordnung hinter dem Antrag der Verfolgungsbehörde zurückbleibt.[938]

Ausgehend von einem auf die Rechtmäßigkeitskontrolle beschränkten Prüfungsrecht, hat der Ermittlungsrichter nicht zu entscheiden, ob der Eingriff vorgenommen werden *soll*, sondern ob er vorgenommen werden *darf*.[939] Somit ist es dem Ermittlungsrichter verwehrt zu prüfen, ob die Verfolgungsbehörde ihr Auswahlermessen hinsichtlich der beantragten Untersuchungshandlung sachdienlich, in einer dem Zweck des GWB entsprechenden Weise ausgeübt hat oder ob ihre Erwägungen auf sachfremden, rein subjektiven Motiven beruhen. Der Ermittlungsrichter kann eine Durchsuchungsanordnung nicht mit der Begründung ablehnen, sie sei ermittlungstaktisch unangebracht, überflüssig oder eine andere sei geeigneter.

---

934 Vgl. *Prechtel*, Ermittlungsrichter, S. 280.

935 Vgl. *Graalmann-Scheerer*, in: Löwe-Rosenberg, § 173 Rn. 16 m.w.N. zum diesbezüglichen Streitstand.

936 Vgl. *Prechtel*, Ermittlungsrichter, S. 280.

937 Vgl. *Rabe von Kühlewein*, Richtervorbehalt, S. 426 f.

938 Vgl. *Nelles*, Ausnahmekompetenzen, S. 57.

939 So *Rieß*, in: Löwe/Rosenberg, § 162 Rn. 44; *Nelles*, Ausnahmekompetenzen, S. 56.

c) Verhältnismäßigkeit

Eine weitere Einschränkung der richterlichen Prüfungskompetenz würde gegeben sein, wenn § 162 Abs. 3 StPO dem Ermittlungsrichter die Kontrolle der beantragten Untersuchungshandlung unter dem Gesichtspunkt der Verhältnismäßigkeit vorenthalten würde. Wendet man die Komponenten der Verhältnismäßigkeit auf einen Eingriff i.S.v. §§ 102, 103 StPO, § 46 Abs. 1 OWiG an, so muss die Durchsuchung nach den persönlichen und tatsächlichen Umständen des Einzelfalles zur Erlangung der gesuchten Beweismittel geeignet und erforderlich sein und nicht außer Verhältnis zur Bedeutung der Sache und zur Stärke des bestehenden Tatverdachts stehen.[940]

Die Prüfung der Verhältnismäßigkeit ist rechtlich geprägt. Der Ermittlungsrichter darf und muss die Verhältnismäßigkeit bei der Prüfung der Rechtmäßigkeit einer beantragten Untersuchungshandlung daher grundsätzlich mit berücksichtigen.[941] Es kann keinen Unterschied machen, ob es sich beim Prüfungsmaßstab um den allgemeinen Verhältnismäßigkeitsgrundsatz handelt oder ob der Ermittlungsrichter in die jeweils in Betracht kommende Eingriffsnorm eingefügte konkrete Ausprägungen dieses Grundsatzes zu prüfen hat. Für letztere ist unzweifelhaft, dass der Ermittlungsrichter deren Voraussetzungen eigenverantwortlich feststellen muss, wenn er die davon abhängige Maßnahme gestatten will.[942]

Besteht dahingehend Einvernehmen bedarf die Frage nach der richterlichen Kontrolldichte erhöhter Aufmerksamkeit. Denn die besondere Problematik der Geltung des Verhältnismäßigkeitsgrundsatzes im Rahmen des § 162 Abs. 3 StPO liegt darin, dass der Ermittlungsrichter zwar einerseits die Zweckmäßigkeit und Notwendigkeit einer Untersuchungshandlung grundsätzlich nicht überprüfen darf,[943] andererseits diese Gesichtspunkte auch für die Verhältnismäßigkeit der beantragten Untersuchungshandlung relevant sind.[944]

Im Anschluss an *Jellinek*[945] kennzeichnen die Aspekte der Geeignetheit, Erforderlichkeit und Unschädlichkeit des angewandten Mittels den Zweckmäßigkeitsbegriff in gleicher Weise wie den Grundsatz der Verhältnismäßigkeit. *Lohmann*[946] formuliert es dahingehend, dass das Verhältnismäßigkeitsprinzip als Standort einer die konkurrierenden Einzelzwecke überspannenden, am gemeinsamen höheren Zweck ausgerichteten, komplexen Zweckmäßigkeit verstanden werden kann.

---

940 Vgl. BVerfG, NJW 1970, 505, 506; BVerfG, NJW 1966 1603, 1607; allgemein zur Verhältnismäßigkeit strafprozessualer Zwangsmaßnahmen BVerfG, StV 1992, 49, 50; BVerfG, NStZ 1994, 349, 349; BVerfGE 20, 162, 187; *Boetticher/Landau*, in: FS BGH, 555, 560.

941 Vgl. *Schmitt*, Ordnungswidrigkeitenrecht, S. 90; *Koch*, NJW 1968, 1316, 1317; a.A. (einzig) LG Waldshut, NJW 1972, 1148, 1148 f.

942 Vgl. BGHSt 41, 30, 33; vgl. auch *Boetticher/Landau*, in: FS BGH, 555, 560.

943 Vgl. hierzu B.III.2.b).

944 Vgl. *Lin*, Rechtsschutz, S. 286, der bezweifelt, dass sich die Prüfung der Zweckmäßigkeit von der der Verhältnismäßigkeit hinreichend klar trennen lässt.

945 *Jellinek*, Gesetz, S. 77 ff.

946 *Lohmann*, Zweckmäßigkeit, S. 29.

Dieser mit der Kontrolle des Verhältnismäßigkeitsprinzips verbundene Prüfungsumfang stünde jedoch im Widerspruch zu dem unter B.III.2.b) gewonnenen Ergebnis, demnach die Zweckmäßigkeit der beantragten Zwangsmaßnahme richterlicher Prüfung entzogen ist. Um der Gefahr einer zu großen Einschränkung der grundsätzlich im Ermessen der Verfolgungsbehörde stehenden Gestaltungsfreiheit sowie einer Verschiebung der vom Gesetzgeber vorgesehenen Kompetenzverteilung vorzubeugen, ist die Reichweite des Verhältnismäßigkeitsgrundsatzes im Ermittlungsverfahren zu beschränken. Aufgrund der Bindung des Ermittlungsrichters an Recht und Gesetz (Art. 20 Abs. 3 GG) ist eine richterliche Kontrolle dementsprechend einzuschränken.

Hierbei ist das öffentliche Ermittlungsinteresse mit den Rechten des Betroffenen in einen sachgerechten Ausgleich zu bringen. Der Gesetzgeber hat den Konflikt der widerstreitenden Verfassungsgüter zugunsten des öffentlichen Interesses entschieden. Nach seiner Wertung sind Ermittlungsmaßnahmen, welche die Verfolgungsbehörde in Ausübung ihrer Sachleitungsbefugnis für erforderlich erachtet, bei Vorliegen der gesetzlich in der StPO geregelten Voraussetzungen zunächst grundsätzlich zulässig.[947] In Fällen, in denen der Gesetzgeber den Rechten der Betroffenen erhöhte Bedeutung zugemessen hat, wurde die grundsätzliche Zulässigkeit eingeschränkt und Komponenten der Verhältnismäßigkeit in die tatbestandlichen Voraussetzungen ausdrücklich integriert.[948] Hierbei verlangen die gesetzlichen Formulierungen der Tatbestandsmerkmale für die Angemessenheit oftmals nicht die positive Feststellung der Wahrung eines „angemessenen“ oder „vernünftigen“ Verhältnisses, sondern die Vermeidung eines Missverhältnisses.[949] Letztgenannte (negative) Formulierung kann als Signal an den Rechtsanwender gedeutet werden, die Angemessenheit im Zweifel tendenziell eher zu Gunsten des öffentlichen Interesses zu bejahen.[950]

Kleinknecht[951] stellt demgemäss zutreffend fest, dass die Verhältnismäßigkeit einer Maßnahme keine Zulässigkeitsvoraussetzung darstellt, sondern ihre Unverhältnismäßigkeit als Ausschlussgrund und Maßnahmehinderungsgrund anzusehen ist. Eine Maßnahme hat daher erst zu unterbleiben, wenn das Missverhältnis zwischen der Anordnung der Zwangsmaßnahme und der Bedeutung der Ordnungswidrigkeit sicher feststeht.[952] Zu Missverständnissen kann der Satz führen, ein Eingriff solle nur erfol-

---

947 Vgl. *Prechtel*, Ermittlungsrichter, S. 299.

948 Vgl. §§ 100a Satz 1 a.E.; 103 Abs. 1; 110a Abs. 1 Satz 3 StPO; vgl. auch § 112 StPO, wo das Erfordernis des einfachen Anfangsverdachts durch einen qualifizierten Verdachtsgrad ersetzt wurde.

949 Vgl. die Formulierungen „nicht außer Verhältnis“ in § 163d Abs. 1 Satz 1 StPO bzw. „außer Verhältnis“ in § 163b Abs. 2 Satz 2 StPO.

950 Vgl. *Dechsling*, Verhältnismäßigkeit, S. 35 f.; *Prechtel*, Ermittlungsrichter, S. 300.

951 *Kleinknecht*, JZ 1965, 113, 114; zustimmend *Hirschberg*, Verhältnismäßigkeit, S. 89.

952 Vgl. *Schütz*, Verhältnismäßigkeit, S. 118. *Dechsling*, Verhältnismäßigkeit, S. 34 f. entnimmt dem Evidenzkriterium eine Argumentationslastregel zugunsten der behördlichen Entscheidung: Wenn sich weder für die Verhältnismäßigkeit i.e.S. noch für die Unverhältnismäßigkeit i.e.S. ein durchschlagendes Argument finden lässt, dann ist die Entscheidung nicht offensichtlich unverhältnismäßig i.e.S.

gen, wenn er zur Sache in einem angemessenen Verhältnis stehe.[953] Die vereinfachte Formulierung darf jedoch nicht darüber hinwegtäuschen, dass ein „non liquet" der Verhältnismäßigkeitsprüfung stets zu Lasten des Betroffenen geht.[954]

Aufgrund dieser Vermutung hat der Ermittlungsrichter bei der Prüfung i.S.v. § 162 Abs. 3 StPO nicht jeweils die Verhältnismäßigkeit der beantragten Zwangsmaßnahme positiv festzustellen. Nur wenn Anhaltspunkte für eine Unverhältnismäßigkeit vorhanden sind, hat diese der Ermittlungsrichter zu berücksichtigen.[955] Die Grenze zur Unverhältnismäßigkeit ist erst überschritten, wenn die Interessen des Einzelnen bzw. seine Rechtsbeeinträchtigung gegenüber den Gemeinschaftsinteressen im Einzelfall erheblich überwiegen und ein grobes Missverhältnis aufweisen.[956] Das Missverhältnis braucht hingegen nicht „klar zutage liegen". Es genügt, wenn der Ermittlungsrichter aus dem zugrunde liegenden Sachverhalt das Übermaß des Eingriffs erkennen kann, sei es auch erst bei näherer Überprüfung, zu der er auch bei der Gestaltung des Verhältnismäßigkeitsprinzips als Ausschlussgrund stets verpflichtet bleibt.[957]

Eine derart umschriebene Verhältnismäßigkeitsprüfung im deutschen Recht steht in Übereinstimmung zu den Maßstäben, die im Rahmen einer Verhältnismäßigkeitskontrolle im Verfahren nach Art. 20 Abs. 2, 6 bzw. Art. 21 Abs. 1, 4 VO 1/2003 anzuwenden sind. Aus Gründen der Verfahrenseffizienz gesteht der VO-Geber den nationalen Gerichten im Nachprüfungsverfahren der Kommission eine Verweigerung der beantragten Zwangsmaßnahme nur in den Fällen zu, in denen sie offensichtlich unverhältnismäßig ist.[958] Zu einem gleichen Ergebnis kommt der deutsche Gesetzgeber unter Berufung auf die Verfahrensherrschaft der Kartellbehörden im deutschen Kartellverfahren, die eine Prüfung von Zweckmäßigkeitserwägungen verbietet. Eine Kollisionslage zwischen dem deutschen Recht und den Regelungen der Gemeinschaft besteht in diesem Prüfungspunkte daher nicht.

3. Anforderungen an die richterliche Überzeugungsbildung

Die Effektivität des Richtervorbehalts steht in Abhängigkeit zu einer Vielzahl von inhaltlichen, technischen und organisatorischen Rahmenbedingungen. Besondere Würdigung verdient dabei die Frage nach dem Beweismaß und der Grundlage richterlicher Prüfung.

a) Richterliche Überzeugung

Die inhaltliche Wirksamkeit des Richtervorbehalts wird neben den an die konkrete Ausgestaltung des Prüfungsumfangs zu stellenden Anforderungen von den Grundsät-

---

953 So *Papier/Dengler*, BB 1996, 2593, 2594.

954 Vgl. *Schütz*, Verhältnismäßigkeit, S. 119.

955 Vgl. *Weyand*, NStZ 1989, 132, 133.

956 Vgl. *Prechtel*, Ermittlungsrichter, S. 302.

957 Vgl. *Schütz*, Verhältnismäßigkeit, S. 118.

958 Vgl. A.III.2.d) bb) (1) (d) bzw. A.III.3.c) bb).

zen bestimmt, die das im Ermittlungsverfahren geltende Beweismaß kennzeichnen. Die Frage ist hierbei, *wann* der Richter von einer Tatsachenbehauptung überzeugt sein darf. Ausgehend von § 261 StPO[959] i.V.m. § 46 Abs. 1 OWiG erfordert eine positive Überprüfung der Rechtmäßigkeit des Antrags und der beantragten Zwangsmaßnahme die Feststellung der Einhaltung rechtlicher Voraussetzungen, die grundsätzlich erst bei *voller* richterlicher Überzeugung getroffen werden kann; selbst ein sehr hohes Maß an Wahrscheinlichkeit kann die notwendige Überzeugung des Ermittlungsrichters nicht ersetzen.[960] Hierzu hat sich der Richter vollständig und erschöpfend mit allen für die Entscheidung wesentlichen Gesichtspunkten, die geeignet sind, das Beweisergebnis zu beeinflussen, auseinander zusetzen und deren Wert selbst frei zu würdigen.[961] Die notwendige Zeit für die Prüfung des Antrags ist er zu nehmen verpflichtet.[962]

Im Einklang hierzu steht das Beweismaß, das im Nachprüfungsverfahren der Kommission zugrunde zu legen ist. Auch im europäischen Kontext erfolgt die richterliche Genehmigung nur bei voller richterlicher Überzeugung von der Rechtmäßigkeit der beantragten Maßnahme.[963]

b) Antragsinhalt

Seiner Informationsfunktion wird der Antrag[964] gerecht, wenn der Ermittlungsrichter – aus der Sicht der antragstellenden Verfolgungsbehörde – auf seiner Grundlage ohne weitere eigenständige Aufklärungshandlungen zu der Überzeugung vom Vorliegen der Antrags- und Eingriffsvoraussetzungen gelangen kann. Praktische Wirksamkeit als Grundrechtssicherung erlangt der Richtervorbehalt mithin nur, wenn ihm die für seine Prüfung erforderlichen Informationen durch die Verfolgungsbehörde mitgeteilt werden.[965] Anhand der die Antragsbegründung im nationalen Verfahren nach §§ 102, 103,

---

959 Das Prinzip der freien richterlichen Überzeugungsbildung i.S.v. § 261 StPO findet nicht nur in der Hauptverhandlung, wie der Text des § 261 StPO vermuten lassen könnte, Anwendung, sondern gilt grundsätzlich für jede richterliche Entscheidung; vgl. *Kühne*, NJW 1979, 617, 620.

960 Anders noch RGSt 61, 202, 206, das auf den „hohen Grade von Wahrscheinlichkeit", d.h. nicht auf das Fürwahrhalten, sondern auf das Führwahrscheinlichhalten abgestellt hat; vgl. hierzu *Kindhäuser*, Jura 1988, 290, 290 ff.

961 Vgl. BGHSt 25, 365, 367; *Schoreit*, in: KK-StPO, § 261 Rn. 49 m.w.N.

962 Vgl. BVerfGE 103, 141, 151; *Dombert*, NJW 2002, 1627, 1628; *Gusy*, GA 2003, 672, 683; *Harms*, DRiZ 2004, 25, 27; *Höfling*, JR 2003, 408, 410.

963 Vgl. A.III.2.d) bb) (1) (a).

964 Der Antragsinhalt leitet sich im nationalen Kartellverfahren aus den Informationen der jeweiligen deutschen Kartellbehörde ab, die diese im bisherigen Verlauf des Verfahrens gewinnen konnte. Im Nachprüfungsverfahren der Kommission, in dem das BKartA nur unterstützend tätig wird, wird es seine Antragsbegründung im Wesentlichen auf die Ausführungen der Kommission stützen müssen, die der Nachprüfungsentscheidung selbst zu entnehmen sind (vgl. Schlussanträge von GA Mischo vom 20.09.2001 in EuGH, Urteil vom 22.10.2002, Rs. C-94/00, Slg. 2002, I-9015, 9032 Rn. 72 *Roquette Frères SA*). Die Informationsgrundlage des Ermittlungsrichters steht daher in Abhängigkeit zu den Anforderungen an die Begründung der Nachprüfungsentscheidung.

965 Beachte auch *Albrecht/Dorsch/Krüpe*, Rechtswirklichkeit, S. 228 f. mit empirischen Angaben zur Qualität (staatsanwaltschaftlicher) Anträge in Verfahren der §§ 100a, 100b StPO. Die Darlegung

105 Abs. 1 Satz 1 StPO, 46 Abs. 1 OWiG dominierenden Kriterien des Tatvorwurfs, des Durchsuchungszwecks und der Verhältnismäßigkeit soll im Weiteren erörtert werden, inwieweit die im gemeinschaftsrechtlichen Kontext zu gewährende Informationsgrundlage mit der im deutschen Recht vergleichbar ist.

aa) Tatvorwurf

Für den Antragsinhalt sind im deutschen Recht im Rahmen des Möglichen und Zumutbaren tatsächliche Angaben über die aufzuklärenden Taten bzw. den Inhalt des Tatvorwurfs notwendig.[966] Erforderlich ist eine konkrete Beschreibung des Tatvorwurfs dergestalt, dass der von der Maßnahme Betroffene weiß, worauf die Durchsuchung zielt.[967] Allein die Angabe des Ordnungswidrigkeitentatbestandes reicht nicht aus; es muss vielmehr der dem Vorwurf zugrunde liegende Lebenssachverhalt durch tatsächliche Angaben umrissen werden.[968] Die enthaltenen Tatsachen müssen den Anfangsverdacht bzw. Tatverdacht eines Verhaltens ergeben, der unter einen zu benennenden Tatbestand zu subsumieren ist.[969]

Die gemeinschaftsrechtlichen Vorgaben stehen dazu nicht in Widerspruch, wenn sie die Kommission auffordern, die Verdachtsgründe substantiiert darzulegen.[970] Dass in Fällen des Informantenschutzes einschränkende Vorgaben im Gemeinschaftsrecht gelten ist hierbei unschädlich, denn auch im deutschen Recht geht die Informationspflicht nicht so weit, dass im Antrag Informationsquellen preisgegeben werden, denen Vertraulichkeit zugesagt worden ist.[971]

---

dieser Aspekte ist der Verfolgungsbehörde auch ohne weiteres möglich. Die eine richterliche Anordnung beantragende Verfolgungsbehörde wird die Rechtmäßigkeit der beabsichtigten Maßnahme aus quasi richterlicher Sicht grundsätzlich vorprüfen. Denn ein Ablehnungsbeschluss des angegangenen Ermittlungsrichters wäre für die Verfolgungsbehörde die Bescheinigung eines Verstoßes gegen ihre postulierte Pflicht zur Objektivität und Unparteilichkeit. Der behördliche Antrag gründet sich demnach neben den reinen Zweckmäßigkeitserwägungen auch auf das (vorläufige) Urteil der Verfolgungsbehörde, die beabsichtigte Maßnahme sei rechtmäßig; vgl. *Nelles*, Ausnahmekompetenzen, S. 39 f.

966 Vgl. BVerfG, NJW 2005, 275, 276; BVerfG, NJW 2002, 1941, 1942; BVerfGE 42, 212, 220 f.; BVerfGE 44, 353, 371; *Schoreit*, NStZ 1999, 173, 173; *DRB*, Ermittlungsrichter, S. 129.

967 Vgl. BVerfGE 42, 212, 220 f.; BVerfGE 44, 353, 371; BVerfG, NJW 2004, 1517, 1518; BVerfG, NJW 2005, 275, 276; *Kruis/Wehowsky*, NJW 1999, 682, 683.

968 Vgl. *Baur*, wistra 1983, 99, 99. Eine *Anordnung*, in der sich für den Eingriff keine sachlich zureichenden, rechtslogischen Gründe finden lassen, so dass ihr Ergebnis bei verständiger Würdigung der das Grundgesetz beherrschenden Gedanken nicht mehr verständlich ist, verstößt gegen das Willkürverbot des Art. 3 Abs. 1 GG; vgl. *Lisken/Mokros*, NVwZ 1991, 609, 611; BVerfG, MDR 1990, 980, 980.

969 Vgl. zu dem Problem den Tatverdacht in der kartellrechtlichen Praxis ausreichend zu konkretisieren *Dannecker/Biermann*, in: Immenga/Mestmäcker-GWB, Vor § 81 Rn. 174.

970 Vgl. A.III.2.d) bb) (1) (e) (aa).

971 Vgl. BGHSt 41, 30, 35.

bb) Durchsuchungszweck

Unter dem Gesichtspunkt der Sicherstellung der Meß- und Kontrollierbarkeit der beantragten Zwangsmaßnahme verlangt das Rechtsstaatsprinzip in Ergänzung zur Beschreibung der aufzuklärenden Tat Angaben zu den Beweismitteln, denen die Durchsuchung gilt.[972] Diese Angaben sollen verhindern, dass die Zwangsmaßnahme auf Gegenstände erstreckt wird, die vom Durchsuchungsbeschluss nicht erfasst sind.[973]

Oftmals wird allerdings eine genaue Bezeichnung des gesuchten Beweismaterials nicht möglich sein. Dies schließt indessen nicht aus, die erwarteten Beweismittel wenigstens annäherungsweise – gegebenenfalls in Form beispielhafter Angaben - zu beschreiben.[974]

Auch in diesem Punkte gleichen sich die Anforderungen des Gemeinschafts- und des deutschen Rechts. Denn die Kommission hat möglichst genau anzugeben, wonach gesucht wird.[975] Zwar kann im europäischen Kartellverfahren nicht verlangt werden, dass sich die Kommission darauf beschränkt, die Vorlage von Unterlagen oder Akten zu verlangen, die sie schon vorher genau bezeichnen kann. Wie der Gerichtshof entschieden hat, impliziert das Nachprüfungsrecht vielmehr auch die Befugnis, nach anderen Informationsquellen zu suchen, die noch nicht bekannt oder vollständig bezeichnet sind.[976] Allerdings ergibt sich aus der substantiierten Darlegung des konkreten Tatvorwurfs regelmäßig die Eigenart der aufzufindenden Beweismittel und daher eine ausreichende Individualisierung der gesuchten Materialien.[977]

cc) Verhältnismäßigkeit

Auch in Bezug auf die Prüfung der Verhältnismäßigkeit ergeben sich keine Differenzen zwischen dem deutschen und dem Gemeinschaftsrecht. Nach deutschem Recht muss sich die Antragsbegründung mit den Kriterien der Verhältnismäßigkeit eingehend auseinandersetzen. Zu betonen ist insbesondere die Erforderlichkeit der beantragten Zwangsmaßnahme in Abgrenzung zu weniger einschneidenden Maßnahmen.

Eine vergleichbare Auseinandersetzung mit dem Kriterium der Verhältnismäßigkeit erfordern die Vorgaben des Gemeinschaftsrechts. So ist es Sache der Kommission, dem zuständigen nationalen Gericht Erläuterungen über die wesentlichen Merkmale der behaupteten Zuwiderhandlung zu geben, um ihm zu ermöglichen, deren Schwere zu beurteilen, indem sie den ihrer Ansicht nach relevanten Markt und die Natur der

---

972 Vgl. BVerfG, NJW 2002, 1941, 1942; BVerfGE 42, 212, 221; *DRB*, Ermittlungsrichter, S. 129; *Baur*, wistra 1983, 99, 100.

973 Vgl. *Papier/Dengler*, BB 1996, 2593, 2595.

974 Vgl. BVerfGE 42, 212, 221; *Baur*, wistra 1983, 99, 100; *Schoreit*, NStZ 1999, 173, 173 f.; *Sommermeyer*, Jura 1992, 449, 454.

975 EuGH, Urteil vom 22.10.2002, Rs. C-94/00, Slg. 2002, I-9011, 9068 Rn. 83 m.w.N. *Roquette Frères SA*.

976 EuGH, Urteil vom 22.10.2002, Rs. C-94/00, Slg. 2002, I-9011, 9068 Rn. 84 *Roquette Frères SA*.

977 Vgl. *Kruis/Wehowsky*, NJW 1999, 682, 684.

behaupteten Wettbewerbsbeschränkungen sowie das Ausmaß der vermuteten Verwicklung des betroffenen Unternehmens angibt.[978]

Zusammenfassend ist festzuhalten, dass die Anforderungen an den Antragsinhalt im Gemeinschaftsrecht mit denen des nationalen Verfahrens i.S.v. § 105 Abs. 1 Satz 1 StPO, § 162 Abs. 3 StPO i.V.m. § 46 Abs. 1 OWiG im Einklang stehen.

c) Form des Antrags

Neben der inhaltlichen Ausgestaltung des Antrages ist für den richterlichen Prüfungsumfang wesentlich in welcher Form die Verfolgungsbehörde den Ermittlungsrichter über das Vorliegen der Eingriffsvoraussetzungen instruiert. In Bezug auf die Mitwirkung im Nachprüfungsverfahren der Kommission ist im Grundsatz ein Anspruch des nationalen Ermittlungsrichters auf Vorlage der Ermittlungsakten anerkannt.[979] Ob ein solcher Informationszugangsanspruch auch im Verfahren nach §§ 105 Abs. 1 Satz 1 StPO, § 46 Abs. 1 OWiG vorzusehen ist, wird im Weiteren zu erörtern sein.

Die Übermittlung der Erkenntnisquellen kann grundsätzlich auf zweierlei Weise vorgenommen werden. In Betracht zu ziehen ist sowohl eine mündliche Darlegung des Sachstandes[980] als auch dessen schriftliche Abfassung unter Beifügung der Ermittlungsakten. Nicht unüblich ist es, in der strafverfahrensrechtlichen[981] Praxis auch in Fällen komplexer Sachverhalte die Durchsuchungsanordnung sogleich mündlich bzw. fernmündlich zu beantragen.[982]

Aus der gesetzlichen Bestimmung des Art. 13 Abs. 2 GG lassen sich unmittelbar keine Anhaltspunkte dafür entnehmen, welche Beweismittel für die richterliche Überzeugungsbildung heranzuziehen sind.[983] Denn dort wird nur bestimmt, dass ein *Richter* eingeschaltet werden muss, der die sich aus der Verfassung und dem einfachen Recht ergebenden Voraussetzungen der Durchsuchung prüft.[984] Dabei darf die Einschaltung des Richters keine bloße Formsache sein.[985]

---

978 Vgl. Art. 20 Abs. 8 Satz 2 VO 1/2003 bzw. Art. 21 Abs. 3 UAbs. 1 Satz 2, 3 VO 1/2003.

979 Vgl. A.III.2.d) bb) (1) (e) (bb).

980 Hiervon zu unterscheiden ist eine informelle Anfrage nach den Erfolgsaussichten einer richterlichen Anordnung vor Antragstellung durch die Verfolgungsbehörde; vgl. *Backes/Gusy*, Telefonüberwachung, S. 110.

981 Entsprechende empirische Untersuchungen zur Antragstellung im *kartellrechtlichen* Bußgeldverfahren sind – soweit ersichtlich – nicht vorhanden.

982 Vgl. mit Berichten aus der Praxis *Geppert*, DRiZ 1992, 405, 410; *Müller*, AnwBl. 1992, 349, 351; *Asbrock*, ZRP 1998, 17, 19; *Schulte-Kellinghaus*, NJW 2004, 477, 477 f.; *DRB*, Ermittlungsrichter, S. 23, 26 ff.; vgl. auch die Stellungnahme des Ermittlungsrichters in BVerfGE 96, 27, 35 f.

983 Vgl. BVerfGE 57, 346, 357. Entsprechendes gilt für die einfachgesetzlichen Regelungen der StPO. Im Gegensatz zum Hauptverfahren, in dem durch § 199 Abs. 2 StPO Anforderungen an die Form ausdrücklich normiert sind, enthält die StPO keine ausdrückliche Regelung darüber, wie behördliche Anträge im Ermittlungsverfahren zu stellen sind; vgl. *Schellenberg*, MDR 1991, 210, 211.

984 Vgl. BVerfGE 57, 346, 355 (Hervorhebung im Original); *Lepsius*, Jura 2002, 259, 261.

985 Vgl. BVerfGE 57, 346, 355; BVerfG, NJW 2004, 1517, 1518; BVerfG, NStZ-RR 2004, 143, 143;

Mit der richterlichen Anordnungskompetenz ist mitgedacht, dass der Richter nur auf einem sorgfältigen, mit den wesentlichen verfahrensrechtlichen Garantien ausgestatteten Erkenntniswege seine Entscheidung trifft.[986] Dessen wesentliche Erfordernisse hat der Verfassungsgeber selbst in Art. 97 Abs. 1 GG formuliert.[987] Der Bedeutung der verfahrensrechtlichen Absicherung des Grundrechts aus Art. 13 Abs. 1 GG durch den Richtervorbehalt des Art. 13 Abs. 2 GG ist nur dann genüge getan, wenn eine vorbeugende Kontrolle durch eine unabhängige und neutrale Instanz i.S.v. Art. 97 Abs. 1 GG gewährleistet ist;[988] anderenfalls würde das Grundrecht aus Art. 13 Abs. 1 GG des potentiell Betroffenen entgegen dem Normzweck des Art. 13 Abs. 2 GG gerade nicht verstärkt gesichert. Anders gewendet: Erst durch die persönliche und sachliche Unabhängigkeit des Ermittlungsrichters gewinnt der Richtervorbehalt seine grundrechtssichernde Funktion. Mit der richterlichen Unabhängigkeit gemäß Art. 97 Abs. 1 GG[989] ist es unvereinbar, wenn der die Verfolgungsbehörde kontrollierende Richter in seiner Kontrolltätigkeit von eben dieser Verfolgungsbehörde manipuliert werden könnte. Ein manipulierbarer Richter ist nicht mehr imstande, dem von einem ungerechtfertigten Grundrechtseingriff betroffenen Bürger Rechtsschutz zu gewähren.[990] Untersagt ist

---

BVerfG, NJW 2005, 275, 276; *Schlothauer*, StraFo 1998, 402, 404; *Lepsius*, Jura 2002, 259, 262.

986 *Dürig*, in: Maunz/Dürig, Art. 104 Rn. 31; *Lin*, Rechtsschutz, S. 243 f.

987 Vgl. *Lin*, Rechtsschutz, S. 242 ff., 259 f.; *Krekeler/Schütz*, wistra 1995, 296, 298; *Sommermeyer*, Jura 1992, 449, 453; *Benfer*, NJW 1981, 1245, 1246; *Ostendorf/Brüning*, JuS 2001, 1063, 1065 f. Dies gilt unabhängig von der Frage, ob die Tätigkeit des Richters, der aufgrund eines Richtervorbehalts handelt, in Bezug auf die Gewaltenteilung des Grundgesetzes (Art. 20 Abs. 2 Satz 2 GG) als unentziehbare Rechtsprechung im verfassungsrechtlichen (materiellen) Sinne (Art. 92 GG) oder als Rechtsprechung im nur formell-organisationsrechtlichen Sinne; mithin materiell als Verwaltungstätigkeit zu qualifizieren ist; vgl. hierzu *Aschmann*, Richtervorbehalt, S. 41 ff.; *Prechtel*, Ermittlungsrichter, S. 92 ff.; *Rabe von Kühlewein*, Richtervorbehalt, S. 109 ff. je m.w.N. zum Streitstand. Denn (unbestritten) findet Art. 97 Abs. 1 GG Anwendung; unabhängig von der Beantwortung dieser Frage. Die Unabhängigkeitsgarantie des Art. 97 Abs. 1 GG geht über den Bereich der rechtsprechenden Gewalt i.S.v. Art. 92 GG hinaus. Zu der „richterlichen Tätigkeit", auf die die verfassungsrechtlichen Garantien des gerichtlichen Verfahrens Anwendung finden, gehört auch die Wahrnehmung solcher Aufgaben, die dem Richter gerade mit Rücksicht auf seine Unabhängigkeit übertragen wurden; vgl. *Prechtel*, Ermittlungsrichter, S. 93; *Papier*, NJW 2001, 1089, 1090; *Gusy*, JZ 1998, 167, 171.

988 Vgl. BVerfGE 20, 162, 223; BVerfGE 57, 346, 355 f.; BVerfGE 76, 83, 91; BVerfGE 103, 142, 150 f.; BVerfG, NJW 2004, 1517, 1518; BVerfG, NJW 2005, 275, 276; *Lin*, Rechtsschutz, S. 259 f.; *Krekeler/Schütz*, wistra 1995, 296, 298; *Sommermeyer*, Jura 1992, 449, 453; *Benfer*, NJW 1981, 1245, 1246. Da der Ermittlungsrichter gemäß Art. 13 Abs. 2 GG, § 105 Abs. 1 Satz 1 StPO i.V.m. § 162 Abs. 3 StPO nur die Rechtmäßigkeit des von der Verfolgungsbehörde beantragten Eingriffs zu kontrollieren hat, muss er den entscheidungserheblichen Sachverhalt allerdings auch nur insoweit völlig unabhängig von der Verfolgungsbehörde nachprüfen können; vgl. *Köster*, Rechtsschutz, S. 112 f.

989 Vgl. zur einfachgesetzlichen Konkretisierung und Ergänzung richterlicher Unabhängigkeit § 1 GVG, §§ 25, 26, 38 DRiG.

990 Nach *Köster*, Rechtsschutz, S. 111 f. gefährdet eine manipulierbare Justiz die Funktionsfähigkeit des auf Machthemmung und Machtkontrolle beruhenden Gewaltenteilungsprinzips, das ohne eine wirksame Kontrolle der Exekutive durch die Judikative „völlig aus den Fugen geraten würde".

daher nicht nur, dass der Ermittlungsrichter keinen Weisungen der Verfolgungsbehörde unterworfen sein darf, sondern darüber hinaus auch, dass jede vermeidbare Einflussnahme der antragstellenden Behörde auf den Ermittlungsrichter zu unterbleiben hat.[991] Infolgedessen muss der eingeschaltete Richter die beabsichtigte Durchsuchung *eigenverantwortlich* prüfen und dafür Sorge tragen, dass die sich aus der Verfassung und dem einfachen Recht ergebenden Voraussetzungen der Durchsuchung genau beachtet werden.[992] Den ausschließlichen Entscheidungsmaßstab bildet hiernach das Recht.[993]

Einen wirksamen Grundrechtsschutz gewährleistet der Richtervorbehalt jedoch nur, wenn ihm die für seine Prüfung erforderlichen Erkenntnisquellen von Seiten der Verfolgungsbehörde zugeführt werden. Denn die von einem Grundrechtseingriff betroffenen Bürger sind in aller Regel nicht vor dem Erlass des Eingriffs anzuhören.[994] Die Qualität der richterlichen Entscheidung hängt demnach nicht nur von der fachlichen und menschlichen Qualität des einzelnen Richters ab, sondern wird in hohem Maße von der Gestaltung struktureller Bedingungen determiniert.[995] Dementsprechend sind – dem *BVerfG*[996] folgend – alle staatlichen Organe verpflichtet, dafür Sorge zu tragen, dass der Richtervorbehalt als Grundrechtssicherung praktisch wirksam wird, und die Voraussetzungen für eine tatsächlich wirksame präventive richterliche Kontrolle durch organisatorische Maßnahmen zu schaffen.[997] Grundgesetzlich besteht für die Verfolgungsbehörde daher die Notwendigkeit und Verpflichtung zur vollständigen Information des Ermittlungsrichters über alle relevanten Tatsachen.[998]

Bereits eine *mündliche* Übermittlung der relevanten Ermittlungsergebnisse würde den gesetzlichen Erfordernissen entsprechen, wenn es den Ermittlungsrichter in die Lage versetzt, sich unbeeinflusst von dem zu Kontrollierenden ein Bild über die Gesamtrechtslage zu verschaffen. Denn der durch das *BVerfG* formulierten Pflicht zur funktionsgerechten Ausstattung der richterlichen Kontrollorgane und -verfahren kommt eine dienende Funktion dergestalt zu, dass sie den Ermittlungsrichter erst in die

---

991 Vgl. *Meyer*, in: v. Münch/Kunig, Art. 97 Rn. 1, 8; *Herzog*, in: Maunz/Dürig, Art. 97 Rn. 23 ff.; *Detterbeck*, in: Sachs, Art. 97 Rn. 11, 13.

992 Vgl. BVerfGE 9, 89, 97; BVerfGE 57, 346, 355; vgl. auch *Amelung/Wirth*, StV 2002, 161, 165; *Hofmann*, in: Schmidt-Bleibtreu/Klein, Art. 13 Rn. 17.

993 Vgl. *Meyer*, in: v. Münch/Kunig, Art. 97 Rn. 1; *Herzog*, in: Maunz/Dürig, Art. 97 Rn. 13 ff.

994 Grundsätzlich ergibt sich aus Art. 103 Abs. 1 GG, dass der Betroffene vor Erlass einer Anordnung angehört werden muss; vgl. BVerfGE 57, 346, 359. Jedoch kann eine Durchsuchungsanordnung ohne vorherige Anhörung ergehen, wenn dies die Sicherung hochrangiger Interessen (etwa die Funktionsfähigkeit der Rechtspflege) rechtfertigt; vgl. § 33 Abs. 4 StPO. Wegen des für den Vollstreckungserfolg wesentlichen „Überraschungseffekts“, dürfte dies regelmäßig anzunehmen sein; vgl. BVerfGE 57, 346, 358 ff.; *Lin*, Rechtsschutz, S. 245 f., 273 ff.; *Hofmann*, in: Schmidt-Bleibtreu/Klein, Art. 13 Rn. 24.

995 Vgl. *Gusy*, GA 2003, 672, 682; *Schulte-Kellinghaus*, NJW 2004, 477, 478 Fn. 6.

996 BVerfGE 103, 142, 152; vgl. auch BVerfG, NJW 2002, 3161, 3161 f.

997 Vgl. *Hofmann*, in: Schmidt-Bleibtreu/Klein, Art. 13 Rn. 16; *Sachs*, JuS 2001, 701, 702.

998 Vgl. BVerfGE 103, 142, 153; vgl. auch BVerfG, NJW 2004, 1442, 1442; *Gusy*, GA 2003, 672, 683; *Sachs*, JuS 2001, 701, 702.

Lage versetzt, seiner Prüfungspflicht zu entsprechen. Entscheidend ist darauf abzustellen, dass das Gericht sich derart mit dem Sachverhalt vertraut machen muss, dass es eine eigenverantwortliche, objektive, den Anforderungen des Art. 97 Abs. 1 GG entsprechende Entscheidung treffen kann.[999]

Grundsätzlich greift der Ermittlungsrichter in diesem Falle bei der Entscheidungsfindung einzig auf den Sach*vortrag* der Ermittlungsbeamten zurück. Andere Erkenntnismöglichkeiten, die es ihm erlauben würden, die Angaben der Verfolgungsbehörde zu verifizieren, bestehen nicht. Er ist darauf angewiesen, der Sachverhaltsdarstellung der Verfolgungsbehörde zu *vertrauen*. Einer unabhängigen richterlichen Tätigkeit widerspricht dies indes nicht, sofern die Verfolgungsbehörde bei der Aufarbeitung und Wiedergabe des Sachstandes als *vertrauenswürdig* einzuschätzen ist.

Eine dahingehende Annahme legt die gesetzliche Einordnung der Verfolgungsbehörde als „vollziehende Gewalt" i.S.v. Art. 20 Abs. 3 GG nahe. Hiernach ist sie in gleicher Weise wie der Richter an Gesetz und Recht gebunden. Sie orientiert sich ebenso, wie der Ermittlungsrichter auch, an den Kriterien der Wahrheit und Gerechtigkeit.[1000] Sie hat in aller Regel nicht weniger rechtlich und rechtsstaatlich zu denken bevor sie einen Antrag auf Anordnung einer Zwangsmaßnahme stellt als der anschließend entscheidende Ermittlungsrichter.[1001] Die Verfolgungsbehörde hat belastende und entlastende Umstände gleichermaßen zu ermitteln.

Gewisse Zweckmäßigkeitserwägungen müssen ihr jedoch zugestanden werden, solange die grundsätzliche Orientierung an der Idee der materiellen Gerechtigkeit erhalten bleibt.[1002] Insofern haben die Verfolgungsbehörden eine etwas andere Denkweise als der Ermittlungsrichter. Während jener mehr Gewicht auf die rechtliche Prüfung legen dürfte, steht bei der Verfolgungsbehörde die Aufklärung des Sachverhalts und die Ermittlung des Täters im Vordergrund.[1003] Letzteres vermag diese in der Rechtspraxis dazu verleiten, bewusst oder unbewusst Tatsachen bei der Vorlage in einer bestimmten Weise zu selektieren. Denn ihr obliegt die Aufgabe Kartellverstöße zu ermitteln, wobei der Einsatz von Zwangsmitteln hierbei eine wesentliche Hilfestellung bedeutet; mitunter allein durch sie ermöglicht wird.[1004] Im Gegensatz zum Ermittlungsrichter, der nicht in eigener Sache und als unbeteiligter Dritter entscheidet, hat die Ver-

---

999 Vgl. *Einmahl*, NJW 2001, 1393, 1394.

1000 Im Strafverfahren wird die Staatsanwaltschaft daher auch als „objektivste Behörde der Welt" oder „Wächter der Gesetze" bezeichnet; vgl. hierzu *Prechtel*, Ermittlungsrichter, S. 61 ff. m.w.N.; siehe auch *Krüger*, DRiZ 2004, 247, 250.

1001 Vgl. *Ostendorf/Brüning*, JuS 2001, 1063, 1065.

1002 Vgl. *Prechtel*, Ermittlungsrichter, S. 61.

1003 Vgl. *Prechtel*, Ermittlungsrichter, S. 180.

1004 Vgl. *Lin*, Rechtsschutz, S. 243, 309; vgl. auch *DRB*, Ermittlungsrichter, S. 24. Prägnant formuliert es ein Ermittlungsrichter dahingehend: „... manchmal habe ich allerdings den Eindruck, dass manche (Verfolgungsbehörden) die Rolle eines Ermittlungsrichters als Kontrollorgan noch nicht so ganz verinnerlicht haben; die entwickeln dann einen sportlichen Ehrgeiz."; vgl. *Backes/Gusy*, Telefonüberwachung, S. 113 (hinsichtlich §§ 100a, 100b StPO).

folgungsbehörde ein funktionsbedingtes Interesse am Einsatz von Zwangsmitteln.[1005] Auch wenn sie verpflichtet ist, ihre gesamte Tätigkeit objektiv wahrzunehmen, ist die Gefahr, dass selbst eine um größtmögliche Objektivität bemühte Verfolgungsbehörde Ermittlungsergebnisse so gewinnt und so deutet, dass sie sich in ihr zuvor gefasstes Vorstellungsbild über den Hergang der Tat und den Täter einfügen, stets gegeben.[1006] Es liegt gerade in der Natur der Sache, die eigene Lage anders darzustellen als sie real ist, wobei eine solche Darstellung normalerweise zugunsten des Vortragenden gezeichnet wird.[1007] Irrelevant ist es hierbei, ob die Verfolgungsbehörde in gutem Glauben handelt, weil alleine die subjektive Überzeugung die Richtigkeit nicht gewährleisten kann.[1008] Eine strikte Neutralität ist demzufolge von ihr nicht zu erwarten.[1009] Mithin verbietet es sich im Ermittlungsverfahren, die Verfolgungsbehörde als ein dem Gericht gleichwertiges Organ der Rechtspflege einzuordnen.[1010]

Widersprochen wird hiermit dem *Verfassungsgericht des Landes Brandenburg*[1011], das es jüngst für ausreichend erachtete, wenn dem Ermittlungsrichter der Sachverhalt in *mündlicher* Form „plausibel" geschildert wird, um ihn in den Stand zu setzen, sich ein Bild zu machen und sachangemessen zu entscheiden.[1012] Eine sachangemessene Entscheidung muss jedoch dem Maßstab der Art. 13 Abs. 2 GG, Art. 97 Abs. 1 GG, § 105 Abs. 1 Satz 1 StPO, § 162 Abs. 3 StPO i.V.m. § 46 Abs. 1 OWiG gerecht werden. Dem verfassungsrechtlichen Postulat einer auch in tatsächlicher Hinsicht wirksamen Kontrolle der Verfolgungsbehörde kann ein Ermittlungsrichter, der von dem durch die Verfolgungsbehörde mündlich unterbreiteten Sachverhalt einseitig abhängt, wie auf-

---

1005 Vgl. *Lin*, Rechtsschutz, S. 309; *Benfer*, NJW 1981, 1245, 1246; *Einmahl*, NJW 2001, 1393, 1394; a.A. *Schaefer*, NJW 2001, 1396, 1397.

1006 Vgl. *Nelles*, Ausnahmekompetenzen, S. 48; *Lin*, Rechtsschutz, S. 243; *Beichel/Kieninger*, NStZ 2003, 10, 12; *Ostendorf/Brüning*, JuS 2001, 1063, 1066. Die Gefahr parteiischer bzw. missbräuchlicher Beantragung von Grundrechtseingriffen war bei der Schaffung der RStPO die gesetzespolitische Erwägung dafür, die Mitwirkung des Richters im Ermittlungsverfahren vorzusehen. Auch wenn die rechtsstaatliche Entwicklung nach 1949 in der Bundesrepublik Deutschland positiv zu bewerten ist, rechtfertigt das „institutionalisierte Misstrauen" auch heute noch eine präventive richterliche Kontrolle; vgl. nur *Rabe von Kühlewein*, Richtervorbehalt, S. 459 ff.

1007 Vgl. *Benfer*, NJW 1981, 1245, 1246.

1008 Vgl. *Beichel/Kieninger*, NStZ 2003, 10, 12 Fn. 29.

1009 Vgl. BVerfGE 103, 142, 154.

1010 A.A. ohne weitere Begründung *Krüger*, DRiZ 2004, 247, 250.

1011 BbgVerfG, NStZ-RR 2003, 303, 304; kritisch *Schulte-Kellinghaus*, NJW 2004, 477, 479 Fn. 22; *König*, Kriminalistik 2003, 513, 515.

1012 Das *BbgVfG* verweist hierbei auf Fundstellen in Rechtsprechung und Literatur, die zum Formerfordernis der Durchsuchungs*anordnung* Stellung beziehen; vgl. bspw. BVerfGE 103, 142, 154; *Rudolphi*, in: SK-StPO, § 105 Rn. 11. Die Formerfordernisse einer Durchsuchungs*anordnung* und eines Durchsuchungs*antrags* bedingen einander jedoch nicht derart, dass Rückschlüsse von der Form der Anordnung auf die des Antrags gezogen werden können, auch wenn in der Praxis in der Regel eine mündliche Anordnung mit einer mündlichen Antragstellung korrespondiert. Zwingend ist dies nicht. In der Praxis erscheint es durchaus denkbar, dass einer mündlichen Antragstellung eine schriftliche Anordnung oder einem schriftlichen Antrag eine mündliche Anordnung nachfolgt.

gezeigt nicht entsprechen. Im Gegenteil: Nach *Benfer*[1013] ist diese Situation sogar wie geschaffen, den kontrollierenden Richter so zu informieren, dass eine andere als die von dem Ermittlungsbeamten gewünschte Entscheidung kaum getroffen werden kann. Eine echte Kontrolle muss aber derart gestaltet sein, dass die von den Ermittlungsorganen für erforderlich gehaltene Anordnung versagt werden kann.

Hiergegen könnte zwar eingewendet werden, dass der Ermittlungsrichter verpflichtet ist die Anordnung eines strafprozessualen Grundrechtseingriffs abzulehnen, wenn der ihm von der Verfolgungsbehörde unterbreitete Sachverhalt die beantragte Anordnung nicht rechtfertigt.[1014] Allerdings ist es ihm in Fällen, in denen das Sachverhaltsbild durch Unterdrückung von Tatsachen verzerrt wird, nicht ohne weiteres möglich, auf die Vorlage ergänzender Informationen zu drängen. Er kann nicht auf die Vorlage von Tatsachen hinwirken, von deren Existenz er nichts weiß.[1015]

Mit *Einmahl*[1016] könnte wiederum entgegengehalten werden, dass ein nur unvollkommen prüfendes Gericht seinen verfassungsrechtlichen Auftrag besser verwirklicht als ein Gericht, dass sich seiner Entscheidung entzieht. Hierbei würde jedoch verkannt, dass ein nur unvollkommen prüfendes Gericht die Möglichkeit einer falschen, weil auf unvollkommener Entscheidungsgrundlage getroffenen Entscheidung, bewusst in Kauf nimmt und damit seinem verfassungsrechtlichen Auftrag zum effektiven Grundrechtsschutz gerade nicht nachkommt.[1017] Im Gegenteil, ein solches Vorgehen wahrt zwar der Form halber die richterliche Regelzuständigkeit, beraubt sie aber weitgehend ihrer Substanz.[1018] Die richterliche Anordnungskompetenz ist gerade nicht um ihrer selbst Willen geschaffen worden, sondern damit eine bestimmte rechtliche Qualität der Anordnungsentscheidung sichergestellt wird.[1019] Nur wenn letzteres gewährleistet ist, erscheint es schlüssig, dem Ermittlungsrichter die Verantwortung für die grundrechtsbeeinträchtigende Maßnahme aufzuerlegen.[1020]

Eine unabhängige, neutrale und somit wirksame Kontrolle der Verfolgungsbehörde durch den Ermittlungsrichter ist im Falle mündlicher Informationsübermittlung daher nicht gewährleistet, weil der Richter – von der subjektiven Darstellung des Ermitt-

---

1013 *Benfer*, NJW 1981, 1245, 1246.

1014 Vgl. *Rabe von Kühlewein*, Richtervorbehalt, S. 425.

1015 Vgl. *Köster*, Rechtsschutz, S. 115 f.

1016 *Einmahl*, NJW 2001, 1393, 1395; ebenso *Beichel/Kieninger*, NStZ 2003, 10, 12.

1017 Vgl. zur (umstrittenen) Frage, ob die Verfolgungsbehörde wegen Gefahr im Verzug eine Durchsuchung anordnen kann, wenn der Ermittlungsrichter es ablehnt auf der Grundlage mündlicher Erörterungen der Verfolgungsbehörde eine Anordnung zu treffen; *Beichel/Kieninger*, NStZ 2003, 10, 10 ff.; *Hofmann*, NStZ 2003, 230, 230 ff.; *Krehl*, NStZ 2003, 461, 461 ff.; *Schulz*, NStZ 2003, 635, 635 ff.

1018 Vgl. *Harms*, DRiZ 2004, 25, 29; *Höfling*, JR 2003, 408, 410; *Bittmann*, wistra 2001, 451, 454.

1019 Vgl. *Rabe von Kühlewein*, Richtervorbehalt, S. 425 f., 649.

1020 Vgl. *Rabe von Kühlewein*, Richtervorbehalt, S. 425, 649; ebenso *Helmken*, StV 2003, 193, 197, der de lege ferenda anregt, richterliche Anordnungen nur nach Vorlage der Akten zuzulassen, um einer möglichen Verantwortungsabwälzung der Verfolgungsbehörde auf den Ermittlungsrichter entgegenzuwirken.

lungsbeamten abhängig – im Extremfall zur „Marionette"[1021] degradiert, den Willen des Ermittlungsbeamten in lediglich notarischer Form[1022] formal absegnet.[1023]

Die bloße Ratifikation[1024] zuvor getroffener Entscheidungen der Verfolgungsbehörden widerspricht wiederum der Pflicht des Richters zur verantwortungsvollen und unparteiischen Prüfung; mithin der eingriffsbegrenzenden Funktion des Richtervorbehalts.[1025] Er muss sich daher grundsätzlich nicht – auch nicht in Fällen, in denen noch keine Akten oder nur kurze Aktenvermerke vorliegen – mit einer bloßen mündlichen Unterrichtung durch die Verfolgungsbehörde abfinden.[1026] Der Ermittlungsrichter hat die Befugnis auf die Übermittlung aussagekräftiger umfassender Unterlagen zu dringen.[1027] Dies kann – fehlen aussagekräftige Vermerke oder sonstige Unterlagen, die dem Ermittlungsrichter eine Prüfung der Voraussetzungen für einen Grundrechtseingriff erlauben – dazu führen, dass sie zur Vorbereitung einer richterlichen Entscheidung erst gefertigt werden müssen.[1028]

1021 So *Sommermeyer*, Jura 1992, 449, 453.

1022 So *Helmken*, StV 2003, 193, 194.

1023 Treffend ist diesbezüglich der Ausspruch eines Ermittlungsrichters: „Auf telefonischen Zuruf reagieren wir nicht. Wir betreiben ja keine Unfallchirurgie für Grundrechte."; vgl. *Backes/Gusy*, Telefonüberwachung, S. 112 (hinsichtlich §§ 100a, 100b StPO).

1024 Vgl. *Gusy*, JZ 1998, 167, 168.

1025 Mündliche Anträge, die vom Ermittlungsrichter aktenkundig zu machen sind, erscheinen dahingegen nur in besonderen Ausnahmefällen zulässig, in denen eine eigenverantwortliche, objektive, den Anforderungen der Art. 13 Abs. 2 GG, Art. 97 Abs. 1 GG, § 105 Abs. 1 Satz 1 StPO, § 162 Abs. 3 StPO i.V.m. § 46 Abs. 1 OWiG entsprechende richterliche Prüfung nicht gefährdet wird. Denkbar ist dies, bei Anschlussanträgen zu Vorgängen, die bereits dem Ermittlungsrichter vorliegen bzw. - generell - bei äußerst einfach gelagerten Fällen; vgl. *Höfling*, JR 2003, 408, 410.

1026 Vgl. *Müller*, AnwBl. 1992, 349, 351; *Geppert*, DRiZ 1992, 405, 410; *Thomas*, AnwBl. 1992, 354, 354; *Groß/Fünfsinn*, NStZ 1992, 105, 109; *Rieß*, in: Löwe-Rosenberg, § 162 Rn. 13; *Wohlers*, in: SK-StPO, § 162 Rn. 12; zustimmend *Rabe von Kühlewein*, Richtervorbehalt, S. 424 ff., 648 f., u.a. mit Verweis auf die Komplexität der Verhältnismäßigkeitsprüfung, allerdings unter (ausdrücklicher) Ablehnung einer auf Art. 97 Abs. 1 GG gestützten Argumentation mit dem Hinweis der Ermittlungsrichter könne die Anordnung in eigener Verantwortung ablehnen; ebenso *Schellenberg*, MDR 1991, 210, 210 f. unter Berufung auf ein vermeintlich allgemein für Prozesshandlungen geltendes Prinzip; vgl. auch *Köster*, Rechtsschutz, S. 114 f., der den Aspekt der einseitigen Sachverhaltsdarstellung als unvereinbar mit Art. 19 Abs. 4 GG betrachtet.

1027 In der Praxis ist die Verfolgungsbehörde daher verpflichtet, sich aller Möglichkeiten moderner Kommunikationsmittel zu bedienen, etwa Akten(teile) mittels Telefax zu übermitteln, aber auch im Einzelfall Zeit und Wege in Kauf zu nehmen; vgl. *Schellenberg*, MDR 1991, 210, 211.

1028 Vgl. *Krehl*, NStZ 2003, 461, 462. Der damit verbundene zeitliche Aufwand kann im Übrigen nicht zu einem Beweismittelverlust führen. Stellt sich heraus, das schon die Erstellung entsprechender Unterlagen zu lange Zeit in Anspruch nimmt und zwischenzeitlich die Gefahr der Beseitigung oder Vernichtung von Beweismitteln droht, sind die Strafverfolgungsbehörden nicht gehindert, selbst eine Entscheidung über die Notwendigkeit der Durchsuchung i.S.v. § 105 Abs. 1 StPO zu treffen.

Gleichzeitig wird die Verfolgungsbehörde durch eine dahingehende Pflicht gezwungen, ihre Gedanken zu strukturieren und zu versachlichen. Gerade bei der schriftlichen Fixierung treten die verschiedenen Gründe Für und Wider offen zutage.[1029]

Im Ergebnis besteht eine Aktenvorlagepflicht demnach sowohl im rein nationalen Kartellverfahren als auch in einem solchen, das unter dem Einfluss des Gemeinschaftsrechts steht.

d) Bindungswirkung des Antrags

Die von Seiten der Verfolgungsbehörde drohende einseitige Gestaltung des Antragsinhalts und die hierdurch resultierende mittelbare Beeinflussung der richterlichen Entscheidung wäre gemindert, wenn der Ermittlungsrichter berechtigt wäre - seiner Bezeichnung als *Ermittlung*srichter entsprechend – die ihm zur Verfügung stehenden Erkenntnismittel durch eigene Ermittlungen anzureichern und zu verifizieren.

Eine derartige Befugnis könnte dem in § 244 Abs. 2 StPO normierten Untersuchungsgrundsatz[1030] entnommen werden, demzufolge Richter grundsätzlich berechtigt sind, die zur Entscheidungsfindung erforderlichen Tatsachen selbst festzustellen.[1031] Insbesondere sind sie an ein Vorbringen Dritter nicht gebunden.[1032] Andere Stellen sind zwar berechtigt und mitunter verpflichtet, an der Sachverhaltsfeststellung mitzuwirken. Doch ist der Richter gerade wegen der Amtsaufklärung selbst befugt, Feststellungen zu treffen oder treffen zu lassen.[1033]

Im Rahmen der richterlichen Prüfung der Vollständigkeit und Schlüssigkeit des vorgelegten Antrages wäre der Richter daher nicht automatisch zur Ablehnung verpflichtet, sofern die vorhandenen Angaben dafür nicht ausreichten. Vielmehr könnte er die fehlenden Angaben durch eigene Aufklärungsmaßnahmen ergänzen. Er wäre berechtigt, eigenes Wissen einzubringen und darüber hinaus eigene Informationsquellen heranzuziehen, sofern er über solche verfügt und ihre Inanspruchnahme die Ermittlungen nicht gefährdet.[1034]

Die für gerichtliche Verfahren geltenden Grundsätze finden jedoch nur insoweit Anwendung, als ihnen die tatsächlichen und rechtlichen Besonderheiten der jeweiligen Maßnahme nicht entgegenstehen.[1035] Hierbei ist an die Worte *Welps*[1036] zu erinnern,

---

1029 Vgl. *Rabe von Kühlewein*, GA 2002, 637, 649; vgl. auch *Lisken/Mokros*, NVwZ 1991, 609, 611.

1030 Vgl. hierzu allgemein *Gollwitzer*, in: Löwe-Rosenberg, § 244 Rn. 38 ff.

1031 Das Gebot zur Erforschung der Wahrheit, zur Aufklärung aller entscheidungserheblicher Tatsachen von Amts wegen (Untersuchungsgrundsatz) ist das beherrschende Prinzip des Strafverfahrens. Es gilt nicht nur für die Beweisaufnahme, sondern für alles, was der Richter im Strafverfahren zu tun hat; vgl. *Gollwitzer*, in: Löwe-Rosenberg, § 244 Rn. 38 m.w.N.

1032 Vgl. *Gollwitzer*, in: Löwe-Rosenberg, § 244 Rn. 48.

1033 So das von *Gusy*, GA 2003, 672, 688 f. vertretene „Konzept des eigenständigen richterlichen Aufklärungsrechts"; ähnlich *Aschmann*, Richtervorbehalt, S. 170 mit Hinweis auf § 12 FGG.

1034 Vgl. *Gusy*, GA 2003, 672, 688 f.

1035 Vgl. *Gusy*, JZ 1998, 167, 171.

1036 Vgl. *Welp*, Zwangsbefugnisse, S. 30.

dass nur der Ermittlungsrichter „die Unbefangenheit (besitzt), die sich aus seiner Distanz zu der praktischen Aufklärungstätigkeit ergibt.“ Nur er ist in der Lage, die Gewähr dafür zu bieten, den einseitigen Sachverhaltsdarstellungen der Verfolgungsbehörden mit Zurückhaltung zu begegnen und auch entlastende Umstände angemessen zu berücksichtigen.[1037] Diese Distanzierung würde aufgehoben, würde man dem Ermittlungsrichter eigene Ermittlungsbefugnisse zubilligen. Denn gerade dies unterscheidet den „modernen“ Richter vom mittelalterlichen Inquisitionsrichter, der Kläger und Richter in einer Person war.[1038]

Unterstrichen wird dies durch die gesetzliche Aufgabenverteilung im Ermittlungsverfahren, nach der die Verfolgungsbehörde den Sachverhalt zu erforschen hat (§ 160 Abs. 1 StPO i.V.m. § 46 Abs. 1 OWiG).[1039] Die Leitungsbefugnis der Kartellbehörde ist dabei bestimmt durch den in § 161 StPO zum Ausdruck kommenden Grundsatz der freien Gestaltung des Ermittlungsverfahrens[1040] und bedeutet im Einzelnen, dass die Kartellbehörde selbständig und eigenverantwortlich über die Einleitung des Ermittlungsverfahrens entscheidet, den Fortgang und Abschluss des Verfahrens bestimmt sowie Art und Umfang der Aufklärung des Sachverhalts nach ihren kriminaltaktischen Erwägungen festlegt.[1041]

Im Gegensatz hierzu hat der Ermittlungsrichter keinen selbständigen gesetzlichen Ermittlungsauftrag. Eine richterliche Mitwirkung bei der Ermittlung ordnungswidrigen Verhaltens ist ausnahmsweise nur bei der Anordnung von Zwangsmaßnahmen i.S.v. § 46 Abs. 2 OWiG i.V.m. § 162 Abs. 1 StPO durch den Ermittlungsrichter erforderlich.[1042] Der Ermittlungsrichter kann nur in eiligen Fällen nach § 46 Abs. 1 OWiG i.V.m. §§ 165, 166 StPO einzelne Ermittlungshandlungen als „Notstaatsanwalt“ durchführen.[1043]

1037 *Lin*, Rechtsschutz, S. 243.

1038 Vgl. *Ostendorf/Brüning*, JuS 2001, 1063, 1065.

1039 Vgl. *Wolter*, in: SK-StPO, Vor § 151 Rn. 10; *Rieß*, NStZ 1983, 521, 521.

1040 Von *Rieß*, in: FS Rebmann, 381, 396 ff. als „zentrale Prozeßmaxime des Ermittlungsverfahrens“ bezeichnet.

1041 Die Kartellbehörde wird im Kartellordnungswidrigkeitenverfahren von den Behörden und Beamten des Polizeidienstes gemäß § 53 OWiG unterstützt. Sie sind dabei als Ermittlungsorgane der Kartellbehörde tätig, ohne selbst Verfolgungsbehörde zu sein. Ihr Verhältnis zu der das Bußgeldverfahren führenden Kartellbehörde entspricht ihrem Verhältnis zur Staatsanwaltschaft im strafrechtlichen Ermittlungsverfahren; vgl. hierzu *Lampe*, in: KK-OWiG, § 35 Rn. 16 f.; *Lemke*, HK-OWiG, § 35 Rn. 9.

1042 Eine rechtliche Qualifizierung dieser Tätigkeit im Verhältnis zur Kartellbehörde/Staatsanwaltschaft als Amts- oder Rechtshilfe hat mangels unterschiedlicher Rechtsfolgen keine unmittelbare thematische Relevanz und wird an dieser Stelle daher nicht vertieft; vgl. hierzu *Prechtel*, Ermittlungsrichter, S. 188 m.w.N.

1043 Nach *Göhler*, OWiG, Vor § 59 Rn. 10 und *Nehm*, in: FS Meyer-Goßner, 277, 284 werden die Voraussetzungen des § 165 StPO freilich nur selten vorliegen. Der Richter könne die Kartellbehörde notfalls fernmündlich verständigen; zustimmend *Lemke*, HK-OWIG, § 35 Rn. 8; *Lampe*, in: KK-OWiG, § 35 Rn. 15; *Schellenberg*, MDR 1991, 210, 210 Fn. 2; *Höfling*, JR 2003, 408, 410.

In diesem Falle nimmt der Richter Ermittlungshandlungen selbständig und in eigener Verantwortung ohne Antrag der Kartellbehörde vor, ohne jedoch selbst Verfolgungsbehörde zu werden.[1044]

Sofern es sich bei richterlichen Anordnungen funktionell um Rechtsprechung i.S.v. Art. 92 GG handeln sollte,[1045] läge es zwar nahe, eine originäre richterliche Ermittlungsbefugnis als dem Rechtssprechungsbegriff immanent anzusehen. Dafür ließe sich insbesondere geltend machen, dass die Verfolgungsbehörde bei Grundrechtseingriffen weit reichend gebunden ist und für eine freie Gestaltung des Ermittlungsverfahrens wenig Spielraum verbleibt.[1046] Doch wird man dies weder generell als verfassungsrechtlich geboten ansehen können, noch ist es als allgemeiner Grundsatz der StPO auszumachen.[1047] Dagegen spricht die Notwendigkeit einer Ermittlungstaktik im Einzelfall, die - der Verantwortungsverteilung im Ermittlungsverfahren folgend - durch die Verfolgungsbehörde bestimmt wird. Eine zweite originäre (richterliche) Ermittlungskompetenz stünde hiermit in Konflikt. Der Gesetzgeber hat dies dahingehend berücksichtigt, dass er dem Richter nur in Einzelbereichen jeweils ausdrücklich eine Sachermittlungskompetenz eingeräumt hat,[1048] wobei § 162 StPO i.V.m. § 46 Abs. 1 OWiG eine solche gerade nicht enthält.[1049]

Entgegen seiner Bezeichnung gehören Ermittlungen aus eigener Initiative daher nicht zum Aufgabenbereich des Ermittlungsrichters im deutschen Kartellverfahren.[1050]

4. Ergebnis

Abgesehen von den organisatorischen Rahmenbedingungen, die im Gemeinschaftsrecht mit denen des deutschen Kartellverfahrensrechts übereinstimmen, kann einer materiell-rechtlichen Überprüfung der beantragten Zwangsmaßnahme im europäischen Kartellverfahren nicht der im deutschen Verfahrensrecht verankerte Prüfungskanon

---

1044 Vgl. zu der Frage, ob der Ermittlungsrichter hierbei die staatsanwaltliche Kompetenz (zum Teil) als eigene übertragen bekommt oder ob er lediglich ermächtigt wird, eine fremde Kompetenz in eigener Zuständigkeit wahrzunehmen; *Nelles*, Ausnahmekompetenzen, S. 61 ff. m.w.N.

1045 Vgl. hierzu bereits Fn. 987.

1046 Vgl. *Wolter*, in: SK-StPO, Vor § 151 Rn. 21 ff., 45.

1047 Vgl. *Wolter*, in: SK-StPO, Vor § 151 Rn. 10; zustimmend LG Stuttgart, NStZ 1983, 520, 521; *Rieß*, NStZ 1983, 521, 521.

1048 Vgl. §§ 118a Abs. 3 Satz 2; 138d Abs. 4 Satz 2; 155 Abs. 2, 202 Satz 1; 308 Abs. 2 StPO.

1049 Vgl. *Wolter*, in: SK-StPO, Vor § 151 Rn. 10; *Rieß*, NStZ 1983, 521, 521.

1050 Vgl. BGHSt 42, 103, 105; BGH-ErmiRi, NJW 2000, 967, 967; OLG Düsseldorf (Ermittlungsrichter), NStZ 1990, 145, 146; LG Köln, StV 1983, 275, 275; LG Stuttgart, NStZ 1983, 520, 521; *Rieß*, in: Löwe/Rosenberg, § 162 Rn. 35; *Wache*, in: KK-StPO, § 162 Rn. 6; *Achenbach*, in: AK-StPO, § 162 Rn. 6; *Amelung*, in: AK-StPO, § 105 Rn. 11; *Boetticher/Landau*, in: FS BGH, 555, 559; *Wohlers*, in: SK-StPO, § 162 Rn. 14, 30; *Nehm*, in: FS Meyer-Goßner, 277, 289; *Landau/Sander*, StraFo 1997, 397, 398; *Müller*, AnwBl. 1992, 349, 349 f.; *Geppert*, DRiZ 1992, 405, 409; *Asbrock*, ZRP 1998, 17, 18 f.; ebenso *Helmken*, StV 2003, 193, 197, der jedoch de lege ferenda ein eigenes Initiativrecht des Ermittlungsrichters für zusätzliche Ermittlungen fordert. Offener noch KG, JR 1967, 69, 70; *Engelhardt*, in: KK-StPO, § 308 Rn. 18.

zugrunde gelegt werden. Er ist aufgrund der gemeinschaftsrechtlichen Vorgaben einzuschränken.

Dies führt zu einer Abwertung der rechtsschutzsichernden Funktion des deutschen Richtervorbehalts im gemeinschaftsrechtlichen Kontext. Die Einschränkung reicht allerdings nicht derart weit, dass der von *Tonne*[1051] geäußerten Kritik zugestimmt werden kann, derzufolge der Grundsatz der Verfahrensautonomie im europäischen Nachprüfungsverfahren in weitgehendem Maße als aufgehoben zu betrachten sei.

Die nationalen Regelungen sehen bei der Antragsprüfung eine über formelle Gesichtspunkte hinausreichende richterliche Kontrolle vor. Namentlich die Prüfung des Anfangsverdachts bildet eine erste materielle Hürde, die die Anträge der Kartellbehörde im rein nationalen Verfahren überwinden müssen. Bei Mitwirkung im europäischen Kartellverfahren kommt der Prüfung formeller Aspekte ein erhöhtes Gewicht zu. Denn eine materielle Antragsprüfung ist auf das Kriterium der Offensichtlichkeit beschränkt. Grund dessen ist die mit der Antragsprüfung verknüpfte Verdachtskontrolle und Bewertung grundlegender Verfahrensvoraussetzungen, die mit der Prüfungskompetenz des EuGH kollidieren.

Bei der Prüfung der Rechtmäßigkeit der beantragten Zwangsmaßnahme konzentriert sich die Kollisionslage mit dem Gemeinschaftsrecht auf die Prüfung des Tatverdachts. Dies resultiert in einer Zurücknahme des Prüfungsumfangs auf die Fälle des offensichtlichen Verstoßes.

IV. Die Gewähr grundrechtlichen Schutzes gegen Hoheitsakte der Gemeinschaft durch das BVerfG

Weichen die Maßstäbe des Gemeinschaftsrechts zu Ungunsten des deutschen Verfahrensrechts voneinander ab, stellt sich die Frage, ob der deutsche Nachprüfungsadressat grundrechtlichen Rechtsschutz durch das BVerfG erfährt, wenn die Unvereinbarkeit des eingeschränkten Richtervorbehalts mit den Vorgaben des Art. 13 Abs. 2 GG gerügt wird.

In Betracht kommt eine Verfassungsbeschwerde gemäß Art. 93 Abs. 1 Nr. 4 lit. a) GG, §§ 90 ff. BVerfGG durch den betroffenen Grundrechtsträger, der eine Unvereinbarkeit von Art. 13 Abs. 2 GG mit den sekundären EG-Rechtsakten der Art. 20 und 21 VO 1/2003 beanstandet. Darüber hinaus kommt eine Vorlage nach Art. 100 GG, §§ 13 Nr. 11, 80 ff. BVerfGG durch den im gemeinschaftsrechtlichen Amtshilfeverfahren beteiligten Ermittlungsrichter in Betracht, der die Rechtmäßigkeit gemeinschaftsrechtlichen Regelungen unter Bezugnahme auf Art. 13 Abs. 2 GG in Frage stellt. Unvereinbarkeitsentscheidungen durch das BVerfG hätten zur Konsequenz, dass der jeweilige EG-Rechtsakt innerstaatlich keine Rechtswirkung entfalten könnte.

Problematisch ist, ob das BVerfG das Grundgesetz als Rechtmäßigkeitsmaßstab des sekundären Gemeinschaftsrechts heranziehen kann.

[1051] *Tonne*, Effektiver Rechtsschutz, S. 29.

1. Anwendungsvorrang des Gemeinschaftsrechts (EuGH)

Der Standpunkt des EuGH ist in dieser Frage eindeutig. In der grundlegenden Entscheidung *Costa/ ENEL*[1052] legte der EuGH den Anwendungsvorrang des Gemeinschaftsrechts fest. Nach der vom EuGH vertretenen Ansicht wird das nationale Recht im Kollisionsfall verdrängt. Denn wenn Gemeinschaftsrecht die unmittelbare Anwendbarkeit in jedem Mitgliedstaat zugestanden wird, bedeutet dies zwingend, dass es sich gegen jeden widersprechenden Rechtsakt eines Mitgliedstaats, d.h. auch Verfassungsrecht, durchsetzt. Der Vorrang europäischen Rechts schließt die Kompetenz einer jeden nationalen Rechtsordnung aus, Normen zu konstituieren, die sich dem Vorrang europäischen Rechts entziehen, um als rechtlicher Gradmesser für Gemeinschaftsrechtsakte zu dienen.

2. Grundgesetzlicher Prüfungsvorbehalt für gemeinschaftsrechtliche Hoheitsakte (BVerfG)

Der dermaßen definierten ständigen Rechtsprechung des EuGH schließen sich nicht alle mitgliedstaatlichen Gerichte an. Neben dem italienischen Corte Costituzionale[1053], dem spanischen Tribunal Constitucional[1054], dem dänischen Højesteret[1055] und jüngst dem polnischen Verfassungsgerichtshof[1056] hat auch das BVerfG deutlich gemacht, dass es den Vorranganspruch des Gemeinschaftsrechts in grundrechtlichen Fragen nicht ohne Weiteres hinnehmen wird.

Das Engagement des BVerfG bei der Gewährung von Grundrechtsschutz gegen gemeinschaftsrechtlich determinierte Eingriffshandlungen kann im Rückblick anhand von vier Grundlagenentscheidungen verdeutlicht werden. Die Rechtsprechung des BVerfG zum Verhältnis zwischen dem supranationalen Gemeinschaftsrecht und dem deutschen Verfassungsrecht sowie zu der damit eng verbundenen Frage der Letztentscheidungskompetenz über die Grundrechts- und Kompetenzkonformität gemeinschaftlicher Rechtsakte pendelte dabei in den zurückliegenden Jahrzehnten zwischen Integrationsskepsis und Vertrauen in die Rechtsstaatlichkeit der EG.

Nach anfänglicher Unentschiedenheit[1057] war die Rechtsprechung des BVerfG zunächst durch das Bestreben gekennzeichnet, sich bei der Anerkennung des Geltungsanspruchs des sekundären Gemeinschaftsrechts als einer eigenständigen und grundsätzlich nur am primären Gemeinschaftsrecht zu messenden Rechtsordnung den Schutz der – deutschen – Grundrechte vorzubehalten.

[1052] EuGH, Urteil vom 15.07.1964, Rs. 6/64, Slg. 1964, 1251, 1269 f. *Costa/ENEL*.

[1053] Vgl. Nachweise bei *Mayer*, EuZW 2000, 685, 687.

[1054] Entscheidung 28/1991 vom 14.02.1991 sowie Erklärung 108/1992 vom 01.07.1992, EuGRZ 1993, 285, 285 ff.

[1055] Entscheidung vom 06.04.1998, EuGRZ 1999, 49, 49 ff.

[1056] Urteil vom 11.05.2005, Rs. K 18/04; deutschsprachige Zusammenfassung unter: http://www.trybunal.gov.pl/eng/summaries/documents/K_18_04_DE.pdf (Stand: 15.07.2007).

[1057] BVerfGE 22, 293, 298 f.

Solange kein adäquater Grundrechtsschutz vorhanden ist, urteilte das BVerfG 1974, muss das sekundäre Gemeinschaftsrecht an den deutschen Grundrechten überprüft werden.[1058]

Nachdem das BVerfG in seinem *Vielleicht*-Beschluss aus dem Jahre 1979 „angesichts mittlerweile eingetretener politischer und rechtlicher Entwicklungen im europäischen Bereich“ eine Überprüfung des *Solange I*-Beschlusses in Aussicht stellte,[1059] entschied es dann in seinem *Solange II*-Beschluss vom 22.10.1986, dass im Hoheitsbereich der EG mittlerweile ein Maß an Grundrechtsschutz erwachsen ist, das „nach Konzeption, Inhalt und Wirkungsweise dem Grundrechtsstandard des Grundgesetzes im Wesentlichen gleichzuachten ist“[1060]. Daraus zog das BVerfG die Konsequenz, dass es seine Gerichtsbarkeit über die Anwendbarkeit von abgeleitetem Gemeinschaftsrecht, das als Rechtsgrundlage für ein Verhalten deutscher Gerichte und Behörden im Hoheitsbereich der Bundesrepublik Deutschland in Anspruch genommen wird, nicht mehr ausüben und dieses Recht mithin nicht mehr am Maßstab der Grundrechte des Grundgesetzes überprüfen werde, *solange* die EG, insbesondere die Rechtsprechung des EuGH, einen wirksamen Schutz der Grundrechte gegenüber der Hoheitsgewalt der Gemeinschaften generell gewährleisten, der dem vom Grundgesetz als unabdingbar gebotenen Grundrechtsschutz im Wesentlichen gleich zu achten ist, zumal den Wesensgehalt der Grundrechte generell verbürgt; entsprechende Vorlagen nach Art. 100 GG, §§ 13 Nr. 11, 80 ff. BVerfGG bzw. Art. 93 Abs. 1 Nr. 4 lit. a) GG, §§ 90 ff. BVerfGG sind damit unzulässig.[1061] Zu beachten bleibt dabei, dass das BVerfG seine Überprüfungskompetenz nicht aufgegeben, sondern in Anbetracht des von ihm als angemessen qualifizierten Grundrechtsschutzes in der Gemeinschaft nur bis auf weiteres zurückgenommen bzw. suspendiert hat.

Hatte das BVerfG dem EuGH hiermit einen Vertrauens-Scheck hinsichtlich der Bonität des gemeinschaftlichen Grundrechtsschutzes ausgestellt, so formulierte sein „Maastricht“-Urteil vom 22.10.1993 eine hiervon abweichende Diktion, die der Herstellung von Rechtssicherheit eher abträglich war. Dort betonte das BVerfG, dass es durch seine Zuständigkeit einen wirksamen Grundrechtsschutz, insbesondere den Wesensgehalt der Grundrechte, auch gegenüber der Hoheitsgewalt der Gemeinschaften sicherstelle.[1062] Einschränkend fügte das BVerfG jedoch an, dass es seine Gerichtsbarkeit über die Anwendbarkeit von abgeleitetem Gemeinschaftsrecht in Deutschland in einem Kooperationsverhältnis zum EuGH ausübe. Das BVerfG könne sich daher auf eine generelle Gewährleistung des unabdingbaren Grundrechtsstandards beschränken.[1063] Die genannten Ausführungen des BVerfG haben nachfolgend zu Unklarheiten geführt. Teilweise wurde das *Maastricht*-Urteil als Abkehr von der *Solange-II*-

---

[1058] BVerfGE 37, 271, 280 ff., 285 *Solange I.*

[1059] BVerfGE 52, 187, 202 f. *Vielleicht.*

[1060] BVerfGE 73, 339, 378 *Solange II.*

[1061] BVerfGE 73, 339, 387 *Solange II.*

[1062] BVerfGE 89, 155, 174 f. *Maastricht.*

[1063] BVerfGE 89, 155, 175 *Maastricht.*

Rechtsprechung des BVerfG verstanden.[1064] Durch den Hinweis, dass es einen wirksamen Grundrechtsschutz auch gegenüber der Hoheitsgewalt der Gemeinschaft sichere, widerspreche es seiner vorangegangenen Rechtsprechung.

Die durch das *Maastricht*-Urteil genährte, gemeinschaftsrechtlich jedoch nicht begründete Hoffnung regelungsbetroffener Grundrechtsträger, das BVerfG werde einen gemeinschaftlichen Rechtsakt in Deutschland für unanwendbar erklären, selbst wenn der EuGH zuvor bereits dessen Gemeinschaftsrechtskonformität am Maßstab der Gemeinschaftsgrundrechte bestätigt hat, wurde zuletzt[1065] durch den „Bananenmarkt"-Beschluss des BVerfG vom 07.06.2000 erschüttert. Das BVerfG hält im *Bananenmarkt*-Beschluss fest, dass zwischen der *Solange-II*-Entscheidung und dem *Maastricht*-Urteil keine Divergenz besteht;[1066] die Rechtsprechung des BVerfG vielmehr „ohne gedanklichen Bruch"[1067] erfolgte. Zwar unterstrich das BVerfG unter Bezugnahme auf das *Maastricht*-Urteil, dass es zur Überprüfung von Gemeinschaftsrecht am Maßstab des Grundgesetzes berechtigt sei, wenn auch in Kooperation mit dem EuGH.[1068] Andererseits ist die im Maastricht-Urteil eingeführte Formel vom Kooperationsverhältnis zwischen BVerfG und EuGH unter direktem Verweis auf die *Solange-II*-Rechtsprechung umschrieben: während „der Europäische Gerichtshof den Grundrechtsschutz *in jedem Einzelfall* für das gesamte Gebiet der Europäischen Gemeinschaften garantiert, (beschränkt sich) das BVerfG (...) deshalb auf eine *generelle* Gewährleistung der unabdingbaren Grundrechtsstandards"[1069].

Das Fehlen der *generellen* Gewährleistung der unabdingbaren Grundrechtsstandards, das erst zur Reaktivierung der verfassungsgerichtlichen Prüfungskompetenz führt, erfordert eine vom Einzelfall abstrahierte Bewertung des auf Gemeinschaftsebene gewährten Grundrechtsschutzes. Verfassungsbeschwerden und Vorlagen von Gerichten sind daher von vornherein unzulässig, wenn ihre Begründung nicht darlegt,

---

1064 Vgl. m.w.N. *Selmer*, Grundrechtsstandards, S. 28.

1065 Entgegen erster Anzeichen vermied das BVerfG im Urteil zum Europäischen Haftbefehl eine neuerliche Stellungnahme zum Vorranganspruch des Gemeinschaftsrechts in grundrechtlichen Fragen (vgl. BVerfG, NJW 2005, 2289, 2289 ff.). Vielversprechend hatte die FAZ zuvor die mündliche Verhandlung zum Europäischen Haftbefehl vor dem BVerfG mit „Wichtiger als Maastricht" betitelt (FAZ vom 24.02.2005 S. 1). In Frage stand, ob ein europäischer Rahmenbeschluss zum Strafrecht die deutschen Grundrechte außer Kraft setzen kann, genauer: ob das Europarecht mit Vorrang vor dem Grundgesetz in bestimmten Fällen die Auslieferung Deutscher zur Strafverfolgung in andere europäische Länder vorschreiben kann. Das Gericht ließ diese Fragen jedoch offen. Das Gericht hob das deutsche Umsetzungsgesetz zwar auf und verlangte Nachbesserungen nach der Maßgabe von Ableitungen aus Art. 16 Abs. 2 GG i.V.m. dem Verhältnismäßigkeitsprinzip. Es hielt sich dabei jedoch bewusst im Rahmen der Umsetzungsspielräume, die der Rahmenbeschluss den Mitgliedstaaten einräumt. Mit dem Verweis auf solche Umsetzungsspielräume im konkreten Fall konnte damit die brisante Vorrangfrage ungeklärt bleiben; vgl. *Masing*, NJW 2006, 264, 264; *v. Unger*, NVwZ 2005, 1266, 1267 f.

1066 BVerfGE 102, 147, 165 *Bananenmarkt*.

1067 So *Limbach*, EuGRZ 2000, 417, 419.

1068 BVerfGE 102, 147, 163 *Bananenmarkt*.

1069 BVerfGE 89, 155, 175 *Maastricht* (Hervorhebung nur hier).

dass die europäische Rechtsentwicklung einschließlich der Rechtsprechung des EuGH nach Ergehen der *Solange-II*-Entscheidung unter den als unabdingbar zu bezeichnenden Grundrechtsstandard abgesunken ist. Demnach übt das BVerfG seine Zuständigkeit im Grundrechtsbereich erst und nur dann wieder aus, wenn die Gemeinschaftsorgane den im Zeitpunkt der *Solange-II*-Entscheidung erreichten Grundrechtsstandard wieder verlassen sollten.[1070]

Diese Begründung erfordert - nach Ansicht des BVerfG - eine detaillierte Gegenüberstellung des Grundrechtsschutzes auf nationaler und auf Gemeinschaftsebene in der Art und Weise, wie sie das BVerfG in seinem *Solange-II*-Beschluss geleistet hat.[1071] Dort hatte das BVerfG die Entwicklung der EuGH-Rechtsprechung zum Grundrechtsschutz ausführlich nachgezeichnet und die einzelnen geschützten Grundrechte und rechtsstaatlichen Grundsätze benannt. Entsprechend ist die besondere Zulässigkeitsvoraussetzung so zu verstehen, dass das BVerfG grundsätzlich keine Einzelfallkontrolle von Grundrechtsverstößen europäischer Organe vorzunehmen gewillt ist.[1072]

Erforderlich ist vielmehr ein abstrakter Vergleich aller Grundrechte auf deutscher und europäischer Ebene, d.h. die beiden Grundrechtsordnungen werden in ihrem ganzen Wirkumfang in den Blick genommen.[1073] Der Einwand bei *einzelnen* Grundrechten sei der gebotene Schutzstandard strukturell defizitär genügt hingegen nicht, weil Schwächen beim Schutz bestimmter Rechtsgüter durch Stärken beim Schutz anderer im Rahmen des Gesamtvergleichs ausgeglichen werden.[1074]

Eine hinter der deutschen Grundrechtsrechtsprechung zurückbleibende Inhaltsbestimmung einzelner Gemeinschaftsgrundrechte oder Abweichungen des EuGH von der ausgefeilten deutschen Schrankensystematik nimmt das BVerfG demnach hin,[1075] weil der Grundrechtsschutz nach Auffassung des BVerfG auf der Gemeinschaftsrechtsebene seiner Konzeption, seinem Inhalt und seiner Wirkungsweise nach dem Grundrechtsstandard des Grundgesetzes im Wesentlichen gleich zu achten ist.[1076]

Dafür besteht nach der Diktion des *Bananenmarkt*-Beschlusses nunmehr eine Vermutung, solange die europäische Rechtsentwicklung im Allgemeinen und der EuGH im Besonderen nicht von dem bis zum Zeitpunkt des *Solange-II*-Beschlusses entwickelten grundrechtlichen Schutzstandard nach unten abweicht. Derartige Abweichungen sind jedoch nicht zu erwarten, zumal die jüngere EuGH-Rechtsprechung eine über den Stand des Jahres 1986 weit hinausgehende Effektuierung des Grundrechtsschutzes erkennen lässt, wie es mit Blick auf die Grundrechte-Charta der EU und deren bevor-

---

1070 Vgl. *Schmid*, NVwZ 2001, 249, 253.

1071 BVerfGE 102, 147, 164 *Bananenmarkt*; BVerfGE 73, 339, 378 ff. *Solange II*.

1072 Vgl. *Mayer*, EuZW 2000, 685, 688; *Schmid*, NVwZ 2001, 249, 253.

1073 Vgl. *Nettesheim*, NVwZ 2002, 932, 932.

1074 Vgl. *Schmid*, NVwZ 2001, 249, 253 f.; *Kischel*, Der Staat (39) 2000, 523, 537 f.

1075 Vgl. *Limbach*, EuGRZ 2000, 417, 420; *Classen*, JZ 2000, 1157, 1158; *Lecheler*, JuS 2001, 120, 123.

1076 Vgl. BVerfGE 73, 339, 378 *Solange II*.

stehende Inkooperation in den europäischen Verfassungsvertrag auch für die europäische Rechtsentwicklung insgesamt festzustellen ist.[1077]

3. Ergebnis

Das über der Einheitlichkeit und Funktionsfähigkeit des Gemeinschaftsrechts schwebende Damoklesschwert in Gestalt der bundesverfassungsgerichtlichen Kontrolle der Grundrechtskonformität gemeinschaftlicher Rechtsakte ist also durch den „Bananenmarkt"-Beschluss nachhaltig entschärft worden.[1078] Angesichts ihrer „hohe(n), ja praktisch kaum zu überwindende(n) Anforderungen"[1079] an die Zulässigkeit von Verfassungsbeschwerden und Richtervorlagen wird der nationale Kontrollvorbehalt de facto keine Anwendung finden und dem Bereich des Theoretischen zuzuordnen sein.[1080] Anders gewendet verdünnt er sich zu einem Eventualvorbehalt, der die Grenze der institutionellen Krise markiert.[1081] Die Rechtsprechungstätigkeit des BVerfG bei der Kontrolle gemeinschaftsrechtlicher Rechtsakte am Maßstab des Grundgesetzes ist daher gegenwärtig im allgemeinen als auch im speziellen Falle, dass Art. 20 und 21 VO 1/2003 an Art. 13 Abs. 2 GG gemessen werden, ausgeschlossen.

V. Zusammenfassung

Bei der Ausgestaltung der ermittlungsrichterlichen Kompetenzen im Nachprüfungsverfahren der Kommission nahm der VO-Geber die richterlichen Befugnisse des deutschen Kartellverfahrensrechts nicht zum Vorbild. Er schwächte vielmehr die rechtsschutzsichernde Funktion des deutschen Richtervorbehalts. Dies ist umso bedenklicher als der dem deutschen Recht zu entnehmende Richtervorbehalt verfassungsrechtlich in Art. 13 Abs. 2 GG verankert ist und hierdurch definiert wird. Art. 13 Abs. 2 GG und dessen einfachgesetzliche Ausgestaltung in § 105 Abs. 1 Satz 1 StPO, § 162 Abs. 3 StPO i.V.m. § 46 Abs. 1 OWiG, die im Grundsatz auch im europäischen Kartellverfahren heranzuziehen ist, verkörpern wiederum grundlegende Wertvorstellungen des deutschen Rechtskreises. Die fehlende Übernahme dieser Grundsätze in das europäische Kartellverfahrensrecht belastet den Nachprüfungsadressaten in Deutschland als ihm nicht die Möglichkeit offen steht, in diesen Fällen Rechtsschutz durch das BVerfG zu erlangen.

[1077] Vgl. *Nicolaysen/Nowak*, NJW 2001, 1233, 1236; *Mayer*, EuZW 2000, 685, 688.

[1078] Vgl. *Nicolaysen/Nowak*, NJW 2001, 1233, 1236.

[1079] So *Nettesheim*, NVwZ 2002, 932, 932.

[1080] Vgl. *Nicolaysen/Nowak*, NJW 2001, 1233, 1235.

[1081] Vgl. *Masing*, NJW 2006, 264, 264 f.; *Schmid*, NVwZ 2001, 249, 254 misst dem Kontrollvorbehalt daher nur eine symbolische politische Bedeutung bei.

Schlusswort

Zielsetzung dieser Arbeit war es, die Art. 20 Abs. 2, 6 und Art. 21 Abs. 1, 4 VO 1/2003 am allgemeinen Rechtsgrundsatz des effektiven Rechtsschutzes zu messen. Von ausschlaggebender Bedeutung war hierbei, ob bei den gegebenen Eingriffsbefugnissen der Kommission ein allgemeiner Rechtsgrundsatz des Gemeinschaftsrechts anzuerkennen sei, der einen primärrechtlichen Richtervorbehalt bei den Gemeinschaftsgerichten statuiert. Bedenken in diese Richtung bestanden aufgrund der nur eingeschränkten Hinzuziehung eines mitgliedstaatlichen Richtervorbehalts im Verfahren der Kommission. Die Effizienz des grundrechtlich gebotenen Rechtsschutzes wurde in Frage gestellt, weil zum einen die Wohnung als eine der wichtigsten Ausprägungen des menschlichen Geheimbereichs angesehen wird; zum anderen die Geschäftsräume eng verbunden sind mit der beruflichen Tätigkeit, die nach europäischer Verfassungstradition als besonderer Ausdruck der persönlichen Selbstverwirklichung zu betrachten ist. Zu befürchten war, dass die Kooperation von Stellen der Gemeinschaft und der Mitgliedstaaten und der damit verbundene Angleichungsdruck zu einer Nivellierung und damit Absenkung der Verfahrensstandards geführt hat.

Das Ergebnis bestätigt die eingangs geäußerten Zweifel. Im Nachprüfungsverfahren der Kommission i.S.v. Art. 20 Abs. 2, 6 und Art. 21 Abs. 1, 4 VO 1/2003 wird kein effektiver Rechtsschutz gewährt. Die Reform vom 01.05.2004, zugleich die umfassendste und ambitionierteste Veränderung des europäischen Kartellrechts seit 1962, ist in diesem Punkte gescheitert. Der VO-Geber hat es nicht vermocht, die besonderen Herausforderungen zu bewältigen, die sich aus der Erweiterung der Nachprüfungsbefugnisse, insbesondere auch auf Privaträume, ergeben haben. Die geltenden Regelungen stellen keinen angemessenen Ausgleich zwischen einerseits dem Grundrechtsschutz der betroffenen Personen und andererseits dem Gebot der effektiven Ermittlungstätigkeit dar.

Erst ein allgemeiner Rechtsgrundsatz des Gemeinschaftsrechts, der einen zwingenden mitgliedstaatlichen Richtervorbehalt (Art. 20 VO 1/2003) bzw. einen Richtervorbehalt beim EuGH (Art. 21 VO 1/2003) statuiert, bringt die widerstreitenden öffentlichen und individuellen Interessen im Nachprüfungsverfahren der Kommission in Einklang. Unabhängig von der Komplexität der administrativen Entscheidungsstruktur sind die grundrechtlichen Verfahrensgarantien des Einzelnen wirksam zu schützen. Die komplizierte Aufgabenverteilung zwischen nationalen und gemeinschaftlichen Hoheitsträgern kann dieses rechtsstaatlich gebotene Ergebnis nicht konterkarieren.

Art. 20 Abs. 8 und Art. 21 Abs. 3 VO 1/2003 bedeuten im Ergebnis einen Rückschritt für den gemeinschaftsrechtlichen Grundrechtsschutz. Die VO 1/2003 tritt in Widerspruch zu ihrer in Erwägungsgrund Nr. 37 Satz 1 VO 1/2003 genannten Zielsetzung, die Grundrechte zu wahren. Darüber hinaus sind die Nachprüfungsbefugnisse unvereinbar mit der deutlichen Betonung der Grundrechte auf europäischer Ebene. Denn mit dem europäischen Verfassungsvertrag ist eine Steigerung des EU-Grundrechtsstandards in Aussicht gestellt. In weitgehender Übernahme der Grundrechtscharta enthält der Verfassungsvertrag einen umfangreichen Grundrechtsteil und hebt die Bedeutung der EMRK an.

Die fehlende Rücksichtnahme auf grundrechtliche Prinzipien findet nicht nur in der Missachtung primärrechtlicher Vorgaben ihren Ausdruck, sondern auch in der unterschiedlichen Ausgestaltung der ermittlungsrichterlichen Tätigkeit im deutschen und europäischen Kartellverfahren. Es wird zu erwarten und zu hoffen sein, dass der europäische VO-Geber eine Korrektur vornimmt, um nicht zuletzt die Akzeptanz der Nachprüfungsbefugnisse der Kommission in den Mitgliedstaaten zu sichern.

Literaturverzeichnis

Albrecht, Hans Jörg/ *Dorsch*, Claudia/ *Krüpe*, Christiane: Rechtswirklichkeit und Effizienz der Überwachung der Telekommunikation nach den §§ 100a, 100b StPO und anderer verdeckter Ermittlungsmaßnahmen, 2003; (zit.: Rechtswirklichkeit).

Allkemper, Ludwig: Der Rechtsschutz des einzelnen nach dem EG-Vertrag, 1995; (zit.: Rechtsschutz).

Alternativkommentar zur Strafprozeßordnung, Achenbach, Hans (Hrsg.), Band 2 (Teilband I, §§ 94-212b), 1992; (zit.: *Bearbeiter*, in: AK-StPO).

Amelung, Knut/ *Wirth*, Stefan: Die Rechtsprechung des Bundesverfassungsgerichts seit 1990 zum Schutz der materiellen Grundrechte im Strafverfahren, in: StV 2002, 161.

Amelung, Knut: Rechtsschutz gegen strafprozessuale Grundrechtseingriffe, 1976; (zit.: Rechtsschutz).

Amelung, Knut: Zur Frage der Vereinbarkeit vollstreckungsrechtlicher Durchsuchungen mit dem Richtervorbehalt des Art. 13 Abs. 2 GG, in: ZZP 88 (1975), 74.

Ameye, Evelyne M.: The interplay between human rights and competition law in the EU, in: ECLR 2004, 332.

Asbrock, Bernd: Der Richtervorbehalt – prozedurale Grundrechtssicherung oder rechtsstaatliches Trostpflaster?, in: ZRP 1998, 17.

Aschmann, Tjark Erich: Der Richtervorbehalt im deutschen Polizeirecht, 1999; (zit.: Richtervorbehalt).

Bachmann, Gregor: Probleme des Rechtsschutzes gegen Grundrechtseingriffe im strafrechtlichen Ermittlungsverfahren, 1994; (zit.: Rechtsschutz).

Backes, Otto/ *Gusy*, Christoph: Wer kontrolliert die Telefonüberwachung?, 2003; (zit.: Telefonüberwachung).

Banaszak, Bogusław: Die Konzeption der Rechte des Individuums in Polen, in: Osteuropa-Recht (47) 2001, 477.

Bartodziej, Peter: Reform der EG-Wettbewerbsaufsicht und Gemeinschaftsrecht, 1994.

Bartosch, Andreas: Von der Freistellung zur Legalausnahme: Der Vorschlag der EG-Kommission für eine „neue Verordnung Nr. 17", in: EuZW 2001, 101.

Baur, Ulrich: Mangelnde Bestimmtheit von Durchsuchungsbeschlüssen, in: wistra 1983, 99.

BDI: Positionspapier „Die geplanten Ermittlungs- und Eingriffsbefugnisse der EU-Kommission" vom 30. September 2002; (zit.: Positionspapier).

BDI: Stellungnahme „Zur Modernisierung des Europäischen Kartellrechts“ vom 19. Januar 2001; (zit.: Stellungnahme).

Bechtold, Rainer: Modernisierung des EG-Wettbewerbsrechts: Der Verordnungsentwurf der Kommission zur Umsetzung des Weißbuchs, in: BB 2000, 2425.

Bechtold, Rainer: Die Stellung der Kommission und der Unternehmen im EWG-Kartellverfahren, in: EuR 1991, 41.

Bechtold, Rainer/ *Brinker*, Ingo/ *Bosch*, Wolfgang/ *Hirsbrunner*, Simon: EG-Kartellrecht, 2005.

Beichel, Stephan/ *Kieninger*, Jörg: „Gefahr im Verzug“ auf Grund Selbstausschaltung des erreichbaren, jedoch „unwilligen“ Bereitschaftsrichters?, in: NStZ 2003, 10.

Benfer, Jost: Anordnung von Grundrechtseingriffen durch Richter und Staatsanwalt und die Verpflichtung zum Vollzug, in: NJW 1981, 1245.

Bestler, Anita/ *Waschkuhn*, Arno: Das politische System Maltas, in: Ismayr, Wolfgang (Hrsg.), Die politischen Systeme Westeuropas, 3. Auflage 2003, 731; (zit.: *Bestler/Waschkuhn*, in: Ismayr-Westeuropa).

Bethge, Herbert: Der Grundrechtseingriff, in: VVDStRL 57 (1998), 7.

Bevan, Vaughan/ *Lidstone*, Ken: The Investigation of Crime, 1991; (zit.: Investigation).

Bittmann, Folker: Gefahr im Verzug, in: wistra 2001, 451.

Blaško, Milan: Slovakia, in: Blackburn, Robert/ Polakiewicz, Jörg (Hrsg.), Fundamental Rights in Europe, 2001, 755; (zit.: *Blaško*, in: Blackburn/Polakiewicz).

Bleckmann, Albert: Europarecht, 6. Auflage 1997.

Boetticher, Axel/ *Landau*, Herbert: Plädoyer für eine Stärkung des Richters im Ermittlungsverfahren, in: Geiß, Karlmann/ Nehm, Kay/ Brandner, Hans Erich/ Hagen, Horst (Hrsg.), 50 Jahre Bundesgerichtshof: Festschrift aus Anlaß des fünfzigjährigen Bestehens von Bundesgerichtshof, Bundesanwaltschaft und Rechtsanwaltschaft beim Bundesgerichtshof, 2000, 555; (zit.: *Boetticher/Landau*, in: FS BGH).

Bokor-Szegö, Hanna/ *Weller*, Mónika: Hungary, in: Blackburn, Robert/ Polakiewicz, Jörg (Hrsg.), Fundamental Rights in Europe, 2001, 383; (zit.: *Bokor-Szegö/Weller*, in: Blackburn/Polakiewicz).

Borchardt, Klaus-Dieter: Der Europäische Gerichtshof, 2000; (zit.: Europäische Gerichtshof).

Börner, Bodo: Das Beweisverwertungsverbot im Gemeinschaftsrecht – Zur Methode der Gewinnung ungeschriebener Rechtssätze des Gemeinschaftsrechts, in: Stödter, Rolf/ Thieme, Werner (Hrsg.), Hamburg – Deutschland – Europa, Festschrift für Hans Peter Ipsen, 1977, 557; (zit.: *Börner*, in: FS Ipsen).

Böse, Martin: Der Beitritt der EG zur EMRK aus der Sicht des Strafrechts, in: ZRP 2001, 402.

Bourgeois, Jacques H.J./ *Humpe*, Christophe: The Commission's Draft New Regulation 17, in: ECLR 2002, 43.

Bradley, A.W./ *Ewing*, K.D.: Constitutional and Administrative Law, 13. Auflage 2003; (zit.: Constitutional Law).

Braun, Ellen: Der Systemwechsel im europäischen (und deutschen) Kartellrecht (VO 1/2003) - Vorschläge für die Unternehmenspraxis, in: Behrens, Peter/ Braun, Ellen/ Nowak, Carsten (Hrsg.), Europäisches Wettbewerbsrecht im Umbruch, 2004, 167; (zit.: *Braun*, in: Behrens/Braun/Nowak).

Brei, Gerald: Die Entscheidung des EuGH in Sachen Roquette Frères – Reichweite der Kontrollbefugnis nationaler Gerichte bei Nachprüfungsentscheidungen der Kommission in Kartellverfahren, in: ZWeR 2004, 107.

Breitenmoser, Stephan: Der Schutz der Privatsphäre gemäß Art. 8 EMRK, 1986; (zit.: Privatsphäre).

Brinker, Ingo: Verfahrensgrundrechte für Unternehmen, in: Schwarze, Jürgen (Hrsg.), Wirtschaftsverfassungsrechtliche Garantien für Unternehmen im europäischen Binnenmarkt, 2001, 177; (zit.: *Brinker*, in: Wirtschaftsverfassungsrechtliche Garantien).

Britz, Gabriele: Bedeutung der EMRK für nationale Verwaltungsgerichte und Behörden – Erweiterte Bindungswirkung nach EuGH, Slg. 2002, I-6279 – Carpenter?, in: NVwZ 2004, 173.

Bröhmer, Jürgen: Die Bosphorus-Entscheidung des Europäischen Gerichtshofs für Menschenrechte, in: EuZW 2006, 71.

Brunner, Georg/ *Garlicki*, Leszek Lech: Verfassungsgerichtsbarkeit in Polen, 1999; (zit.: *Bearbeiter*, in: Brunner/Garlicki).

Brunner, Georg: Verfassungsgebung in Osteuropa, in: Osteuropa-Recht (41) 1995, 258.

Brunner, Georg: Vier Jahre ungarische Verfassungsgerichtsbarkeit, in: Brunner, Georg/ Sólyom, László (Hrsg.), Verfassungsgerichtsbarkeit in Ungarn, 1995; (zit.: *Brunner*, in: Brunner/Sólyom).

Busch, Andrej Victor Mykola Wasyl: Die Bedeutung der Europäischen Menschenrechtskonvention für den Grundrechtsschutz in der Europäischen Union, 2003; (zit.: Bedeutung).

Calliess, Christian/ *Ruffert*, Matthias: Kommentar des Vertrags über die Europäische Union und des Vertrages zur Gründung der Europäischen Gemeinschaft – EUV/EGV -, 2. Auflage 2002; (zit.: *Bearbeiter*, in: Calliess/Ruffert, 2. Auflage).

Calliess, Christian/ *Ruffert*, Matthias: EUV/EGV, das Verfassungsrecht der Europäischen Union mit Europäischer Grundrechtecharta, 3. Auflage 2007; (zit.: *Bearbeiter*, in: Calliess/Ruffert).

Calliess, Christian: Die Charta der Grundrechte der Europäischen Union - Fragen der Konzeption, Kompetenz und Verbindlichkeit, in: EuZW 2001, 261.

Calliess, Christian: Kohärenz und Konvergenz beim europäischen Individualrechtsschutz - Der Zugang zum Gericht im Lichte des Grundrechts auf effektiven Rechtsschutz, in: NJW 2002, 3577.

Cerar, Miro/ *Šinkovec*, Janez: Slovenia, in: Weber, Albrecht (Hrsg.), Fundamental Rights in Europe and North America, Part A – Basic Work, Stand: Februar 2001, SI 15; (zit.: *Cerar/Šinkovec*, in: Fundamental Rights).

Classen, Claus Dieter: Anmerkung zu BVerfG, Beschluss vom 07.06.2000 – 2 BvL 1/97, in: JZ 2000, 1157.

Cremer, Wolfram: Der programmierte Verfassungskonflikt: Zur Bindung der Mitgliedstaaten an die Charta der Grundrechte der Europäischen Union nach dem Konventsentwurf für eine Europäische Verfassung, in: NVwZ 2003, 1452.

Crones, Luisa: Grundrechtlicher Schutz von juristischen Personen im europäischen Gemeinschaftsrecht, 2002; (zit.: Grundrechtlicher Schutz).

Dallmann, Michael: Nachprüfung und Richtervorbehalt im Kartellverfahrensrecht der Europäischen Wirtschaftsgemeinschaft, 1993; (zit.: Nachprüfung).

Dannecker, Gerhard: Die Sanktionierung von Verstößen gegen das gemeinschaftsrechtliche Kartellrecht nach der Verordnung (EG) Nr. 1/2003 in der Europäischen Union, in: wistra 2004, 361.

Dannecker, Gerhard: Beweiserhebung, Verfahrensgarantien und Verteidigungsrechte im europäischen Kartellordnungswidrigkeitenverfahren als Vorbild für ein europäisches Sanktionsverfahren, in: ZStW 111 (1999), 256 ff.

Dannecker, Gerhard/ *Fischer-Fritsch*, Jutta: Das EG-Kartellrecht in der Bußgeldpraxis, 1989; (zit.: Bußgeldpraxis).

Danwitz, Thomas v.: Die Eigenverantwortung der Mitgliedstaaten für die Durchführung von Gemeinschaftsrecht, in: DVBl. 1998, 421.

Danwitz, Thomas v.: Verwaltungsrechtliches System und Europäische Integration, 1996; (zit.: Verwaltungsrechtliches System).

Dauses, Manfred A.: Handbuch des EU-Wirtschaftsrechts, Band 2, Loseblatt, Stand: März 2006; (zit.: *Bearbeiter*, in: Dauses).

De Bronett, Georg-Klaus: Kommentar zum EU-Kartellverfahrensrecht - VO 1/2003, 2005; (zit.: EU-Kartellverfahrensrecht).

Dechsling, Rainer: Das Verhältnismäßigkeitsgebot, 1989; (zit.: Verhältnismäßigkeit).

Degenhart, Christoph: Staatsrecht I, Staatsorganisationsrecht, 22. Auflage 2006; (zit.: Staatsrecht I).

Diemer-Benedict, Tanja: Die Geschäftsordnung des polnischen Verfassungsgerichts – das Verfassungsgericht in neuem Gewand, in: Osteuropa-Recht (44) 1998, 303.

Diemer-Benedict, Tanja: Die Grundrechte in der neuen polnischen Verfassung, in: ZaöRV 58,1 (1998), 205.

Dombert, Matthias: Ein Einzelfall? Zur richterlichen Erreichbarkeit nach „Dienstschluss", in: NJW 2002, 1627.

Drzemczewski, Andrew/ *Nowicki*, Marek Antoni: Poland, in: Blackburn, Robert/ Polakiewicz, Jörg (Hrsg.), Fundamental Rights in Europe, 2001, 675; (zit.: *Drzemczewski/Nowicki*, in: Blackburn/Polakiewicz).

Ehlermann, Claus-Dieter: Zukünftige Entwicklungen des Europäischen Wettbewerbsrechts, in: EuZW 1994, 647.

Ehlers, Dirk (Hrsg.): Europäische Grundrechte und Grundfreiheiten, 2. Auflage 2005; (zit.: *Bearbeiter*, in: Ehlers).

Einmahl, Matthias: Gefahr im Verzug und Erreichbarkeit des Ermittlungsrichters bei Durchsuchungen und Beschlagnahmen, in: NJW 2001, 1393.

Emmerich-Fritsche, Angelika: Der Grundsatz der Verhältnismäßigkeit als Direktive und Schranke der EG-Rechtsetzung, 2000; (zit.: Verhältnismäßigkeit).

Engel, Hans-Ulrich/ *Freier*, Gottfried: Die Ermittlungsbefugnisse der EG-Kommission bei Wettbewerbsverstößen, in: EWS 1992, 361.

Estler, Kerstin: Zur Effektivität des einstweiligen Rechtsschutzes im Gemeinschaftsrecht, 2003; (zit.: Effektivität).

Europäische Kommission: Kontakte mit der Kommission: Anmeldungen, Beschwerden, Nachprüfungen und Ermittlungsbefugnisse im Rahmen der Artikel 81 und 82 des EGV, 1997; (zit.: Kontakte).

Evangelides, Petros: The Republic of Cyprus and its Constitution with spezial regard to the constitutional rights, 1996; (zit.: Republic of Cyprus).

Everling, Ulrich: Brauchen wir „Solange III"?, in: EuR 1990, 195.

Feddersen, Christoph: Mitwirkung nationaler Gerichte bei EG-kartellrechtlichen Durchsuchungen und Beschlagnahmen – Anmerkung –, in: EuZW 2003, 22.

Filip, Jan: Czech Republic, in: Weber, Albrecht (Hrsg.), Fundamental Rights in Europe and North America, Part A – Basic Work, Stand: Februar 2001, CZ 15; (zit.: *Filip*, in: Fundamental Rights).

Frankfurter Kommentar zum Kartellrecht, Hahn, Helmuth/ Jaeger, Wolfgang/ Pohlmann, Petra/ Rieger, Harald/ Schroeder, Dirk (Hrsg.), Band II, Band V, Loseblatt, Stand: Januar 2007; (zit.: *Bearbeiter*, in: FK).

Friedmann, Ruben: Die Geltung rechtsstaatlicher Grundsätze im kartellrechtlichen Bußgeldverfahren der Europäischen Gemeinschaft, 2005; (zit.: Rechtsstaatliche Grundsätze).

Frowein, Jochen Abr./ *Peukert*, Wolfgang: Europäische Menschenrechtskonvention, 2. Auflage 1996; (zit.: *Bearbeiter*, in: Frowein/Peukert).

Frowein, Jochen Abr.: Rechtsgutachten zu dem Grundrechtsschutz von Geschäftsräumen gegen Durchsuchungen im Europäischen Gemeinschaftsrecht der Hoechst AG in der Rechtssache 46/87 vor dem Gerichtshof der Europäischen Gemeinschaften, 1987, unveröffentlicht; (zit.: Gutachten).

Gaede, Karsten: Nullum judicium sine lege, in: ZStW 115 (2003), 845.

Garlicki, Leszek Lech/*Wyrzykowski*, Miroslaw: Poland, in: Weber, Albrecht (Hrsg.), Fundamental Rights in Europe and North America, Part A – Basic Work, Stand: Mai 2001; (zit.: *Garlicki/Wyrzykowski*, in: Fundamental Rights).

Geiger, Andreas: Das Weißbuch der EG-Kommission zu Art. 81, 82 EG – eine Reform, besser als ihr Ruf, in: EuZW 2000, 165.

Gentz, Manfred: Die Unverletzlichkeit der Wohnung, 1967; (zit.: Wohnung).

Genzel, Herbert: Zulässigkeit des Rechtswegs gegen Maßnahmen der Staatsanwaltschaft nach § 81a StPO, in: NJW 1969, 1562.

Geppert, Klaus: Kontroll- und Förderungspflicht des Ermittlungsrichters, in: DRiZ 1992, 405.

Giegerich, Thomas: Luxemburg, Karlsruhe, Straßburg – Dreistufiger Grundrechtsschutz in Europa, in: ZaöRV 50,2 (1990), 836.

Gillis, Mark: Czech Republic, in: Weber, Albrecht (Hrsg.), Fundamental Rights in Europe and North America, Part A – Basic Work, Stand: Februar 2001, CZ 9; (zit.: *Gillis*, in: Fundamental Rights).

Gillmeister, Ferdinand: Ermittlungsrechte im deutschen und europäischen Kartellordnungswidrigkeitenverfahren, 1985; (zit.: Ermittlungsrechte).

Göhler, Erich: Gesetz über Ordnungswidrigkeiten, 14. Auflage 2006; (zit.: OWiG).

Gössel, Karl Heinz: Überlegungen über die Stellung der Staatsanwaltschaft im rechtsstaatlichen Strafverfahren und über ihr Verhältnis zur Polizei, in: GA 1980, 325.

Gössel, Karl Heinz: Strafverfahrensrecht, Band 1, 1977.

Grabenwarter, Christoph: Europäische Menschenrechtskonvention, 2. Auflage 2005; (zit.: EMRK).

Grabenwarter, Christoph: Europäisches und nationales Verfassungsrecht, in: VVDStRL 60 (2001), 290.

Grabitz, Eberhard/ *Hilf*, Meinhard (Hrsg.), Das Recht der Europäischen Union, Band II, Band III, Band V, Loseblatt, Stand: Januar 2007; (zit.: *Bearbeiter*, in: Grabitz/Hilf).

Grin, James M.: An Inside Look at a Cartel at Work - Common Characteristics of International Cartels -, Rede vom 06.04.2000, abrufbar unter: www.usdoj.gov/atr/public/speeches/, Stand: 15.07.2007.

Groeben, Hans von der/ *Schwarze*, Jürgen: Kommentar zum Vertrag über die Europäische Union und zur Gründung der Europäischen Gemeinschaft, Band 2 (Art. 81 – 97 EGV), 6. Auflage 2003; (zit.: *Bearbeiter*, in: Groeben/Schwarze).

Gröning, Jochem: Die dezentrale Anwendung des EG-Kartellrechts gemäß dem Vorschlag der Kommission zur Ersetzung der VO 17/62, in: WRP 2001, 83.

Groß, Karl-Heinz/ *Fünfsinn*, Helmut: Datenweitergabe im strafrechtlichen Ermittlungsverfahren, in: NStZ 1992, 105.

Große Strafrechtskommission des Deutschen Richterbundes: Die Tätigkeit des Ermittlungsrichters im Ermittlungsverfahren, 2003, unveröffentlicht; (zit.: *DRB*, Ermittlungsrichter)

Grützner, Winfried/ *Reimann*, Thomas/ *Wissel*, Holger: Richtiges Verhalten bei Kartellamtsermittlungen im Unternehmen, 3. Auflage 1993; (zit.: Kartellamtsermittlungen).

Gumbel, Tim: Grundrechte im EG-Kartellverfahren nach der VO 17/62, 2000; (zit.: Grundrechte).

Gusy, Christoph: Rechtsgrundlagen der Richtervorbehalte nach § 100b StPO, in: GA 2003, 672.

Gusy, Christoph: Verfassungsfragen vorbeugenden Rechtsschutzes, in: JZ 1998, 167.

Haibach, Georg: Die Rechtsprechung des EuGH zu den Grundsätzen des Verwaltungsverfahrens, in: NVwZ 1998, 456.

Hamer, Jens: Die Rolle des nationalen Richters im Rahmen der Kartell-Durchführungsverordnung 1/2003/EG, in: EWS 2003, 415.

Harms, Sven: Kann ein richterlicher Durchsuchungsbeschluss auch mündlich erlassen werden, in: DRiZ 2004, 25.

Heer-Reißmann, Christine: Straßburg oder Luxemburg? – Der EGMR zum Grundrechtsschutz bei Verordnungen der EG in der Rechtssache Bosphorus, in: NJW 2006, 192.

Heidelberger Kommentar zur Strafprozessordnung, Lemke, Michael/ Julius, Karl-Peter/ Krehl, Christoph/ Rautenberg, Erardo Cristoforo/ Kurth, Hans-Joachim/ Temming, Dieter (Hrsg.), 3. Auflage 2001; (zit.: *Bearbeiter*, in: HK-StPO).

Heinsohn, Stephanie: Der öffentlichrechtliche Grundsatz der Verhältnismäßigkeit, 1997; (zit.: Verhältnismäßigkeit).

Hellmann, Hans-Joachim: Vereinbarkeit der Leitlinien der Kommission zur Berechnung von Bußgeldern mit höherrangigem Gemeinschaftsrecht, in: WuW 2002, 944.

Helmken, Dierk: Reform des Richtervorbehalts: Vom Palliativum zum effektiven Grundrechtsschutz, in: StV 2003, 193.

Hermanns, Ferdinand: Ermittlungsbefugnisse der Kartellbehörden nach deutschem und europäischem Recht, 2. Auflage 1978; (zit.: Ermittlungsbefugnisse).

Hertogen, An: ECJ Case C-94/00, Roquette Frères, 22 Octobre 2002, in: CJEL 10 (2003), 137.

Hesse, Konrad: Grundzüge des Verfassungsrechts der Bundesrepublik Deutschland, 20. Auflage 1995; (zit.: Grundzüge).

Hilf, Meinhard/ *Hörmann*, Saskia: Der Grundrechtsschutz von Unternehmen im europäischen Verfassungsverbund, in: NJW 2003, 1.

Hilger, Hans: Über den „Richtervorbehalt" im Ermittlungsverfahren, in: Geppert, Klaus/ Dehnicke, Dieter (Hrsg.), Gedächtnisschrift für Karlheinz Meyer, 1990, 209; (zit.: *Hilger*, in: GS Meyer).

Hilger, Hans: Über den „Richtervorbehalt" im Ermittlungsverfahren, in: JR 1990, 485.

Hilger, Hans: Über verfassungs- und strafverfahrensrechtliche Probleme bei gesetzlichen Regelungen grundrechtsrelevanter strafprozessualer Ermittlungsmaßnahmen, in: Eser, Albin/ Kullmann, Hans Josef/ Meyer-Goßner, Lutz/ Odersky, Walter/ Voss, Rainer (Hrsg.), Festschrift für Hannskarl Salger, 1995, 319; (zit.: *Hilger*, in: FS Salger).

Hirsch, Günter: Anwendung der Kartellverfahrensordnung (EG) Nr. 1/2003 durch nationale Gerichte, in: ZWeR 2003, 233.

Hirsch, Günter: Gemeinschaftsgrundrechte als Gestaltungsaufgabe, in: Kreuzer, Karl/ Scheuing, Dieter/ Sieber, Ulrich (Hrsg.), Europäischer Grundrechtsschutz, 1998, 9; (zit.: *Hirsch*, in: Europäischer Grundrechtsschutz).

Hirsch, Günter: Das Verhältnismäßigkeitsprinzip im Gemeinschaftsrecht, 1997; (zit.: Verhältnismäßigkeitsprinzip).

Hirschberg, Lothar: Der Grundsatz der Verhältnismäßigkeit, 1981; (zit.: Verhältnismäßigkeit).

Höfling, Barbara: Fernmündliche Durchsuchungsanordnungen durch den Richter gem. §§ 102 ff. StPO, in: JR 2003, 408.

Hofmann, Manfred: Der „unwillige" Bereitschaftsrichter und Durchsuchungsanordnungen wegen Gefahr im Verzug, in: NStZ 2003, 230.

Hollstein, Andreas: Das staatsorganisatorische Modell der neuen litauischen Verfassung, 1999; (zit.: Staatsorganisatorische Modell).

Huber, Peter M.: Recht der Europäischen Integration, 2. Auflage 2002; (zit.: Integration).

Idziok, Anja: Die Vollstreckungshilfe nach deutschem Recht und europäischem Gemeinschaftsrecht, 1997; (zit.: Vollstreckungshilfe).

Iglesias, Gil Carlos Rodríguez: Zu den Grenzen der verfahrensrechtlichen Autonomie der Mitgliedstaaten bei der Anwendung des Gemeinschaftsrechts, in: EuGRZ 1997, 289.

Immenga, Ulrich/ *Mestmäcker*, Ernst-Joachim: GWB – Gesetz gegen Wettbewerbsbeschränkungen, 3. Auflage 2001; (zit.: *Bearbeiter*, in: Immenga/Mestmäcker-GWB).

Immenga, Ulrich/ *Mestmäcker*, Ernst-Joachim: EG-Wettbewerbsrecht, Band II, 1997; (zit.: *Bearbeiter*, in: Immenga/Mestmäcker/EG-Wettbewerbsrecht).

Internationaler Kommentar zur Europäischen Menschenrechtskonvention, Karl, Wolfram (Hrsg.), Stand: Mai 2004; (zit.: *Bearbeiter*, in: IK-EMRK).

Ismayr, Wolfgang: Die politischen Systeme Osteuropas im Vergleich, in: Ismayr, Wolfgang (Hrsg.), Die politischen Systeme Osteuropas, 2002, 9; (zit.: *Ismayr*, in: Ismayr-Osteuropa).

Jaeger, Wolfgang: Die möglichen Auswirkungen einer Reform des EG-Wettbewerbsrechts für die nationalen Gerichte, in: WuW 2000, 1062.

Jahn, Susanne: Das Durchsuchungsrecht der Kommission im System der Nachprüfungsbefugnisse des europäischen Wettbewerbsrechts, 2003; (zit.: Durchsuchung).

Jellinek, Walter: Gesetz, Gesetzesanwendung und Zweckmäßigkeitserwägung, 1913; (zit.: Gesetz).

Jočienė, Danutė: Lithuania, in: Weber, Albrecht (Hrsg.), Fundamental Rights in Europe and North America, Part A – Basic Work, Stand: Februar 2001, LT 11, 21, 65, 73; (zit.: *Jočienė*, in: Fundamental Rights).

Jokisch, Jens: Gemeinschaftsrecht und Strafverfahren, 2000; (zit.: Strafverfahren).

Jones, Stephen: Die Bindung der Mitgliedstaaten an die Grundrechte der Europäischen Gemeinschaft, 1999; (zit.: Bindung).

Joshua, Julian Mathic: The Element of Surprise: EEC Competition Investigations unter Article 14 (3) of Regulation 17, in: ELR 1983, 3.

Kaessner, Ralph: Der einstweilige Rechtsschutz im Europarecht, 1996; (zit.: Einstweilige Rechtsschutz).

Kamburoglou, Panagiotis/ *Pirrwitz*, Björn: Reichweite und Vollstreckung von Nachprüfungsentscheidungen der EG-Kommission, in: RIW 1990, 263.

Karlsruher Kommentar zum Gesetz über Ordnungswidrigkeiten, Senge, Lothar (Hrsg.), 3. Auflage 2006; (zit.: *Bearbeiter*, in: KK-OWiG).

Karlsruher Kommentar zur Strafprozeßordnung, Gerd Pfeiffer (Hrsg.), 5. Auflage 2003; (zit.: *Bearbeiter*, in: KK-StPO).

Kerse, Christopher/ *Khan*, Nicholas: EC Antitrust Procedure, 5. Auflage 2005.

Kindhäuser, Urs: Das Beweismaß des Strafverfahrens, in: Jura 1988, 290.

Kingreen, Thorsten/ *Störmer*, Rainer: Die subjektiv-öffentlichen Rechte des primären Gemeinschaftsrechts, in: EuR 1998, 263.

Kipke, Rüdiger: Das politische System der Slowakei, in: Ismayr, Wolfgang (Hrsg.), Die politischen Systeme Osteuropas, 2002, 273; (zit.: *Kipke*, in: Ismayr-Osteuropa).

Kischel, Uwe: Der unabdingbare grundrechtliche Mindeststandard in der Europäischen Union, in: Der Staat (39) 2000, 523.

Klees, Andreas: Europäisches Kartellverfahrensrecht, 2005; (zit.: Kartellverfahrensrecht).

Kleinknecht, Theodor: Gesetz zur Änderung der Strafprozessordnung und des Gerichtsverfassungsgesetzes (StPÄG), in: JZ 1965, 113.

Klip, André: Die EMRK und die internationale Zusammenarbeit in Strafsachen, in: Renzikowski, Joachim (Hrsg.), Die EMRK im Privat-, Straf- und Öffentlichen Recht, 2004, 123; (zit.: *Klip*, in: Renzikowski).

Klösters, Anton: Kompetenzen der EG-Kommission im innerstaatlichen Vollzug von Gemeinschaftsrecht, 1994; (zit.: Kompetenzen).

Klüsener, Robert: Die Bedeutung der Zweckmäßigkeit neben der Rechtmäßigkeit in § 68 I 1 VwGO, in: NVwZ 2002, 816.

Klusmann, Martin: Internationale Kartelle und das Europäische Leniency-Programm aus Sicht der Verteidigung, in: WuW 2001, 820.

Knack, Hans-Joachim: Verwaltungsverfahrensrecht (VwVfG), 8. Auflage 2004; (zit.: *Bearbeiter*, in: Knack).

Koch, Hans-Jörg: Zum Umfang richterlicher Prüfung nach § 162 Abs. 2 StPO, in: NJW 1968, 1316.

Koch, Oliver: Der Grundsatz der Verhältnismäßigkeit in der Rechtsprechung des Gerichtshofs der Europäischen Gemeinschaften, 2003; (zit.: Verhältnismäßigkeit).

Kokott, Juliane: Der Grundrechtsschutz im europäischen Gemeinschaftsrecht, in: AöR 121 (1996), 599.

König, Josef: Richtervorbehalt im Strafverfahrens- und Polizeirecht, in: Kriminalistik 2003, 513.

Körösényi, András: Das politische System Ungarns, in: Ismayr, Wolfgang (Hrsg.), Die politischen Systeme Osteuropas, 2002, 309; (zit.: *Körösényi*, in: Ismayr-Osteuropa).

Korthals, Claudia/ *Bangard*, Annette: Die neuen Leitlinien der Kommission zur Bußgeldbemessung in Kartellverfahren – eine Kritik, in: BB 1998, 1013.

Köster, Ingo: Der Rechtsschutz gegen die vom Ermittlungsrichter angeordneten und erledigten strafprozessualen Grundrechtseingriffe, 1992; (zit.: Rechtsschutz).

Krehl, Christoph: Richtervorbehalt und Durchsuchungen außerhalb gewöhnlicher Dienstzeiten, in: NStZ 2003, 461.

Kreis, Helmut W.: Ermittlungsverfahren der EG-Kommission in Kartellsachen, in: RIW 1981, 281.

Krekeler, Wilhelm/ *Schütz*, Thomas: Die Durchsuchung von beziehungsweise in Unternehmen, in: wistra 1995, 296.

Kries, August v.: Lehrbuch des Deutschen Strafprozeßrechts, 1892; (zit.: Strafprozeßrecht).

Kronecker: Bemerkungen aus der Praxis über das richterliche Vorbereitungsverfahren der Reichsstrafprozeßordnung, in: GA 29 (1881), 317.

Krüger, Jochen: Der Richtervorbehalt als Königsweg für den Schutz von Grundrechten?, in: DRiZ 2004, 247.

Kruis, Konrad/ *Wehowsky*, Ralf: Verfassungsrechtliche Leitlinien zur Wohnungsdurchsuchung, in: NJW 1999, 682.

Kühne, Hans-Heiner: Die Definition des Verdachts als Voraussetzung strafprozessualer Zwangsmaßnahmen, in: NJW 1979, 617.

Kühne, Hans-Heiner: Strafprozessrecht, 7. Auflage 2007.

Kulka, Michael: Anmerkung zu EuGH, Urteil vom 21.09.1989 – Rs. 46/87 und 227/88, in: DB 1989, 2115.

Küpper, Herbert: Völkerrecht, Verfassung und Außenpolitik in Ungarn, in: ZaöRV 58,1 (1998), 239.

Lagerspetz, Mikko/ *Maier*, Konrad: Das politische System Estlands, in: Ismayr, Wolfgang (Hrsg.), Die politischen Systeme Osteuropas, 2002, 69; (zit.: *Lagerspetz/Maier*, in: Ismayr-Osteuropa).

Lampert, Thomas/ *Niejahr*, Nina/ *Kübler*, Johanna: EG-Kartell-VO, 2004.

Landau, Herbert/ *Sander*, Peter: Ermittlungsrichterliche Entscheidungen und ihre Revisibilität, in: StraFo 1997, 397.

Langen, Eugen/ *Bunte*, Hermann-Josef: Kommentar zum deutschen und europäischen Kartellrecht, Band 1, 10. Auflage 2006; (zit.: *Bearbeiter*, in: Langen/Bunte).

Langenfeld, Christine/ *Zimmermann*, Andreas: Interdependenzen zwischen nationalem Verfassungsrecht, Europäischer Menschenrechtskonvention und Europäischem Gemeinschaftsrecht, in: ZaöRV 52,1 (1992), 259.

Lavranos, Nikolaos: Das So-Lange-Prinzip im Verhältnis vom EGMR und EuGH – Anmerkung zu dem Urteil des EGMR v. 30.06.2005, Rs. 450 36/98, in: EuR 2006, 79.

Lecheler, Helmut: Zum Bananenmarkt-Beschluss des BVerfG, NJW 2000, 3124, in: NJW 2001, 120.

Lehr, Stefan: Einstweiliger Rechtsschutz und Europäische Union, 1997; (zit.: Einstweiliger Rechtsschutz).

Lenaerts, Koen: Grundrechtsschutz in den Europäischen Gemeinschaften und im Rahmen der Europäischen Menschenrechtskonvention, in: ZfRV 1992, 281.

Lenz, Carl Otto/ *Mölls*, Walter: „Due Process" im Wettbewerbsrecht der EWG, in: WuW 1991, 771.

Lepsius, Oliver: Die Unverletztlichkeit der Wohnung bei Gefahr im Verzug, in: Jura 2002, 259.

Levits, Egil: Verfassungsgerichtsbarkeit in Lettland, in: Osteuropa-Recht (43) 1997, 305.

Lienemeyer, Max/ *Waelbroeck*, Denis: Case Law, Case C-94/00, Roquette Frères SA v. Directeur Général de la Concurrence, de la Consommation et de la Répression des Fraudes, in: CMLR 2003, 1481.

Limbach, Jutta: Die Kooperation der Gerichte in der zukünftigen europäischen Grundrechtsarchitektur, in: EuGRZ 2000, 417.

Lin, Yu-hsiung: Richtervorbehalt und Rechtsschutz gegen strafprozessuale Grundrechtseingriffe, 1998; (zit.: Richtervorbehalt).

Lisken, Hans/ *Mokros*, Reinhard: Richter- und Behördenleitervorbehalte im neuen Polizeirecht, in: NVwZ 1991, 609.

Lisken, Hans: Polizeigesetz NW 1990 – Neue Aufgaben, Befugnisse und Anwendungsfragen -, in: NWVBl. 1990, 325.

Lisken, Hans: Richtervorbehalt bei Freiheitsentziehung, in: NJW 1982, 1268.

Lisken, Hans: Über Aufgaben und Befugnisse der Polizei im Rechtsstaat des Grundgesetzes, in: ZRP 1990, 15.

Lisken, Hans: Zum Richtervorbehalt im Grundgesetz, in: DRiZ 1979, 277.

Loewenheim, Ulrich/ *Meessen*, Karl M./ *Riesenkampff*, Alexander (Hrsg.): Kartellrecht, Band 1: Europäisches Recht, 2005; (zit.: *Bearbeiter*, in: Loewenheim/Meessen/Riesenkampff).

Lohmann, Hans Henning: Die Zweckmäßigkeit der Ermessensausübung als verwaltungsrechtliches Rechtsprinzip, 1972; (zit.: Zweckmäßigkeit).

Loizou, Andreas Nicolas: Cyprus, in: Blackburn, Robert/ Polakiewicz, Jörg (Hrsg.), Fundamental Rights in Europe, 2001, 217; (zit.: *Loizou*, in: Fundamental Rights).

Löwe-Rosenberg: Die Strafprozeßordnung und das Gerichtsverfassungsgesetz, Rieß, Peter (Hrsg.), 2. Band (§§ 72-136a), 3. Band (§§ 137- 212b), 25. Auflage 2004; (zit.: *Bearbeiter*, in: Löwe-Rosenberg).

Löwe-Rosenberg: Die Strafprozeßordnung und das Gerichtsverfassungsgesetz, Dünnebier, Hanns/ Gollwitzer, Walter/ Meyer, Karlheinz/ Meyer-Goßner, Lutz/ Schäfer, Karl/ Wendisch, Günter (Hrsg.), 2. Band (§§ 112-212b), 23. Auflage 1978; (zit.: *Bearbeiter*, in: Löwe-Rosenberg, 23. Aufl.).

Lukšič, Igor: Das politische System Sloweniens, in: Ismayr, Wolfgang (Hrsg.), Die politischen Systeme Osteuropas, 2002, 603; (zit.: *Lukšič*, in: Ismayr-Osteuropa).

Majoros, Ferenc: Ungarns neue Verfassungsordnung: Die Genese einer neuen demokratischen Republik nach westlichen Maßstäben, II. Teil, in: Osteuropa-Recht (36) 1990, 161.

Mangoldt, Hermann v./ *Klein*, Friedrich/ *Starck*, Christian (Hrsg.): Kommentar zum Grundgesetz, Band 1: Präambel, Artikel 1 bis 19, 5. Auflage 2005; (zit.: *Bearbeiter*, in: v. Mangoldt/Klein/Starck).

Marauhn, Thilo: Zum Verhältnismäßigkeitsgrundsatz in Großbritannien, in: VerwArch 85 (1994), 52 ff.

Maruste, Rait: Estonia, in: Blackburn, Robert/ Polakiewicz, Jörg (Hrsg.), Fundamental Rights in Europe, 2001, 277; (zit.: Maruste, in: Fundamental Rights).

Masing, Johannes: Vorrang des Europarechts bei umsetzungsgebundenen Rechtsakten, in: NJW 2006, 264.

Maunz, Theodor/ *Dürig*, Günter: Grundgesetz, Band II (Art. 6-16a), Band III (Art. 17-27), Band V (Art. 70-99), Band VI (Art. 100-146), Loseblatt, Stand: November 2006; (zit.: *Bearbeiter*, in: Maunz/Dürig).

Mayer, Franz C.: Grundrechtsschutz gegen europäische Rechtsakte durch das BVerfG: Zur Verfassungsmäßigkeit der Bananenmarktordnung, in: EuZW 2000, 685.

Mestmäcker, Ernst-Joachim/ *Schweitzer*, Heike: Europäisches Wettbewerbsrecht, 2. Auflage 2004; (zit.: EG-Wettbewerbsrecht).

Mestmäcker, Ernst-Joachim: Versuch einer kartellpolitischen Wende in der EU – Zum Weißbuch der Kommission über die Modernisierung der Vorschriften zur Anwendung der Art. 85 und 86 EGV a.F. (Art. 81 und 82 EGV n.F.), in: EuZW 1999, 523.

Meurer, Dieter: Denkgesetze und Erfahrungsregeln, in: Bickel, Dietrich/ Hadding, Walther/ Jahnke, Volker/ Lüke, Gerhard (Hrsg.), Recht und Rechtserkenntnis, Festschrift für Ernst Wolf, 1985, 483; (zit.: *Meurer*, in: FS E. Wolf).

Meyer, Peter/ *Kuhn*, Sascha: Befugnisse und Grenzen kartellrechtlicher Durchsuchungen nach VO Nr. 1/2003 und nationalem Recht, in: WuW 2004, 880.

Meyer-Ladewig, Jens: Konvention zum Schutz der Menschenrechte und Grundfreiheiten, Handkommentar, 2. Auflage 2006; (zit.: EMRK).

Mischo, Jean: L'autorisation des inspections, in: ERA-Forum, Nr. 1/2004, 92.

Mohlek, Peter: Der steinige Weg Polens zu dem Verfassungsgesetz vom 17. Oktober 1992, in: Osteuropa-Recht (39) 1993, 146.

Mölter, Klaus: Der Einfluss von Zweckmäßigkeits- und Billigkeitserwägungen auf die strafrechtliche Rechtsprechung des Bundesgerichtshofes, 1965; (zit.: Zweckmäßigkeit).

Moosecker, Karlheinz: Anmerkung zum Urteil des EuGH vom 21. September 1989 – Rs. 46/87 und 227/88, in: WuW 1989, 1012.

Moosecker, Karlheinz: Die EuGH-Entscheidungen Hoechst und Orkem/Solvay, in: Forschungsinstitut für Wirtschaftsverfassung und Wettbewerb, Schwerpunkte des Kartellrechts 1988/89, 1990, 87; (zit.: Schwerpunkte des Kartellrechts).

Möschel, Wernhard: Effizienter Wettbewerbsschutz in einer erweiterten Gemeinschaft durch Einbeziehung der nationalen Wettbewerbsbehörden und nationalen Gerichte?, in: WuW 2001, 147.

Möschel, Wernhard: Systemwechsel im Europäischen Wettbewerbsrecht?, in: JZ 2000, 61.

Müller, Egon: Die Durchsuchungspraxis – Unterwanderung eines Grundrechts, in: AnwBl. 1992, 349.

Münch, Ingo v./ *Kunig*, Philip: Grundgesetz-Kommentar, Band 1 (Präambel bis Art. 19), 5. Auflage 2000; (zit.: *Bearbeiter*, in: v. Münch/Kunig).

Münch, Ingo v./ *Kunig*, Philip: Grundgesetz-Kommentar, Band 3 (Art. 70 bis Art. 146 und Gesamtregister), 5. Auflage 2003; (zit.: *Bearbeiter*, in: v. Münch/Kunig).

Narits, Raul: Fundamental Rights and Freedoms in Estonian Constitution, in: Juridica International I/1998, 25.

Nedjati, Zaim M.: Human Rights and Fundamental Freedoms, 1972; (zit.: Fundamental Freedoms).

Nehl, Hanns Peter: Europäisches Verwaltungsverfahren und Gemeinschaftsverfassung, 2002; (zit.: Verwaltungsverfahren).

Nehl, Hanns Peter: Nachprüfungsbefugnisse aus gemeinschaftsverfassungsrechtlicher Perspektive, in: Behrens, Peter/ Braun, Ellen/ Nowak, Carsten (Hrsg.), Europäisches Wettbewerbsrecht im Umbruch, 2004, 73; (zit.: *Nehl*, in: Behrens/Braun/Nowak).

Nehl, Hanns Peter: Wechselwirkungen zwischen verwaltungsverfahrensrechtlichem und gerichtlichem Individualrechtsschutz in der EG, in: Nowak, Carsten/ Cremer, Wolfram (Hrsg.), Individualrechtsschutz in der EG und der WTO, 2002, 135; (zit.: *Nehl*, in: Nowak/Cremer).

Nehm, Kay: Umfang der Bindung des Ermittlungsrichters an Anträge der Staatsanwaltschaft, in: Eser, Albin/ Goydke, Jürgen/ Maatz, Kurt Rüdiger/ Meurer, Dieter (Hrsg.), Festschrift für Lutz Meyer-Goßner, 2001, 277; (zit.: *Nehm*, in: FS Meyer-Goßner).

Nelles, Ursula: Kompetenzen und Ausnahmekompetenzen in der Strafprozessordnung, 1980; (zit.: Ausnahmekompetenzen).

Nettesheim, Martin: Der Grundsatz der einheitlichen Wirksamkeit des Gemeinschaftsrechts, in: Randelzhofer, Albrecht/ Scholz, Rupert/ Wilke, Dieter (Hrsg.), Gedächtnisschrift für Eberhard Grabitz, 1995, 447; (zit.: *Nettesheim*, in: GS Grabitz).

Nettesheim, Martin: Die Zulässigkeit von Verfassungsbeschwerden und Richtervorlagen nach Art. 23 GG, in: NVwZ 2002, 932.

Nicolaysen, Gert/ *Nowak*, Carsten: Teilrückzug des BVerfG aus der Kontrolle der Rechtmäßigkeit gemeinschaftlicher Rechtsakte: Neuere Entwicklungen und Perspektiven, in: NJW 2001, 1233.

Nockelmann, Wolfgang: Das Durchsuchungsrecht der EG-Kommission im Kartellverfahren, 1995; (zit.: Durchsuchungsrecht).

Nowak, Carsten: Grundrechtsschutz im Europäischen Wettbewerbsrecht, in: Behrens, Peter/ Braun, Ellen/ Nowak, Carsten (Hrsg.), Europäisches Wettbewerbsrecht im Umbruch, 2004, 23; (zit.: *Nowak*, in: Behrens/Braun/Nowak).

Nowak, Carsten: Zentraler und dezentraler Individualrechtsschutz in der EG im Lichte des gemeinschaftsrechtlichen Rechtsgrundsatzes effektiven Rechtsschutzes, in: Nowak, Carsten/ Cremer, Wolfram (Hrsg.), Individualrechtsschutz in der EG und der WTO, 2002, 47; (zit.: *Nowak*, in: Nowak/Cremer).

Ossenbühl, Fritz: Verwaltungsverfahren zwischen Verwaltungseffizienz und Rechtsschutzauftrag, in: NVwZ 1982, 465.

Ostendorf, Heribert/ *Brüning*, Janique: Die gerichtliche Überprüfbarkeit der Voraussetzungen von „Gefahr im Verzug“ – BVerfG, NJW 2001, 1121, in: JuS 2001, 1063.

Pache, Eckhard: Der Grundsatz der Verhältnismäßigkeit in der Rechtsprechung der Gerichte der Europäischen Gemeinschaft, in: NVwZ 1999, 1033.

Papier, Hans-Jürgen/ *Dengler*, Andreas: Verfassungsrechtliche Fragen im Zusammenhang mit Steuerfahndungsmaßnahmen bei Banken (Teil II), in: BB 1996, 2593.

Papier, Hans-Jürgen: Die richterliche Unabhängigkeit und ihre Schranken, in: NJW 2001, 1089.

Pauly, Walter: Strukturfragen des unionsrechtlichen Grundrechtsschutzes, in: EuR 1998, 242.

Pernice, Ingolf: Gemeinschaftsverfassung und Grundrechtsschutz – Grundlagen, Bestand und Perspektiven, in: NJW 1990, 2409.

Pernice, Ingolf: Multilevel constitutionalism and the treaty of Amsterdam: European constitution-making revisited?, in: CMLR 36 (1999), 703.

Pernice, Ingolf: Vollstreckung gemeinschaftsrechtlicher Zahlungstitel und Grundrechtsschutz, in: RIW 1986, 353.

Peters, Anne: Einführung in die Europäische Menschenrechtskonvention, 2003; (zit.: EMRK).

Petsche, Alexander: Die EU-Reife der ungarischen Verfassung, in: Osteuropa-Recht (42) 1996, 124.

Pfeiffer, Gerd: Strafprozessordnung, 5. Auflage 2005; (zit.: StPO).

Philippi, Nina: Divergenzen im Grundrechtsschutz zwischen EuGH und EGMR, in: ZEuS 2000, 97.

Pieroth, Bodo/ *Kemm*, Siegmar: Beurteilungsspielraum und verwaltungsgerichtliche Kontrolldichte bei der Anerkennung eines besonderen pädagogischen Interesses an privaten Grundschulen – BVerfGE 88, 40, in: JuS 1995, 780.

Pollak, Christiana: Verhältnismäßigkeitsprinzip und Grundrechtsschutz in der Judikatur des Europäischen Gerichtshofs und des Österreichischen Verfassungsgerichtshofs, 1991; (zit.: Verhältnismäßigkeitsprinzip).

Polt, Péter/ *Kaltenbach*, Jenő: Die Menschen- und Minderheitenrechte in Ungarn im Jahre 2000, in: Osteuropa-Recht (46) 2000, 242.

Präsident des Bundeskartellamts: Zur Beschlagnahmefreiheit von Anwaltskorrespondenz, Stellungnahme vom 8.10.1981, in: WuW 1983, 283; (zit.: Stellungnahme).

Prechtel, Günter: Das Verhältnis der Staatsanwaltschaft zum Ermittlungsrichter, 1995; (zit.: Ermittlungsrichter).

Pühs, Wolfgang: Der Vollzug von Gemeinschaftsrecht, 1997; (zit.: Vollzug).

Pullicino, Joseph Said: Malta, in: Blackburn, Robert/ Polakiewicz, Jörg (Hrsg.), Fundamental Rights in Europe, 2001, 559; (zit.: *Pullicino*, in: Fundamental Rights).

Rabe von Kühlewein, Malte: Normative Grundlagen der Richtervorbehalte, in: GA 2002, 637.

Rabe von Kühlewein, Malte: Der Richtervorbehalt im Polizei- und Strafprozeßrecht, 2001; (zit.: Richtervorbehalt).

Redeker, Konrad/ *v. Oertzen*, Hans-Joachim/ *Redeker*, Martin/ *Kothe*, Peter (Hrsg.), Verwaltungsgerichtsordnung, 14. Auflage 2004; (zit.: VwGO).

Rengeling, Hans-Werner/ *Szczekalla*, Peter: Grundrechte in der Europäischen Union, 2004; (zit.: Grundrechte).

Rengeling, Hans-Werner/ *Middeke*, Andreas/ *Gellermann*, Martin: Handbuch des Rechtsschutzes in der Europäischen Union, 2. Auflage 2003; (zit.: Rechtsschutz).

Rengeling, Hans-Werner: Grundrechtsschutz in der Europäischen Gemeinschaft, 1993; (zit.: Grundrechtsschutz).

Rengier, Rudolf: Praktische Fragen bei Durchsuchungen, insbesondere bei Wirtschaftsstrafsachen, in: NStZ 1981, 372.

Ress, Georg: Menschenrechte, europäisches Gemeinschaftsrecht und nationales Verfassungsrecht, in: Haller, Herbert/ Kopetzki, Christian/ Novak, Richard/ Paulson, Stanley L./ Raschauer, Bernhard/ Ress, Georg/ Wiederin, Ewald (Hrsg.), Staat und Recht, Festschrift für Günther Winkler, 1997, 897; (zit.: *Ress*, in: FS Winkler).

Ress, Georg/ *Ukrow*, Jörg: Neue Aspekte des Grundrechtsschutzes in der Europäischen Gemeinschaft, in: EuZW 1990, 499.

Reuter, Alexander: Kartellbehördliche Recherche als Eingriff in Freiheit und Eigentum, 1983; (zit.: Kartellbehördliche Recherche).

Rieß, Peter: Die Prüfungskompetenz des Ermittlungsrichters, in: NStZ 1991, 513.

Rieß, Peter: Prozeßmaximen und Ermittlungsverfahren, in: Eyrich, Heinz/ Odersky, Walter/ Säcker, Franz Jürgen (Hrsg.), Festschrift für Kurt Rebmann, 1989, 381; (zit.: *Rieß*, in: FS Rebmann).

Rieß, Peter: Anmerkung zu LG Stuttgart, Beschluß vom 15.04.1983 – 14 Qs 86/83, in: NStZ 1983, 521.

Riley, Alan: EC antitrust modernisation: the commission does very nicely – thank you! Part one: regulation 1 and the notification burden, in: ECLR 2003, 604.

Riley, Alan: The ECHR implications of the investigation provisions of the draft competition regulation, in: ICLQ 51 (2002), 55.

Roggemann, Herwig: Eigentum in Osteuropa, 1996; (zit.: Eigentum).

Rohlfing, Stefanie: Das kartellrechtliche Untersuchungsverfahren nach deutschem, französischem und europäischem Kartellrecht – und die Berücksichtigung der Verteidigungsrechte, 1989; (zit.: Untersuchungsverfahren).

Röhling, Andreas: Anmerkung zu EuGH, Urt. v. 21.9.1989 – Rs. 46/87 u. 227/88 „Hoechst“, in: EWiR Art. 85 EWGV 5/89, 999.

Röhling, Andreas: Die Zukunft des Kartellverbots in Deutschland nach In-Kraft-Treten der neuen EU-Verfahrensrechtsordnung, in: GRUR 2003, 1019.

Roosma, Peeter: Protection of Fundamental Rights and Freedoms in Estonian Constitutional Jurisprudence, in: Juridica International (IV) 1999, 35.

Rosenkötter, Günter: Das Recht der Ordnungswidrigkeiten, 5. Auflage 2000; (zit.: Ordnungswidrigkeiten).

Ruffert, Matthias: Die Mitgliedstaaten der Europäischen Gemeinschaft als Verpflichtete der Gemeinschaftsgrundrechte, in: EuGRZ 1995, 518.

Rumpf, Christian: Verfassung und Recht, in: Grothusen, Klaus-Detlev (Hrsg.), Südosteuropa-Handbuch, Bd. 8 (Zypern), 1998, 155; (zit.: *Rumpf*, in: Südosteuropa-Handbuch).

Sachs, Michael: Grundgesetz, 3. Auflage 2003; (zit.: *Bearbeiter*, in: Sachs).

Sachs, Michael: Anmerkung zu BVerfG, Urteil vom 20.2.2001 - 2 BvR 1444/00, in: JuS 2001, 701.

Sailer, Christian: Anklageerhebung und Gleichbehandlung, in: NJW 1977, 1138.

Satzger, Helmut: Chancen und Risiken einer Reform des strafrechtlichen Ermittlungsverfahrens, in: NJW 2004 (Beilage), 17.

Satzger, Helmut: Die Europäisierung des Strafrechts, 2001; (zit.: Europäisierung).

Schaefer, Hans Christoph: Die Staatsanwaltschaft im Rechtsschutzsystem, in: NJW 2001, 1396.

Schaub, Alexander/ *Dohms*, Rüdiger: Das Weißbuch der Europäischen Kommission über die Modernisierung der Vorschriften zur Anwendung der Artikel 81 und 82 EG-Vertrag, in: WuW 1999, 1055.

Scheffler, Hans-Hermann: Die Pflicht zur Begründung von Maßnahmen nach den europäischen Gemeinschaftsverträgen, 1974; (zit.: Begründung).

Schellenberg, Frank: Zu den Formerfordernissen staatsanwaltschaftlicher Anträge im Ermittlungsverfahren, in: MDR 1991, 210.

Schilling, Theodor: Bestand und allgemeine Lehren der bürgerschützenden allgemeinen Rechtsgrundsätze des Gemeinschaftsrechts, in: EuGRZ 2000, 3.

Schlette, Volker: Der Anspruch auf Rechtsschutz innerhalb angemessener Frist – Ein neues Prozessgrundrecht auf EG-Ebene, in: EuGRZ 1999, 369.

Schlothauer, Reinhold: Ermittlungsrichterliche Entscheidungen und ihre Revisibilität, in: StraFo 1998, 402.

Schmid, Christoph: Ein enttäuschender Rückzug - Anmerkungen zum „Bananenbeschluss" des BVerfG, in: NVwZ 2001, 249.

Schmidt, Eberhard: Lehrkommentar zur Strafprozeßordnung und zum Gerichtsverfassungsgesetz, Teil II, 1957; (zit.: Strafprozeßordnung).

Schmidt, Ingo: Wettbewerbspolitik und Kartellrecht, 8. Auflage 2005; (zit.: Wettbewerbspolitik).

Schmidt, Thomas: Das politische System Lettlands, in: Ismayr, Wolfgang (Hrsg.), Die politischen Systeme Osteuropas, 2002, 109; (zit.: *Schmidt*, in: Ismayr-Osteuropa).

Schmidt-Aßmann, Eberhard/ *Groß*, Thomas: Zur verwaltungsgerichtlichen Kontrolldichte nach der Privatgrundschul-Entscheidung des BVerfG, in: NVwZ 1993, 617.

Schmidt-Bleibtreu, Bruno/ *Klein*, Franz: Kommentar zum Grundgesetz, 10. Auflage 2004; (zit.: *Bearbeiter*, in: Schmidt-Bleibtreu/Klein).

Schmitt, Rudolf: Ordnungswidrigkeitenrecht, 1970.

Schnapp, Friedrich E.: Rechtsschutzgewährleistung und Rechtsschutzsystem in der polnischen Verfassung, in: DÖV 2004, 322.

Schnarr, Karl Heinz: Zur Verknüpfung von Richtervorbehalt, staatsanwaltschaftlicher Eilanordnung und richterlicher Bestätigung, in: NStZ 1991, 209.

Schneider, Hartmut: Zu Stellung und Tätigkeit von Staatsanwälten, in: Jura 1999, 62.

Schnelle, Ulrich/ *Bartosch*, Andreas/ *Hübner*, Alexander: Das neue EG-Kartellverfahrensrecht, 2004; (zit.: EU-Kartellverfahren).

Schniewind, Hans-Joachim: Vollstreckung und Vollstreckungsrechtsbehelfe im Recht der Europäischen Gemeinschaften, 1972; (zit.: Vollstreckung).

Scholz, Rupert: Grundrechtsprobleme im europäischen Kartellrecht – Zur Hoechst-Entscheidung des EuGH, in: WuW 1990, 99.

Schoreit, Armin: Bestimmtheit einer Durchsuchungsanordnung, in: NStZ 1999, 173.

Schorn, Hubert: Der Strafrichter, 1960; (zit.: Strafrichter).

Schriefers, Marcus: Die Ermittlungsbefugnisse der EG-Kommission in Kartellverfahren, in: WuW 1993, 98.

Schroeder, Werner: Das Gemeinschaftsrechtssystem, 2002; (zit.: Gemeinschaftsrechtssystem).

Schulte-Kellinghaus, Thomas: Bereitschaftsdienst bei den Amtsgerichten – Welche Interessen verfolgen die Landesjustizverwaltungen, in: NJW 2004, 477.

Schulz, Uwe: Letztmals: Der „unwillige" Bereitschaftsrichter und Durchsuchungsanordnungen wegen Gefahr im Verzug, in: NStZ 2003, 635.

Schütz, Dietrich: Der Grundsatz der Verhältnismäßigkeit bei strafprozessualen Maßnahmen, 1969; (zit.: Verhältnismäßigkeit).

Schütz, Jörg: EG-Kartellverfahrensrecht VO 1/2003, in: Müller-Henneberg, Hans/ Schwartz, Gustav/ Hootz, Christian (Hrsg.), Gesetz gegen Wettbewerbsbeschränkungen und Europäisches Kartellrecht, Gemeinschaftskommentar, 5. Auflage 2004; (zit.: *Schütz*, in: Gemeinschaftskommentar).

Schütz, Jörg: Zur Änderung des Kartellverfahrens gemäß Artikel 81 EGV, in: WuW 2000, 686.

Schwab, Florian: Der Europäische Gerichtshof und der Verhältnismäßigkeitsgrundsatz: Untersuchung der Prüfungsdichte, 2002; (zit.: Verhältnismäßigkeit).

Schwarze, Jürgen/ *Weitbrecht*, Andreas: Grundzüge des europäischen Kartellverfahrensrechts: die Verordnung (EG) Nr. 1/2003, 2004; (zit.: Kartellverfahrensrecht).

Schwarze, Jürgen: Rechtsstaatliche Grenzen der gesetzlichen und richterlichen Qualifikation von Verwaltungssanktionen im europäischen Gemeinschaftsrecht, in: EuZW 2003, 261.

Schwarze, Jürgen: Der Grundrechtsschutz für Unternehmen in der Europäischen Grundrechtecharta, in: EuZW 2001, 517.

Schwarze, Jürgen: Europäisches Verwaltungsrecht, 2. Auflage 2005.

Schweda, Marc: Die Bindungswirkung von Bekanntmachungen und Leitlinien der Europäischen Kommission, in: WuW 2004, 1133.

Schwenn, Dirk M.: Die Dezentralisierung der Wettbewerbskontrolle nach dem „Weißbuch“, in: RIW 2000, 179.

Selmer, Peter: Die Gewährleistung der unabdingbaren Grundrechtsstandards durch den EuGH: Zum „Kooperationsverhältnis“ zwischen BVerfG und EuGH am Beispiel des Rechtsschutzes gegen die Bananenmarkt-Verordnung, 1998; (zit.: Grundrechtsstandards).

Slapnicka, Helmut: Die Verfassung der Slowakischen Republik, in: Osteuropa-Recht (39) 1993, 157.

Soltész, Ulrich/ *Steinle*, Christian/ *Bielesz*, Holger: Rekordgeldbußen versus Bestimmtheitsgebot, in: EuZW 2003, 202.

Sommermeyer, Jörg: Die materiellen und formellen Voraussetzungen der strafprozessualen Hausdurchsuchung, in: Jura 1992, 449.

Stelkens, Paul/ *Bonk*, Heinz Joachim/ *Sachs*, Michael: Verwaltungsverfahrensgesetz, 6. Auflage 2001; (zit.: *Bearbeiter*, in: Stelkens/Bonk/Sachs).

Stern, Klaus: Das Staatsrecht der Bundesrepublik Deutschland, Band III/2, 1994; (zit.: Staatsrecht III/2).

Störmer, Rainer: Beurteilungsspielräume im Strafverfahren, in: ZStW 108 (1996), 494.

Störmer, Rainer: Der gerichtliche Prüfungsumfang bei Telefonüberwachungen – Beurteilungsspielraum bei Anordnungen nach § 100a StPO; in: StV 1995, 653.

Storz, Karl: Freiheitsentziehung nach Art. 104 GG; Unterbringung von Geisteskranken, in: DÖV 1954, 330.

Strasser, Kyra: Grundrechtsschutz in Europa und der Beitritt der Europäischen Gemeinschaften zur Europäischen Menschenrechtskonvention, 2001; (zit.: Grundrechtsschutz).

Streinz, Rudolf: Vertrag über die Europäische Union und Vertrag zur Gründung der Europäischen Gemeinschaft, 2003; (zit.: *Bearbeiter*, in: Streinz-EUV/EGV).

Streinz, Rudolf: Der Vollzug des europäischen Gemeinschaftsrechts durch deutsche Staatsorgane, in: Isensee, Josef/ Kirchhof, Paul (Hrsg.), Handbuch des Staatsrechts, Band VII, 1992, § 182; (zit.: *Streinz*, in: Handbuch Staatsrecht).

Streinz, Rudolf: Bundesverfassungsgerichtlicher Grundrechtsschutz und Europäisches Gemeinschaftsrecht, 1989; (zit.: Grundrechtsschutz).

Suerbaum, Joachim: Die Kompetenzverteilung beim Verwaltungsvollzug des Europäischen Gemeinschaftsrechts in Deutschland, 1998; (zit.: Kompetenzverteilung).

Systematischer Kommentar zur Strafprozessordnung und zum Gerichtsverfassungsgesetz, Rudolphi, Hans-Joachim/ Frisch, Wolfgang/ Paeffgen, Hans-Ullrich/ Rogall, Klaus/ Schlüchter, Ellen/ Wolter, Jürgen/ Weßlau, Edda/ Degener, Wilhelm/ Frister, Helmut/ Velten, Petra/ Wohlers, Wolfgang (Hrsg.), Loseblatt, Stand: August 2002; (zit.: *Bearbeiter*, in: SK-StPO).

Tauber, Joachim: Das politische System Litauens, in: Ismayr, Wolfgang (Hrsg.), Die politischen Systeme Osteuropas, 2002, 149; (zit.: *Tauber*, in: Ismayr-Osteuropa).

Teisės institutas (Hrsg.), Lietuvos Respublikos Konstitucijos Komentaras, 2000; (zit.: Komentaras).

Temple Lang, John/ *Rizza*, Cesare: The Ste Colas Est and Others v. France case, European Court of Human Rights Judgement of April 16, 2002, in: ECLR 2002, 413.

Thiele, Carmen: Der Menschenrechtsschutz in den baltischen Staaten, in: Osteuropa-Recht (48) 2002, 201.

Thomas, Sven: Der Ermittlungsrichter – Norm und Wirklichkeit, in: AnwBl. 1992, 354.

Tissot-Favre, Anna: The Investigation Powers of the European Commission, in: ICCLR 2003, 319.

Toepel, Friedrich: Durchsuchung im Auftrag der Europäischen Kommission, in: NStZ 2003, 631.

Toepel, Friedrich: Verminderter Schutz vor Eingriffen in die Privatsphäre durch vordringendes europäisches Recht, in: Neue Kriminalpolitik 2004, 115.

Tonne, Michael: Effektiver Rechtsschutz durch staatliche Gerichte als Forderung des europäischen Gemeinschaftsrechts, 1997; (zit.: Effektiver Rechtsschutz).

Uhl, Manfred: Verfassungen in den politischen Systemtransformationen Osteuropas, 1999; (zit.: Systemtransformationen).

Uibopuu, Henn-Jüri: Estonia, in: Weber, Albrecht (Hrsg.), Fundamental Rights in Europe and North America, Part A – Basic Work, Stand: August 2002, EE 9, 21; (zit.: *Uibopuu*, in: Fundamental Rights).

Unger, Moritz v.: „So lange" nicht mehr: Das BVerfG behauptet die normative Freiheit des deutschen Rechts, in: NVwZ 2005, 1266.

Vadapalas, Vilenas: Lithuania, in: Blackburn, Robert/ Polakiewicz, Jörg (Hrsg.), Fundamental Rights in Europe, 2001, 503; (zit.: *Vadapalas*, in: Fundamental Rights).

Vainiutė, Milda: Die Verfassungsentwicklung der Republik Litauen unter besonderer Berücksichtigung der Verfassungsgerichtsbarkeit, 2001; (zit.: Verfassungsentwicklung).

Vocke, Christian: Nachprüfungsrecht in privaten Räumlichkeiten im europäischen Kartellverfahrensrecht nach der VO (EG) 1/2003, in: wistra 2004, 408.

Vodička, Karel: Das politische System Tschechiens, in: Ismayr, Wolfgang (Hrsg.), Die politischen Systeme Osteuropas, 2002, 239; (zit.: *Vodička*, in: Ismayr-Osteuropa).

Voßkuhle, Andreas: Behördliche Betretungs- und Nachschaurechte, in: DVBl. 1994, 611.

Wahl, Rainer: Verwaltungsverfahren zwischen Verwaltungseffizienz und Rechtsschutzauftrag, in: VVDStRL (41) 1983, 151.

Warda, Axel: Die Durchsuchung bei Verdächtigen und bei anderen Personen nach den §§ 102, 103 StPO, 1986; (zit.: Durchsuchung).

Weber, Verena: Kontrollen des Europäischen Amtes für Betrugsbekämpfung (OLAF) in Italien, 2004; (zit.: OLAF).

Weiler, J.H.H./ *Fries*, S.C.: A Human Rights Policy for the European Community and Union, in: Alston, Philip/ Bustelo, Mara/ Heenan, James (Hrsg.), The EU and Human Rights, 1999, 147; (zit.: *Weiler/Fries*, in: Alston/Bustelo/Heenan).

Weiß, Wolfgang: Grundrechtsschutz im EG-Kartellrecht nach der Verfahrensnovelle, in: EuZW 2006, 263.

Weiß, Wolfgang: Die Verankerung des Rechtsstaatsprinzips in der tschechischen Verfassung, 2004; (zit.: Rechtsstaatsprinzip).

Weiß, Wolfgang: Die Europäische Menschenrechtskonvention, der Grundrechtsstandard in der EU und das EG-Kartellverfahren, in: EWS 1997, 253.

Weiß, Wolfgang: Die Verteidigungsrechte im EG-Kartellverfahren, 1995; (zit.: Verteidigungsrechte).

Weitbrecht, Andreas: Das neue EG-Kartellverfahrensrecht, in: EuZW 2003, 69.

Welp, Jürgen: Zwangsbefugnisse für die Staatsanwaltschaft, 1976; (zit.: Zwangsbefugnisse).

Wetter, Irmgard: Die Grundrechtscharta des Europäischen Gerichtshofes, 1998; (zit.: Grundrechtscharta).

Weyand, Raimund: Prüfungskompetenz des Ermittlungsrichters, Anmerkung zu LG Saarbrücken, Beschl. v. 13.9.1988 – 8 Qs 182/88, in: NStZ 1989, 132.

Wiedemann, Gerhard: Handbuch des Kartellrechts, 1999; (zit.: *Bearbeiter*, in: Wiedemann - Handbuch Kartellrecht).

Wils, Wouter P.J.: Principles of European Antitrust Enforcement, 2005; (zit.: Principles).

Winkler, Sebastian: Der Beitritt der Europäischen Gemeinschaften zur Europäischen Menschenrechtskonvention, 2000; (zit.: Beitritt).

Winter, Rüdiger: Noch einmal - Unterbrechung der Strafverfolgungsverjährung, in: NJW 1962, 1852.

Winterfeld, Achim v.: Ermittlungsbefugnisse der EG-Kommission gegenüber Unternehmen am Beispiel des Kartellrechts, in: RIW 1992, 524.

Winterfeld, Achim v.: Möglichkeiten der Verbesserung des individuellen Rechtsschutzes im Europäischen Gemeinschaftsrecht, in: NJW 1988, 1409.

Wish, Richard: Competition Law, 5. Auflage 2003.

Zervakis, Peter A.: Die politischen Systeme Zyperns, in: Ismayr, Wolfgang (Hrsg.), Die politischen Systeme Osteuropas, 2002, 847; (zit.: *Zervakis*, in: Ismayr-Osteuropa).

Ziemer, Klaus/ *Matthes*, Claudia-Yvette: Das politische System Polens, in: Ismayr, Wolfgang (Hrsg.), Die politischen Systeme Osteuropas, 2002, 185; (zit.: *Ziemer/Matthes*, in: Ismayr-Osteuropa).

Internationales und Europäisches Strafverfahrensrecht

Herausgegeben von Hans-Heiner Kühne und Robert Esser

Band 1 Sibyl Stein: Zum europäischen *ne bis in idem* nach Artikel 54 des Schengener Durchführungsübereinkommens. Zugleich ein Beitrag zur rechtsvergleichenden Auslegung zwischenstaatlich geltender Vorschriften. 2004.

Band 2 Friederike Charlotte Grube: Richter ohne Robe. Laienrichter in Strafsachen im deutschen und anglo-amerikanischen Rechtskreis. Eine rechtsgeschichtliche und rechtsvergleichende Untersuchung unter besonderer Berücksichtigung verfassungsrechtlicher Aspekte. 2005.

Band 3 Christiane Paul: Das Abwesenheitsverfahren als rechtsstaatliches Problem. Rechtsvergleichende Untersuchung deutscher, englischer, französischer, niederländischer und österreichischer Regelungen angesichts der Rechtsprechung des Europäischen Gerichtshofs für Menschenrechte. 2007.

Band 4 Kai Peter Hecheltjen: Der Richtervorbehalt im kartellrechtlichen Nachprüfungsverfahren der Europäischen Kommission. 2007.

www.peterlang.de

Peter Lang · Internationaler Verlag der Wissenschaften

Alexander Kolz

Einwilligung und Richtervorbehalt

Frankfurt am Main, Berlin, Bern, Bruxelles, New York, Oxford, Wien, 2006.
189 S.
Frankfurter kriminalwissenschaftliche Studien.
Verantwortlicher Herausgeber: Winfried Hassemer. Bd. 95
ISBN 978-3-631-55271-1 · br. € 39.–*

Die Arbeit setzt die Institutionen Einwilligung und Richtervorbehalt in Zusammenhang. Dies geschieht am Beispiel ihres Zusammentreffens bei der molekulargenetischen Untersuchung und Speicherung der Gendaten gemäß § 81 g StPO. Es wird zunächst untersucht, unter welchen Voraussetzungen überhaupt eine Einwilligung als Legitimationsgrundlage staatlicher Eingriffe dienen kann. Hierbei wird auch Stellung zu der Frage bezogen, inwieweit der Staat den Einzelnen paternalistisch vor seinen eigenen Entscheidungen schützen kann. Sodann wird der Richtervorbehalt angesichts der gewonnenen Ergebnisse auf seine (individuellen oder auch überindividuellen?) Funktionen untersucht. Schließlich kommt es zu der Beantwortung der Frage, ob die Einwilligung den Richtervorbehalt bei § 81 g StPO ersetzen kann.

Aus dem Inhalt: Verhältnis von Einwilligung und Richtervorbehalt: Ersetzt die Einwilligung den Richtervorbehalt? · Untersuchung bei § 81 g StPO: Ist die richterliche Genehmigung trotz Einwilligung erforderlich? · Paternalismus vs Entscheidungsfreiheit · Komplette Streichung des Richtervorbehaltes bei 81 g StPO möglich?

Frankfurt am Main · Berlin · Bern · Bruxelles · New York · Oxford · Wien
Auslieferung: Verlag Peter Lang AG
Moosstr. 1, CH-2542 Pieterlen
Telefax 0041 (0) 32/376 17 27

*inklusive der in Deutschland gültigen Mehrwertsteuer
Preisänderungen vorbehalten

Homepage http://www.peterlang.de